# Haben die Vereinten Nationen eine Zukunft?

Alison Broinowski / James Wilkinson

# Haben die Vereinten Nationen eine Zukunft?

## Eine Vision in Gefahr

Parthas

*Für Ava Broinowski Thompson und Milton Theodore Wilkinson-Grant, damit sie in einer Welt mit mehr Sicherheit und Fairness aufwachsen*


Parthas Verlag GmbH
Stresemannstraße 30
10963 Berlin
www.parthasverlag.de

**The Third Try: Can the United Nations work?**

Scribe Publications, Melbourne

Übersetzung aus dem Englischen:
Dr. Michael Haupt

Lektorat: www.editiondia.de
Coverabbildung © David Turnley/Corbis
Gestaltung: www.up-design.com
Gesamtherstellung: Druckerei Theiss GmbH



ISBN: 978-3-86601-925-6

# Inhalt

## Dritter Teil: Für die Bewahrung der Grundrechte des Menschen



## Vierter Teil: Kampf um sozialen Fortschritt

## Fünfter Teil: Der Blick nach vorn



**Anhang**

# Vorwort

VON MORTON ABRAMOWITZ

Washingtons offensichtliche Geringschätzung der Vereinten Nationen hat ein krisenhaftes Klima erzeugt, das aus höchst unterschiedlichen Ansichten zu einer Vielzahl von Themen erwächst – von der Haltung zum Irakkonflikt über das Kyoto-Protokoll bis hin zum Internationalen Gerichtshof. Möglicherweise wird sich die Lage zukünftig etwas entspannen, weil die Regierung Bush breitere Unterstützung für ihre außenpolitischen Ziele sucht. Doch werden viele einflussreiche amerikanische Konservative auch weiterhin den UN ablehnend gegenüberstehen. Die daraus resultierende Spannung zwischen Washington und den meisten, wenn nicht gar allen anderen Hauptstädten der Welt wirft die Frage auf, wie die globalen Probleme in Zukunft bewältigt werden sollen und können.

Am 24. Oktober 2005 konnten die UN ihr 60-jähriges Bestehen feiern. Es war zugleich Gelegenheit für eine grundsätzliche Umbewertung. Gerade die jetzigen Kontroversen dürften ausreichenden Anlass bieten, die Vision der Gründerstaaten von 1945 genauer in Augenschein zu nehmen, die Entwicklung während des Kalten Krieges zu betrachten und schließlich nach den Zukunftsperspektiven zu fragen – was sich dieses Buch zur Aufgabe gemacht hat. Der Zusammenbruch des internationalen Kommunismus beendete den jahrzehntelangen Stillstand der UN-Politik. Doch sind die Mitgliedsstaaten noch längst nicht in der Lage, die Charta der Vereinten Nationen in die Praxis umzusetzen. 15 Jahre nach dem Fall der Berliner Mauer diskutieren die politischen Führer dieser Welt noch immer, ob das möglich ist und wie die Alternativen, sollte es sie überhaupt geben, beschaffen sein könnten.

Im September 2004 erschien in der *Washington Post* ein Artikel über Darfur von Samantha Power und mir, der mit dem Satz endete: »Das internationale System ist, zumindest was Afrika angeht, zerbrochen.« Wie anders kann man eine Situation beschreiben, in der die reichen und mächtigen Nationen nicht willens oder fähig sind, des Völkermords Herr zu werden, der sich tagtäglich vor den Augen ihrer NGOs, Journalisten und Diplomaten ereignet? Und nicht nur in Darfur, sondern auch im Kongo ist es dem Sicherheitsrat nicht gelungen, die gegen Millionen Menschen verübten Grausamkeiten zu beenden, während jederzeit weitere Katastrophen in vielen politisch instabilen Regionen des afrikanischen Kontinents zum Ausbruch kommen können.

Andererseits unternehmen die UN alle nur denkbaren Anstrengungen, um die Folgen von Kriegen, Hungersnöten und Naturkatastrophen zu lindern. In Darfur etwa konnten Tausende durch die UN und die mit ihnen verbundenen NGOs Nahrungsmittel, medizinische Versorgung und Schutz erhalten und so vor dem Schlimmsten bewahrt werden. Auch bei der Tsunami-Katastrophe vom 26. Dezember 2004 spielten die UN eine entscheidende Rolle, wenngleich zunächst einige Probleme mit Washington aus dem Weg geräumt werden mussten. Des Weiteren leisten UN-Programme und Organisationen wie UNICEF, UNDP, UNHCR, WHO, WFP und andere jeden Tag weltweit lebenswichtige Unterstützung.

Ursprünglich war der Anspruch an die Vereinten Nationen, die Geißel des Krieges zu beenden und das Wohlergehen der Menschheit zu fördern, höher. Fast jede Nation der Erde hat sich auf diese hohen Ziele verpflichtet, indem sie nicht nur die UN-Charta, sondern auch so zukunftsweisende Dokumente wie die Konvention gegen Völkermord und die Allgemeine Erklärung der Menschenrechte unterzeichnete. Viele führende Politiker, die sich Ende 2004 zum zehnten Jahrestag des Völkermords in Ruanda und im Januar 2005 zum 60. Jahrestag der Befreiung von Auschwitz äußerten, bekräftigten, dass solche Ereignisse »nie wieder« geschehen dürften. Aber noch während ihrer Reden wurden weiterhin überall unschuldige Zivilisten angegriffen.

Ähnlich haben erst kürzlich wieder der britische Premierminister Blair und andere zu gemeinsamem Handeln aufgerufen, die Armut und Krankheiten in den afrikanischen Ländern auf wirkungsvolle Weise zu bekämpfen. Doch bewegen sich die bislang ergriffenen Maßnahmen noch weit diesseits eines wirklichen Quantensprungs nach vorne. Allerdings ist diese Kluft zwischen Anspruch und Wirklichkeit keineswegs neu – schon John F. Kennedy betonte die Bedeutung der Entwicklungshilfe für Afrika. Doch war die Finanzierung unzureichend, viele Versprechen wurden nicht eingehalten, vieles erwies sich als Luftblase. Bill Gates leistet mehr für Afrika als die meisten Regierungen.

Die reicheren UN-Mitgliedsstaaten hätten die Mittel, die Weltorganisation sehr viel wirkungsmächtiger, als sie es bislang ist, zu gestalten. Jedes Mal, wenn sie zusammenarbeiteten, ließ der Erfolg nicht auf sich warten: wie etwa bei der Befreiung Kuwaits, bei der Bekämpfung der Pocken oder beim Kampf um die Unabhängigkeit Namibias. Die Durchführung der Maßnahmen war nicht immer vollkommen, aber stets äußerst wichtig.

Unglücklicherweise sind derlei Erfolge eher die Ausnahme als die Regel. Allzu oft haben sich die Mitgliedsstaaten hinter den UN versteckt, um halbherzige Maßnahmen oder sogar ihre Untätigkeit zu bemänteln. Regierungen, die nicht willens oder fähig waren, entschiedenere Maßnahmen zu ergreifen, haben sich ein ruhiges Gewissen verschafft, indem sie Hilfsleistungen für Flüchtlinge in Darfur bewilligten oder unzureichend ausgestattete Friedenstruppen in den Kongo schickten. Politiker und Bürger vermeiden nur allzu gern entschlossenere Entscheidungen und finanzielle Opfer, indem sie die Verantwortung an den Sicherheitsrat und die humanitären Organisationen weitergeben.

Bedauerlich ist auch, dass die reichen Demokratien, die bei den UN das Sagen haben, kein ausreichendes Stehvermögen besitzen. Wer als Politiker wiedergewählt werden will, ist schnell bereit, seine Prioritäten anders zu setzen. Als klassisches Beispiel kann Somalia Mitte der 90er-Jahre gelten, wo die USA eine ohnehin schlecht geplante Militäroperation in den Sand setzten, dann die UN für ihr eigenes Versagen verantwortlich machten und schließlich ihre Truppen abzogen. Das somalische Volk wurde so zur Geisel von Warlords und Gaunern gemacht, die das Staatswesen zur Ohnmacht verdammten. Washington aber wandte sich von weiteren militärischen Friedenseinsätzen so gründlich ab, dass es schließlich auch den Völkermord in Ruanda übersehen musste.

Viele Probleme der Vereinten Nationen liegen in deren innerer Struktur begründet – vom Personalsystem bis zum Sicherheitsrat. Staaten neigen natürlicherweise dazu, ihre eigenen, oft genug selbstsüchtigen Interessen zu verfolgen, und Politiker wollen nun einmal gerne im Amt bleiben. Im Sicherheitsrat dominieren widerstreitende Wirtschaftsinteressen, Regionalismen und historisch oder kulturell tradierte Bündnisse. Reformen, wie etwa die Erweiterung oder Neustrukturierung des Sicherheitsrates, können hilfreich sein, ändern aber nichts an der grundlegenden Dynamik. Folglich müssen andere Mechanismen entwickelt werden, um schwierige Entscheidungen treffen zu können.

Das klingt entmutigend, doch würden Franklin Delano Roosevelt, Herbert Vere Evatt und die anderen Gründer der UN uns zweifellos auffordern, beharrlich zu sein, und eine Rückbesinnung auf ihre Vision kollektiver Sicherheit verlangen, die in den USA viele Jahre lang eine von beiden großen Parteien getragene Unterstützung für die UN-Politik der internationalen Zusammenarbeit ermöglicht hat. Paradoxerweise wurde der amerikanische Multilateralismus ausgerechnet in den 80er-Jahren, am Vorabend des Zusammenbruchs der kommunistischen Bewegung, durch die Angriffe der Regierung Reagan auf die UN beendet.

Trotz dieser tief greifenden Veränderung der Außenpolitik ist die Mehrheit der amerikanischen Öffentlichkeit immer noch für eine Unterstützung der UN, multilaterale Zusammenarbeit und die Anerkennung internationaler Rechtsnormen sowie des IGHs. In Europa ist diese Unterstützung stärker, auch wenn sie sich leider nicht in einer entsprechenden Bereitschaft zum Einsatz umfangreicherer militärischer oder – mit Ausnahme der skandinavischen Länder – finanzieller Mittel ausdrückt.

Die Befürworter von UN und Multilateralismus stehen vor dem Problem, die öffentliche Unterstützung beiderseits des Atlantiks in konsequentes Handeln umzusetzen. Dabei ist zu berücksichtigen, dass die Quellen der Unterstützung in Demokratien oftmals versiegen, wenn größere Schwierigkeiten auftauchen und die Regierungen nicht bereit sind, die innenpolitischen Kosten für ihre Außenpolitik zu tragen.

Davon abgesehen muss das internationale System überarbeitet werden. Dazu müssen jene, die über die entsprechenden Möglichkeiten verfügen – insbesondere die USA, Australien, die Europäische Union, Japan und Kanada – einen neuen Konsens finden. Die unzähligen Kommentare, die bereits überall zu lesen waren, haben oft genug kein reales Bild der UN und ihrer Möglichkeiten gezeichnet, sondern eher zur Mythenbildung und anderen Verzerrungen beigetragen. Dieses Buch, verfasst von zwei erfahrenen Diplomaten aus den USA und Australien, ist ein wertvoller Beitrag zu einer besser informierten und damit realistischeren Diskussion darüber, wie die Vereinten Nationen beschaffen sein müssen, um dem öffentlichen Interesse am besten zu dienen.

*Morton Abramowitz, ehemaliger Präsident der Carnegie Endowment für International Peace und Beamter im Außenministerium, ist gegenwärtig in Washington Fellow der Century Foundation. Er war unter anderem US-amerikanischer Botschafter in der Türkei, in Thailand und Botschafter bei den Abrüstungsverhandlungen in Wien.*

Erster Teil

# Der dritte Versuch

KAPITEL 1

# Einleitung – Auf der Suche nach einer besseren Weltordnung

Sechs Jahrzehnte nach ihrer Gründung stehen die Vereinten Nationen stark in der Kritik und sind von Kontroversen geprägt. Ihr Generalsekretär, Kofi Annan, hat die Rückbesinnung auf die ursprünglichen Ziele, wie sie damals in San Francisco festgelegt wurden, gefordert und versichert, dass die Organisation »die gründlichste Überholung in ihrer 60-jährigen Geschichte benötigt«[1]. Die Reform der UN ist der erste Punkt auf ihrer Tagesordnung. Doch besteht selbst über die grundlegendsten Fragen kein Konsens. Welche Rolle sollen die UN künftig spielen, welche Prinzipien sollen das Handeln ihrer Mitgliedsstaaten leiten?

Wir wollen im Folgenden diese Probleme beleuchten und dabei erörtern, was getan werden muss, um die Welt sicherer, gerechter und hilfsbereiter zu machen. Seit dem Ende des Kalten Krieges ringen die Regierungen mit dem »dritten Versuch, eine Weltordnung zu schaffen« (so die zutreffende Beschreibung von Harvard-Professor John Gerard Ruggie)[2]. Der erste Versuch, der Völkerbund, zerbrach unter den Schlägen der faschistischen Kriegsmaschinerie. Der zweite Versuch, die sehr viel besser strukturierten Vereinten Nationen, war kaum den Kinderschuhen entwachsen, als er auch schon durch die Widerspenstigkeit der Sowjetunion ins Stolpern geriet. Der dritte Versuch läuft seit dem Ende des Kalten Krieges. Jetzt kämpfen die Staaten der Welt mit neuen Herausforderungen, und das konservative Amerika sperrt sich instinktiv gegen jede Form von global verbindlichen politischen Regelungen.

Die Debatte wurde beflügelt von der Vision, die am 24. Oktober 1945 in Form einer UN-Charta durch eine Mehrheit von Signatarstaaten ratifiziert wurde. Im Hochgefühl eines monumentalen Sieges über den Faschismus entwarfen die führenden Politiker der Alliierten, allen voran Franklin D. Roosevelt, ein neues und in mancher Hinsicht revolutionäres System zur Regelung und Förderung internationaler Beziehungen und Zusammenarbeit. Mit der Gründung der Vereinten Nationen verabredeten sie, von nun an gegen Aggressoren gemeinsam vorzugehen, die Menschenwürde zu schützen und den sozialen Fortschritt zu fördern.

Der Beginn des Kalten Krieges dämpfte diese hohen Erwartungen. Während der nächsten 45 Jahre behinderte der Ost-West-Konflikt die Arbeit der Vereinten Nationen und eine auf weltweite soziale Entwicklung gerichtete Zusammenarbeit. Dennoch gab es für die UN eine Vielzahl von Bereichen, in denen sie tätig werden konnten. Und so waren sie schon bald auf beeindruckende Weise global präsent. Auch zu Zeiten des Gleichgewichts des Schreckens, das die Atomraketen in Ost und West verkörperten, konnten die UN substanzielle Fortschritte erzielen:

– UN-Truppen sorgten für die Sicherung des Friedens durch ihr Eingreifen bei lokalen Konflikten; Verträge begrenzten die Verbreitung von Atomwaffen und das Völkerrecht entwickelte neue Formen zur Regelung interstaatlicher Angelegenheiten, zur Erleichterung von Handelsbeziehungen und zur Verbrechensbekämpfung;

– viele Länder konnten die koloniale Herrschaft abschütteln; ein gesetzlicher Rahmen zur Verteidigung und Durchsetzung der Menschenrechte wurde entwickelt; das Verantwortungsgefühl der Zivilgesellschaft stieg sprunghaft an;

– internationale Finanzinstitutionen halfen vielen Ländern in ihrem Kampf gegen die Armut; die Pocken wurden besiegt; Millionen von Flüchtlingen und Opfer von Naturkatastrophen erhielten Schutz und Hilfe.

*

Diese Erfolgsliste ist beeindruckend. Doch haben die UN in den 60 Jahren seit ihrer Gründung nur einen Bruchteil dessen erreicht, was möglich gewesen wäre. Viele Erwartungen blieben unerfüllt, viele Initiativen scheiterten, viele alte Probleme traten in neuem Gewande auf. Betrachtet man die einschneidenden Ereignisse der letzten Jahre realistisch, fällt die Geburtstagsbilanz weit weniger erfreulich aus:

– Die UN konnten den folgenschweren Krieg gegen den Irak nicht verhindern; der Bürgerkrieg in der Demokratischen Republik Kongo forderte mehr als drei Millionen Opfer; auch der Terrorismus wurde globalisiert; und die Praxis des Völkermords ist keineswegs auf dem Rückzug begriffen;

– viele Staaten werden von Diktatoren und Oligarchien beherrscht; Millionen von Frauen und Kindern sind alltäglich Opfer von Gewalt; in vielen Ländern sind Frauen weiterhin Menschen zweiter Klasse; 20 Millionen Flüchtlinge und Vertriebene leben unter menschenunwürdigen Bedingungen;

– drei Milliarden Menschen müssen mit einem Einkommen von weniger als zwei Dollar pro Tag auskommen; es gibt weltweit über 30 Millionen Aidskranke; Hungersnöte, Krankheiten und Umweltverschmutzung bedrohen nicht nur die Lebensqualität, sondern direkt das Leben der Armen.

*

Warum haben die UN in ihrem Kampf gegen diese Schrecken keine größeren Erfolge erzielt? Die reichen Mitgliedsstaaten verfügen über enormen Wohlstand und leistungsstarke neue Technologien. Jeden September treffen sich die Minister im UN-Hauptquartier und bekunden die Bereitwilligkeit ihrer Regierungen zur Lösung der globalen Probleme. Die Resultate jedoch lassen weiterhin auf sich warten.

Zyniker fragen, ob die Erfolge der letzten Jahrzehnte überhaupt auf das Konto der UN gehen oder nicht einfach der Zusammenarbeit zwischen den liberalen Demokratien, die das Geld gegeben und das Sagen haben, zuzuschreiben sein. Und einige fragen sich angesichts dessen, was alles nicht erreicht wurde, ob die Vereinten Nationen überhaupt in der Lage sind, ihre Arbeit zu tun, oder ob man nicht Alternativen entwickeln müsse. Andere wiederum halten die Organisation für unverzichtbar, wenn es darum geht, Frieden, allgemeine Sicherheit und gemeinsamen Fortschritt zu gewährleisten.

Alle 191 Mitgliedsstaaten der UN haben sich schon durch ihren Beitritt dazu verpflichtet, die Grundsätze der Charta in die Tat umzusetzen. Doch wird allgemein zugegeben, dass es sich dabei oft um bloße Lippenbekenntnisse handelt und die Kluft zwischen Anspruch und Wirklichkeit beträchtlich ist. Viele Regierungen bekunden nur ihren guten Willen, ohne die Absicht, ihn auch umzusetzen.

Die nach dem Kalten Krieg unternommenen Anstrengungen, einen Konsens über die Verbesserung der Arbeit der UN zu erreichen, sind im Sande verlaufen. Die Erklärung von 1995 anlässlich des 50. Jahrestages bekundete die üblichen guten Absichten, führte aber nicht zu bindenden Verpflichtungen. Auch die Feier zur Jahrtausendwende war von der sattsam bekannten Rhetorik geprägt, jedoch mit der Formulierung konkreter Entwicklungsziele – der ›Millennium Development Goals‹ – ein echter Fortschritt, weil die Programme zur Unterstützung der ärmsten Völker der Welt mit neuem Geist erfüllt wurden.

Der Terroranschlag vom 11. September 2001 veränderte den Lauf der Geschichte. Nun stand allen die Bedrohung durch den internationalen Terrorismus deutlich vor Augen. Die internationale Gemeinschaft rückte enger zusammen. Zugleich aber verstärkte sich in den USA die Neigung zum Unilateralismus, der sich im Zusammenhang mit den Aktionen gegen Afghanistan und den Irak noch verschärfte und zu tiefen Kontroversen im und um den Sicherheitsrat führte. Schließlich erklärten die USA, die einzige militärische Supermacht der Welt, die UN sogar für »irrelevant«.

Dennoch verloren die Vereinten Nationen nicht an Bedeutung. Nachdem sie sich zum Sieger über den Irak erklärt hatten, konnten die Amerikaner auf die Hilfe der UN beim Wiederaufbau des zerstörten Landes nicht verzichten. Zudem gab es genügend andere Krisengebiete, wo friedenserhaltende Militäroperationen nötig waren. 2004 beschloss der Sicherheitsrat das Mandat für Einsätze in der Elfenbeinküste, Haiti und Burundi. Als im Dezember desselben Jahres ein Tsunami weite Küstenregionen am Indischen Ozean heimsuchte, erwiesen sich die UN ebenfalls als unverzichtbar. Zudem verfolgen die Organisationen der UN im Bündnis mit zivilgesellschaftlichen Institutionen und der Wirtschaft die im Jahr 2000 verkündeten Ziele mit erneutem Nachdruck, treiben die Durchsetzung der Menschenrechte voran und sorgen für über 17 Millionen Flüchtlinge.

Wie die UN sich zukünftig entwickeln werden, hängt vom Verlauf der gegenwärtigen Konfrontation ab, bei der es um die mögliche Stärkung der UN, die Reform der internationalen Verhaltensregeln und neue Prioritäten bei der Bewilligung und Verteilung von Ressourcen geht. Der Irakkonflikt spaltete die internationale Gemeinschaft in zwei Lager: hier die ›Koalition der Willigen‹ unter Führung der USA, dort all diejenigen, die auch weiterhin dem Sicherheitsrat die endgültige Entscheidung über die Anwendung von Gewalt bei internationalen Auseinandersetzungen zubilligten. Doch ist dieser augenfälligste Streit zwischen den Staaten des Westens – unilaterale Präemption versus multilaterale Resolution – nur einer von vielen über die Rolle der UN. Noch immer ist das sozioökonomische Gefälle zwischen den Ländern des Nordens und denen des Südens beträchtlich, und neue politische, religiöse und ethnische Differenzen werden zu weiteren Machtkämpfen führen. Diese Konflikte werden sich, wie wir zeigen wollen, innerhalb der nächsten zehn Jahre verschärfen.

Die USA werden zweifellos weiterhin UN-kritisch bleiben. Und noch ist nicht abzusehen, ob sich die Befürworter oder die Gegner des Multilateralismus dauerhaft durchsetzen. Letztere gewannen die Oberhand, als George W. Bush 2000 die Wahlen gewann und vier Jahre später im Amt bestätigt wurde, was wohl auch als Unterstützung seines Irakkriegs gewertet werden kann. Dennoch zeigen Umfragen, dass die Mehrheit der Amerikaner weiterhin die Zusammenarbeit mit den traditionellen Bündnispartnern und, wo möglich, auch mit der internationalen Gemeinschaft befürwortet.

Ungeachtet der oftmals verwirrenden internationalen Diskussionen bestehen die grundlegenden Probleme – Sicherheit, Gerechtigkeit, Kampf gegen die Armut – seit 1945, als die UN gegründet wurden, um sich ihrer anzunehmen, im Wesentlichen unverändert fort. Was haben wir aus den Erfolgen und Fehlschlägen der vergangenen Jahrzehnte gelernt? Können wir die Faktoren benennen, die den Fortschritt während der kommenden 60 Jahre befördern oder behindern werden?

Viele herausragende Persönlichkeiten haben sich Gedanken darüber gemacht, wie die UN den Kampf gegen auch weiterhin fortdauernde Gewalt, Ungerechtigkeit und menschliches Elend effektiver gestalten könnten. Die von den UN und die über sie veröffentlichte Literatur ist umfangreich und leicht zugänglich. Doch ist das Thema eines mit gewaltigem Ausmaß. Viele Autoren widmen sich nur einzelnen Aspekten oder behandeln die UN im Rahmen eines umfangreicheren Ansatzes. Dieses Buch vereinigt die Hauptthemen der internationalen Diskussion über die Zukunft der UN in einer Welt, die immer noch dabei ist, ihren Weg in der Ära nach dem Kalten Krieg zu suchen.

Zentraler Gegenstand unserer Erörterungen ist die Charta der Vereinten Nationen samt der sie ergänzenden Erklärung der Menschenrechte von 1948. Wir untersuchen, welche Fortschritte und Rückschläge es im Hinblick auf die drei in der Präambel der UN-Charta formulierten Ziele gegeben hat:

- Bewahrung zukünftiger Geschlechter vor der Geißel des Krieges;
- Bekräftigung des Glaubens an die Grundrechte des Menschen;
- Förderung des sozialen Fortschritts und eines besseren Lebensstandards »in größerer Freiheit«.

*

Auf die Verwirklichung dieser Ziele sind die UN weiterhin ausgerichtet, auch wenn der Kompass gemäß der sich wandelnden Zeitläufte überprüft und neu ausgerichtet wurde. Manche Probleme, die nicht vorhersehbar waren oder nur oberflächlich berührt wurden, sind für das kommende Jahrhundert von überragender Bedeutung: Umweltschutz, friedensstiftende und humanitäre Interventionen, wirksame Garantien für die Bewahrung und Durchsetzung der Menschenrechte sowie die uneingeschränkte Gleichberechtigung von Mann und Frau. Bei unserer Bewertung der UN-Aktivitäten berücksichtigen wir diese neueren Probleme ebenso wie die in der Charta direkt formulierten Ziele.

Der abschließende Hauptteil dieses Buches, der sich mit Reformen, Verbesserungen und Alternativen beschäftigt, geht von den bisherigen vielfältigen Erfahrungen aus, um die Möglichkeit der Veränderung zum Besseren auszuloten. Wir nehmen die Vielzahl der Vorschläge zu Reformen und Alternativen in Augenschein und untersuchen insbesondere die Bedeutung der Empfehlungen, die der Generalsekretär und sein High Level Panel auf dem Gipfeltreffen vom September 2005 zur Diskussion gestellt haben. Welche Ideen gibt es, wo liegen die Hindernisse, und was ist möglich?

Noch ein Wort zum Terminus ›Vereinte Nationen‹. Wir beziehen uns im Folgenden damit zumeist auf das Ensemble von Generalsekretariat und spezifischen Unterorganisationen, weniger auf die Gesamtheit der Mitgliedsstaaten. Doch lassen sich diese beiden Bedeutungen kaum vollständig voneinander trennen – ein Versagen des Sicherheitsrates kann seine Ursache im Streit zwischen Mitgliedsstaaten haben, ein Erfolg auf die Entscheidung von Mitgliedsstaaten zurückzuführen sein. Zudem werden die grundlegenden Aspekte – Sicherheit, Entwicklung und Menschenrechte – von Staat zu Staat oft sehr unterschiedlich gewichtet. Was wir jeweils unter dem Terminus ›UN‹ verstehen, werden wir aus dem Kontext heraus verdeutlichen.

Abschließend sei noch angemerkt, dass wir zwar einen umfassenden, jedoch nicht allumfassenden Überblick anstreben. Viele Aktivitäten und Organisationen der großen UN-Familie bleiben unerwähnt, viele Themen unberührt. Dennoch hoffen wir, die zentralen Probleme beleuchten und erhellen zu können: Was muss geschehen, damit die Regierungen der Mitgliedsstaaten ihren dritten umfassenden Versuch, eine von größerer Sicherheit und Gerechtigkeit geprägte Weltordnung zu schaffen, erfolgreich abschließen können?

## Kapitel 2

# Visionen, Institutionen und nationale Interessen

Keine große Friedenskonferenz markierte das Ende des Kalten Krieges, keine Charta zeigte neue Wege für die Zukunft auf. Das sowjetische Imperium zerfiel nach und nach; neue Staaten entstanden, während alte ethnische Spannungen wiederauflebten. Angesichts der vielfältigen Ungewissheiten sahen sich die politischen Führer nolens volens gezwungen, einen dritten Anlauf zu wagen und ein neues internationales System zu schaffen, ohne dass sie Zeit gehabt hätten, die Ziele detaillierter festzulegen. Auch 2005 gilt durchaus noch, was Richard Haass (der jetzige Vorsitzende des US Council on Foreign Relations) 1997 über den Ausdruck ›Ära nach dem Kalten Krieg‹ bemerkte. Daran zeige sich, »dass die Menschen zwar wissen, wo sie herkommen, nicht aber, wo sie jetzt stehen, ganz zu schweigen davon, wohin der Weg sie führt«[3].

Die Sieger jedenfalls profitierten ganz eindeutig, die meisten auch wirtschaftlich, von der Niederlage des Kommunismus. Die USA, die NATO, Japan und deren Verbündete feierten den Triumph der pluralistischen Demokratie und der freien Marktwirtschaft. Die USA und Russland zogen sich aus vielen Stellvertreterkonflikten zurück. China blieb zwar politisch auf kommunistischem Kurs, stürzte sich ökonomisch aber Hals über Kopf in den Kapitalismus. Es schien so, als sollte es in der Welt zukünftig geordneter und weniger gewalttätig zugehen.

Um nun auch »den Frieden zu gewinnen«, besannen sich die Sieger zunächst auf das Modell von 1945 und setzten darauf, die UN und vor allem den Sicherheitsrat zu stärken. Die Tür dazu war schon 1987 geöffnet worden, als Michail Gorbatschow ein Umdenken in der Außenpolitik verkündete, mit dem er die alten Fesseln beseitigen und den Vereinten Nationen zu einem stärkeren Einfluss auf die Weltpolitik verhelfen wollte. Welche Möglichkeiten sich daraus ergeben konnten, zeigte die Zusammenarbeit der fünf ständigen Mitglieder des Sicherheitsrates – der Perm Five – bei der Beendigung des Krieges zwischen Iran und Irak.

Der ehemalige US-Außenminister James Baker datierte das Ende des Kalten Krieges nicht auf den Fall der Berliner Mauer, sondern auf den 3. August 1990. Das war der Tag, als er und sein sowjetischer Amtskollege einen Plan für den UN-Sicherheitsrat entwarfen, um Saddam Hussein zum Rückzug aus Kuwait zu zwingen. Moskau bestand den ersten Test über die Ernsthaftigkeit seiner Absichten, indem es nicht nur willens war, seinen alten Verbündeten fallen zu lassen, sondern die USA darüber hinaus im ersten Krieg gegen den Irak zu unterstützen. Diese Kehrtwende in der sowjetischen Politik erinnerte Baker an jene britische Militärkapelle, die nach der Schlacht von Yorktown *The World Turned Upside Down* spielte und damit dem endgültigen Verlust der amerikanischen Kolonien musikalische Reverenz erwies.[4]

Bakers Chef, US-Präsident George Bush (sen.), erblickte in dem neuen Verhältnis der Supermächte globalpolitische Potenziale. Im Januar 1991, unmittelbar vor dem Beginn des Krieges gegen den Irak, hielt er eine Rede vor dem US-Kongress, in der er unter anderem sagte: »Die Welt kann [...] diese Gelegenheit nutzen und das vor langer Zeit gegebene Versprechen einer neuen Weltordnung, in der Brutalität nicht belohnt wird und Aggression auf kollektiven Widerstand stößt, nun erfüllen.«[5] Diese Formulierung stand im Einklang mit der UN-Charta und ihrem Ziel, die Welt gegen die Wiederkehr eines faschistischen Militarismus zu einen. In der UN-Debatte über den irakischen Einmarsch in Kuwait zog der Botschafter von Äthiopien, das damals einen Sitz im Sicherheitsrat hatte, eine Parallele zwischen Saddams Angriff auf Kuwait und Mussolinis Eroberung von Äthiopien in den 30er-Jahren.

Die Einmütigkeit des Sicherheitsrates zu Beginn der 90er-Jahre und der Erfolg der Militäroperation gegen den Irak schienen zu bestätigen, dass es ausreichte, die Werkzeuge zu benützen, die bereits zur Verfügung standen. Die Charta der UN hatte allgemein anerkannte Ziele formuliert, zu deren Verwirklichung die ab 1945 entstandenen Organisationen und Institutionen beitragen sollten. Das Ende des Kalten Krieges hatte weder die Ziele noch die Organisationen verändert, sondern eröffnete, wie damals häufig angemerkt wurde, den Vereinten Nationen die Möglichkeit, jene Rolle zu spielen, die ihr bei ihrer Gründung zugedacht worden war.

Aber wie sollte diese Rolle angesichts der veränderten Weltlage beschaffen sein? Ein Konsens darüber ist noch nicht in Sicht. Eine Zeit lang konzentrierte sich die Diskussion auf die von Bush sen. proklamierte ›neue Weltordnung‹. Allerdings blieben seine Äußerungen dazu eher vage und wurden, nachdem die Medien sie zu Tode gekaut hatten, stillschweigend beerdigt. Dann übernahm der UN-Generalsekretär Boutros-Ghali 1992 die Initiative mit seiner *Agenda für den Frieden*, in der er eine substanzielle Stärkung der UN in Fragen der internationalen Sicherheit forderte. Aber es kam zu Verwerfungen mit US-Präsident Bill Clinton, und Boutros-Ghalis *Agenda* blieb weitgehend wirkungslos. Während Clintons achtjähriger Amtszeit entwickelte die US-Regierung kein umfassendes Konzept für die UN oder eine neue Weltordnung.

Die Probleme der 90er-Jahre konzentrierten die Aufmerksamkeit zunächst auf die Durchsetzung von Entscheidungen des UN-Sicherheitsrates und führten zu einer Debatte um seine Struktur. Die Katastrophen in Somalia, Ruanda und Bosnien waren auch deshalb so schrecklich, weil sie, wie spätere UN-Untersuchungen zeigten, durch eine klügere Politik des Sicherheitsrates hätten vermieden oder zumindest abgemildert werden können. Die kleineren und schwächeren Staaten fürchteten im reaktivierten Sicherheitsrat die Vorherrschaft der Mächtigen, vor allem der USA, und forderten die Vergrößerung der Mitgliederzahl.

Mit der Entscheidung der USA und einiger europäischer Staaten, im Kosovo militärische Gewalt anzuwenden, ging die Furcht vor einer erneuten Uneinigkeit der Perm Five einher. Offenkundig kann dieses Problem nicht durch die Neustrukturierung des Sicherheitsrates oder die direktere Ausführung von Ratsentscheidungen behoben werden. Eine deutliche Mehrheit der Ratsmitglieder hielt militärische Aktionen im Kosovo-Konflikt für legitim, auch wenn Anwälte auf die fehlende Zustimmung des Sicherheitsrates hinwiesen. Die Auseinandersetzung lief auf die Frage hinaus, wann und wie begründbare ›humanitäre Interventionen‹ bei fehlender Zustimmung des Sicherheitsrates durchgeführt werden könnten, während das ›Ob‹ gar keine Rolle mehr spielte.

Anders lautete die Frage, als es um die Folgen der Terrorangriffe vom 11. September 2001 ging: Wie kann der Einsatz militärischer Gewalt bei fehlender Zustimmung des Sicherheitsrates *gestoppt* werden? Die von Australien und Großbritannien unterstützte Regierung Bush machte aus ihrer Ablehnung der UN kein Hehl und grenzte sich deutlich von jenen Regierungen ab, die dem Sicherheitsrat die entscheidende Rolle bei der Anwendung militärischer Gewalt zubilligen wollten. Die USA hatten den Willen und die Macht, den Rat zu ignorieren, und so handelten sie auch.

Diese Entwicklungen haben den dritten Versuch einer Neubestimmung der Regeln für die internationale Sicherheit wieder auf den Ausgangspunkt zurückgeworfen. Die Grundfrage ist, ob man sich weiterhin auf die UN verlassen und in dem von ihnen definierten Rahmen Lösungen finden will, oder ob man alternative Entscheidungswege für den Einsatz von Gewalt sucht. Selbst wenn Kriege wie der gegen den Irak und der im Kosovo eher die Ausnahme bilden, hat der Sicherheitsrat Probleme zuhauf, darunter auch die umstrittene Frage, ob oder wie man seine Leistungsmöglichkeit und Glaubwürdigkeit auch dort, wo Ziele unumstritten sind, verbessern könnte.

## Streitpunkt internationale Sicherheit

Die anlässlich des 60. Jahrestages der UN geführte Diskussion über die internationale Sicherheit wurde im Wesentlichen von zwei Lagern ausgetragen. Auf der einen Seite standen die Befürworter eines progressiven Multilateralismus, repräsentiert durch die Kommission des UN-Generalsekretärs, das High Level Panel (HLP); auf der anderen Seite die konservativen Kräfte der Regierung Bush. Ganz so eindeutig, wie es den Anschein hat, ist die Konfrontation allerdings nicht. Zum HLP gehörte Bent Scowcroft, ein Republikaner, der dem ersten Präsidenten Bush als Sicherheitsberater diente und dessen Denkweise viele Amerikaner, vielleicht sogar deren Mehrheit, teilen. Andererseits werden viele Positionen der amerikanischen Regierung von Australien, Großbritannien und einigen anderen Regierungen unterstützt.

Der Bericht des HLP vom Dezember 2004 fordert »einen neuen Konsens über die Sicherheit«. Die Lösung dieses Problems soll in den Händen der UN liegen: »Es geht nicht darum, Alternativen zum Sicherheitsrat als Quelle der Autorität zu entwickeln, sondern seine Arbeitsfähigkeit zu verbessern.« Und die Empfehlungen des HLP, die UN für das 21. Jahrhundert mit größerer Durchschlagkraft auszustatten, würden das Spektrum ihrer Aktivitäten beträchtlich erweitern.

Die Position der Regierung Bush ist nicht so eindeutig auszumachen, weil die Rhetorik oft der Verdunkelung der tatsächlichen Intention dient. So lautet zum Beispiel ›Grundsatz Nr. 1‹ des US-Außenministeriums für den Umgang mit den UN: »Wir wollen, dass die Vereinten Nationen den Erwartungen ihrer Gründerväter gerecht werden.«[6] Aber wenn man das Verhalten der US-Regierung im Irakkrieg von 2003 bedenkt, lässt sich diese Vorgehensweise kaum mit der Vision des maßgeblichen Gründungsvaters der UN, Franklin D.

Roosevelt, vereinbaren, der im März 1945 vor dem Kongress erklärte, mit der Gründung der UN sei »das Ende jenes Systems gekommen, das durch unilaterales Handeln, exklusive Bündnisse, Einflusssphären, austarierte Machtverhältnisse und all die anderen Behelfsmittel gekennzeichnet war, die seit Jahrhunderten in Gebrauch sind und immer wieder versagt haben. Wir wollen all das durch eine umfassende Organisation ersetzen, der sich anzuschließen alle friedliebenden Nationen Gelegenheit bekommen sollen[7]«.

Obwohl dieser Ansatz lange Zeit die Unterstützung beider großen US-Parteien genoss, ist die Hartnäckigkeit des konservativen Nationalismus nicht zu unterschätzen. Seine Vertreter befürchten auch heute noch, dass die UN der Anfang der Weltregierung seien. Und es gibt genug Magazine und Internetseiten, die sich mit beschwörendem Raunen über ›UN-Pläne zur Kontrolle des gesamten Erdballs‹ auslassen. Das ist natürlich eine groteske Übertreibung, doch hat, wie wir noch zeigen werden, die Angst mächtiger US-Konservativer vor jedem Anschein einer internationalen ›Einmischung‹ in die inneren Angelegenheiten der USA die UN-Charta geschwächt und die US-Außenpolitik fast drei Jahrzehnte lang bestimmt.

Es geht Bush und seinen politischen Freunden nicht um die Abschaffung der UN. Aber US-amerikanischen Interessen sollte sie schon dienstbar sein. Insofern wird die US-Regierung, abgesehen von erhitzten Auseinandersetzungen über Themen wie den Irakkrieg, sich hüten, lauthals die Abschaffung der UN zu fordern. Man sieht ein, dass es in vielen Bereichen globaler Regulierung bedarf, und schätzt die mühsame Wohlfahrtsarbeit der UN-Organisationen. Und man weiß natürlich, dass die Mehrheit der Amerikaner auch weiterhin auf die Zusammenarbeit mit internationalen Verbündeten setzt.

Washington suchte die Unterstützung des Sicherheitsrates für das Irak-Abenteuer und hätte ein positives Votum begrüßt. Wenn der Rat Einigkeit erzielt, sind seine Entscheidungen legal, ob sie die Anwendung militärischer Gewalt einschließen oder nicht. Die UN-Charta stattet den Rat mit außerordentlichen Machtbefugnissen aus:

– Keine Nation darf eine andere militärisch angreifen oder bedrohen; vielmehr sollen die Mitgliedsstaaten ihre Auseinandersetzungen mit friedlichen Mitteln beilegen. Fälle von Selbstverteidigung ausgenommen, hat nur der Sicherheitsrat das Mandat, den internationalen Frieden aufrechtzuerhalten und den Einsatz militärischer Mittel zu seiner Durchsetzung zu autorisieren.

– Der Sicherheitsrat ist zugleich Richter, Jury und Polizei. Seine Macht ist geschichtlich neu und einzigartig. Seine 15 Mitglieder (ursprünglich elf, aber die Zahl wurde erweitert, nachdem sich die Mitgliedschaft als Folge der Dekolonisierung erhöht hatte) haben unter Berufung auf Kapitel VII (Maßnahmen bei Bedrohung oder Bruch des Friedens und bei Angriffshandlungen) der UN-Charta die Macht, festzustellen, »ob eine Bedrohung oder ein Bruch des Friedens oder eine Angriffshandlung vorliegt«, und der Rat kann beschließen, »welche Maßnahmen [...] zu treffen sind«. Der Sicherheitsrat ist die letzte Instanz, er beschließt ohne Einschränkungen und ohne die Möglichkeit eines Revisionsverfahrens.

– Alle Mitgliedsstaaten der Vereinten Nationen sind gemäß Artikel 25 dazu verpflichtet, die Beschlüsse des Sicherheitsrates zu akzeptieren und durchzuführen. Dadurch kann eine Resolution des Sicherheitsrates, zum Beispiel über Maßnahmen gegen Terroristen, internationales Recht werden und zu globaler Anwendung finden. In der Praxis hat der Rat Entscheidungen vor allem dann umzusetzen versucht, wenn die Antragsteller sich direkt auf das Kapitel VII beriefen. Die arabischen Staaten haben zu ihrem Leidwesen erfahren müssen, dass der Rat (genauer gesagt: die USA) sich weigerte, im Zusammenhang mit dem Nahostkonflikt wichtige Resolutionen umzusetzen, die sich nicht auf das Kapitel VII beriefen.

*

Das Ende des Kalten Krieges beförderte die Umsetzung der UN-Charta und verschaffte den UN-Institutionen einen größeren Handlungsspielraum als je zuvor. Wie der erste Irakkrieg zeigte, kann die UN-Maschinerie höchst wirksam arbeiten, auch wenn beträchtliche diplomatische Bemühungen notwendig waren, um den erforderlichen Konsens herzustellen. Davon abgesehen jedoch hielten sich die USA alle Optionen offen – der amerikanische Vertreter im Sicherheitsrat sorgte dafür, dass der Wortlaut der Resolutionen die mögliche Anwendung von Gewalt seitens der USA und verbündeter Staaten nicht ausschloss. Hätte der Sicherheitsrat nicht zu einem Konsens gefunden, hätten sich die USA auf die in der Charta vorgesehenen Bestimmungen zur Selbstverteidigung berufen können und, stellvertretend für Kuwait, Militäroperationen in die Wege geleitet, um Saddam Husseins Truppen zurückzuschlagen.

Das Problem, wie die Anwendung von Gewalt legitimiert werden kann, ist komplizierter geworden, seit die Bedrohung durch den internationalen Terrorismus und das (damit verbundene) Schreckgespenst der Verbreitung von Massenvernichtungswaffen so stark angewachsen ist. Auch hier kann es zu Annäherungen zwischen dem Multilateralismus und dem derzeitigen amerikanischen Unilateralismus kommen – die iranischen Atompläne wären dafür ein Beispiel. Aber die grundlegende Differenz reicht tiefer. Kofi Annans HLP und viele europäische Regierungen sind konsensorientiert, während die Regierung Bush jeden Kompromiss ablehnt und stattdessen auf der von ihr bevorzugten Strategie beharrt.

Die UN-Charta sieht auch (im Artikel 26) Schritte zu einer allgemeinen Abrüstung vor, indem sie fordert, »dass von den menschlichen und wirtschaftlichen Ressourcen der Welt möglichst wenig für Rüstungszwecke abgezweigt wird«. Der Sicherheitsrat hat dieses umfassende Mandat mit der ziemlich vagen Zielformulierung zwar nie akzeptiert, aber immerhin ein System zur Beschränkung der Weiterverbreitung von Atomwaffen entwickelt. Es beruht im Wesentlichen auf einer Übereinkunft der Atommächte zur nuklearen Abrüstung, im Austausch zur Bereitschaft der anderen Staaten auf atomare Bewaffnung zu verzichten. Aber daraus ist nichts geworden: Die fünf ›autorisierten‹ Nuklearmächte haben die Abrüstung verweigert, drei weitere Staaten haben eigene Atomwaffen entwickelt, und mindestens zwei andere bestehen auf ihrem Recht, ebenso zu verfahren. Immer noch fehlt ein allgemeiner Konsens zur Nichtverbreitung von Massenvernichtungswaffen, ganz zu schweigen von einem zur Beschränkung der konventionellen Rüstung, wie die UN-Charta sie vorsieht.

Unabdingbar für die Verbesserung des Systems internationaler Sicherheit ist ein Einverständnis über die Gültigkeit internationalen Rechts. Die meisten Regierungen und sicher auch die meisten Bürger der westlichen Demokratien unterstützen den Einsatz internationaler Rechtsinstitutionen. Auch die Regierung Bush hat sich zumindest rhetorisch dazu bekannt. Aber was ›Geltung internationalen Rechts‹ heißt, ist interpretationsfähig. US-Konservative lehnen alle Vorkehrungen ab, die über amerikanische Rechtsbestimmungen hinausreichen oder US-Bürger vor internationale Gerichtshöfe bringen könnten. Ähnliche Bedenken gibt es auch in anderen Staaten wie zum Beispiel China. Insofern ist offen, wie dem internationalen Recht internationale Gültigkeit verschafft werden kann.

## Streitpunkt Menschenrechte

In diesem Punkt herrscht eine detaillierte und weithin akzeptierte Vorstellung vor, die allen Menschen gleiche Rechte zubilligt. Seit 1945 hat die internationale Gemeinschaft umfassende Normen für den Schutz der Menschenrechte ausgearbeitet: die UN-Charta, die Erklärung der Menschenrechte, die Konvention über den Völkermord, Verträge zum Verbot rassischer Diskriminierung, von Apartheid und Folter, Verträge zum Schutz der Rechte von Frauen, Kindern und Minderheiten. Diese Instrumente haben neue Maßstäbe gesetzt und sind darauf angelegt, Regierungen weltweit unter Druck zu setzen und zur Beachtung der Vorschriften zu zwingen.

Erleichtert wurde die allgemeine Zustimmung, weil viele Regierungen sich scheuten, diese Normen auf internationalen Foren offiziell abzulehnen, auch wenn sie aus mancherlei Gründen nicht die Absicht hegten, sie im eigenen Land zu beachten. Andere Regierungen wiederum, die für sich selbst die Normen akzeptieren, sehen davon ab, weniger menschenrechtsfreundliche Staaten unter Druck zu setzen, um wichtige politische, wirtschaftliche oder kulturelle Bindungen nicht zu gefährden. Diese Dynamik führt zu leeren rhetorischen Floskeln, Doppelmoral und häufig zu direkter Heuchelei. Nirgendwo im UN-System ist die Kluft zwischen Absichtsbekundung und praktischer Umsetzung größer. Das siebte Kapitel nimmt eine detaillierte Analyse dieses Problems vor.

Oberflächlich betrachtet müssten die Gemeinsamkeiten zwischen Nordamerika, Australien und anderen entwickelten Ländern ausreichen, um überall auf der Welt die Einhaltung der Menschenrechte stärker als bisher durchzusetzen. In der Praxis jedoch hat der konservative Einfluss in den USA die gemeinsamen Anstrengungen zunichte gemacht und in vielerlei Hinsicht zu Differenzen zwischen den Bündnispartnern geführt – am sichtbarsten bei den Problemen Abtreibung und Todesstrafe. Im Zusammenhang mit dem dritten Versuch ist vielfach über die Reform der unfähigen Menschenrechtskommission und anderer ineffektiver Institutionen diskutiert worden, doch grundlegende Änderungen werden erst dann eintreten, wenn die USA (und zum Teil auch Australien) sich ebenso nachdrücklich für die Menschenrechte einsetzen wie andere führende Demokratien.

## Streitpunkt wirtschaftliche Entwicklung

Konkurrierende Vorstellungen über die Gestaltung der globalen wirtschaftlichen Zusammenarbeit und Entwicklung haben zu tiefer gehenden Zwistigkeiten geführt. Das kann angesichts der Interessendifferenzen nicht überraschen – Länder, die die Entwicklungszusammenarbeit finanzieren, verfolgen andere Ziele als diejenigen, die sie benötigen, und wer auf die

Maximierung von Profiten aus ist, wird mit demjenigen in Konflikt geraten, der die Umweltbelastung minimieren will. Hinsichtlich der wirtschaftlichen Entwicklung besteht die Kluft zwischen reichen und armen Ländern weiter fort, wobei politisch versierte Statistiker darüber streiten, wie die Zahlen zu interpretieren sind.

Zwar ist man sich weitgehend darüber einig, dass die reichen Länder den ärmeren helfen sollten, doch ist das größte Geberland, die USA, keineswegs der Meinung, dass die armen ein Recht auf Unterstützung haben. Washington wehrt sich gegen eine Quotierung von Hilfsleistungen und befürwortet die weitestgehende Kontrolle ihres Umfangs und ihrer Verwendung. Zudem sind sich die Geberländer nicht einig über die zu bevorzugenden Entwicklungsstrategien: Soll der Privatsektor stärkeres Gewicht erhalten gegenüber regierungsoffizieller Unterstützung? Ist bilaterale Hilfe wirksamer als multilaterale? Bleibt der Fortschritt aus, wie etwa in Afrika, wachsen die Zweifel an Entwicklungsprogrammen. Und deren chronisch schlechte Umsetzung in den Empfängerländern verschärft die Probleme weiter.

In den 80er-Jahren wurde der ›Konsens von Washington‹ entwickelt. Dieser (allerdings ungenaue) Terminus bezieht sich auf einen Ansatz der Weltbank, des Weltwährungsfonds und der US-Regierung, bei dem Faktoren wie fiskalische Disziplin, Öffnung der Märkte und Teilnahme am Globalisierungsprozess die Hauptrolle spielen. Kritiker monieren, dass er bestenfalls die Reichen begünstige oder schlimmstenfalls völlig versagt habe. Joseph Stiglitz, 2003 Gewinner des Nobelpreises für Wirtschaftswissenschaften, hat an dem Ansatz kein gutes Haar gelassen: »Der Weltwährungsfonds hat seine Aufgabe nicht erfüllt.«[8]

Die zum UN-System gehörenden Organisationen für Entwicklungszusammenarbeit – UNDP, UNEP, UNICEF, WFP und andere – stellen bei der Unterstützung der Bevölkerung armer Länder eher die menschliche Dimension in den Mittelpunkt. Aber auch sie sind ins Kreuzfeuer der Kritik geraten: Es geht dabei um personallastige Führungsetagen, Ineffizienz, mangelnde Flexibilität, falsche Prioritäten und andere Übel einer typischen Großbürokratie, die ihr eigentliches Ziel aus den Augen verloren hat. Zudem können auch sie keine wirklichen Erfolge im Kampf gegen die Armut vorweisen.

Immerhin gibt es im Rahmen des dritten Versuchs verheißungsvolle Ansätze eines Neubeginns. Seit 2000 haben sich die Regierungen auf Entwicklungsziele – die ›Millennium Development Goals‹ (MDGs; im Folgenden: Millenniumsziele) – und konkrete Programme zu deren Umsetzung verständigt. In diesem Zusammenhang scheinen auch viele Geberländer willens zu sein, mehr an Geldern bereitzustellen und dabei insbesondere die Bedürfnisse des afrikanischen Kontinents zu berücksichtigen. Allerdings reichen die Hilfsleistungen, vor allem seitens der USA, noch lange nicht aus.

Natürlich fehlt in der Diskussion um die UN-Reform auch nicht die Forderung nach einer Anpassung der unterschiedlichen Vorstellungen über Entwicklungszusammenarbeit und einer Koordination der verschiedenen Organisationen. Während die UN-Charta dem Sicherheitsrat weitestgehende Befugnisse zur Wahrung der internationalen Friedenssicherung einräumt, hält sie sich beim Problem der globalen wirtschaftlichen und sozialen Zusammenarbeit vornehm zurück. Sie setzt sich für die Erhöhung der Lebensqualität, für Vollbeschäftigung, umfassende Gesundheits- und Sozialfürsorge und die Förderung der Menschenrechte ein, verlangt von den Regierungen aber nicht mehr als ein Gelöbnis, diese hehren Ziele zu verwirklichen. Der UN-Wirtschafts- und Sozialrat hat weder die Autorität noch die Mittel, die dem Sicherheitsrat zur Verfügung stehen.

Die Millenniumsziele helfen, die Regierungen der Geberländer auf das Notwendige hinzuweisen, doch bedarf es für die Umsetzung einer globalen Vision noch größerer Anstrengungen. Mehr Aufmerksamkeit hat da der Bericht von Kofi Annans High Level Panel auf sich gezogen, der »die Untrennbarkeit von Sicherheit, wirtschaftlicher Entwicklung und menschlicher Freiheit« betont. Niemand leugnet, dass diese Faktoren voneinander abhängen, aber die Beziehungen sind komplex und die Probleme nicht im Handstreich zu lösen. Noch lässt sich nicht erkennen, wie diese Einsicht in einen Antrieb umgewandelt werden kann, der stark genug ist, die Kluft zwischen Arm und Reich zu überwinden und die Ursachen, aus denen internationales Verbrechen und globaler Terrorismus entstehen, wirksam zu bekämpfen.

## Der dritte Versuch und die Rolle der Vereinten Nationen

Welche Art von Führung wird benötigt, um dem dritten Versuch Anschub und Richtung zu verleihen? Die Vereinten Nationen sind, geleitet von ihrem Generalsekretär und angetrieben von vielen Mitgliedsstaaten, mit dem Bericht des High Level Panel und mit Kofi Annans eigener Bewertung (»In Larger Freedom: Towards Development, Security and Human Rights for All«) in die Bresche gesprungen. Annan präsentierte seinen im März 2005 veröffentlichten Bericht im September als Beschlussvorlage auf dem Millenniumsgipfel der UN.

Aber die UN-Debatten sind dornenreiche Veranstaltungen. Die größeren Zusammenkünfte, vor allem die alljährlich im September in New York stattfindende Generalversammlung, leben eher von politischer Polemik als von substanziellen Auseinandersetzungen. Viele Regierungschefs nutzen das Forum, um ihrer einheimischen Wählerschaft Botschaften zukommen zu lassen. Die von ihnen proklamierten außenpolitischen Ziele dienen oft genug ihren eigenen politischen Interessen. So wird zum Beispiel den jeweils jüngsten Entwicklungen im Nahostkonflikt immer große Aufmerksamkeit gewidmet. Nur wenige Politiker sind bereit, solche Angelegenheit vor geeigneteren Foren zu erörtern und ihre Zeit in der Generalversammlung zu nutzen, um das Wohl und Wehe der globalen Gemeinschaft zu diskutieren.

Zudem haben die UN ihre eigene Agenda entwickelt. Regierungen sehen sich verpflichtet, beim Dauerstreit über Strukturen und Programme in UN-Komitees oder anderen Einrichtungen bestimmte Positionen zu beziehen und zu verteidigen. Andererseits liegen viele Organisationen und Interessen außerhalb des Zuständigkeitsbereichs der UN, obwohl in den letzten Jahren einiges geschehen ist, um den Anliegen der NGOs und den Bedürfnissen des internationalen Handelns Rechnung zu tragen.

Die größte Herausforderung besteht darin, die USA in einen sinnvollen Dialog über die Probleme der Weltordnung einzubinden. Annan wird dies weiterhin versuchen. Aber seine Beziehungen zur Regierung Bush haben sich seit dem Irakkrieg verschlechtert, da er nicht bereit war, die von Washington verlangte Unterstützung zu leisten, weil die amerikanische Forderung über jedes vertretbare Maß hinausging. Die Diplomaten werden hart arbeiten müssen, um die Differenzen zu beseitigen oder besser: zu übertünchen – denn es ist bereits zu viel Porzellan zerschlagen worden.

Und auch die Kluft, die sich zwischen den USA und Europa aufgetan hat, wird die Diskussion über zentrale Probleme wie kollektive Sicherheit, Abrüstung, humanitäre Intervention, internationales Recht und Menschenrechte weiter anheizen. Robert Kagan hat die transatlantischen Verstimmungen im Titel seines 2003 erschienenen Bändchens umrissen: *Of Paradise and Power: America and Europe in the New World Order*[9]. Zwar haben die beiden Seiten, das Paradies und die Macht, an vielen Entscheidungen des Sicherheitsrates mitgewirkt, und es gibt Anzeichen dafür, dass schon bald erste Schritte der Zusammenarbeit anlässlich der Empfehlungen des

HLP unternommen werden, aber es dürfte noch einige Zeit dauern, bis die gegenseitigen Anwürfe wegen des Irakkriegs, des Kyoto-Protokolls und des Internationalen Gerichtshofs vergessen sind.

Kann es überhaupt Fortschritte beim dritten Versuch geben, solange George W. Bush noch im Amt ist, während Verbündete wie John Howard und Tony Blair 2005 wiedergewählt wurden? Ja, lautet die kurze Antwort. Denn die Ansichten dieser Politiker sind umstritten, und die Probleme werden sich nicht einfach in Luft auflösen. Zwar ist ein schneller Durchbruch unwahrscheinlich, doch lässt sich die Notwendigkeit einer gemeinsamen Plattform zum wirksamen Umgang mit den unleugbar ernsten Bedrohungen unserer Zeit nicht sinnvoll bestreiten. Die Frage ist nur, wie bald es Fortschritt geben kann und wie groß er sein wird.

Zweiter Teil

# Gegen die Geißel des Krieges

KAPITEL 3

# Den Frieden bewahren: Sicherheitsrat, Großmachtpolitik und alternative Bündnisse

Der heutige Sicherheitsrat ist das Ergebnis der Erfolge und Misserfolge des Experiments der frühen Nachkriegszeit. Trotz der ihm in der Charta verliehenen Macht wurden seine Beschränkungen schnell sichtbar: Ethnische und religiöse Zwistigkeiten ließen sich nicht beilegen; es war schwierig, Truppen auf unerwartete Herausforderungen bei bewaffneten Auseinandersetzungen vorzubereiten; einen funktionierenden Staat nach dem Ende von Feindseligkeiten aufzubauen verursachte enorme Kosten. Am schwersten aber wog, dass die Vereinigten Staaten von Amerika nach dem Kalten Krieg zwar weiterhin die Hauptrolle spielten, jedoch nicht willens oder fähig waren, als kraftvolle Führungsmacht die Ziele und Grenzen von Friedensoperationen zu bestimmen.

## Die Konvergenz nationaler Interessen

Der 1945 geschaffene Sicherheitsrat, der Motor des zweiten Versuchs, hat sich in seiner Form und seinen Verfahrensweisen bis heute nicht verändert. Aber seine Operationsweise ist eine radikal andere geworden, als wäre er aus einer Paralyse erwacht oder von Ketten befreit. Seit Gorbatschow ist das obligatorische russische ›Njet‹ im Sicherheitsrat verstummt und einem Geist der Zusammenarbeit gewichen. Mit dem Aufbrechen der ideologischen Verkrustung gelang es dem Sicherheitsrat, Maßnahmen zur Beendigung des schwärenden Konflikts zwischen Iran und Irak zu ergreifen, der Sowjetunion beim Rückzug aus Afghanistan zu helfen und sich mit frischer Kraft um Friedensinitiativen in Südafrika und Mittelamerika zu bemühen.

Mitte 1987 ließ der Sicherheitsrat zum ersten Mal die Muskeln spielen, indem die Perm Five beschlossen, gemeinsam den seit 1980 tobenden Krieg zwischen Iran und Irak, der beiden Seiten erhebliche Verluste gebracht hatte, zu beenden. Schon 1985 hatte sich der UN-Generalsekretär Perez de Cuellar um ein Waffenstillstandsabkommen bemüht, war aber gescheitert. Anfang 1987 trat er öffentlich für eine Zusammenarbeit zwischen den USA und der UdSSR ein und führte überdies Gespräche mit den Vertretern der Perm Five, um sie zu einer Zusammenkunft zu bewegen. Ihre Treffen trugen nicht nur zur Beendigung des Krieges zwischen Iran und Irak bei, sondern wurden danach zu einem üblichen Verfahren. (Allerdings beschwerten sich andere Ratsmitglieder, weil sie von diesen Beratungen ausgeschlossen blieben.)

Nach sieben Jahren eines mit brutaler Härte geführten Krieges standen sich die Streitkräfte beider Länder in einem Patt gegenüber. Doch nun drohte eine Konfrontation mit westlichen Interessen, die sich an der Frage entzündete, ob die Freiheit der Schifffahrt im Persischen Golf gewährleistet sei. 1987 hatte sich der Iran von vorangegangenen Niederlagen erholt und ein größeres Stück irakischen Territoriums erobert. Nun drohte Teheran damit, irakische Öltransporte im Golf zu verhindern. Die USA intervenierten durch eine Ausflaggung kuwaitischer Öltanker und schickten Marinestreitkräfte in den Golf. Auch die UdSSR entsandte Kriegsschiffe, was anfänglich die Gefahr einer gefährlichen Konfrontation heraufbeschwor.

Jedoch sah man in Washington nicht mehr, wie noch 1983 unter Reagan, in der Sowjetunion das ›Reich des Bösen‹, sondern hatte mit der neuen Führung unter Gorbatschow und dessen Außenminister, Eduard Schewardnadse, einen viel versprechenden Dialog begonnen. Als es zu Spannungen wegen der Öltransporte im Golf kam, meinte US-Außenminister Shultz: »Zum ersten Mal seit dem Beginn des Kalten Krieges [...] könnte eine neue Ära in der Zusammenarbeit zwischen den USA und der Sowjetunion beginnen.«[10] Die Konsultationen wurden intensiviert, und die beiden Großmächte koordinierten ihre Seepatrouillen.

Am 20. Juli 1987 verabschiedete der Sicherheitsrat einmütig die Resolution 598, in der Iran und Irak zum Rückzug ihrer Truppen hinter die jeweiligen Landesgrenzen und zur totalen Feuereinstellung aufgefordert wurden. Von Bedeutung war dabei, dass die Resolution die Artikel 39 und 40 der UN-Charta zitierte und sich somit auf Kapitel VII (Artikel 39 und 40 sind die ersten beiden Artikel dieses Kapitels) berief, was die Anwendung von Gewalt möglich gemacht hätte. Allerdings wurde nicht explizit mit Sanktionen oder anderen Zwangsmaßnahmen gedroht. Im Frühjahr 1988 ging der Irak zum Gegenangriff über und gewann die meisten der vom Iran eroberten Gebiete zurück. Eine militärische Lösung war nicht in Sicht, weshalb Teheran und Bagdad die Resolution akzeptierten und im August 1988 ein Waffenstillstandsabkommen in Kraft setzten. Der Sicherheitsrat hatte einen überwältigenden diplomatischen Sieg errungen.

Unterdessen entschloss sich Gorbatschow, die sowjetischen Truppen aus Afghanistan abzuziehen. Dabei galt es, vorher noch mit Washington zu klären, wie die Unterstützung der jeweils eigenen, miteinander rivalisierenden Gruppen im Land zukünftig gehandhabt werden sollte. Gemäß den Genfer Vereinbarungen vom April 1988, die den sowjetischen Rückzug formell bestätigten, richtete der Sicherheitsrat eine militärische Beobachtergruppe – die UNGOMAP – ein, die Gorbatschow innenpolitisch Rückendeckung verschaffte und erfolgreich die Umsetzung der Vereinbarungen überwachte. Das war der zweite große diplomatische Erfolg des Sicherheitsrates. Weitere Bemühungen des UN-Generalsekretärs, durch Verhandlungen für eine auf breiter Unterstützung basierende Regierung zu sorgen, wurden 1992 durch den Zusammenbruch des pro-sowjetischen Nadschibulla-Regimes zunichte gemacht. Afghanistan stürzte ins Chaos und war schließlich den religiösen Extremisten der Taliban-Milizen ausgeliefert.

Auch Namibia und Angola gehörten zu den frühen Nutznießern der neuen Handlungsspielräume des Sicherheitsrates. Am Rande der Genfer Konferenz von 1988 sprach Shultz mit Schewardnadse auch über diese beiden Länder und erreichte, dass Moskau bei den Verhandlungen, die schließlich zum Rückzug der kubanischen Truppen aus Angola und der Truppen Südafrikas aus Namibia führten, Hilfestellung leistete. Zudem konnten die Krieg führenden Parteien in Angola zum Waffenstillstand veranlasst werden.[11] Die daraufhin in Namibia eingesetzte UN Transition Assistance Group (UNTAG) konnte mit großem Erfolg den Verlauf der Wahlen überwachen und Namibias Übergang zur vollständigen Unabhängigkeit begleiten. In Angola erleichterten mehrere aufeinander folgende Verifikationsmissionen (UNAVEM I, II und III) den kubanischen Rückzug, überwachten die Einstellung von Kampfhandlungen und konnten den Frieden eine Zeit lang aufrechterhalten, jedoch nicht das Wiederaufflammen des Bürgerkriegs verhindern.

Außerdem machten die UN außerordentliche Fortschritte bei der Beilegung der Konflikte in Mittelamerika. Hier stimmten Amerikaner und Sowjets darin überein, ihre jeweilige politische Klientel nicht weiter zu unterstützen.

Aktive Diplomatie durch den Generalsekretär, die Länder der Region (Costa Ricas Präsident Arias erhielt für seine Friedensbemühungen den Nobelpreis) und die Supermächte führte 1987 zum Abkommen von Esquipulas II, in dem fünf mittelamerikanische Präsidenten sich verpflichteten, den Frieden und die Demokratie zu fördern. Danach überwachten UN-Missionen die Wahlen in Nicaragua (ONUVEN), die Umsetzung der Vereinbarungen von Esquipulas (ONUCA), die umfassenden Friedensvorkehrungen in El Salvador (ONUSAL) und die Durchsetzung der Menschenrechte in Guatemala (MINUGUA, 1994).

Diese zahlreichen Aktivitäten der UN in Mittelamerika erweiterten den Rahmen der Friedensmissionen in der Ära nach dem Kalten Krieg beträchtlich. ONUVEN war die erste UN-Mission, die in einem unabhängigen Land die Wahlen beobachtete. ONUSAL hatte noch weit umfassendere Aufgaben, musste sie doch nicht nur den Waffenstillstand zwischen der Regierung und den Rebellen der FMLN kontrollieren, sondern auch die Streitkräfte, das Justizsystem und das Wahlrecht reformieren, die Einhaltung der Menschenrechte durchsetzen sowie sich um die Landbesitzverhältnisse und andere wirtschaftliche und soziale Probleme kümmern. Um der Besorgnis, der US-dominierte Sicherheitsrat könne zum einzigen Schiedsrichter bei Zwistigkeiten werden, einen Riegel vorzuschieben, sorgten die mittelamerikanischen Präsidenten dafür, dass ONUVEN von der Generalversammlung bestätigt wurde.

## Irak versus Kuwait: die ›große Illusion‹ einer neuen Weltordnung

Als am 2. August 1990 irakische Truppen in Kuwait einmarschierten, traf sich der vom neuen Geist der Zusammenarbeit gestärkte Sicherheitsrat schon Stunden später, um über eine angemessene Reaktion zu beraten. Die Brutalität von Saddam Husseins Aggression, der keine Provokation vorausgegangen war, stieß auf breite Ablehnung. Der Sicherheitsrat verabschiedete rasch die Resolution 660, in der unter Berufung auf die Artikel 39 und 40 des Kapitels VII der sofortige Rückzug der irakischen Truppen gefordert wurde. Am 6. August verhängte der Rat ein Waffenembargo und umfassende Wirtschaftssanktionen. Die USA zogen Militärkräfte zusammen, die anfänglich dem Schutz Saudi-Arabiens dienen sollten, und verboten dem Irak den weiteren Seehandelsverkehr. Nach kurzem Zögern gab der Sicherheitsrat den Marineoperationen seinen Segen, nicht jedoch weiteren militärischen Aktionen, weil einige Ratsmitglieder erst einmal abwarten wollten, ob die Sanktionen Wirkung zeigten. Auch der US-Kongress war, anders als 2003, zunächst nicht bereit, einen Krieg zu befürworten.

Daraufhin setzten die USA alle diplomatischen Hebel in Bewegung, um den Rat von der Notwendigkeit eines Krieges zu überzeugen. Das gelang: Nur der Jemen und Kuba verweigerten sich. Washington sammelte weitere Truppen. Ende November konnten die USA und Großbritannien die entscheidende Resolution 678 durchdrücken, die die Mitgliedsstaaten (das heißt die USA und ihre Verbündeten) dazu autorisierte, »alle notwendigen Mittel« einzusetzen, wenn der Irak nicht bis zum 15. Januar den Forderungen des Sicherheitsrates Folge leistete. Nun gab auch der US-Kongress, den die Unterstützung seitens der UN nicht unbeeindruckt gelassen hatte, seine Zustimmung. Als der Irak das Zieldatum ohne entsprechende Reaktion verstreichen ließ, setzten Luftangriffe ein. Washington begann am 24. Februar mit der Operation Desert Storm, die schon nach kurzer Zeit erfolgreich abgeschlossen werden konnte.

Die Streitkräfte der Koalition stießen, ihrem Mandat gemäß, nicht bis nach Bagdad vor, aber der Rat verknüpfte das Ende der Feindseligkeiten mit äußerst harten Bedingungen. Die Sanktionen würden fortgesetzt, und eine mit weit reichenden Vollmachten ausgestattete Inspektionskommission (UNSCOM) sollte den vom Irak geforderten Rüstungsabbau überwachen. Außerdem wurden Reparationen festgelegt und Vorkehrungen für die Befestigung der Grenze zwischen dem Irak und Kuwait getroffen. (Die Friedenstruppe zur Sicherung der Pufferzone war die erste, die aus Soldaten aller Perm-Five-Staaten bestand.) Sehr schnell reagierte der Rat auch auf die nach Kriegsende von Saddam betriebene gnadenlose Unterdrückung irakischer Dissidenten, vor allem der Kurden. Obwohl die Resolution 688 Kapitel VII nicht erwähnte, wurde sie die Grundlage für die Errichtung der Flugverbotszone im Norden, die während der nächsten Jahre ein eigenständiges Kurdengebiet schützte.

Die Weltgemeinschaft hatte unter Leitung der UN entschlossen gehandelt, um den Frieden und die internationale Sicherheit wiederherzustellen. Eine angreifende Armee war zurückgeworfen und aufgerieben, der Überfallene befreit worden. Man hatte für Reparationen und die international kontrollierte Entwaffnung des Aggressors gesorgt. Eine neue Ära schien angebrochen.

Doch zeigten sich unter der Oberfläche bereits tiefe Risse. Schon sehr früh äußerten sich islamische Staaten und Entwicklungsländer unzufrieden über die Sanktionen, vor allem, weil die USA und Großbritannien damit die Lieferung von Nahrungs- und Arzneimitteln verhinderten, obwohl gerade solche Güter davon ausgenommen sein sollten. Außerdem zerstritt sich der Rat über die Einrichtung der Flugverbotszonen und die Durchführung der UNSCOM-Inspektionen. Westliche NGOs und einige Regierungen schlossen sich der Kritik islamischer Staaten an, während Frankreich und Russland über den Wert zukünftiger wirtschaftlicher Beziehungen mit dem Ölförderland Irak nachdachten. Diese Uneinigkeiten setzten sich in der Folgezeit fort und trugen zu der Krise bei, die im Vorfeld des zweiten Irakkriegs kulminierte.

Aber 1991 war noch alles eitel Sonnenschein. UN-Friedensmissionen vervielfachten sich, und keine Aufgabe schien den Vereinten Nationen zu klein oder groß: MINURSO sorgte für ein Referendum über die Zukunft der Westsahara; die UNPROFOR für den Schutz der Zivilbevölkerung im ehemaligen Jugoslawien; UNTAC bemühte sich umfassend um die Beilegung von Zwistigkeiten in Kambodscha. Auch in Somalia, Mosambik, Uganda/Ruanda, Liberia, Tadschikistan und Haiti wurde sie tätig; ferner an der Grenze zwischen dem Tschad und Libyen; und in Mazedonien setzte man zum ersten Mal kriegspräventiv operierende Truppen ein (UNPREDEP). Dazu wurden die Aktivitäten im südlichen Afrika und in Mittelamerika fortgeführt.

Die Erfolge dieser ersten Jahre nach dem Kalten Krieg verdankten sich einer Konvergenz nationaler Interessen, die dem Sicherheitsrat bei Beschlüssen darüber, was zu tun sei und wie, Mehrheiten garantierten. Mit der Entscheidung, seinen nationalen Interessen sei besser mit einem Rückzug aus dem südlichen Afrika, Mittelamerika oder Afghanistan gedient, lag Moskau auf einer Linie mit Washington, London und Paris. China schien sich zunächst aus allem heraushalten und lediglich für die Sicherheit der eigenen Peripherie sorgen zu wollen, änderte später jedoch seine Politik in dem Maße, in dem seine politischen Interessen den nationalen Rahmen überschritten.

## Kriegskatastrophen: die Realität des militärischen Engagements

Allerdings liefen die Operationen nicht immer so glatt wie im Fall des Irak. Die UN-Einsätze in Somalia, Ruanda und Bosnien führten schon bald zu unvorhergesehenen Fehlschlägen und Tragödien. Im Oktober 1993 schlug in Somalia eine US-Operation gegen einen lokalen Warlord fehl. Zwei Helikopter stürzten ab, 18 US-Soldaten und etwa 1000 Somalis verloren ihr Leben. Das Fernsehen zeigte, wie ein toter US-Militärangehöriger durch die Straßen geschleift wurde. Obwohl die Militäraktion vom US-Hauptquartier in Florida angeordnet worden war, ohne den Kommandeur der UN-Streitkräfte in Somalia davon zu unterrichten, gab die Regierung Clinton den UN die Schuld und ließ fälschlicherweise verbreiten, der Fehlschlag sei darauf zurückzuführen, dass US-Truppen unter einem Kommando der UN gekämpft hätten.

Die USA zogen sich nun vollständig aus Somalia zurück, und Washington erließ eine neue Richtlinie zur Beteiligung an friedenssichernden Einsätzen. Diese sollte nur noch dann stattfinden, wenn es um klar definierte amerikanische Interessen und erreichbare Ziele ging. Das klang auf den ersten Blick vernünftig, lief aber darauf hinaus, die Arbeit anderen zu überlassen. Zudem wurde der Handlungsspielraum der Regierung Clinton durch den konservativen Senator Jesse Helms eingeschränkt, der weder die UN noch das US-Außenministerium schätzte und seine Kollegen im Kongress dazu überredete, die Beiträge für die UN zu kürzen, um Reformen zu erzwingen, die Einfluss und Aktivitäten der Vereinten Nationen beschneiden sollten.

Im April 1994 starteten die Hutus in Ruanda gegen Tutsis und gemäßigte Hutus einen Feldzug, der schon bald die Ausmaße eines Völkermords annahm. Der kanadische General Romeo Dallaire, der die UN-Hilfsmission (UNAMIR) in Ruanda befehligte, erstattete dem Hauptquartier in New York Bericht, wurde aber weitgehend ignoriert. UNAMIR hatte weder die Ressourcen noch das Mandat zu einer wirksamen Intervention. Die US-Regierung, noch unter dem Eindruck des Desasters von Somalia, ließ, ebenso wie der Sicherheitsrat, auch die Meldungen von Geheimdiensten unbeachtet und leugnete den Völkermord. Bis Juli waren an die 800.000 Menschen ermordet worden, bevor die Patriotische Front von Ruanda (RFP), die Streitkräfte der Tutsis, die Oberhand gewann. Für das Versagen des Sicherheitsrates, der drei Monate verstreichen ließ, ehe er eingriff, gibt es keine Entschuldigung.

Kaum ein Jahr später versagten die UN erneut, diesmal in Bosnien, wo nach monatelangem Zaudern ein UN-Friedenskorps eingesetzt worden war, um die Zivilbevölkerung zu schützen und, so weit möglich, den Konflikt einzudämmen. Am 11. Juli 1995 fand das Massaker von Srebrenica statt, in dem serbische Streitkräfte 7000 muslimische Männer und Jungen ermordeten. Die Stadt war von den UN zur Sicherheitszone erklärt worden und wurde von niederländischen Blauhelmsoldaten beschützt. Diese griffen jedoch nicht ein, als das Morden begann. Zwar war das Kontingent, wie in Ruanda, zu klein, um den serbischen Streitkräften Paroli bieten zu können, doch leistete es auch keinen nennenswerten Widerstand, als muslimische Bürger ergriffen und fortgeschleppt wurden. Das sei, wurde später geurteilt, gewissenlos gewesen.

Dieses mehrfache Versagen warf einen Schatten auf die UN-Friedensmissionen. Zwar waren die Ratsmitglieder weiterhin guten Willens, zusammenzuarbeiten, doch wurde es zunehmend schwieriger, einen Konsens zu finden, weil sich die Zweifel hinsichtlich der Wirksamkeit und der Kosten von Friedensoperationen mehrten. Namentlich Letztere schienen außer Kontrolle zu geraten. Als Konsequenz wurde der jährliche Betrag, der 1994 und 1995 noch an die 3,5 Milliarden Dollar betragen hatte, 1996 auf 1,5 Milliarden zurückgeschraubt und bewegte sich während der nächsten drei Jahre um eine Milliarde Dollar.[12]

Die Ratsmitglieder wurden also vorsichtiger, obwohl die Konflikte in fast allen Teilen der Welt keineswegs abnahmen. Während das Jahr 2000 und mit ihm die Millenniumssitzung näher rückte, musste der Rat seine Aufmerksamkeit gewalttätigen Auseinandersetzungen in Haiti, Angola, der Zentralafrikanischen Republik, Sierra Leone, der Demokratischen Republik Kongo, Äthiopien-Eritrea und, was zu den größten Differenzen führte, dem Kosovo zuwenden. Die Konflikte in Haiti und den meisten afrikanischen Ländern liefen nach altbekannten Mustern innerer Krisen ab, die Hilfe von außen notwendig machten, um die Ermordung von Zivilisten einzudämmen und für die Wiederherstellung einer, wenn auch oft unsicheren, Ordnung zu sorgen. Der Konflikt zwischen Äthiopien und Eritrea betraf alte Grenzstreitigkeiten.

Die Krise in der serbischen Provinz Kosovo ließ im Sicherheitsrat den alten Graben zwischen Ost und West wieder aufbrechen, auch wenn es diesmal nicht um Kommunismus oder Kapitalismus ging. Unter dem Vorwand, gegen Rebellen vorzugehen, unterdrückten serbische Truppen brutal die ethnische Minderheit der Kosovo-Albaner. Die USA, Frankreich und Großbritannien sprachen von unannehmbaren ethnischen Säuberungen und forderten militärische Aktionen zur Rettung der Albaner, während Russland seinem slawischen Brudervolk, den Serben, die Stange hielt. Der russische Botschafter warnte vor dem »Virus eines unilateralen Vorgehens«, und sein chinesischer Kollege sprach von einer Machtpolitik der Starken »zur Einschüchterung der Schwachen«[13]. Während der Sicherheitsrat so zur Handlungsunfähigkeit verdammt war, führte die NATO Luftangriffe durch, die den serbischen Präsidenten Milošević zwangen, seine Truppen zurückzuziehen und das Kosovo unter externe Kontrolle zu stellen. Als sich der

Staub gelegt hatte, bügelte der Sicherheitsrat seine internen Differenzen im Juni 1999 glatt, indem er eine UN-Mission (UNMIK) aussandte, die mit den NATO-Kräften für die Wiederherstellung der Ordnung sorgte und dann die Kontrolle über die Verwaltung des Kosovo übernahm.

## Erste Reformansätze

Nachdem die Streitigkeiten über das Kosovo beigelegt waren, kam 2000 im Sicherheitsrat frischer Wind auf. Im Januar würzte der US-Botschafter Holbrooke die Beratungen mit einer eintägigen Diskussion über Aids als Bedrohung des internationalen Friedens und sorgte später dafür, dass Jesse Helms vor dem Rat eine Rede halten konnte. Helms äußerte sich höflich, aber kritisch über den Daseinszweck der Vereinten Nationen. Doch wurde sein Auftritt im Wesentlichen von der Frage bestimmt, ob er sich für diese Möglichkeit revanchieren würde, indem die USA zumindest einen Teil der bislang zurückgehaltenen umfangreichen Beitragszahlungen leisten würden – was im folgenden Jahr tatsächlich geschah, jedoch weiterhin unter dem Vorbehalt einer umfassenden Reform der UN.

Mittlerweile hatte sich der Rat von den katastrophal verlaufenen Friedensmissionen der 90er-Jahre erholt und war bereit, Konsequenzen zu ziehen. UN-Generalsekretär Kofi Annan richtete ein unabhängiges Gremium unter Leitung des ehemaligen algerischen Außenministers Lakhdar Brahimi ein, das umsetzbare Vorschläge zur Verbesserung der Friedensmissionen erarbeiten sollte. Der Rat nahm sich den Bericht, der für klarere Mandate in angemessener Stärke und Ausstattung plädierte und eine bessere Unterstützung durch das UN-Sekretariat forderte, zu Herzen, auch wenn die Vorschläge bei späteren Operationen angesichts politischer Differenzen und fehlender Geldmittel nicht immer vollständig umgesetzt werden konnten.

Am 7. September zeigte der Sicherheitsrat bei seiner Millenniumssitzung in Gegenwart von Regierungschefs und Staatsoberhäuptern eine fast grimmig zu nennende Entschlossenheit. Die aus acht Abschnitten bestehende Erklärung bestätigte die Grundsätze der UN-Charta und rief dazu auf, die Wirksamkeit der Organisation zu stärken. Experten, geübt in der Deutung der bürokratisch verklausulierten Sprache, wiesen vor allem auf Initiativen hin, die Afrika, die Kontrolle von Kleinwaffen, die Bestrafung von Kriegsverbrechen, den Kampf gegen Aids und das Verbot, Aufstände durch hochwertige Güter (wie etwa Diamanten) zu finanzieren, betrafen.

Allerdings rief die Erklärung keine großen Begeisterungsstürme oder Zukunftserwartungen hervor. Der Rat musste weiterhin Schwerstarbeit leisten, um die gegenwärtigen und drohenden Krisen, deren schlimmste sich in Ost-Timor abzuzeichnen begann, zu bewältigen. Der Weg, der vor ihm lag, war steinig, umso mehr, als in den USA im Herbst 2000 ein konservativer Präsident, George W. Bush, die Wahlen gewann, während im Kongress eine nunmehr republikanische Mehrheitsfraktion mit einem noch stärkeren Jesse Helms zunehmendes Desinteresse an den UN bekundete.

Der Brahimi-Bericht zeigte auf, wie die operationalen Strukturen verbessert werden konnten, doch war er natürlich außerstande, die fünf ständigen Mitglieder des Sicherheitsrates zu einer Neubewertung ihrer jeweiligen nationalen Interessen zu bewegen. Der Streit über die Sanktionen gegen den Irak vertiefte sich: Auf der einen Seite standen die USA und Großbritannien, denen es um die dauerhafte Eindämmung der militärischen Fähigkeiten Saddam Husseins ging, auf der anderen Seite Russland und Frankreich, die auf stärkere Flexibilität drängten, um die Tür zu einer späteren Wiederaufnahme von Wirtschaftsbeziehungen mit Bagdad nicht gänzlich zuzuschlagen.

Doch auf das, was die nächsten Jahre bringen sollten, konnte der Rat beim besten Willen nicht vorbereitet sein.

## 9/11 und Afghanistan: die USA und der Sicherheitsrat

Der Anschlag von al-Qaida auf das World Trade Center und das Pentagon am 11. September 2001 revidierte die Rolle, welche die UN sich zugedacht hatten, von Grund auf. Anfänglich reagierte die Weltöffentlichkeit mit großem Mitgefühl und breiter Unterstützung für die USA. Eine Resolution vom 12. September verurteilte die terroristischen Gewalttaten und forderte dazu auf, alle notwendigen Maßnahmen gegen deren Urheber zu ergreifen; eine weitere Resolution, vom 28. September, beschloss, die Konten der Terroristen zu sperren und ihren Bewegungsspielraum einzuengen, wobei ein eigens eingerichtetes Komitee die Umsetzung in die Praxis beaufsichtigen sollte. Am 12. November schließlich trat der Rat auf Außenministerebene zusammen und rief alle Staaten dazu auf, ihre Aktionen gegen den Terrorismus zu verschärfen. (Im Kapitel 6 wird die Reaktion des Rates auf den Terrorismus detaillierter erörtert.)

Indes billigte die Regierung Bush bei dem erneuten ›Krieg gegen den Terror‹ den UN keine zentrale Rolle zu, sondern trieb diesen Krieg, der zunächst gegen Afghanistan geführt wurde, mit Hilfe eines Bündnisses voran, dem unter anderen Australien, Großbritannien, Pakistan und Tadschikistan angehörten. Man brauchte die Hilfe dieser Länder für den raschen Einsatz von US-Sondertruppen und die Unterstützung von afghanischen Rebellen im Norden des Landes. Die Operation vertrieb die Taliban von der Macht und zwang den Führer von al-Qaida, Usama bin Ladin, zur Flucht. Obwohl der Sicherheitsrat höchstwahrscheinlich die US-Operationen autorisiert hätte, sah Washington keine Notwendigkeit, sein Vorgehen durch die UN legitimieren zu lassen. Für Washington war der Rat nur ein Hindernis, das man, um militärisch schnell reagieren zu können, umgehen musste.

Allerdings benötigte man den Sicherheitsrat später, um den Frieden in Afghanistan zu sichern. Kofi Annan ernannte Lakhdar Brahimi zu seinem Sonderbeauftragten. Das UN-Entwicklungsprogramm (UNDP) stellte Gelder für die Übergangsregierung in Kabul bereit. Brahimi spielte eine Schlüsselrolle bei der Wiedereinsetzung einer afghanischen Regierung und vermittelte auch bei potenziell gefährlichen Konflikten mit lokalen Warlords. Im März 2002 befürwortete der Sicherheitsrat die Einrichtung einer politischen Mission (UNAMA), die sich auf den Wiederaufbau des kriegszerstörten Landes konzentrieren sollte. Sie arbeitete mit den auf Initiative der USA gegründeten ISAF-Truppen (International Security Assistance Force) zusammen.

Allerdings reichten die Ressourcen bei weitem nicht aus, um den Frieden in Afghanistan gewinnen zu können. So blieb es bei der Wiederbelebung rudimentärer wirtschaftlicher Aktivitäten. Die westlichen Sicherheitskräfte wurden in Kabul konzentriert. Hier gab es zwar beeindruckende Fortschritte bei der Demokratisierung und in den Bildungsmöglichkeiten für Mädchen und Frauen. Doch außerhalb der Hauptstadt regierten die Warlords, die Opiumproduktion blühte wie nie zuvor (2004 kamen 80 Prozent der weltweiten Bestände aus afghanischen Quellen und machten 60 Prozent des Bruttosozialprodukts aus), und die Diskriminierung von Frauen bestand fort.

## Irak: die USA und Großbritannien gegen die UN

Schon bald nach dem Afghanistankrieg kam es im Sicherheitsrat zu ersten Auseinandersetzungen über die Irakpolitik. Der Streit brach aus, als Präsident Bush im September 2002 der UN-Generalversammlung klar machte, dass die USA entschlossen seien, Saddam Hussein notfalls auch ohne Zustimmung der UN zu stürzen. Er fragte: »Wollen die Vereinten Nationen den Zielvorstellungen ihrer Gründungsväter gerecht oder wollen sie bedeutungslos werden?« Zwei Tage zuvor hatte Kofi Annan in einem Interview mit der BBC den Gegenstandpunkt vertreten: »Einzig und allein der Rat kann für die Legitimation sorgen, die man braucht, um zu handeln.«[14]

Aber die Legitimität spielte bei den Erwägungen Washingtons keine ausschlaggebende Rolle. Nachdem es den USA nicht, wie noch 1991, gelungen war, eine ›kriegsauslösende‹ Resolution durchzusetzen, überließen sie den Sicherheitsrat sich selbst und marschierten mit einer ›Koalition der Willigen‹ (hauptsächlich Australien und Großbritannien) im März 2003 in den Irak ein. Die irakischen Streitkräfte waren schnell niedergerungen, und das Land wurde nun durch eine provisorische Verwaltung (die Coalitional Provisional Authority) regiert. Einflussreiche amerikanische Konservative begrüßten den ›Tod der UN‹, und aus Washington ertönte Triumphgeschrei.

Parteigänger der US-Regierung dämonisierten Frankreich und Russland, weil diese Länder nicht nur recht lukrative Wirtschaftsbeziehungen mit dem Irak gepflegt, sondern darüber hinaus Washingtons Kriegsbereitschaft kritisiert hatten. Weniger beachtet wurde, dass nicht nur die Franzosen und Russen, sondern auch die Türken und Deutschen sich mehrheitlich gegen den Krieg ausgesprochen hatten und nicht bereit waren, der amerikanischen Argumentation zu folgen. Als sich Saddams Massenvernichtungswaffen als Fata Morgana erwiesen und die von Washington und London vorgebrachten Begründungen für den Krieg in sich zusammenfielen, führte das zu weiteren Ressentiments und Vorwürfen.

Erst als es galt, den Frieden im Irak zu sichern, wandte sich Washingtons Aufmerksamkeit plötzlich wieder den UN zu. Die USA brauchten die Kooperation des Sicherheitsrates für den Wiederaufbau des Landes, wobei es zunächst einmal um die Aufhebung der Sanktionen und die Freigabe von Einnahmen aus der Ölproduktion ging, die bereits im Zusammenhang mit dem Öl-für-Lebensmittel-Programm auf irakische Konten gebucht waren. Die Resolution 1483 vom 22. Mai nahm sich dieser Aufgaben an. Doch schwelten die Zwistigkeiten weiter, weil einige Länder, die ohnehin gegen den Krieg gewesen waren, nun einen schnellen Abzug der Amerikaner und die Übertragung der Souveränität auf die Iraker befürworteten – was Washington indes ablehnte.

Wie zuvor im Fall Afghanistan versagte auch diesmal der Sicherheitsrat nicht seine Unterstützung. Doch ging er gemächlich zu Werke, auch um nicht den Eindruck dienstfertiger Unterwürfigkeit gegenüber den US-amerikanischen Wünschen zu erwecken. Nachdem lange über Themen wie die Verantwortlichkeiten von UN-Inspektoren (UNMOVIC) verhandelt worden war, verabschiedete der Rat die Resolution 1500, in der die Rolle der UN neu bestimmt wurde: Wie schon in Afghanistan erhielten sie auch hier die Form einer politischen Mission. Die UN-Mission im Irak (UNAMI) hatte gerade mit ihrer Arbeit begonnen, als sie auch schon einen tragischen Rückschlag erleiden musste: Im August 2003 wurde ihr nur unzureichend bewachtes Hauptquartier in Bagdad zum Ziel eines Bombenattentats, bei dem es viele Tote gab – unter ihnen auch der hoch geachtete Leiter der Mission, Sergio Vieira de Mello.

## Auf Sand gebaut: Der dritte Versuch gerät ins Wanken

Zwei Jahre nach dem Irakkrieg war der dritte Versuch der UN, ein internationales Sicherheitssystem mit dem Rat als dessen Zentrum aufzubauen, im Scheitern begriffen. Die nach dem Ende des Kalten Krieges von den Perm Five demonstrierte Einmütigkeit war nicht von Dauer gewesen, der Konsens hatte sich als illusorisch erwiesen. Die mit dem zweiten Irakkrieg verbundene Konfrontation hatte sich nicht an taktischen Differenzen entzündet, sondern erwuchs aus fundamental gegensätzlichen Auffassungen.

Divergierende nationale Interessen, wie gewöhnlich definiert durch die jeweils regierenden Parteien, traten bei Beratungen des Sicherheitsrates deutlich zutage. Dabei zeigte sich, dass der Westen hinsichtlich der Frage, wann und wie Gewalt einzusetzen sei, tief gespalten war. Der Riss verlief zwischen den USA und Europa. Die erbitterten Auseinandersetzungen über den Irakkrieg gaben sogar Anlass, das Weiterleben der transatlantischen Allianz zu bezweifeln. Führende amerikanische Neokonservative griffen nicht nur die UN an, sondern schienen sich auch gerne vom ›alten Europa‹, namentlich Frankreich und Deutschland, verabschieden zu wollen. Vernünftigere Köpfe rieten zu Geduld und weiterem Vertrauen in die traditionellen Bindungen, zu denen auch die NATO gehört.

Aber auch andere politische Gräben waren keineswegs zugeschüttet worden. Die Interessen kleiner und armer Nationen sind mit denen der reichen und mächtigen nur selten auf einen Nenner zu bringen. Ein Beispiel für diese zerstörerische Divergenz ist sicherlich die unterschiedliche Einschätzung der Sache der Palästinenser. Die weniger mächtigen Länder – und nicht nur die Diktaturen unter ihnen – betrachten einen Sicherheitsrat, der ihre Souveränität im Namen einer humanitären Intervention verletzen könnte, mit Misstrauen. Dass es den USA nicht gelang, die symbolische Zahl von neun positiven Stimmen für ihre Irak-Invasion zu gewinnen, spiegelt dieses Misstrauen wider.

Und selbst wenn Russlands Einwände gegen die westliche Kosovo-Politik vor allem auf den ethnischen Verbindungen zu den Serben beruhten und nicht auf kommunistischer Ideologie, kamen die russischen Argumente in Peking gut an. In Pekings Haltung deutete sich die Bereitschaft zu einer längerfristigen Zusammenarbeit mit Moskau an, um dem Druck US-amerikanischer Dominanz standhalten zu können. Vielleicht liegt hierin auch der Grund für das chinesische Veto (ein von Peking selten benutztes Instrument) zur Beendigung des Einsatzes der UN-Präventivstreitkräfte in Mazedonien (UNPREDEP). Auch wenn der unmittelbare Anlass die Anerkennung Taiwans durch die mazedonische Regierung gewesen sein dürfte.

Der Krieg gegen den Irak konzentrierte die Aufmerksamkeit auf das übergreifende moralische Problem: Welche Richtlinien sollen den Einsatz militärischer Gewalt rechtfertigen oder bestimmen, und was soll geschehen, wenn der Sicherheitsrat nicht in der Lage ist, den Einsatz zu autorisieren? Immer wieder haben sich die UN in den letzten 60 Jahren damit befasst, ob es um den Suezkanal, den ungarischen Aufstand von 1956, um Panama, Kambodscha oder das Kosovo ging. Viele Lösungen wurden vorgeschlagen, doch keine von ihnen konnte die Divergenz der Interessen und Begleitumstände beseitigen. (Im 13. Kapitel werden wir die von Kofi Annans High Level Panel erarbeiteten Ideen aufgreifen.)

Häufig wurde der von den USA angeführten Irak-Invasion vorgehalten, ihr Vorgehen sei illegal. Dieser Vorwurf ist, will man nicht ausgefeilteste argumentatorische Winkelzüge benutzen, gerechtfertigt. Da die Invasion nicht vom Sicherheitsrat autorisiert wurde, verletzte sie das in der UN-Charta festgeschriebene internationale Recht. (Im fünften Kapitel werden wir die Kluft zwischen Rechtsanspruch und Rechtswirklichkeit erörtern.) Realistischerweise muss man aber erkennen, dass eine militärische Groß- oder Mittelmacht, ob die USA, Frankreich, Russland, China oder wer auch immer, jedes Mal Gewalt einsetzen wird, wenn dies ihren nationalen Interessen dienlich ist. Daran gehindert werden kann sie bestenfalls durch das militärische Potenzial einer anderen Macht, nicht durch ablehnende Gesten der UN.

Unverkennbar ist auch, dass viele Mitgliedsstaaten sich weigern, Verantwortung zu übernehmen, wenn die politischen oder wirtschaftlichen Kosten zu hoch zu werden drohen. Ein Beispiel dafür ist die sudanesische Provinz Darfur, wo Anfang 2005 Tausende von Zivilisten getötet und eineinhalb Millionen vertrieben worden waren. Urheber waren marodierende Milizen, die von der Regierung unterstützt wurden. Während China und Russland

Entscheidungen im Sicherheitsrat blockierten, konnten sich die USA und die Europäer nicht dazu durchringen, die schutzlose Zivilbevölkerung mit ausreichenden Mitteln vor dem Schlimmsten zu bewahren.

Und selbst wenn der Sicherheitsrat zustimmt, können humanitäre Grundsätze noch taktischen und ökonomischen Erwägungen zum Opfer fallen. Ein besonders beeindruckendes Beispiel bietet die Demokratische Republik Kongo. Dort starben mehr als drei Millionen Menschen in der Folge von bewaffneten Auseinandersetzungen. UN-Friedenstruppen (MONUC) waren Anfang 2005 mit über 12.000 Mann und einem Jahresbudget von mehr als 700 Millionen Dollar im Einsatz. Das reichte aus, um die Ordnung in einigen Städten wiederherzustellen, war jedoch nur ein Bruchteil dessen, was benötigt würde, um die Kontrolle über das große und disparate Land zu gewinnen.

Oft genug fangen nach der erfolgreichen Beendigung eines Bürgerkrieges die eigentlichen Probleme erst an. In der Erklärung zum Millenniumsgipfel wird das Problem, den Frieden nicht nur erlangen, sondern auch aufrechterhalten zu können, benannt: Es gehe darum, »umfassende und miteinander verbundene Strategien zu entwickeln, um die tieferen Ursachen von Konflikten samt ihrer wirtschaftlichen und gesellschaftlichen Dimensionen anzugehen«. In Ost-Timor und Kambodscha hat man sehr viel investiert, um diese Ziele zu erreichen, auch wenn der Frieden noch nicht völlig gesichert ist. In vielen Fällen aber reichen die Gelder nicht aus, um ein Land wieder auf einigermaßen sichere politisch-wirtschaftliche Füße stellen zu können.

## Zukünftige Herausforderungen

Aber das alles heißt natürlich nicht, dass der Sicherheitsrat nur noch eine Schattenexistenz führt. Trotz aller Heftigkeit seiner Debatten um seine Aufgaben und seine Zukunft fanden Ende 2004 16 friedenssichernde Operationen mit einem Gesamtbudget von 3,87 Milliarden Dollar für den Zeitraum vom 1. Juli 2004 bis zum 30. Juni 2005 statt. Hinzu kamen noch zwölf politische Missionen, darunter die in Afghanistan und dem Irak. Und schließlich brachten diplomatische Bemühungen zur Begrenzung des iranischen Atomprogramms und zur Beendigung des Konflikts in Darfur den Sicherheitsrat ins Spiel.

Der Sicherheitsrat ist also mit vielen und dazu höchst unterschiedlichen Aufgaben befasst, zu deren vordringlichster die weltweite Stärkung der Abwehrkräfte gegen die Gefahren des Terrorismus gehört. Noch mehr als genug gibt es im Irak, im Kosovo und in Afghanistan zu tun. Auch weiterhin werden Regierungen und NGOs den Rat bedrängen, sich verstärkt um die Durchsetzung von Demokratie und Menschenrechten zu kümmern.

Zweifellos jedoch wird während des nächsten Jahrzehnts der afrikanische Kontinent die stärkste Herausforderung für den Sicherheitsrat sein. Die Millenniumserklärung bekundete zwar die Absicht, alle Regionen gleichermaßen zu berücksichtigen, widmete sich aber auch den »speziellen Bedürfnissen Afrikas«, die »besondere Aufmerksamkeit« benötigten. Tony Blair bekräftigte dies im Februar 2005. Bislang jedoch sind alle Versuche, Afrika umfassend zu helfen, an mangelnden Ressourcen und der Kurzatmigkeit des politischen Willens gescheitert. David Malone, Präsident der International Peace Academy, bemerkte dazu: »Wenn der Rat in den nächsten Jahren weitermacht wie bisher, wird er den problematischsten Kontinent der Erde ebenso links liegen lassen wie die Intentionen der Charta.«[15]

Welche Möglichkeiten der Sicherheitsrat letztlich hat und welche Rolle er spielen wird, hängt in erster Linie von der Haltung der USA ab. Zweifellos werden die Amerikaner auch weiterhin den Sicherheitsrat einschalten, wenn sie ihn brauchen, und ihn ausschalten, wenn es auch anders geht.

»Träume von Weltordnungen kommen und gehen«, bemerkte Sir Brian Urquhart einmal.[16] Sein Engagement für die Vereinten Nationen hat ihm das Etikett ›Vater der UN-Friedensmissionen‹ eingebracht. Was Urquhart Ende 2003 äußerte, hatte anlässlich des 60. Geburtstags der UN einen pessimistischen Beiklang.

Kapitel 4

# Sicherheitsprobleme: politische Missionen, Friedenssicherung und Sanktionen

Die Friedenssicherung schien auf dem Papier ein einfaches Konzept zu sein: Wenn zwei Gegner die Kämpfe einstellen, rücken Blauhelmsoldaten an, um eine Waffenstillstandslinie zu kontrollieren, bis sich der Staub gelegt hat und sie wieder nach Hause zurückkehren können. In der Realität nahm sich das jedoch anders aus. Eine der ersten Friedenseinheiten wurde 1948 in den Nahen Osten geschickt, wo sie noch immer tätig ist; weltweit sind fast 2000 Blauhelmsoldaten im Einsatz gestorben. Die Aufgaben erweisen sich mittlerweile als so komplex, dass es schwierig ist, eine allseits gültige Definition für den Begriff ›Friedenssicherung‹ zu finden.

Folglich gibt es noch andere Begriffe, um die Aktivitäten der UN zur Lösung von Auseinandersetzungen zu benennen: Konfliktprävention, friedensstiftende Maßnahmen, Friedenserhaltung. Die Terminologie mag nach Jargon klingen, aber was ihr zugrunde liegt, ist allgemein verständlich: Konflikten beugt man vor, wo es möglich ist; den Frieden sichert man, indem man Auseinandersetzungen gewaltlos beilegt; man stiftet ihn, um nicht militärische Gewalt einsetzen zu müssen; und man erhält ihn, indem man gesellschaftliche Strukturen so einrichtet, dass die Ursachen des Konflikts beseitigt werden. Waffenembargos und Wirtschaftssanktionen sind dabei flankierende Maßnahmen, können aber auch als eigenständiges Verfahren eingesetzt werden.

1947 schickte Australien die ersten UN-Friedenssoldaten ins Feld, um die Einhaltung eines Waffenstillstandsabkommens zwischen Indonesien und den Niederlanden zu überwachen. Damals wurden Angehörige der australischen Botschaft in Indonesien zur Good Offices Commission der UN versetzt. 1960 wollte UN-Generalsekretär Dag Hammarskjöld die Situation im Kongo befrieden und setzte sich mit zahlreichen Staatsführern in Verbindung, um die dafür notwendigen Truppen zu organisieren. Ghana und Tunesien waren die ersten von etwa 30 Ländern, die Soldaten schickten. Am Ende umfasste die UN-Truppe fast 20.000 Mann.

Seither haben die UN reichlich Erfahrungen sammeln können. In allen Weltregionen verlangen Konflikte nach Interventionen. Im März 2005 waren mehr als 66.000 Soldaten oder Militärpolizisten bei 17 verschiedenen UN-Friedensmissionen im Einsatz. Das Gesamtbudget betrug, bezogen auf das mit dem 20. Juni 2005 endende Rechnungsjahr, fast 4,5 Milliarden Dollar. Hinzu kamen zehn politische und friedensstiftende Missionen, unter anderem im Irak und in Afghanistan. Der Erfolg oder Misserfolg dieser Operationen berührt das Leben von Millionen unschuldiger Zivilisten.

Einige dieser Operationen sind erfolgreicher als andere. Mitte 2005 war es um den Frieden in der Demokratischen Republik Kongo oder im Sudan nicht besonders gut bestellt, obwohl dort Waffenembargos verhängt worden waren. Andererseits gab es in Ost-Timor und Bougainville beachtliche Fortschritte, die man sich für Haiti und die Elfenbeinküste einstweilen nur wünschen kann. Müssen sich Katastrophen wie in Bosnien oder Ruanda in Darfur zwangsläufig wiederholen? Und wie konnte es zum sexuellen Missbrauch von Kindern durch Blauhelmsoldaten in der DR Kongo kommen?

Im Folgenden erörtern wir, welche friedenssichernden Mittel den UN jenseits militärischer Aktionen à la Kosovo oder Irak zur Verfügung stehen. Welche Instrumente greifen, und warum? Diese Fragen sind nicht so schwierig zu beantworten, wie man denken könnte, doch muss man die grundlegenden Probleme verstehen, um den moralischen Aspekt der Verantwortung der entwickelten Welt für die Intervention in Krisengebieten einsichtig machen zu können.

## Wo, bitte, geht's zum Frieden? Neue Konzepte, Dimensionen und Begriffe

In der ersten Zeit nach dem Kalten Krieg schossen Friedensmissionen wie Pilze aus dem Boden. 1992 wollte UN-Generalsekretär Boutros-Ghali die Konzepte systematisieren und zugleich für effektivere Methoden sorgen. Sein Bericht an den Sicherheitsrat, *An Agenda for Peace*, verteidigte den Umfang der Friedensoperationen und schlug sogar die Einrichtung stehender Militäreinheiten zur Durchsetzung des Friedens vor.

Diese Vorschläge wurden zwar als allzu ehrgeizig kritisiert, entsprachen jedoch durchaus den Erfordernissen der Zeit. Unglücklicherweise befassten sich die Mitgliedsstaaten nicht ernsthaft damit, was dann, wie John Gerard Ruggie betonte, zu jenen theoretischen und praktischen Konfusionen führte, die aufgrund der ungelösten Probleme von Kommando- und Kontrollstrukturen wesentlich zu den Katastrophen in Somalia, Bosnien und Ruanda beitrugen.[17] Im Jahr 2000 übernahm ein geläuterter Sicherheitsrat die ähnlich gelagerten Empfehlungen des hoch geschätzten Brahimi-Berichts, den Generalsekretär Annan zur kritischen Bewertung der Fiaskos der 90er-Jahre in Auftrag gegeben hatte.

Der Terminus ›Friedenssicherung‹ dient heute allgemein zur Bezeichnung von Friedensoperationen, die im Kern militärische oder militärpolizeiliche Funktionen haben. Zur Entsendung von Friedenstruppen gehört als Vorbedingung die Zustimmung der am Konflikt Beteiligten. Die UN-Soldaten sind zwar bewaffnet, setzen militärische Gewalt jedoch nur als letztes Mittel ein, um Zivilisten zu schützen oder sich selbst zu verteidigen. Das Department of Peacekeeping Operations (DPKO)[18] der UN unterscheidet bei der Friedenssicherung drei größere Kategorien:

– Unterstützung bei der Einhaltung von Waffenstillständen, wobei vorwiegend Militärpersonal zum Einsatz kommt;

– Durchsetzung umfassender Vereinbarungen wie etwa Friedensabkommen, darüber hinaus die Stabilisierung und Stärkung nationaler Institutionen; und

– Schutz humanitärer Operationen, die gewaltsamen Angriffen ausgesetzt sein könnten.

*

Drei weitere Kategorien sind vor allem ziviler Natur: Konfliktprävention, Friedensstiftung und Friedenssicherung. Um diese Ziele zu erreichen, beaufsichtigt das Department of Political Affairs (DPA)[19] Missionen, die unabhängig oder in Verbindung mit einer friedenssichernden Mission eingesetzt werden können.

– Konfliktprävention ist darum bemüht, Auseinandersetzungen zu schlichten, bevor Gewalt ausbricht, soll aber auch die Eskalation oder den erneuten Ausbruch von Gewalttätigkeiten verhindern;

– Friedensstiftung bemüht sich um Verhandlungen (unter Führung des Generalsekretärs oder seines Repräsentanten), die den Konfliktbeteiligten helfen sollen, ihre Auseinandersetzungen friedlich beizulegen; und

– Friedenssicherung bemüht sich um Hilfe von außen, damit ein Land seinen Weg aus dem Krieg zum Frieden findet (weshalb in den USA auch der Begriff *nation-building* benutzt wird, der bei manchen Konservativen einen pejorativen Beigeschmack gewinnt).

## An der Front für den Frieden: Sondergesandte, Blauhelme und gemischte Operationen

Längst ist das DPKO, die Abteilung für friedenssichernde Operationen, ein großes und professionelles Unternehmen geworden. Ihr Kernbereich, die Military Division, verantwortet die Planung und Durchführung von Operationen, die Aufstellung von Streitkräften, die Ausbildung von Militärpersonal und die Bewertung von Einsätzen. Zudem beaufsichtigt sie ein Verfügbarkeitssystem (Standby Arrangements System), das aktuelle Informationen aus über 90 Staaten enthält, die zur Entsendung von Truppen bereit sind. Hier sind Details über die Truppenstärke, ihre Ausrüstung und Einsatzzeitpläne gespeichert. Eine weitere Unterabteilung, das Civilian Police Department, regelt den Einsatz von Militärpolizeikräften, die seit 1988 bei fast jeder Friedensoperation eine zentrale Rolle spielen. Des Weiteren gehören zum DPKO ein rund um die Uhr arbeitendes Krisenzentrum (Situation Center); ein Büro für die Unterstützung von Missionen, das im italienischen Brindisi ein umfangreiches Depot unterhält; einen Minenräumdienst, der Programme zur Beseitigung von Landminen koordiniert; sowie ein Best Practices Unit, das sich übergreifenden Problemen wie Menschenhandel, Aids, strafrechtlichen Fragen und der Entwaffnung, Demobilisierung und sozialen Wiedereingliederung ehemaliger Kombattanten widmet.

Das DPA (Department of Political Affairs) wiederum konzentriert sich auf politische und diplomatische Maßnahmen, wozu auch im Ausland stationierte politische Gesandte gehören. Ihr Verantwortungsbereich erstreckt sich auf Frühwarnungen bis zur Friedenssicherung nach Konflikten. Das DPA hat eine Unterabteilung für Wahlhilfe (Electoral Assistance Division), die 1992 eingerichtet wurde und seitdem bereits über hundertmal auf Anfrage von Mitgliedsstaaten (und Nicht-Mitgliedern wie Palästina, Kosovo und Westsahara) tätig wurde. Und schließlich unterstützt das DPA zwei Komitees, die in der Generalversammlung sehr beliebt sind, von einigen entwickelten Staaten jedoch eher für Schwatzbuden gehalten werden und deren eines sich mit der Entkolonialisierung, deren anderes sich mit den »unveräußerlichen Rechten des palästinensischen Volks« befasst.

Es ist mittlerweile eher die Regel als die Ausnahme, dass sich nationale Streitkräfte unter eigener Flagge an Friedensmissionen beteiligen.[20] ›Gemischte‹ Operationen können verschiedenartige Formen annehmen, das heißt unter einem Kommando stattfinden (wie im Kosovo und in Haiti) oder unter getrennten, aber koordinierten Kommandos (wie etwa Einheiten der UN und Frankreichs in der Elfenbeinküste), oder zeitlich verschoben sein, wenn UN-Einheiten (wie in Kambodscha und Ost-Timor) einer kooperierenden Streitmacht vorangehen oder folgen. Es kann sich auch um eine kurzfristige militärische Intervention handeln, wie es der Fall war, als britische Truppen westafrikanische Friedenssoldaten befreiten, die in Sierra Leone als Geiseln gefangen gehalten wurden, oder um eine Arbeitsteilung zwischen zivilen und militärischen Aufgaben wie in Afghanistan, wo die militärische Last von Einheiten der EU und der USA getragen wird.

Solche gemischten Operationen sorgen bei der Reaktion auf innerstaatliche Konflikte für außerordentliche Flexibilität und Schlagkraft. Wenn Regierungen ihre Truppen einem ausländischen Kommando unterstellen, können sie Widerständen im eigenen Land besser begegnen, müssen sich weniger Sorgen über die militärische Qualität von UN-Kommandos oder -Kommandanten machen (oder können diese Sorgen besser verbergen) und sind durch eigens abgestellte Kommandanten an den militärischen Entscheidungen beteiligt. Außerdem müssen die landeseigenen Einheiten nicht die Uniformen wechseln oder andere Veränderungen vornehmen, um mit den UN-Einheiten kompatibel zu sein.

## Aber funktioniert das auch?

Nach den Misserfolgen der 90er-Jahre zogen die UN mit ihren Verbündeten die Konsequenzen – und gewannen den Nobelpreis für ihre Bemühungen. Aber positive Gesamtresultate sind oft durch operationale Probleme beeinträchtigt worden, wozu auch schwer wiegendes Fehlverhalten gehört. Und Ressourcenknappheit existiert nach wie vor.

Im Folgenden geben wir in Form von drei Fallstudien einen kurzen Überblick über Friedensoperationen in Bougainville, Ost-Timor und der Demokratischen Republik Kongo.

*Bougainville:* Am unteren Ende des Spektrums von Friedensoperationen finden wir eine aus zwei Personen bestehende UN-Beobachtermission (UNOMB) auf Bougainville, einer Provinz von Papua-Neuguinea, die etwa 170.000 Einwohner zählt. In der Beziehung ist der Unterschied zur Demokratischen Republik Kongo mit ihren 50 Millionen Einwohnern enorm, aber die Konflikte ähneln sich sehr. Die Insel Bougainville liegt am östlichsten Rand von Papua-Neuguinea, 1000 Kilometer von der Hauptstadt Port Moresby entfernt, ist reich an Mineralien (vor allem Kupfer) und wird von zahlreichen kleinen Stämmen bewohnt, die ethnisch nicht mit den Völkern von Papua-Neuguinea, sondern mit denen der benachbarten Salomonen-Inseln verwandt sind.

1988/89 brach auf Bougainville eine bewaffnete Rebellion aus. Hauptursache war die Forderung nach größerer Beteiligung an den Gewinnen aus dem Abbau von Bodenschätzen. Während der nächsten zehn Jahre fanden heftige Kämpfe statt, denen etwa zehn Prozent der Bevölkerung zum Opfer fielen. Es kam zu massiven Menschenrechtsverletzungen, und die Hälfte der Einwohner wurde aus ihren Siedlungsgebieten vertrieben. Schon 1990 engagierten sich Australien und Neuseeland für den Frieden und konnten im Januar 1998 einen Waffenstillstand zwischen der Regierung von Papua-Neuguinea und den Rebellenführern aushandeln. Auch den UN wurde beim Aushandeln eines endgültigen Friedensabkommens eine formelle Rolle eingeräumt. Im August 1998 richteten die UN ein Political Office (UNPOB) ein, das im Januar 2004, als der Friedensprozess fast vollendet war, durch UNOMB ersetzt wurde.

An den meisten Fronten ist der Fortschritt beeindruckend. 2001 wurde ein umfassendes Friedensabkommen unterzeichnet, das lokale Autonomie, ein Referendum über den zukünftigen Status und einen Plan für die Entwaffnung enthält. Polizeibeamte wurden geschult, Recht und Ordnung im Allgemeinen wiederhergestellt und viele Kleinwaffen eingesammelt und vernichtet. Eine Verfassung wurde entworfen, Wahlen sind in Vorbereitung, die Gleichstellung der Frauen wird vorangetrieben. UN-Entwicklungsprogramme haben einen positiven (wenn auch schwer messbaren) Einfluss auf die Verbesserung der sozialen Dienstleistungen und die wirtschaftlichen Aktivitäten genommen. Im Mai 2005 wurden Wahlen für eine neue, autonome Regierung abgehalten.

Trotzdem hängt noch vieles in der Schwebe. Die Kommunikation zwischen der Regierung in Port Moresby und der politischen Führung auf Bougainville ist eher dürftig; immer noch müssen Waffen eingesammelt werden;

das Problem der Kontrolle über die Straßen ist noch nicht gelöst. Das Referendum liegt in weiter Ferne (fünf bis 15 Jahre nach dem Friedensabkommen), und der Friedensprozess hat das schwierige Problem der Lohnzahlung zu bewältigen, sobald die Minen wieder geöffnet sind. Ethnische Differenzen, lokale Konflikte, die Armut bei gleichzeitigem Kampf um die Gewinne aus der Nutzung der Bodenschätze sind Konfliktpotenziale, die fortbestehen. Das ist in der DR Kongo nicht anders. Doch immerhin wurde Bougainville stabilisiert und ein echter Friedensprozess in Gang gesetzt.

*

*Ost-Timor:* Was sich in Ost-Timor abspielte, ist mittlerweile bekannt. Der Inselteil unterstand der indonesischen Regierung, die nach langem Zögern im Mai 1999 einem Referendum zustimmte, das im August unter Aufsicht einer UN-Mission (UNAMET) abgehalten wurde. In ihm stimmten die Ost-Timoresen mit großer Mehrheit für die Unabhängigkeit. Daraufhin verwüsteten indonesische Milizen die Insel, töten Hunderte von Zivilisten und vertrieben gewaltsam 250.000 Menschen, bis Indonesien endlich einer bewaffneten UN-Intervention zur Wiederherstellung von Ruhe und Ordnung zustimmte. Der Sicherheitsrat autorisierte die Bildung von INTERFET, einer UN-Friedenstruppe unter australischem Kommando, die ihre Arbeit schon nach wenigen Wochen erfolgreich beenden konnte. Ihr folgte UNTAET, eine Übergangsverwaltung mit militärischen und zivilen Komponenten, die für die Sicherheit zuständig war, für die Rückkehr der Flüchtlinge sorgte, Hilfestellung bei der Vorbereitung einer Verfassung leistete, Wahlen und diverse Hilfsleistungen koordinierte.

Als Ost-Timor im Mai 2002 unabhängig wurde, wurde die UN-Mission als UNMISET neu konstituiert. Sie erhielt (bis zum Mai 2005) das Mandat, lokalen Behörden bei der Übernahme der Verantwortung für ihr neues Land behilflich zu sein. Am 27. September 2002 wurde Ost-Timor der 191. Mitgliedsstaat der UN. Insgesamt ist den UN bei ihren Bemühungen, Ost-Timor aus dem Inferno herauszuführen und zu Unabhängigkeit und innerer Stabilität zu verhelfen, ein beeindruckender Erfolg bescheinigt worden.

Allerdings verlief, wie Untersuchungen belegen, dieser Prozess alles andere als reibungslos.[21] Tragisch war vor allem, dass – obwohl viele, darunter auch die Leitung des DPA im UN-Hauptquartier, schon früh erkannten, dass es nach dem Referendum zu Gewalttätigkeiten kommen würde – eine Intervention erst nach der viel zu spät erfolgten indonesischen Zustimmung möglich war. Ein früherer Eingriff, der ohne diese Zustimmung hätte durchgeführt werden müssen, wäre wahrscheinlich noch folgenschwerer gewesen. Problematisch war ferner, dass die Ost-Timoresen zu wenig an den Planungs- und Entwicklungsaktivitäten beteiligt wurden. Zudem fehlte manchen UN-Kräften die Kompetenz. Gerade während der UNTAET-Phase hätten die Planungen besser strukturiert und koordiniert werden müssen. Auch nach dem Ende von UNMISET war Australien nicht bereit, mit dem verarmten Ost-Timor ein Abkommen über eine dauerhafte Grenze zu schließen, die mitten durch die ölreichen Gebiete des Timor-Meers führen sollte. Ein entsprechendes Urteil des Internationalen Gerichtshofs wurde von Australien nicht anerkannt.

*

*Demokratische Republik Kongo:* Die Vorgänge im Kongo zeigen, wie problematisch die heutzutage praktizierte Friedenssicherung sein kann. Das Land ist flächenmäßig größer als Westeuropa und von zahlreichen Stammesfehden zerrissen. In den an Bodenschätzen reichen östlichen Provinzen, die weit von der Hauptstadt Kinshasa entfernt liegen, herrscht das Chaos: Milizen, mafia-ähnlich organisierte Kriminelle und andere Verbrecher kontrollieren diese Gebiete zum Teil im Auftrag der Nachbarstaaten Ruanda, Uganda und Burundi.

Nach einer 32 Jahre währenden despotischen Herrschaft wurde 1997 Mobutu Sese Seko gestürzt. Sein Nachfolger, Laurent Kabila, gelangte mit der Unterstützung ugandischer und ruandischer Militärkräfte an die Macht, geriet dann aber mit seinen Schutzherren in Streit, was einen Krieg in Gang setzte, an dem sowohl kongolesische Gruppen wie auch Truppen aus fünf Nachbarstaaten beteiligt waren. 3,5 Millionen Menschen starben. Ebenso viele mussten vor den Kämpfen und den damit einhergehenden Verwüstungen fliehen. Im Juli 1999 wurde in Lusaka (Sambia) von den meisten beteiligten Parteien ein Friedensabkommen unterzeichnet, aber nicht ernsthaft in die Tat umgesetzt. Anfang 2001 wurde Kabila ermordet. An dessen Stelle trat sein Sohn Joseph, der eine nationale Übergangsregierung führt. Mit dem Tod von Laurent Kabila verringerten sich die Spannungen, und es wuchs allmählich die Bereitschaft, das Friedensabkommen zu verwirklichen.

Um dabei in Kooperation mit der OAU (Organization of African Unity) zu helfen, autorisierte der Sicherheitsrat die Entsendung von diversen Militärkräften, die im November 1999 zu einer UN-Friedensmission (MONUC) verschmolzen. Ihr Mandat konzentrierte sich auf die Durchsetzung des Waffenstillstandsabkommens, schloss jedoch auch humanitäre Hilfe, die Kontrolle von Verstößen gegen Menschenrechte, Minensuchaktionen und den Schutz unmittelbar bedrohter Zivilisten ein.

Im Mai 2003 verschlechterte sich die Lage in der nordöstlichen Provinz Ituri. Die ugandischen Streitkräfte hatten sich zurückgezogen, und MONUC konnte das Vakuum nicht füllen. Auf Anforderung des Generalsekretärs und mit der Autorisierung unter Kapitel VII durch den Sicherheitsrat führte die Europäische Union die Operation Artemis mit Hilfe einer aus 1800 überwiegend französischen Soldaten bestehenden Streitkraft durch. Artemis sicherte die Provinzhauptstadt Bunia und zwang die Milizbanden zum Abzug, die daraufhin die Landbevölkerung terrorisierten. Nach einigen Wochen kam Ersatz von MONUC, und die EU-Einheiten kehrten nach Hause zurück.

Im Dezember 2004 vermeldete das DPKO auf seiner Webseite, MONUC habe Fortschritte erzielt. Ein großer Teil des Landes sei nun friedlich. Die UN-Mission sei dabei, die Wahlen für 2005 vorzubereiten, auch habe es Erfolge bei der Wiedervereinigung gegeben. Der Kongo sei wieder für die Schifffahrt geöffnet, die Flugrouten zu den Provinzstädten freigegeben, die Kommunikationsnetze in Reparatur. Diese Verbesserungen hätten es MONUC ermöglicht, einige Kontingente nach Ituri zu entsenden, »wo die Unruhe fortdauerte«. Alles in allem schien Anlass zu Hoffnung gegeben.

Allerdings vermittelten Berichte von Korrespondenten des *Economist* und der BBC ein anderes Bild. Der Bericht des Zeitungsreporters erschien unter der Überschrift: »Ist dies die wirkungsloseste Friedenstruppe der UN?« Er behauptete unter anderem, dass Milizionäre 17 Personen verbrannt hätten, während eine 200 Meter entfernte MONUC-Abteilung nicht intervenierte. Einige Blauhelme aus Uruguay hätten »Nervenzusammenbrüche bekommen, nachdem sie Gräueltaten beobachten mussten, die nicht zu verhindern ihnen befohlen worden war«[22]. Zur gleichen Zeit, so berichtete die BBC, herrsche in den östlichen Provinzen völlige Gesetzlosigkeit mit fortgesetzten Vergewaltigungen und schrecklichen Mordtaten. Dort würden Milizen und Kriminelle die Landstraßen kontrollieren und sogar Zwangsarbeiter in die Goldminen schicken. Dass es 2005 Wahlen geben sollte, hielt der BBC-Reporter Mark Doyle für »fast unbegreiflich«[23].

Im November 2004 prangerte Kofi Annan öffentlich die sexuellen Übergriffe von MONUC-Angehörigen an und verkündete, dass derlei nicht toleriert werde. Alle Schuldigen würden bestraft. Ende des Jahres standen 150 Fälle zur Untersuchung an, bei denen es um Vergewaltigung und sexuelle

Ausbeutung ging. Beschuldigt wurden Soldaten und zivile Helfer gleichermaßen. In einigen Fällen sollen Mädchen missbraucht worden sein, die nicht älter als zwölf Jahre gewesen waren. Ein hässlicher Fleck auf der Fahne der UN, vor allem, wenn man den Wortlaut des MONUC-Mandats bedenkt: »Hilfe bei der Förderung und dem Schutz der Menschenrechte, mit besonderem Augenmerk für Frauen, Kinder und andere schutzbedürftige Personen«. Zu solchen Widerwärtigkeiten kann es kommen, weil weder die UN noch der jeweilige Kommandant in die Pflicht genommen werden, Disziplin auch wirklich durchzusetzen. Offensichtlich ist der Sicherheitsrat aus politischer Rücksichtnahme nicht bereit, klare Verantwortlichkeiten zu benennen.

Können die UN die DR Kongo retten? Ist die DR Kongo überhaupt zu retten? Mit über 10.000 Mann Militärpersonal und einem Jahresbudget von fast 750 Millionen Dollar ist MONUC eine der größten UN-Friedensoperationen, die nur von der US-Version der Friedenssicherung im Irak in den Schatten gestellt wird. Im günstigsten Fall bestätigen sich die optimistischen Aussagen des DPKO und zumindest in einem großen Teil des Landes werden Wahlen abgehalten, die Kontrolle wird allmählich auf die östlichen Provinzen ausgedehnt und die allgegenwärtige Korruption so weit bekämpft, dass sinnvolle Regierungsarbeit möglich wird. Allerdings gehen nur wenige Beobachter von einem solchen Verlauf der Ereignisse aus, und der Sicherheitsrat hat es abgelehnt, die Investitionen so zu erhöhen, dass der Kongo eine bessere Chance bekäme.

## Lernprozesse

Auf die Frage, wie eine erfolgreiche Friedensoperation beschaffen sein muss, gibt es klare Antworten. Im April 2004 nannte der stellvertretende UN-Generalsekretär und Leiter des DPKO, Jean-Marie Guehenno, in einem Gastkommentar vier Richtlinien:[24]

– »kein UN-Engagement in heißen Kriegen«; diese Arbeit überlässt man besser den Bündnissen der Mächtigen;

– Partner nutzen, um regionale Organisationen, Nachbarn und Freunde einzubeziehen, »die nicht einfach weglaufen«;

– »keine Arbeit ohne die erforderlichen Instrumente«, das heißt Unterstützung durch uniformierte Kräfte »sowohl aus entwickelten als auch aus Entwicklungsländern«, Nachschubmöglichkeiten, finanzielle Ressourcen, strategische Reserven und »nachhaltiges Engagement«; sowie

– »dranbleiben«, indem man einen längerfristigen Plan zur Förderung lokaler Institutionen entwickelt, die befähigt werden, Verantwortung für die Regierung des Landes, für die Herrschaft des Gesetzes und die wirtschaftliche Entwicklung zu übernehmen.

*

Das sind kluge Ratschläge. Insgesamt appelliert Guehenno mit seinem Artikel vor allem an die USA, Europa und Japan, stärker mit den UN zusammenzuarbeiten. Das betrifft die Politik des Sicherheitsrates insgesamt, nicht seine Struktur oder die Kompetenz des Sekretariats.

Diesen Unterschied zu begreifen ist entscheidend für den Erfolg künftiger Partnerschaften in Afghanistan und dem Irak. Zuallererst müssen die USA im Irak und muss die NATO in Afghanistan für die Friedenstruppen ein relativ sicheres Umfeld schaffen (es war höchst unpassend, dass US-Regierungsbeamte hämisch die kleine Anzahl von UN-Wahlbeobachtern im gefährlichen Irak mit größeren Einheiten verglichen, die anderenorts unter ganz anderen Bedingungen ihre Arbeit verrichteten). Wichtig sind ferner Ressourcen zur Wiederbelebung der Wirtschaft – dass die Drogenproduktion 2004 in Afghanistan Rekordmarken erreichte, lag vor allem daran, dass die meisten Bauern keine andere Möglichkeit sahen, ihre Familien zu ernähren. Und schließlich müssen die UN wieder stärker darauf achten, strikte Neutralität zu wahren und als ehrlicher Vermittler aufzutreten, um den schlechten Eindruck zu revidieren, den MONUC bei großen Teilen der kongolesischen Bevölkerung erweckt und der auch zum fürchterlichen Angriff auf das Hauptquartier der UNAMI in Bagdad geführt hat.

Das UN-Sekretariat hat noch einiges zu tun, um die ihm zur Verfügung stehenden Instrumente optimal einsatzfähig zu machen, doch können diese wie nie zuvor zur Friedenssicherung entscheidend beitragen. Wichtiger jedoch ist die Frage, ob die UN-Mitgliedsstaaten, vor allem die des Sicherheitsrates und der G-8, bereit sind, das Ihrige zu tun.

## Sanktionen: Beruhigungs- oder Druckmittel?

Wo sind Sanktionen angemessen, und wo sind sie wirksam?[25] Viele meinen, dass die vom Sicherheitsrat gegen Südrhodesien verhängten Sanktionen wesentlich zur Beendigung der dort herrschenden Apartheid beigetragen haben, und vielleicht gilt das auch für Südafrika. Die Sanktionen gegen den Irak haben jedenfalls zu erheblichen Kontroversen geführt – Bagdad und Washington schoben sich wechselseitig die Schuld am Tod Tausender Kinder zu, die starben, weil nicht genug Nahrungsmittel und Medikamente zur Verfügung standen. Können die heutigen Sanktionen, die gern als ›intelligent‹ bezeichnet werden, solche Missgeschicke verhindern?

Der Begriff ›Sanktion‹ umfasst eine Vielzahl von Eingriffsmöglichkeiten, die den Politikern zur Verfügung stehen, wenn sie mehr tun wollen, als nur diplomatisch zu drohen, aber zunächst auch davon absehen, Panzer über die Grenze zu schicken. Bei Konfliktsituationen wird typischerweise zunächst ein Waffenembargo verhängt, das den Zufluss von Militärgütern an eine den Frieden bedrohende Regierung oder an Protagonisten in einer Kampfzone beeinträchtigen soll. Ferner gibt es Handels- und Reisebeschränkungen, die darauf abzielen, den Adressaten zu einer Änderung seines Verhaltens oder seiner Politik zu veranlassen. Werden Konten beschlagnahmt oder eingefroren und Reiseverbote verhängt, sollen damit die operationalen Möglichkeiten von Regierungen oder nicht-staatlichen Akteuren eingeschränkt werden.

Seit Gründung der UN sind gegen 16 Nationen Sanktionen verhängt worden, und 2005 standen noch neun auf die ein oder andere Weise unter Beobachtung des Sicherheitsrates. In jedem Fall waren davon Länder betroffen, implizit jedoch auch nicht-staatliche Akteure, wie etwa al-Qaida und die Taliban in Afghanistan sowie die UNITA in Angola.

Welche Rolle können die vom Sicherheitsrat verhängbaren Sanktionen im 21. Jahrhundert spielen? Der HLP-Bericht nannte sie ein »wichtiges, wenngleich unvollkommenes Instrument [... ,] eine notwendige Maßnahme mittleren Ausmaßes zwischen Kriegen und Worten«[26]. Zudem forderte der Bericht den Rat auf, »die humanitären Folgen abzumildern«, was sich indirekt auf das Leiden der Zivilbevölkerung im Irak und in Haiti bezog.

## Die UN-Charta: Sanktionen vor Kanonen

Die UN-Charta autorisiert Sanktionen als nicht tödlich wirkende Waffen zur Durchsetzung von Entscheidungen des Sicherheitsrates. Das Kapitel VII sieht, im Einklang mit dem Grundprinzip der Charta, wonach Gewalt erst dann eingesetzt werden soll, wenn alle Vermittlungsversuche gescheitert sind, eine Eskalation für den Fall vor, dass die Sanktionen ihr Ziel nicht erreichen. Das heißt jedoch nicht, dass Sanktionen verhängt werden *müssen* – der Sicherheitsrat ist befugt, direkt militärische Mittel zu autorisieren, wenn er meint, dass Sanktionen nutzlos sind.

Außerdem erkannten die Verfasser der Charta, dass Sanktionen gegen eine Nation auch für andere Staaten unerwünschte Folgen haben könnten. Darum sieht Artikel 50 vor, dass »jeder andere Staat [... ,] den die Durchführung dieser Maßnahmen vor besondere wirtschaftliche Probleme stellt, den Sicherheitsrat zwecks Lösung dieser Probleme konsultieren« kann. Das höchst vorsichtige Wort ›konsultieren‹ ist für den Sicherheitsrat keine große Verpflichtung. Die Praxis hat gezeigt, dass ein konsultierender Staat kaum nennenswerten Schadensersatz erwarten kann. 1995 forderte die Generalversammlung mehr Hilfe für Drittländer, die durch Sanktionen benachteiligt werden. Doch dürfte das realiter kaum zu erreichen sein, außer in Fällen, wo bilaterale Interessen zu Ausgleichsleistungen führen.

Zuerst verhängte der Sicherheitsrat die unter Kapitel VII vorgesehenen Sanktionsmaßnahmen gegen Südrhodesien. Das war eine Reaktion auf die einseitige Unabhängigkeitserklärung durch das weiße Apartheid-Regime, das sich jedoch davon nicht beeindrucken ließ, sondern die Verluste vor allem durch die Unterstützung der südafrikanischen Regierung wettmachen konnte. Die UN-Sanktionen können eine ›nützliche Rolle‹ spielen, waren aber offensichtlich kein entscheidender Faktor für die Machtübernahme durch die schwarze Bevölkerungsmehrheit 1980. Auch das 1977 gegen Südafrika verhängte Waffenembargo war so gut wie wirkungslos, bis sich die USA und europäische Länder 1986 auf zusätzliche Handels- und Investitionsbeschränkungen verständigten. Wichtiger als die wirtschaftlichen Maßnahmen war der moralische Druck der Weltöffentlichkeit, dem sich schließlich die weiße Gesellschaft Südafrikas nicht mehr entziehen konnte, was 1994 zum Rückzug der Regierung von der Macht führte.

Während der 90er-Jahre verhängte der Sicherheitsrat Sanktionen gegen eine ganze Reihe von Ländern, darunter Afghanistan, Angola, Elfenbeinküste, die DR Kongo, Äthiopien und Eritrea, Haiti, Irak, Liberia, Ruanda, Sierra Leone, Somalia, Sudan und das ehemalige Jugoslawien. Wechselnde politische Bündnisse, durchlässige Grenzen und geschickte Schmuggler machten es jedoch unmöglich, die Länder hermetisch abzuriegeln. In den meisten Fällen blieben die Sanktionen ohne größere Wirkung, auch wenn der damit verbundene Druck einige politische Führer zum Nachdenken brachte.

## Wann wirken Sanktionen?

Die Antwort auf diese so verführerisch einfach klingende Frage muss zuallererst berücksichtigen, was die Sanktionen überhaupt erreichen sollen. Die gegen Sierra Leone verhängten Maßnahmen etwa konnten die brutalen Rebellen der RUF nicht daran hindern, ihre militärische Macht auszubauen und Siege zu erringen, die ihre Verhandlungsposition stärkten.[27] Saddam Hussein wiederum konnte durch mit Inspektionen verbundene Sanktionen daran gehindert werden, Massenvernichtungswaffen zu entwickeln. Wenn es, wie bei Südafrika, um einen Regimewechsel geht, spielen noch unzählige weitere Faktoren eine Rolle, so dass die Auswirkung von Sanktionen kaum präzise zu bestimmen ist.

Entsprechende Untersuchungen haben ergeben, dass solche Maßnahmen kein Allheilmittel sind, unter bestimmten Bedingungen jedoch Wirkung zeitigen können: Sanktionen müssen zielorientiert sein; multilaterales Handeln ist nicht nur wünschenswert, sondern oftmals ausschlaggebend; und es ist erforderlich, Sanktionsvorgänge zu überwachen und durchzusetzen. ›Intelligente‹ Sanktionen können diesen Bedingungen entsprechen und sind zumindest in manchen Fällen ein wirksames Mittel.

Anhand der Erfahrungen mit Sanktionen gegen Libyen, den Sudan, Serbien, Angola und den Irak sollen diese Aspekte näher beleuchtet werden.

*

*Libyen:* Nachdem der Sicherheitsrat den libyschen Staatspräsidenten Ghaddafi bezichtigt hatte, für zwei Bombenattentate auf Passagierflugzeuge verantwortlich zu sein – PanAm-Flug 103 (Absturz bei Lockerbie, Schottland, 1988) und UTA-Flug 772 (Absturz über dem Niger 1989) –, wurde gegen Libyen (Resolution 748 von 1992 und Resolution 883 von 1993) ein Embargo verhängt, das den Waffenhandel, den Luftverkehr und alle für die Ölförderung notwendigen Ausrüstungen umfasste. Zudem wurden libysche Guthaben im Ausland eingefroren und Diplomaten ausgewiesen. Der Rat forderte, dass Libyen die beiden Luftpiraten, die von westlichen Geheimdiensten für das Attentat auf die PanAm-Maschine verantwortlich gemacht wurden, ausliefern solle, damit ihnen vor einem Sondergericht in den Niederlanden der Prozess gemacht werden könnte. Außerdem sollte Libyen den französischen Behörden alle Informationen über den Anschlag auf die UTA-Maschine zukommen lassen und die Unterstützung von Terroristen einstellen.

Die USA verhängten, unterstützt von vielen europäischen Staaten, noch weitergehende unilaterale Sanktionen, um den Druck auf Ghaddafi zu verstärken. Dieser zeigte sich zunächst unbeeindruckt, erhielt jedoch von ehemaligen arabischen und afrikanischen Verbündeten ebenso wenig Unterstützung wie im Sicherheitsrat von Russland und China. Doch erst im April 1999 lieferte er die beiden Verdächtigen aus. Sie kamen vor ein schottisches Gericht, wo einer der beiden verurteilt, der andere freigesprochen wurde. Daraufhin wurden die UN-Sanktionen großenteils und 2003 endgültig aufgehoben, nachdem Washington, London und Paris sich mit Libyen auf Entschädigungszahlungen für die Opfer geeinigt hatten. Ghaddafi sicherte zu, den Terrorismus nicht weiter zu unterstützen, und sorgte im Dezember 2003 für weltweites Erstaunen, als er verkündete, die Entwicklungsprogramme für Massenvernichtungswaffen zu beenden.

Diese Kehrtwendung scheint vor allem durch die Sanktionen bewirkt worden zu sein, auch wenn sich die Experten über das Wie und Warum nicht einig sind. Sicher hat das Embargo der libyschen Wirtschaft geschadet und wurde für Ghaddafi angesichts hoher Arbeitslosigkeit gerade in der zahlenmäßig großen Gruppe der Jugendlichen zum Problem. Ein ehemaliger amerikanischer Botschafter, Thomas E. McNamara, sah Ghaddafi nicht nur dem Druck durch die Sanktionen, sondern auch seitens des radikalen Islam ausgesetzt.[28] Während der von Nasser begründete arabische Nationalismus schon Geschichte sei, meint McNamara, müssten auch säkular orientierte muslimische Staatsführer wie Ghaddafi den islamischen Extremismus fürchten, der sich eben nicht nur gegen den Westen richte.

*

*Sudan:* Ähnlich wie gegen Libyen ging der Sicherheitsrat 1995 gegen den Sudan vor, da die Regierung in Khartum in ein (erfolgloses) Attentat auf den ägyptischen Präsidenten Hosni Mubarak verwickelt war. In der Hoffnung, den Sudan zur Auslieferung dreier Verdächtiger bewegen zu können, verhängte der Sicherheitsrat Beschränkungen für diplomatische Kontakte und Flugverbote für sudanesische Maschinen. Allerdings war man, den Irak und Haiti vor Augen, besorgt wegen möglicher Leiden der Zivilbevölkerung und gab – ein absolutes Novum – eine Untersuchung zur humanitären ›Voreinschätzung‹ in Auftrag, die zu dem Schluss gelangte, dass das Flugverbot negative Auswirkung haben würde, weil dadurch die Lieferung von Medikamenten, Lebensmitteln und anderen humanitären Gütern in den Südsudan, wo

Bürgerkrieg und Hungersnot herrschten, beeinträchtigt würde. Aus diesem Grund wurde das Flugverbot nicht umgesetzt, und 2001, als ein Friedensschluss mit den Rebellen im Süden möglich schien, aufgehoben. Eine Auslieferung der Verdächtigen erfolgte nicht.

Anfang 2003 wollte die Regierung in Khartum eine Rebellenbewegung in Darfur unterdrücken und unterstützte deshalb die brutale Ermordung von Zivilisten. Die USA und viele andere Staaten sprachen von Völkermord. Ein vom Generalsekretär eingesetztes Gremium wollte so weit jedoch nicht gehen. Der Umgang mit der sudanesischen Regierung gestaltete sich schwierig, weil der Sicherheitsrat Chancen, den seit langem währenden Bürgerkrieg zwischen Khartum und den christlichen Sudanesen im Süden des Landes zu beenden, nicht gefährden wollte.

Die USA regten an, der Sicherheitsrat solle Sanktionen verhängen, um wegen der Morde in Darfur Druck auf Khartum auszuüben, doch wollten China, Russland und andere Staaten dem anfänglich nicht zustimmen. China hatte vermutlich Bedenken, seine Investitionen in die sudanesische Ölproduktion zu gefährden; andere wiederum waren vielleicht von den muslimischen Staaten beeinflusst, von denen viele Khartum unterstützten. Oder sie folgten dem Beispiel Südafrikas, das in Verbindung mit den christlichen Rebellen des Südsudans eine Resolution der Generalversammlung gegen Khartum verhinderte. Doch als auch die Weltöffentlichkeit zunehmend auf die Gräueltaten aufmerksam wurde, gaben China und Russland Ende März 2005 nach. So kam es zu einem Waffenembargo und finanziellen Sanktionen, die sich gegen bestimmte Einzelpersonen richteten. Drei Monate später war der Bürgerkrieg zwischen dem Norden und dem Süden vorbei und für 2010 ein Referendum in Aussicht gestellt. Ein von den UN vermitteltes Friedensabkommen zwischen Khartum und den Rebellen in Darfur soll Ende 2005 abgeschlossen werden.

*

*Serbien:* Das ehemalige Jugoslawien bot einen lehrreichen Testfall für die Wirksamkeit von Sanktionen. 1991 hatte der Sicherheitsrat zunächst ein Waffenembargo gegen ganz Jugoslawien verhängt. Dem folgte ein Jahr später ein Handelsembargo gegen Serbien und Montenegro. Die Maßnahmen zeigten zunächst kein Ergebnis; erst als der Westen sich 1994/95 stärker engagierte, wurden kleinere Erfolge sichtbar. Doch bevor die Sanktionen Wirkung zeigen konnten, kam es 1995 durch kroatische Militäroffensiven und die diplomatische Intervention der USA zu den Vereinbarungen von Dayton und danach zur Entsendung von UN-Friedenstruppen.

Als 1998 die serbischen Angriffe auf albanische Separatisten im Kosovo in ethnische Säuberungen übergingen, stimmte der Sicherheitsrat im März mit der Resolution 1160 für ein Waffenembargo. Weil Russland und China weitergehende Maßnahmen verhinderten, setzten die USA und die EU eigene Sanktionen durch, die die Reise- und Handelsfreiheit und die Ölverkäufe betrafen. Die Serben reagierten darauf nicht, und erst ein (vom Sicherheitsrat nicht autorisierter) Bombenkrieg der NATO von März bis Juni 1999 zwang Milošević zum Rückzug seiner Truppen aus dem Kosovo. Diese Vorgänge zeigen, dass Sanktionen nicht schnell genug greifen, um unschuldige Zivilisten zu schützen, wenn ein Pogrom bereits in seine entscheidende Phase getreten ist.

*

*Angola-UNITA:* Jahrelang hatten Sanktionen so gut wie keine Auswirkungen auf den Bürgerkrieg, der in Angola zwischen der Regierung in Luanda und der Rebellenbewegung UNITA unter Führung von Jonas Sawimbi tobte. 1993 beschuldigte der Sicherheitsrat Sawimbi, für das Scheitern eines Abkommens zur Beendigung des Krieges verantwortlich zu sein, und verhängte eine Reihe von Sanktionen (zum ersten Mal gegen einen nicht-staatlichen Akteur), die 1998 den Handel mit Waffen, Petroleum und Diamanten lahm legen sollten. Schätzungen zufolge hatte die UNITA in den 90er-Jahren Diamanten im Wert von mehr als drei Milliarden Dollar verkauft, um ihre Unternehmungen zu finanzieren. Zunächst jedoch tat man nicht viel, um das Embargo durchzusetzen. Zudem wurde die UNITA großzügig von den Nachbarstaaten Angolas unterstützt.

Im Januar 1999 übernahm der kanadische Botschafter Robert Fowler den Vorsitz des Sanktionskomitees und sorgte für verstärkte Aktivitäten. Er reiste nach Afrika und forderte von den Regierungen der Nachbarstaaten und von der Privatwirtschaft Unterstützung. Insbesondere wandte er sich an das Management von DeBeers und andere Größen in der Diamantenindustrie. Der Sicherheitsrat richtete ein Expertengremium ein, das Fowler mit weiteren Informationen versorgte, woraufhin der Diplomat öffentlich kundtat, welche Regierungen und Wirtschaftsführer an der Verletzung des Embargos beteiligt waren. Diese undiplomatische Vorgehensweise führte schon bald dazu, dass die Unterstützung für Sawimbi deutlich nachließ. Fowlers Nachfolger Paul Heinbecker (ebenfalls ein kanadischer Diplomat) setzte den harten Kurs fort.

Zwar ist eine endgültige Einschätzung nicht möglich, doch scheint die aktive Durchsetzung der Sanktionen seitens der kanadischen Diplomaten Sawimbis militärische Kräfte nachhaltig getroffen zu haben. Der UNITA gelang es nicht, ihre einstige Stärke wiederzuerlangen. 2002 ebnete Sawimbis Tod den Weg zu einer Friedensregelung und der Umwandlung der UNITA zu einer politischen Partei. Fowler und Heinbecker zeigten, was getan werden muss, um Sanktionen zur Wirksamkeit zu verhelfen. Als ruchbar wurde, dass Liberias korrupter Führer, Charles Taylor, den RUF-Rebellen im benachbarten Sierra Leone unter die Arme griff, nahm sich der Sicherheitsrat Fowler zum Vorbild und verhängte zum ersten Mal Sanktionen gegen eine Regierung, weil sie das zuvor gegen ein anderes Land verhängte Embargo verletzt hatte.

*

*Irak:* In den Auseinandersetzungen des Sicherheitsrates mit dem Irak spielten Sanktionen von Anfang an eine bedeutende Rolle. Vier Tage nach der ersten Forderung, der Irak solle sich aus Kuwait zurückziehen, verabschiedete der Rat am 6. August 1990 seine zweite Resolution (661) zur Krise. Er verhängte ein Waffen- und Handelsembargo, von dem nur »Versorgungsgüter für ausschließlich medizinische und Nahrungsmittel für humanitäre Zwecke« ausgenommen waren. Um die Durchsetzung der Sanktionen zu kontrollieren, richtete der Rat ein Komitee ein, dem Vertreter aller Ratsmitglieder angehörten (später oft als Komitee 661 bezeichnet). Zudem war Einstimmigkeit erforderlich, um die Bedingungen der Resolution zu ändern oder einen neuen Beschluss herbeizuführen.

Allerdings war das Komitee 661 von Beginn an bis zur US-Invasion im März 2003 von internen Kontroversen geprägt. Schon im ersten Monat drohten die USA mit einem Veto, als dem Komitee ein Antrag von muslimischen Frauenhilfsorganisationen aus Algerien vorlag, Nahrungsmittel und Medikamente an irakische Frauen und Kinder zu schicken. »Auch Soldaten trinken Milch«, begründete ein hochrangiger Beamter des US-Außenministeriums die Ablehnung.[29]

Nach der irakischen Niederlage im März 1991 blieben die meisten Sanktionen in Kraft. Die umfangreiche und komplexe ›Mutter aller Resolutionen‹, die Resolution 687 über die Waffenstillstandsbedingungen, hielt Resolution 661 aufrecht, erlaubte neben der Lieferung von Medikamenten aber auch die Lieferung von Nahrungsmitteln und Versorgungsgütern für »wesentliche zivile Zwecke«. Die Genehmigung oblag dem Komitee 661. In der Praxis dauerten die Probleme jedoch fort und führten zu internationaler Kritik an den Sanktionen. Oberflächliche Veränderungen konnten gegen die amerikanische und britische Obstruktionspolitik nichts ausrichten. NGOs und UN-Beauftragte im Irak berichteten ebenso wie die irakische Regierung von hoher Kindersterblichkeit, Unterernährung und katastrophalen Mangelzuständen.

Der Sicherheitsrat beugte sich dem Druck und entwarf das Programm ›Öl für Lebensmittel‹ (Oil for Food, OFF), das sorgfältig regulierte Ölverkäufe vorsah, mit deren Erlös die Bedürfnisse der Zivilbevölkerung abgedeckt werden sollten. Das korrupte Regime Saddams nutzte die Gelegenheit, sich die Taschen zu füllen und die medizinische Versorgung zu verweigern, während es mit geschickter Propaganda die Sanktionen als grausame Bestrafung des irakischen Volkes darstellte. Die USA machten weiterhin Saddam für die Not der Bevölkerung verantwortlich. Doch obwohl er ganz offensichtlich die Gelder aus dem Programm für den Bau opulenter Paläste zweckentfremdete, hielt die Weltmeinung die Sanktionen für unmenschlich.

Der Sicherheitsrat selbst war tief gespalten. Frankreich und Russland (die, US-Diplomaten zufolge, mit einem Auge schon auf künftige Handelsbeziehungen schielten) plädierten zusammen mit China und den meisten nichtständigen Mitgliedern für die Milderung der Sanktionen aus humanitären Gründen. Washington dagegen, wo konservative Hardliner den Kongress dominierten, hoffte auf einen baldigen Regimewechsel und verlangte die strikte Umsetzung der Maßnahmen. Wie unbeugsam die Amerikaner waren, zeigte sich an einer Antwort der damaligen UN-Botschafterin Madeleine Albright. Sie wurde im Mai 1996 gefragt, was sie angesichts von Berichten über den Tod einer halben Million irakischer Kinder von der Fortsetzung der Sanktionen halte: »Das ist eine sehr harte Entscheidung, doch wir glauben, dass der Preis es wert ist.«[30]

Um die irakische Entwaffnung voranzutreiben, sah die Resolution 687 ein breites Spektrum von Kontrollen vor, die vor allem darauf abzielten, das Land an der Entwicklung von Marschflugkörpern und Massenvernichtungswaffen zu hindern. Die Resolution rief eine Sonderkommission, die UNSCOM, ins Leben, die durch genaue Inspektionen die Mitarbeit des Irak bei der Entwaffnung verifizieren sollte. Die Regierung von Saddam Hussein kooperierte jedoch niemals vollständig mit den Inspektoren der UNSCOM oder der Internationalen Atomenergiebehörde (IAEA). Immerhin waren diese anfänglich in der Lage, ihre Untersuchungen sehr flexibel und auf einem angemessenen Niveau, verbunden mit einer gewissen Verlässlichkeit ihrer Resultate, durchzuführen. Dann aber behinderte der Irak die weitere Arbeit. Im Dezember 1998 zogen sich die Inspektoren zurück. Die USA und Großbritannien flogen drei Tage lang Luftangriffe (Operation Desert Fox) gegen vermeintliche Produktionsstätten von Massenvernichtungswaffen. Danach kam es zu Verhandlungen über die Wiederaufnahme von Inspektionen, aber ohne endgültige Ergebnisse. Mit der Invasion vom März 2003 war das Problem der Sanktionen und Inspektionen dann erledigt.

Haben die Maßnahmen gewirkt? Nach der Invasion durchgeführte Untersuchungen zeigten, dass sie ihr Ziel, den Irak zu entwaffnen, tatsächlich erreichen konnten. Saddam war es nicht gelungen, die Entwicklung nuklearer oder anderer Massenvernichtungswaffen voranzutreiben, und seine militärische Schlagkraft wurde empfindlich getroffen. Ironischerweise war es Saddams Weigerung, mit UNSCOM zu kooperieren, die es den Falken in Washington erlaubte, sich auf andere, weitaus weniger verlässliche Quellen über die angebliche Existenz von Massenvernichtungswaffen zu stützen, um dann unter Berufung auf diese höchst obskuren Geheimdienstinformationen den Krieg gegen Saddam zu rechtfertigen.

Doch war der Preis für die Sanktionen sehr hoch. Wem auch immer man die Schuld zuweisen will, Tatsache ist, dass Hunderttausende Zivilisten starben. Die Leiden der Zivilbevölkerung schürten in der ganzen muslimischen Welt die antiamerikanische Stimmung, und vielerorts wurden die UN gleich mit haftbar gemacht. Darüber hinaus beutete Saddam das Programm ›Öl für Lebensmittel‹ für seine eigenen Zwecke aus, und der daraus resultierende Skandal (den wir in Kapitel 13 ausführlicher erörtern) kompromittierte schließlich das Sekretariat und sogar den Generalsekretär selbst.

Es hätte sich ein besserer Weg finden lassen müssen.

## Lernprozesse: die Entwicklung intelligenter Sanktionen

Vielleicht gehören umfassende Handelsembargos bereits der Vergangenheit an. Es ist fast unmöglich, sie ohne negative Folgen für die Zivilbevölkerung durchzusetzen, während die Regierung, die eigentlich getroffen werden soll, sehr gut für sich selbst sorgen kann. Zudem haben solche Sanktionen zumeist gerade nicht den Effekt, die Bevölkerung zum Aufstand gegen die Regierung zu motivieren, sondern rufen eher eine Solidarisierung gegen eine vermeintlich unangemessene Behandlung von außen hervor. Mögen Ideologen auch weiterhin jene Argumente vortragen, mit denen die Sanktionen gegen den Irak begründet wurden, so stimmen doch objektivere Experten darin überein, dass es sinnvoller ist, nicht mit dem Schwert, sondern mit dem spitzen Degen intelligenter Sanktionen, die gegen spezielle Gruppen gerichtet sind, zu hantieren.

Neue Ideen und Programme sind bereits entwickelt worden. Zwei Seminare, die 1998 und im Jahr darauf in Interlaken abgehalten wurden, untersuchten die Wirkung finanzieller Sanktionen. Der Bonn-Berlin-Prozess, eine Initiative des deutschen Außenministeriums unter Mitarbeit des Bonner Internationalen Zentrums für Konversion, beschäftigte sich zum einen mit Waffenembargos, zum anderen mit Flugverkehrs- und Reisekontrollen. 2001 unterstützte die schwedische Regierung den Stockholm-Prozess, der untersuchte, wie die Fähigkeit von Regierungen und internationalen Organisationen zur Durchsetzung zielgenauer Sanktionen verbessert werden könnte.

Daraus folgten viel versprechende Neuerungen. Aus den Seminaren in Interlaken ging ein Handbuch über finanzielle Sanktionen hervor, und der Bonn-Berlin-Prozess führte zu einer standardisierten Liste von Maßnahmen mit doppeltem Nutzen. Ein weltweites Zertifizierungsprogramm für Diamanten, nach den berühmtesten Minen Afrikas ›Kimberley-Prozess‹ benannt, soll illegale, bewaffnete Gruppen daran hindern, Edelsteine zu verkaufen. Regierungen und Diamantengesellschaften sind dazu aufgerufen, den Handel mit ungeschnittenen Steinen mittels Herkunftszertifikaten zu kontrollieren.

Auch der Sicherheitsrat selbst testet Möglichkeiten, Sanktionen gegen internationale Terroristen zu verhängen. Diese nicht-staatlichen Akteure wechseln beständig ihre Stützpunkte und ihr Personal, und ihre Finanzierungswege sind schwer aufzuspüren. Mit den Resolutionen 1390 und 1455 überarbeitete und erweiterte der Sicherheitsrat Sanktionen, die vor 2001 gegen Afghanistan verhängt worden waren und sich nun explizit gegen die Taliban und al-Qaida richteten. Alle Staaten wurden aufgefordert, deren Guthaben einzufrieren, Reisen ihrer Mitglieder zu verhindern und alle Waffenlieferungen zu unterbinden. Auf globaler Ebene überwacht das kurz nach dem 11. September 2001 gegründete Anti-Terrorismus-Komitee (Counter-Terrorism Committee, CTC) die Durchführung der vom Sicherheitsrat beschlossenen antiterroristischen Maßnahmen. Das Komitee zielt dabei nicht auf bestimmte Organisationen oder Einzelpersonen, sondern arbeitet mit den Mitgliedsstaaten zusammen, um deren Kooperation zu fördern und deren Abwehrfähigkeiten zu verbessern.

## Sanktionen im 21. Jahrhundert: die Herausforderungen

In seinem 61. Jahr steht der Sicherheitsrat beim Thema Sanktionen vor etlichen Herausforderungen. Insbesondere dürfte ihn die Frage, wie dem Terrorismus Einhalt geboten werden kann, noch einige Jahre beschäftigen. Vergleichbare Maßnahmen müssen gegen internationale Drogenhändler und andere global agierende Kriminelle ergriffen werden. Dabei können die UN eine wichtige Rolle spielen, noch wichtiger aber wird das Verhalten der einzelnen Mitgliedsstaaten sein.

In den ersten Monaten des Jahres 2005 riefen der Iran und der Sudan die intensivsten Diskussionen über Sanktionen des Sicherheitsrates hervor. Die lautstarken Proteste beider Länder haben bestätigt, dass Sanktionen durchaus politischen Druck ausüben können – schon die bloße Drohung, über solche Maßnahmen im Sicherheitsrat zu diskutieren, führt regelmäßig zu empörten Reaktionen. Im Iran geht es um die Frage, ob das von Teheran in Angriff genommene nukleare Forschungsprogramm den Zweck hat, das Land mit Atomwaffen auszustatten. Zwar ist der Wink mit dem Sanktionszaunpfahl für westliche Unterhändler von Nutzen, doch wird der Erfolg eher davon abhängen, ob Washington und die EU Teheran dazu überreden können, einem Sicherheitsabkommen zuzustimmen. Zudem könnten unterschiedliche Interessen der Perm Five im Sicherheitsrat den Iran vor Sanktionen bewahren. Ähnliche Differenzen würden ein Vorgehen des Sicherheitsrates auch gegen andere Länder mit Atomwaffenprogrammen – Nordkorea, Pakistan, Indien und Israel – verhindern.

Handelsverbote für Rohdiamanten und Holz bleiben für Liberia so lange wirksam, bis weitere Beweise dafür vorliegen, dass illegale Verkäufe gestoppt wurden. Allgemein jedoch wird die Effektivität des Kimberley-Prozesses angezweifelt – eine zwischen Juli und Dezember 2004 von amnesty international in Australien und sechs europäischen Ländern durchgeführte Untersuchung hatte zum Ergebnis, dass »nicht einmal ein Fünftel der überprüften Gesellschaften über eine Geschäftspolitik zur Verhinderung des Handels mit Diamanten aus Konfliktgebieten Rechenschaft geben konnte«.

In zwei Staaten mit erheblichen Problemen – Somalia und der DR Kongo – wird das Waffenembargo durch Schmuggelaktivitäten über unkontrollierbare Grenzen unterlaufen. Ein freimütiger Bericht von UN-Experten beschrieb Anfang 2005 Netzwerke, die den Waffenhandel organisieren, und kritisierte Ruanda und Uganda, weil diese Länder »Sicherheitsvereinbarungen mit Führern bewaffneter Gruppen in den vom Embargo betroffenen Regionen« der DR Kongo aufrechterhielten. Fast alle Beobachter waren sich jedoch darüber einig, dass die Ressourcen der UN-Friedenstruppen gerade mal ausreichen, um das Allerschlimmste zu verhindern, ganz abgesehen vom Skandal um die Verfehlungen von Militärangehörigen.

Im Februar 2005 forderte Kofi Annan zur erneuten Anstrengung auf, das Waffenembargo gegen Somalia durchzusetzen – vor allem das für schwere Waffen. Allerdings war nicht zu erwarten, dass auf seinen Appell nennenswerte Reaktionen folgen würden. Der Jahresbericht des Sanktionskomitees des Sicherheitsrates von 2004 über Somalia war wenig mehr als die defensive Versicherung, man werde ernsthaft gegen Verletzungen des Embargos einschreiten und seine Durchsetzung weiterhin überwachen.

Welche Folgerungen lassen sich aus all dem ziehen? Zum einen sind Sanktionen des Sicherheitsrates, mögen sie auch noch so ›intelligent‹ sein, für sich allein nicht ausreichend, um Gewalt zu verhindern und Konflikte zu lösen. Zum Zweiten ist die Androhung oder Verhängung von Sanktionen eine politische Botschaft, die nur völlig isolierte Regierungen ernst nehmen. Und zum Dritten bleiben ›intelligente‹ Sanktionen ein wichtiges und mitunter sogar entscheidendes Instrument im Rahmen einer umfassenden Friedensoperation. Wie wirksam sie im Einzelfall sind, hängt von der Hartnäckigkeit des Sicherheitsrates und von der Kooperation der jeweils beteiligten Staaten ab.

## Kapitel 5

# Das Völkerrecht und seine Institutionen

»Illegal, aber legitim.« So beschrieb eine unabhängige, prominente Kommission, die von Schwedens Premierminister Persson eingesetzt worden war, die Bombardierung Serbiens durch NATO-Streitkräfte, um das Ende der ethnischen Säuberungen im Kosovo zu erzwingen.[31] Diese Feststellung beleuchtet das Dilemma, das auch 60 Jahre nach Auschwitz nicht gelöst ist: Wann ist bewaffnete Gewalt gerechtfertigt, um Menschenrechtsverletzungen zu beenden, und wer entscheidet darüber? Die Aussage der Kommission kann auch als freimütiges Eingeständnis der Unzulänglichkeit des Völkerrechts gewertet werden, wenn es darum geht, Staaten einen Leitfaden für den Umgang mit schrecklichen Verbrechen zu vermitteln. Dieses Kapitel beschäftigt sich mit den Vorstellungen der UN-Charta über die internationale Sicherheit in einer vom Recht bestimmten Welt und mit den Fortschritten, die seit 1945 erzielt werden konnten.

Für die meisten Menschen ist das Völkerrecht ein Buch mit sieben Siegeln, und selbst Experten beschreiben es als »amorph und schlüpfrig«[32]. Das scheint besonders für die Bestimmungen zu gelten, die den Weltfrieden und die internationale Sicherheit regeln sollen: Überall klaffen Lücken. Schon die Interpretation der Grundlagen ist umstritten und die Durchsetzung nur in einzelnen Fällen möglich. Das Ende des Kalten Krieges rief ironischerweise in den USA gerade jene Kräfte auf den Plan, die eher die nationale Souveränität stärken wollten statt das internationale Recht. Diese negative Einstellung der einzig noch verbliebenen Supermacht schränkt die Herrschaft des Rechts in den internationalen Beziehungen erheblich ein.

Dieses Kapitel beginnt mit der revolutionären Zurückweisung eines jeden Rechts auf territoriale Eroberung durch militärische Gewalt durch die UN-Charta – dem rechtlichen Rahmen der UN-Begründer für internationale Sicherheit. Grundlegende Fragen bleiben: Wann sollte Gewalt eingesetzt werden, und wer ist dazu autorisiert; wann handelt es sich um rechtmäßige Selbstverteidigung; sollte der Internationale Gerichtshof größere Bedeutung erlangen; wie kann das internationale Recht gegen die Bedrohung seitens nicht-staatlicher Akteure eingesetzt werden? Wir untersuchen im Folgenden den Stand der Dinge angesichts der Spannungen, zu denen die US-Politik in Theorie und Praxis, insbesondere durch die Invasion des Irak, geführt hat.

## Die Charta der Vereinten Nationen – ein großer Sprung nach vorn

Am Vorabend des Ersten Weltkriegs bezeichnete ein deutscher Politiker in einer berühmt gewordenen Formulierung internationale Verträge als »einen Fetzen Papier«[33]. Viele der heutigen nationalistischen Konservativen vor allem in den USA bespötteln das Völkerrecht (und einige Verträge) als unnötiges und überflüssiges Instrument, als Bedrohung der nationalen Souveränität und als Freibrief für Schurkenstaaten. Tatsächlich weist das internationale System erhebliche Einschränkungen auf: Die Rechtsprechung der Gerichtshöfe ist begrenzt, die Durchsetzungsmöglichkeiten für Urteile sind schwach bis inexistent; bis vor kurzem gab es noch keine feststehenden Mechanismen für die Verhaftung und gerichtliche Verfolgung von Einzelpersonen. Insgesamt ist die Lage also weitaus schlechter als bei den gängigen Modellen nationaler Rechtsordnung, in der Polizei, Gerichte und Gefängnisse Hand in Hand arbeiten, um potenzielle Übeltäter abzuschrecken und tatsächliche zu bestrafen.

Dennoch umfasst das Völkerrecht einen umfangreichen Korpus von Gesetzen, Maßnahmen und Institutionen. Die UN-Charta schuf eine neue und in vielfacher Hinsicht radikale Grundlage für die internationale Sicherheit, deren Prinzipien auf Hugo Grotius zurückgehen, den ›Begründer des Völkerrechts‹ aus dem 17. Jahrhundert. Doch geht die Charta weiter, indem sie zum ersten Mal die Nichtanwendung von Gewalt auf globaler Ebene festschrieb und damit das seit Jahrhunderten akzeptierte Recht auf gewaltsame militärische Eroberung für ungültig erklärte.[34] Außerdem forderte die Charta Gleichberechtigung und das Recht auf nationale Selbstbestimmung und förderte damit die nach dem Krieg wachsende Welle der Entkolonialisierung, die weltweit die alten Grenzen verrückte. Und sie schuf die Grundlage für weitere bahnbrechende Unternehmungen zur Sicherung der universellen Menschenrechte und Freiheiten und zum Kampf gegen auf Rasse, Geschlecht, Sprache oder Religion beruhende Diskriminierungen.

Die Charta leistete beachtenswerte Arbeit, indem sie nach dem Zweiten Weltkrieg die Puzzlestücke des Völkerrechts zu einem Ganzen zusammenfügte, um einen Neubeginn zu wagen. Das Statut des Internationalen Gerichtshofs, das der Charta eingefügt und so von allen Mitgliedern befürwortet wurde, listete die Quellen auf, die von Gerichten bei der Beurteilung zwischenstaatlicher Auseinandersetzungen verwendet werden sollen:

– internationale Konventionen und Verträge;

– das durch zwischenstaatliche Praktiken geschaffene internationale Gewohnheitsrecht; und

– allgemeine Rechtsgrundsätze, die von den maßgebenden Rechtssystemen auf der Welt anerkannt werden.

*

Verträge sind für die Beziehungen zwischen Staaten unverzichtbar. Sie regulieren den Welthandel und die Kommunikation, bestimmen das diplomatische Verhalten, setzen internationale Maßstäbe für den Umgang mit der Umwelt usw. Ihre Gültigkeit resultiert daraus, dass die Signatarstaaten eines Vertrags darin übereinkommen, sich an seine Bestimmungen zu halten. Wo es angemessen erscheint, können spezielle Gremien deren Einhaltung überwachen oder Strafen für Vertragsverletzungen festlegen. Abrüstungsvereinbarungen und regionale Verteidigungsbündnisse wie NATO oder ANZUS enthalten wesentliche Bestimmungen des internationalen Sicherheitssystems. Das gilt auch für Verträge wie den Antarktis-, den Weltraumpakt und die Vereinbarungen über atomwaffenfreie Zonen auf unserem Planeten.

Aber der Motor des Völkerrechts für die Beilegung von Auseinandersetzungen zwischen Staaten ist die UN-Charta mit ihrer Vision kollektiver Sicherheit durch ein globales Rechtssystem. Bereits in ihrer Präambel ist von ›Verpflichtungen‹ gegenüber dem Völkerrecht die Rede, und Artikel 1 spricht in eindeutiger Weise von den »Grundsätzen der Gerechtigkeit und des Völkerrechts«. Artikel 2 verlangt von den Mitgliedsstaaten, Auseinandersetzungen »mit Hilfe friedlicher Mittel« beizulegen und die »Androhung oder Anwendung von Gewalt« gegen die »territoriale Unversehrtheit oder die politische Unabhängigkeit eines Staates« zu unterlassen. Jeder Staat, der den Vereinten Nationen beitritt, akzeptiert diese Verpflichtungen.

Die Anwendung von Gewalt erlaubt die Charta ganz explizit nur zum Zweck der Selbstverteidigung und auf der Basis einer Entscheidung des Sicherheitsrates. Andererseits ist laut Artikel 2.7 die UN-Intervention nicht erlaubt, wenn es sich um Angelegenheiten handelt, »die ihrem Wesen nach zur inneren Zuständigkeit eines Staats gehören«. Jedoch bleibt die mögliche Anwendung von Zwangsmaßnahmen nach Kapitel VII davon unberührt. Während Artikel 2.7 lange Zeit für Diktaturen aller Art als Schutzschild vor einer Intervention von außen diente, ist das Pendel in den letzten 30 Jahren auf die andere Seite geschwungen und hat die Frage aufgeworfen, wo der neue Ruhepunkt liegt.

Außerdem setzte die Charta auch die Tradition internationaler Rechtsinstitutionen fort, indem sie den Ständigen Gerichtshof für Völkerrecht aus der Zeit vor dem Zweiten Weltkrieg zum Internationalen Gerichtshof machte. Bei internationalen Rechtsstreitigkeiten ist der Sicherheitsrat gehalten, die Parteien an den Internationalen Gerichtshof zu verweisen. Das klingt zwar gut, doch ist der IGH ein Elfenbeinturm, der sich weit über die Niederungen der Diskussionen im Sicherheitsrat und die Realität bewaffneter Konflikte erhebt.

## Die Anwendung von Gewalt: Legalität und Politik

Die Bemerkungen der UN-Charta zur internationalen Sicherheit gründeten sich auf die Hoffnung, jener Art von kriegerischen Aggressionen, die so prägend für den Zweiten Weltkrieg gewesen waren – Hitlers Blitzkriege gegen Polen und Frankreich sowie Mussolinis Einmarsch in Äthiopien –, etwas entgegensetzen zu können. Seit 1945 hat der Sicherheitsrat in zwei Fällen ›klassischer‹ Aggression mit militärischer Gewalt reagiert – bei Nordkoreas Vorstoß in den Süden und bei dem Einmarsch des Irak in Kuwait. Weitere Ansätze, bedrohten Staaten militärisch zu Hilfe zu kommen, scheiterten im Vorfeld an der Uneinigkeit zwischen den Mitgliedern des Sicherheitsrates. Weder in der Suezkrise von 1956 noch bei der sowjetischen Invasion in Ungarn und der Tschechoslowakei wurden die UN militärisch tätig. Manche verweisen in diesem Zusammenhang auch auf die türkische Besetzung eines Teils von Zypern und die US-amerikanischen Interventionen in Panama und Grenada. Allerdings gehörte die Türkei neben Griechenland und Großbritannien zu den Vertragsgaranten der Unabhängigkeit Zyperns und behauptete, man habe zypriotischen Türken zu Hilfe kommen müssen. Die Interventionen der USA wiederum führten in beiden Fällen zur raschen Wiederherstellung demokratischer Regierungen, woraufhin der Rückzug erfolgte.

Während des Kalten Krieges lagen die zwischen Ost und West geführten Stellvertreterkriege ebenfalls außerhalb der Reichweite der UN-Charta. Von

Griechenland über Vietnam bis nach Angola kämpften Ost und West um Einfluss und Kontrolle. Dabei marschierten sie nicht mit Panzerbataillonen über Grenzen, sondern ließen fremde Söldner oder die Armeen gleich gesinnter Staaten, die sie, oftmals verdeckt, unterstützten, für sich kämpfen. Resolutionen der UN-Generalversammlung kritisierten solche externen Interventionen, ohne jedoch große Wirkung zu erzielen.

Immerhin war dort, wo die USA und die Sowjetunion ihre jeweiligen Interessen nicht bedroht sahen, ein gewisses Maß an Kooperation möglich. So etwa 1960, als der Kongo ins Chaos stürzte und der damalige Generalsekretär Dag Hammarskjöld unter Berufung auf Artikel 99 die Friedenstruppe ONUC entsandte. Der Sicherheitsrat autorisierte ONUC später (in der Resolution 163 von 1961) explizit zur Anwendung militärischer Gewalt ohne Berufung auf Kapitel VII. Doch wurde diese von Hammarskjöld gewählte Vorgehensweise nicht wiederholt.

Ähnliche ›Waffenstillstände‹ zwischen den USA und der Sowjetunion ermöglichten dem Sicherheitsrat, sich auf Kapitel VII zu berufen und Sanktionen gegen Südrhodesien (1966) sowie Südafrika (1977) zu verhängen. In keinem der beiden Fälle wurde ernsthaft eine folgende militärische Intervention erwogen, doch bereiteten die Resolutionen diese rechtliche Möglichkeit vor. Nur die breite politische Opposition gegen die Apartheid erlaubte dem Sicherheitsrat diese Aktionen, die keineswegs als Präzendenzfälle für die Beeinträchtigung nationaler Souveränität zugunsten humanitärer Ziele gesehen wurden.

Die Krisen von Bangladesch (1971) und Kambodscha (1978) illustrieren die Schwierigkeit, in Zeiten des Kalten Krieges die Rechtmäßigkeit von Interventionen zu beurteilen. Als abspaltungswillige Gruppen im damaligen Ost-Pakistan Wahlsiege errangen, rückten pakistanische Militäreinheiten aus dem Westen des Landes an, um die Kontrolle zu übernehmen. Es kam zu Vergeltungsmorden. Neun Millionen Menschen flohen nach Indien. Aber die Regierung Nixon und Außenminister Kissinger hielten den Kalten Krieg für wichtiger und versuchten zusammen mit China, Neu-Delhi zur Zurückhaltung zu bewegen. Zunächst zögerte Indira Gandhi tatsächlich, aber als Pakistan Luftwaffenstützpunkte auf indischem Boden angriff, antwortete Indien mit militärischen Operationen. Die Pakistaner zogen sich sehr schnell zurück, und der Osten erhielt seine Unabhängigkeit unter dem Namen Bangladesch. Indien half bei der Einrichtung einer Regierung, die aus den zuvor gewählten Politikern bestand.

Zwischen Kambodscha und Vietnam hatte es bereits eine Reihe von bewaffneten Grenzkonflikten gegeben, bis vietnamesische Truppen 1978 in das Nachbarland einmarschierten und das Regime von Pol Pot stürzten. Die USA, die sich weigerten, Berichte über den von den Roten Khmer betriebenen Völkermord zur Kenntnis zu nehmen, und die ihre Niederlage im Vietnamkrieg noch nicht verwunden hatten, verurteilten die Aktion. China, das gute Beziehungen zu Pol Pot unterhalten hatte, ging sogar noch weiter und startete eine militärische Strafaktion gegen den Norden Vietnams. Nur die Sowjetunion unterstützte Hanoi und blockierte weitergehende Maßnahmen des UN-Sicherheitsrates, konnte jedoch nicht verhindern, dass die Generalversammlung eine Resolution verabschiedete, die es den Roten Khmer gestattete, ihren Sitz bei den Vereinten Nationen zu behalten. Allerdings ist der Fall Kambodscha nicht so eindeutig wie der von Bangladesch, weil Vietnam das Nachbarland ein Jahrzehnt lang besetzt hielt und seine Hegemonie dort, wie auch in Laos, aufrechterhielt.

Bei ihrem Vorgehen hatten weder Indien noch Vietnam die Zustimmung des Sicherheitsrates. Insofern könnten die Aktionen illegal genannt werden, auch wenn beide Länder behaupteten, in Selbstverteidigung gehandelt zu haben. Insgesamt jedoch ist kaum daran zu zweifeln, dass beide ›Invasionen‹ humanitär begründet werden könnten und daher so ›legitim‹ waren wie die Intervention der NATO im Kosovo. Doch war der Westen, gefesselt von den Imperativen des Kalten Krieges, nicht in der Lage, die Handlungsweisen Indiens und Vietnams entsprechend zu würdigen.

## Selbstverteidigung – oder nicht?

Selbstverteidigung ist laut Artikel 51 der UN-Charta legal. Aber der Einzelfall kann bei genauerer Betrachtung erhebliche juristische Tücken aufweisen. Bei eindeutiger Sachlage bietet dieser Artikel Staaten die Möglichkeit, allein oder im Bündnis zu handeln, wenn der Sicherheitsrat dazu nicht imstande ist. Als es um Korea und um die Besetzung Kuwaits durch den Irak ging, waren die USA zweifellos willens, sich auf Artikel 51 zu berufen und notfalls auch ohne Zustimmung des Sicherheitsrates militärisch zu handeln. Und als Israel 1967 präventive Angriffe gegen die arabischen Armeen flog, die an seinen Grenzen aufmarschierten, wollte es einer bevorstehenden Invasion zuvorkommen, so dass weder der Sicherheitsrat noch die Generalversammlung bereit waren, die Aktionen als Aggression zu verurteilen, obwohl damals eine anti-israelische Stimmung weit verbreitet war.

Viele Situationen sind weitaus weniger eindeutig, und es ist einleuchtend, dass Artikel 51 davor bewahrt werden muss, dass man sich ohne angemessene Begründung auf ihn beruft. Als Israel 1981 einen im Bau befindlichen irakischen Atomreaktor bombardierte, verurteilte der Sicherheitsrat das Vorgehen einmütig und wies das Argument, Israel habe sich in seiner Sicherheit bedroht gefühlt, zurück. Bei der kubanischen Raketenkrise von 1962 ging es um eine potenzielle Bedrohung durch sowjetische Raketen, die auf Kuba stationiert werden sollten, nicht aber um einen unmittelbar drohenden Angriff, weshalb die USA sich nicht auf Artikel 51 beriefen, sondern sich auf die nationale Diplomatie verließen.[35]

Anders reagierte Washington nach den Angriffen vom 11. September 2001. Zwar verurteilte der Sicherheitsrat die Aggression umgehend und zeigte seine Bereitschaft, bewaffnete Gewalt gegen deren Urheber zu unterstützen, so dass es, wie schon 1990 nach der Besetzung Kuwaits, die Möglichkeit kollektiven Handelns unter Leitung durch die UN gegeben hätte. Washington aber war nicht willens, eventuelle Verzögerungen oder Komplikationen hinzunehmen, und reagierte unter Berufung auf Artikel 51 ohne Einbeziehung der Vereinten Nationen.

Kaum ein Staat erhob Einwände gegen die US-Intervention in Afghanistan, doch als Washington verkündete, im Irak einen Regimewechsel mit militärischer Gewalt herbeiführen zu wollen, gerieten die UN und das internationale Recht in eine Glaubwürdigkeitskrise. Präsident Bush verdeutlichte, dass er in jedem Fall zum Krieg bereit sei, und erklärte, die Vereinten Nationen würden, wenn der Sicherheitsrat einer Intervention nicht zustimme, ›irrelevant‹ werden. Als der Sicherheitsrat dem Ansinnen nicht nachkam, riefen die USA ihre ›Koalition der Willigen‹ ins Leben, besetzten den Irak und vertrieben Saddam Hussein von der Macht.

Die Weltöffentlichkeit, von Juristen bis hin zu einfachen Bürgern, hielt die Invasion mehrheitlich für eine Verletzung internationaler Rechtsprinzipien. Kofi Annan wählte seine Worte sehr vorsichtig, als er in einem Interview mit der BBC bemerkte, dass die Aktion »nicht in Übereinstimmung mit der UN-Charta« stehe und mithin aus Sicht der UN »illegal« gewesen sei. Obwohl Saddam immer wieder gegen Resolutionen des Sicherheitsrates verstoßen und ganz unleugbar Verbrechen gegen die Menschlichkeit begangen hatte, war es, so die überwiegende Meinung, Sache des gesamten Sicherheitsrates und nicht nur weniger Mitglieder, über ein Vorgehen gegen den irakischen Diktator zu entscheiden.

Washington sicherte sich die Unterstützung der eigenen Bevölkerung durch die Behauptung, Saddam entwickle Massenvernichtungswaffen und habe Verbindungen zu al-Qaida. Das sollte den Eindruck erwecken, die USA handelten, in Übereinstimmung mit der neuen Doktrin der Präemption, aus Gründen der Selbstverteidigung. Allerdings lagen der Invasion in keiner Weise die traditionellen Kriterien von Notwendigkeit und Angemessenheit zugrunde. (Diese Kriterien waren 1837 von dem Amerikaner Daniel Webster formuliert und in das Völkerrecht eingeschrieben worden, nachdem die britische Marine ein US-Schiff mit Nachschub für Rebellen in Kanada versenkt hatte.) Überdies stellte sich nach der Invasion heraus, dass Washingtons Argumente auf Übertreibungen, wenn nicht gar direkten Fälschungen beruhten, denn es konnten keine Beweise für die Existenz von Massenvernichtungswaffen oder die Unterstützung eines Terrornetzwerks gefunden werden. So blieb den USA nur die – im Kern erst nach der Intervention entwickelte – Rechtfertigung aus humanitären Gründe: Man habe den Irak von der Tyrannei befreien und zu einer Demokratie machen wollen.

## Humanitäre Intervention: Der Teufel steckt im Detail

Das Problem, wie mit Saddam Husseins mörderischem Regime umzugehen sei, zeigt beispielhaft, wie schwierig es ist, allgemein anerkannte Richtlinien für humanitäre Interventionen aufzustellen. Wie bereits angemerkt, hatte man sich nach dem Zweiten Weltkrieg das Prinzip der Nichteinmischung in die inneren Angelegenheiten von Staaten zu Eigen gemacht, auch wenn die UN-Charta im Artikel 1 neue Wege beschritt, als sie neben anderen Zielen die »Achtung vor den Menschenrechten und Grundfreiheiten für alle ohne Unterschied der Rasse, des Geschlechts, der Sprache oder der Religion zu fördern und zu festigen« versprach. Doch sollten diese Ziele durch gemeinsame Anstrengungen von Nationen erreicht werden, während der Sicherheitsrat für die Beilegung von Auseinandersetzungen oder die Abwehr von militärischen Aggressionen zuständig war.

Die Allgemeine Erklärung der Menschenrechte und die Konvention über den Völkermord von 1948 waren die ersten Verpflichtungen für Mitgliedsstaaten, aktiv für die Wahrung der Menschenrechte einzutreten. Die Konvention zur Verhinderung und Bestrafung des Völkermords wurde von der Generalversammlung am 9. Dezember 1948 angenommen und weist die Signatarstaaten, wie aus der Formulierung ersichtlich, an, Völkermord zu verhindern und dafür zu sorgen, dass die für ein solches Verbrechen Verantwortlichen – Herrscher, Regierungsmitglieder oder andere Personen – bestraft werden. Die Konvention autorisiert nicht explizit bestimmte Aktionen gegen einen Staat, sieht aber die Möglichkeit vor, eine Regierung wegen illegaler Aktionen gegen die eigene Bevölkerung zur Rechenschaft zu ziehen. Das war ein früher Riss im Panzer des Nichteinmischungsprinzips unter Artikel 2.7.

Paradoxerweise hat die Existenz der Konvention Bemühungen, den Völkermord wirksam zu bekämpfen, erschwert, wenn nicht gar behindert. Als sich der Terror in Ruanda ausbreitete, diskutierten Diplomaten darüber, ob die vorliegenden Tatsachen ausreichten, um von ›Völkermord‹ sprechen zu können, und damit die Anwendung der Konvention ermöglichten. Ähnlich wurde ein Einschreiten in Darfur durch monatelanges Abwägen hinausgezögert. Das Problem ist dabei natürlich nicht die Konvention selbst, sondern die politische Bereitschaft der handlungsfähigen Regierungen, das nach der Judenvernichtung beschworene ›Nie wieder!‹ erneut zu bekräftigen.

Die Erklärung der Menschenrechte setzte Maßstäbe, formulierte aber keine rechtlichen Maßnahmen. Spätere Konventionen zu politischen und wirtschaftlichen Rechten, zur Apartheid und zu rassischer und geschlechtlicher Diskriminierung formulierten neue Ziele und Normen für das Verhalten von Regierungen. Insbesondere enthielt die Übereinkunft von Helsinki aus dem Jahr 1975, auch wenn sie nur für die Signatarstaaten aus Nordamerika und Europa bindend war, die Verpflichtung, Menschenrechte und grundlegende Freiheiten zu respektieren und darüber hinaus dies von außen auch zu kontrollieren. Als der Kalte Krieg in der zweiten Hälfte der 80er-Jahre seinem Ende entgegensteuerte, hatten diese Entwicklungen weltweit die Forderung nach Durchsetzung der Menschenrechte gestärkt. Doch gab es noch keine allseits akzeptierten Richtlinien für die Verantwortung, ihnen aktiv Geltung zu verschaffen.

Die Folgen des Golfkriegs von 1991 wurden zum Test für die Legalität der Anwendung von Gewalt aus humanitären Gründen. Nach seiner Niederlage wollte Saddam Hussein seine Herrschaft über den Nordirak zurückerlangen und führte einen blutigen Vergeltungsfeldzug gegen die kurdische Bevölkerung. Der Sicherheitsrat verabschiedete die Resolution 688, in der er die »sofortige Beendigung dieser Unterdrückung« forderte. Allerdings berief sie sich, im Unterschied zu fast allen anderen Irak-Resolutionen dieser Zeit, nicht auf Kapitel VII oder einen seiner Artikel. Ungeachtet dessen setzten die USA, Großbritannien und Frankreich im Nordirak eine ›Flugverbotszone‹ durch, die, bei gleichzeitiger verdeckter militärischer Hilfe für die Kurden, weitere Übergriffe Saddams unmöglich machte. Zwar scherte Frankreich schon bald aus dieser Koalition aus, aber die beiden anderen Bündnispartner etablierten auch im Süden, wo Saddam Aufstände der Schiiten brutal niedergeschlagen hatte, eine Flugverbotszone. Beide Zonen wurden bis zur Invasion von 2003 durch Aufklärungsflüge der Verbündeten kontrolliert. Bis heute herrscht keine Einigkeit darüber, ob die Einrichtung dieser Zonen bei fehlender Berufung auf Kapitel VII legal, oder illegal, aber legitim, oder nichts von beidem war.

Der erste klare Fall ›legaler‹ humanitärer Intervention, der den von der UN-Charta festgelegten Prinzipien zur Anwendung von Gewalt entsprach, war das Vorgehen in Somalia 1992/93. Der Sicherheitsrat genehmigte militärische Operationen, um Hilfslieferungen an die hungernde Zivilbevölkerung zu garantieren, die zwischen die Fronten eines gegenseitigen Vernichtungskrieges geraten war. US-Marinesoldaten landeten an der Küste, ohne auf Widerstand zu stoßen. Die Mission war anfänglich erfolgreich, weil sie den UN die vorgesehenen Hilfsaktionen ermöglichte. Jedoch gab es keine politische Regelung. Die US-Streitkräfte zogen sich zurück, nachdem ihr Versuch, einen rebellischen Warlord zu verhaften, katastrophal gescheitert war. Somalia stürzte in das Chaos der Anarchie und hat sich bis heute nicht wieder davon erholt. Spätere UN-Interventionen in Bosnien und Ruanda waren kraft der Zustimmung des Sicherheitsrates ebenfalls legal, scheiterten aber noch kläglicher.

Die Themen Völkermord und humanitäre Intervention gelangten 1998/99 an die Spitze der Agenda des Sicherheitsrates, als Slobodan Milošević bewaffnete Streitkräfte gegen die albanische Bevölkerung in der serbischen Provinz Kosovo einsetzte. Obwohl die Mehrheit der Meinung war, dass die serbische Armee ethnische Säuberungsaktionen betrieb, stellte sich Russland auf die Seite des slawischen Brudervolks und verhinderte mögliche Maßnahmen des Sicherheitsrates, die unter Berufung auf Kapitel VII hätten eingeleitet werden können. Schließlich flog die NATO Bombenangriffe, die zum Rückzug der serbischen Truppen aus dem Kosovo führten. Russland erklärte sich später mit der Einrichtung eines UN-Protektorats (UNMIK) zur Verwaltung des Kosovo einverstanden. Wie schon erwähnt, spiegelte der internationale Kosovo-Bericht die europäische Auffassung wider, dass die militärische Operation in diesem Fall zwar illegal, aber gerechtfertigt und daher ›legitim‹ war.

Die Kluft zwischen Legalität und Legitimität war auch 2005, als die Tragödie in Darfur ihren Lauf nahm, noch nicht überbrückt. Wie im Kosovo gab es auch hier zwar Zweifel, ob es sich um Völkermord handle, nicht aber daran, dass Tausende unschuldiger Zivilisten starben. China, das um seine Investitionen fürchtete, Russland und eine Reihe von arabischen Staaten verhinderten eine frühe Intervention durch den Sicherheitsrat. Die USA sprachen nach wochenlangem Zögern von ›Völkermord‹. Aber die Angelegenheit wurde vertagt, bis ein vom Generalsekretär einberufenes Gremium die Frage geklärt hatte. Zudem wollte man ein separates Friedensabkommen zwischen Khartum und den Rebellen im Süden des Sudans nicht gefährden.

Das Gremium kam vorerst zu dem Schluss, es handle sich um ›Verbrechen gegen die Menschlichkeit‹, nicht aber um Völkermord. Die Regierung des Sudans stritt die Verbrechen rundweg ab, war aber zähneknirschend bereit, Angriffe gegen die Zivilbevölkerung zu verhindern und humanitäre Hilfe zuzulassen. Doch das Morden ging weiter. Die USA blockierten die Übertragung der Angelegenheit auf den Internationalen Strafgerichtshof, und der Sicherheitsrat konnte sich nicht auf ein weiteres Vorgehen einigen. Schließlich schlossen sich Russland und China dem Konsens an, die USA gaben ihre Blockade auf, und die UN drängten Khartum, Friedensgesprächen, die im August stattfinden sollten, zuzustimmen. Aber diese unendlich verzögerten Reaktionen zeigten, wie unangemessen das internationale System sich gegenüber der fortdauernden Gewalt verhielt. Wir kommen im siebten Kapitel auf Darfur zurück.

## Der Internationale Gerichtshof – ein Papiertiger?

Die Charta bezeichnet den IGH als »Hauptrechtsprechungsorgan der Vereinten Nationen«. Der Gerichtshof tagt im Friedenspalast von Den Haag und ist mit 15 Richtern besetzt. Sie sind von der Generalversammlung und dem Sicherheitsrat nach Kriterien geografischer und kultureller Vielfalt ausgewählt worden, weshalb auch pro Land nur ein Richter berufen wird. Sie haben zwei unterschiedliche Aufgaben: Zum einen sollen sie Rechtsstreitigkeiten zwischen Staaten regeln, die den IGH um Schlichtung gebeten haben, und sie sollen Gutachten zu Rechtsfragen verfassen, die von internationalen Institutionen wie der UN-Generalversammlung oder UN-Organisationen an sie herangetragen werden. Zudem wird der IGH in Hunderten von Verträgen als diejenige Autorität anerkannt, die für die Lösung von Auseinandersetzungen, welche aus den Verträgen selbst erwachsen, zuständig ist. Der Gerichtshof befasst sich nicht mit Klagen gegen Einzelpersonen.

Obwohl bislang nur eine kleine Anzahl bedeutender Fälle vor dem IGH verhandelt wurde, hat er über die Jahre beträchtlich an Einfluss auf die internationalen Angelegenheiten gewonnen. Er konnte zahlreiche Streitigkeiten schlichten, in denen es zu erheblichen zwischenstaatlichen Spannungen gekommen war. Dabei ging es unter anderem um den Grenzverlauf zwischen Burkina Faso und Mali, den alten Tempel von Preah Viharn an der Grenze zwischen Kambodscha und Thailand, die Fischerei im Nordatlantik und Streitigkeiten um den Verlauf des Kontinentalschelfs im Atlantik und im Mittelmeer. Wichtiger noch als solche Urteile waren jedoch Methodologie und Anschauungsweisen des IGH, die die Konzepte und Praktiken des internationalen Rechts im Allgemeinen beeinflussten.[36] Sein Urteil von 1975 zum Status der Westsahara verwarf endgültig den Begriff der *terra nullius*. Und seine Behandlung einer Klage, die 1974 von Australien und Neuseeland gegen französische Atomtests eingereicht worden war, trug zur Klärung des Problems grenzüberschreitender Luftverschmutzung bei, auch wenn ein abschließendes Urteil sich erübrigte, weil Frankreich sich schon vorher bereit erklärt hatte, die Tests einzustellen.

Maßnahmen zur Durchsetzung von IGH-Entscheidungen sind im Grunde nicht erforderlich, weil es sich zumeist entweder um Ratschläge in Form von Gutachten handelt oder die Fälle mit Zustimmung der beteiligten Parteien verhandelt werden. Allerdings sieht Artikel 94.2 vor, dass sich eine Partei an den Sicherheitsrat wenden kann, wenn die andere Streitpartei ihren Verpflichtungen aus einem Urteil des IGH nicht nachkommt. Zudem kann bei ernsthaften Auseinandersetzungen der Sicherheitsrat unter Berufung auf die Kapitel VI und VII der Charta aktiv werden.

Unter dem Strich jedoch hat der IGH in den 60 Jahren seines Bestehens für die Bewahrung von Sicherheit und Frieden in der Welt nur eine Nebenrolle gespielt. Die Sowjetunion, China und andere kommunistische Staaten weigerten sich kategorisch, seine Rechtsprechung als verbindlich anzuerkennen. Russland hat seine Politik inzwischen geändert, nicht aber China; und die USA, eine der ersten Nationen, die 1946 (mit einigen Vorbehalten) dabei gewesen waren, zogen sich 1983 zurück, als absehbar war, dass der IGH ein Urteil gegen die heimliche Verminung von Nicaraguas Häfen fällen würde.

Zwar kann eine Regierung jeden Rechtsfall vor den IGH bringen, doch schlagen Staaten, die sich einem Urteil nicht unterwerfen wollen, andere Wege ein. Während des Kalten Krieges war es ausgeschlossen, dass der Gerichtshof sich mit den Auseinandersetzungen um Ungarn, die Tschechoslowakei, Vietnam usw. befasste. Auch heute noch werden politisch aufgeladene, potenziell gewaltsame zwischenstaatliche Konflikte nur selten vor dem IGH verhandelt. Der Grenzstreit zwischen Äthiopien und Eritrea aus jüngster Zeit ist vielleicht das traurigste Beispiel einer Situation, in der der tragische Konflikt durch Einsatz juristischer Mittel hätte vermieden werden können.

Die zweite Hauptfunktion des IGH besteht in der Abfassung von Rechtsgutachten für Körperschaften der UN. Sein umstrittenstes Urteil in dieser Rolle fällte er 1996, als er auf Anfrage der Generalversammlung mit acht gegen sieben Stimmen entschied, dass die Androhung des Einsatzes von Atomwaffen oder ihr tatsächlicher Einsatz »generell den Regeln des Völkerrechts, das bei bewaffneten Konflikten Anwendung findet, und insbesondere den Grundsätzen und Regeln des humanitären Rechts widerspricht«. Er fügte jedoch hinzu, dass Androhung oder Einsatz im Extremfall einer Selbstverteidigung, bei der das Überleben eines Staates gefährdet ist, legitim sein können. Diese Entscheidung wurde von Staaten, die über Atomwaffen verfügen, ignoriert.

2004 entschied der Gerichtshof, wiederum auf Anfrage der Generalversammlung, dass die von Israel errichtete Mauer zwischen palästinensischen und jüdischen Siedlungen »dem internationalen Recht widerspricht«. Er verfügte auch, dass Israel verpflichtet sei, den Weiterbau einzustellen und für verursachte Schäden aufzukommen habe. Alle Staaten seien »dazu verpflichtet, die illegale Situation nicht anzuerkennen«. Diesmal gab es nur eine Gegenstimme, nämlich die des amerikanischen Richters. Israel setzte den Bau der Mauer ungerührt fort.

Der Einfluss solcher Rechtsgutachten, insbesondere dieser beiden höchst umstrittenen Entscheidungen, ist schwer messbar. Kritiker behaupten, dass der IGH, weil die Großmächte seinen Urteilen wenig Bedeutung beimessen, kaum mehr sei als ein Papiertiger und daher der Respekt vor dem internationalen Recht ebenfalls schwinde. Wohlgesonnenere weisen auf den Wert einer mit besseren Argumenten versehenen Diskussion hin und meinen, dass mit der Weiterentwicklung des Völkerrechts und dem Fortschritt zu einem effektiveren System der internationalen Beziehungen auch das Gewicht der Urteile besser erkennbar werde. Andere wiederum wollen von Fortschritt erst dann sprechen, wenn die Richter nicht mehr im Sinne der Politik ihrer jeweiligen Regierung abstimmen.

## Verantwortlichkeit

Die Kriegsverbrechertribunale von Nürnberg und Tokio legten den unumstößlichen Grundsatz fest, dass Einzelpersonen für derart schreckliche Taten, wie sie von den faschistischen Regimen im Vorfeld und Verlauf des Zweiten Weltkriegs begangen wurden, zur Rechenschaft gezogen werden müssten. Zwar wurde hier und da eingewendet, dass niemand für Verbrechen bestraft werden dürfe, gegen die es zur Tatzeit noch kein Gesetz gegeben habe, und manche sprachen auch von Rachetribunalen der Siegermächte, doch die Weltmeinung teilte die Auffassung des amerikanischen Anklägers, dass die Verbrechen zu furchtbar gewesen seien, um ungestraft bleiben zu können.

Nürnberg und Tokio blieben Einzelfälle. Danach gab es kein internationales Gericht mehr, das für Einzelpersonen zuständig war. Die Konvention gegen den Völkermord legte 1948 fest, dass Angeklagte von einem nationalen Gerichtshof oder einem ›internationalen Straftribunal‹, dessen Rechtsprechung in den Händen der Vertragsparteien liege, verurteilt werden sollten. Auch die Genfer Konventionen von 1949 und die Zusatzprotokolle von 1977 sehen kein Gericht vor. Die Strafverfolgung wird den nationalen Behörden überlassen. So wurde auch in Griechenland und Argentinien nach dem Ende der Diktatur verfahren.

Aber viele andere Despoten blieben unbehelligt, wie etwa der chilenische Diktator Augusto Pinochet, der trotz der unter seiner Herrschaft begangenen Untaten – Tausende wurden gefoltert und ermordet – lange Zeit über dem Gesetz zu stehen schien. Das war jedoch plötzlich anders, als er 1998 in London festgenommen wurde. In Großbritannien, Spanien, Frankreich und Chile wuchs der Druck, ihn wegen seiner Verbrechen an Staatsbürgern anderer Nationalität vor Gericht zu stellen. Zwar konnte ihm aufgrund seines schlechten Gesundheitszustands bislang in Chile nicht der Prozess gemacht werden, doch hat sich seine Behauptung, er sei durch lebenslange Immunität vor Verfolgung geschützt, als hinfällig erwiesen, und der Erfolg des rechtlichen Vorgehens gegen ihn hat den Grundsatz universeller Rechtsprechung gestärkt: Schwere Menschenrechtsverletzungen können überall auf der Welt gerichtlich verfolgt werden.

Viele Menschenrechtler und Regierungen sind bestrebt, diesen Grundsatz fester zu verankern, weil sie die tradierte Praxis, die Rechtsprechung eines Landes auf Verbrechen zu beschränken, die auf dessen Territorium oder gegen dessen Staatsbürger verübt werden oder sich gegen die nationale Sicherheit richten, für unzulänglich halten. Der bislang weitreichendste Versuch, hier neue Wege zu beschreiten, ist ein Gesetz, das 1993 in Belgien verabschiedet wurde. Es gestattet nationalen Gerichten, »ernste Verletzungen des Völkerrechts« strafrechtlich zu verfolgen. Anklage wurde unter anderem gegen Israels Premierminister Scharon, den britischen Premierminister Blair und gegen die beiden amerikanischen Präsidenten Bush erhoben. 2002 entschied der IGH im Falle eines ehemaligen kongolesischen Außenministers gegen das belgische Verfahren, ließ aber den Grundsatz universeller Rechtsprechung unberührt.

Unumstößliche Beweise für Gräueltaten veranlassten den Sicherheitsrat, Ad-hoc-Tribunale für das ehemalige Jugoslawien (ICTY) und Ruanda (ICTR) einzurichten. Damit wollte man Bestimmungen des internationalen Rechts, die lange unbeachtet geblieben waren, neues Leben einhauchen. Die beiden Sondergerichte, die Anfang 2005 noch tätig waren, konnten mehreren Verbrechern den Prozess machen, wurden aber wegen hoher Kosten und schleppender Verfahren kritisiert.

2000 stimmte der Sicherheitsrat in der Resolution 1315 einem Sondergericht für Sierra Leone zu, das 2002 eingerichtet wurde und im Jahr darauf mit nationaler und internationaler Besetzung seine Arbeit aufnahm. Es ist so eingerichtet, dass es schneller und kostengünstiger handeln kann als seine für Jugoslawien und Ruanda zuständigen Vorgänger. Es bewirkte die Verhaftung zahlreicher prominenter Personen, klagte den ehemaligen, jetzt exilierten liberianischen Präsidenten Charles Taylor an und sprach 2005 das erste Urteil. Die USA unterstützen das Tribunal großzügig, wohl auch deshalb, weil sie, wie Zyniker meinen, zeigen wollen, dass ein ständiger internationaler Gerichtshof überflüssig sei.

Trotz amerikanischer Einwände wurde 2002 der Internationale Strafgerichtshof (ISGH) eingerichtet. Die Ereignisse der 90er-Jahre hauchten der Idee Leben ein, und die Verhandlungen wurden 1998 in Rom abgeschlossen. 94 Länder, nicht jedoch die USA, haben den Vertrag ratifiziert. Das Statut des ISGH trat am 1. Juli 2002 in Kraft. Mitte 2003 hat der Gerichtshof in Den Haag seine Arbeit aufgenommen. Er ist mit 18 Richtern und einem Ankläger besetzt, der Ende März 2005 Untersuchungen zur Lage in der DR Kongo und in Norduganda eingeleitet hat, wo ein abtrünniger Warlord unzählige Menschen ermordete, über eine Million vertrieb und an die 20.000 Kinder entführte. Der ISGH beschäftigt sich auch mit zwei weiteren ihm übertragenen Fällen, einem aus der Zentralafrikanischen Republik und einem aus der sudanesischen Provinz Darfur.

Zwar hatte US-Präsident Clinton noch die Ratifizierung des Vertrags von Rom befürwortet, doch sprach sich der konservative amerikanische Senat dagegen aus. Unter Präsident Bush hat sich die ablehnende Haltung noch verstärkt. Washington drängte in aggressiver Weise auf Abkommen mit anderen Staaten, um Militärangehörige der eigenen Streitkräfte von der Gerichtsbarkeit des ISGH auszunehmen. Da die USA nicht zu den Vertragsparteien gehören, kann der Gerichtshof dort nicht tätig werden, hat aber die Möglichkeit, amerikanische Staatsbürger wegen anderenorts begangener Verbrechen zu verfolgen. Washington hat einer ganzen Reihe von Ländern die Verweigerung weiterer Unterstützung angedroht, wenn sie es zulassen, dass Amerikaner an den ISGH überstellt werden. Zwei Jahre lang durften US-Militärangehörige nur dann an UN-Aktionen teilnehmen, wenn ihnen Straffreiheit zugesichert wurde. (2004 wurde diese Politik zeitweilig außer Kraft gesetzt, nachdem sich die schweren Vorwürfe gegen das Verhalten von US-Soldaten im Gefängnis von Abu Ghraib erhärtet hatten.) Wie schon bemerkt, waren die USA anfänglich auch dagegen, dass der Sicherheitsrat die Verfolgung der Verbrechen in Darfur dem ISGH übertrug, doch zogen sie unter dem Druck der Öffentlichkeit ihr Veto zurück.

Das vor dem 11. September 2001 ausgehandelte Statut des ISGH sieht zwar nicht explizit die Verfolgung internationaler Terroristen vor, doch umfasst sein Mandat kriminelle Handlungen wie Völkermord, Kriegsverbrechen und Verbrechen gegen die Menschlichkeit. Zu Letzteren könnte man auch umfassende terroristische Verschwörungen und Vergehen rechnen, wie sie von der al-Qaida unter Bin Ladin verübt wurden. Einige Kommentatoren sehen im ISGH ein geeignetes Instrument für den Kampf gegen den Terrorismus. Aber die Haltung der USA und Meinungsverschiedenheiten über Themen wie die Todesstrafe (die der ISGH ausschließt) lassen nicht vermuten, dass es schon bald zu einem entsprechenden Engagement kommen wird.

## Völkerrecht und Terrorismus

Seit den Anschlägen auf das World Trade Center steht der Kampf gegen den Terrorismus auf der Agenda des Sicherheitsrates an vorderster Stelle. Schon am 12. September 2001 verabschiedete er die Resolution 1368, deren Präambel das Recht auf Selbstverteidigung anerkennt und deren operative Paragrafen die Anschläge »wie jeden Akt des internationalen Terrorismus als Bedrohung des Weltfriedens und der internationalen Sicherheit« verurteilen.

Die Resolution ruft dazu auf, gegen die Urheber und ihre Unterstützer vorzugehen und die Bemühungen zur Verhinderung terroristischer Akte zu verdoppeln.

Zwar enthält die UN-Charta keine Bestimmungen für nicht-staatliche Akteure, doch bietet Artikel 51, der das naturgegebene Recht auf Selbstverteidigung betont, eine Grundlage für die legale Anwendung von Gewalt in Reaktion auf bewaffnete terroristische Angriffe. Israel hat sich wiederholt darauf bezogen, und die USA rechtfertigten damit 1986 Luftangriffe gegen Libyen als Vergeltung für den Bombenanschlag gegen die Diskothek LaBelle in Berlin, die vor allem von US-Militärangehörigen besucht worden war. Mit ähnlicher Begründung griff Washington 1993 den Irak an, weil Saddam Hussein angeblich einen Mordanschlag auf den ehemaligen Präsidenten Bush (sen.) geplant habe. 1998 wurden Ziele im Sudan und in Afghanistan bombardiert, nachdem in Tansania und Kenia Anschläge auf US-Botschaften verübt worden waren.

Die Resolution 1368 beruft sich nicht auf Kapitel VII, wird aber bisweilen so verstanden, dass sie Regierungen einen neuen und umfassenderen Spielraum zur Anwendung von Gewalt gegen Terroristen und ihre Unterstützer unter Artikel 51 eröffnet. So jedenfalls interpretierte der russische Staatschef Putin ein Jahr später die Resolution, als er in einem Brief an den Sicherheitsrat und die OSZE Georgien der Unterstützung tschetschenischer Rebellen bezichtigte und darauf hinwies, dass Russland sein Recht auf Selbstverteidigung »wie in Resolution 1368 vorgesehen« wahrnehmen könnte.[37] Was in solchen Situation als legal gelten darf, wird sicher noch für einige Zeit unklar bleiben.

Weitere Resolutionen des Sicherheitsrates hatten das Ziel, die internationale Zusammenarbeit zu intensivieren und den Mitgliedsstaaten stärker bindende Verpflichtungen aufzuerlegen. Resolution 1373 vom 28. September 2001 und Resolution 1540 vom 28. April 2004 fordern von den Mitgliedsstaaten zahlreiche Maßnahmen gegen den internationalen Terrorismus. Beide zitieren Kapitel VII und betonen so ihren rechtsverbindlichen Charakter.

Diese Resolutionen sollen das existierende Vertragsrecht aufheben und alle Staaten, auch diejenigen, die nicht an früheren Verträgen beteiligt waren, verpflichten. Resolution 1373 stützt sich weitgehend auf zwei Ende der 90er-Jahre unterzeichnete Konventionen, die den Kampf gegen terroristische Bombenangriffe und gegen die Finanzierung terroristischer Gruppen zum Inhalt haben. Viele ihrer Bestimmungen sollen durch die Resolution für alle Staaten rechtlich bindend werden. Resolution 1540 beschäftigt sich mit Maßnahmen zur Verhinderung der Weiterverbreitung von Massenvernichtungswaffen an nicht-staatliche Akteure. Sie wurde einstimmig verabschiedet. Auch wenn einige Regierungen Bedenken äußerten und meinten, dass solche Gesetze besser auf vertraglichem Wege geschaffen werden könnten.

Washington betreibt den Kampf gegen den Terrorismus vor allem durch härtere nationale Gesetze und die Ausweitung der internationalen Zusammenarbeit zur Durchsetzung antiterroristischer gesetzlicher Maßnahmen. Im Mai 2003 rief Präsident Bush die Proliferation Security Initiative (PSI) ins Leben, bei der elf Staaten ein Netzwerk zum Verbot illegaler Transporte von Massenvernichtungswaffen und dazugehöriger Systeme und Materialien bilden. Sichtbarste Auswirkung dieser Bemühungen sind Operationen auf hoher See, was vielen Staaten, denen es um die Freiheit der Seefahrt geht, ein Dorn im Auge ist. So hat zum Beispiel China verhindert, dass in Resolutionen des Sicherheitsrates zum Terrorismus sprachliche Wendungen der Initiative übernommen werden.

Insgesamt haben die Resolutionen dem Antiterrorismus Vorrang verschafft und darauf anwendbare Teile des Vertragsrechts universalisiert. Dennoch konzentrieren sich die globalen Anstrengungen, kaum anders als vor dem 11. September, auf die Angleichung staatlicher Gesetzgebungen und die Koordinierung nationaler Behörden. Darüber hinaus werden die USA allem Anschein nach auch weiterhin auf militärische Aktionen unter ihrer Führung und gemäß ihrer Entscheidung setzen, ohne sich um mehr Geltung für das internationale Rechtssystem und seine Institutionen zu bemühen.

## Die USA gegen den Rest der Welt

Wer für die Herrschaft von Recht und Gesetz eintritt, kann angesichts der Fortschritte, die seit 1945 und vor allem in den letzten drei Jahrzehnten gemacht wurden, Hoffnung schöpfen. Die Verteidigung und Durchsetzung der Menschenrechte stehen im Zentrum vieler internationaler Bemühungen. Mit der Einrichtung des ISGH hat das Völkerrecht eine zuvor nie gekannte Bedeutung erlangt. Die führenden Demokratien sind bestrebt, gegen Verbrechen wie in Darfur vorzugehen, auch wenn die Kluft zwischen den USA und dem Rest der Welt den Bemühungen um einen langfristigen, auf den Grundlagen der UN-Charta beruhenden Ansatz höchst abträglich ist.

Die Befürworter einer internationalen Rechtsordnung sehen sich mit der Tatsache konfrontiert, dass die amerikanische Haltung keine zeitweilige

Abirrung ist, die dem anmaßenden Dogmatismus der gegenwärtigen republikanischen Regierung entspringt. Das Misstrauen der US-Konservativen gegenüber dem internationalen Recht hat tiefere Wurzeln. Einst äußerte sich das als Isolationismus; seit den 80er-Jahren wird es durch Theorien eines nationalen ›Souveränismus‹ *(sovereigntism)* und durch die Ausnahmestellung der USA befördert. Es zeigte sich deutlich in der Ablehnung des ISGH und in der Weigerung, die Gesetzgebung des IGH als bindend anzuerkennen. 2005 zogen sich die USA von einem Protokoll der Genfer Konventionen zurück, dessen Inkraftsetzung sie zunächst sogar betrieben hatten. Dieses Protokoll sah vor, dass Personen, die im Ausland verhaftet werden, einen konsularischen Vertreter ihres Heimatlandes um Hilfe bitten können. Ausländer, die in den USA die Verurteilung zur Todesstrafe befürchten mussten, beriefen sich auf das Protokoll, um Aufschiebung oder die Neuverhandlung ihres Falls zu erreichen, woraufhin die USA ihre Unterschrift zurückzogen. Für die US-Konservativen gilt als ungeschriebenes Gesetz, dass ihr Land über das beste Rechtssystem der Welt verfügt, das nicht durch Einmischung von außen verwässert werden sollte.

Ihren bislang beunruhigendsten Ausdruck fand diese Haltung in der von US-Regierungsangehörigen vertretenen Auffassung, dass die USA nicht in jedem Fall den von der Genfer Konvention zur Behandlung bestimmter Gefangener festgelegten Normen folgen müssten. Ein Kritiker sah darin »die ziemlich unverhüllte souveränistische Prämisse, dass das internationale Recht eher Fiktion als Realität ist«[38]. Die widersprüchliche, um nicht zu sagen unglaublich heuchlerische Haltung der US-Regierung zeigte sich offen, als Verteidigungsminister Rumsfeld zur Verbreitung von Fotos amerikanischer Gefangener im Irakkrieg erklärte: »Es verstößt gegen die Genfer Konvention, Fotografien von Soldaten auf eine sie demütigende Weise zu veröffentlichen.« Derselbe Rumsfeld verteidigte die Behandlung von Gefangenen der US-Armee in Abu Ghraib und Guantánamo, auch wenn man die von der Regierung als Einzelfälle bezeichneten Verbrechen unberücksichtigt lässt. Fotografien dieser Misshandlungen gingen um die ganze Welt.

Der konservative Senator Jesse Helms formulierte bei seinem Auftritt vor dem UN-Sicherheitsrat im Januar 2000 deutlich, was er von den Vereinten Nationen hält: »Keine UN-Institution hat die Kompetenz, die Entscheidungen der Vereinigten Staaten zu ihrer Außen- und Sicherheitspolitik zu beurteilen.« Er warf den UN vor, sie wollten »ihre utopische Vision eines ›Völkerrechts‹ den Amerikanern aufzwingen«. Zwar lobte er die ›Kernaufgaben‹

der UN-Friedensmissionen, wie die Waffeninspektionen, die humanitäre Hilfe, die Förderung der Zusammenarbeit zwischen souveränen Staaten, doch machte er sich über die Vorstellung, eine Mehrheit der Amerikaner würde die internationale Zusammenarbeit unterstützen, lustig, indem er bemerkte, er habe bei Umfragen stets schlecht abgeschnitten, die Wahlen aber immer gewonnen. Solange die Konservativen in Washington die Oberhand behalten, also mindestens bis zum Ende der zweiten Amtsperiode von Bush, wird das internationale Recht dort eine eher zweitrangige Größe bleiben.

Aber es gibt keinen Grund, die Segel zu streichen. Trotz der Kommentare von Helms haben Umfragen immer wieder gezeigt, dass die amerikanische Öffentlichkeit das Völkerrecht ebenso befürwortet wie die Beteiligung der USA am ISGH.[39] Einflussreiche amerikanische Rechtsgelehrte und NGOs können diese Haltung nutzen, um die Balance wieder in Richtung der UN-Charta und ihrer Ideale zu verschieben. Und eine Mehrheit von Staaten treibt, ungeachtet des Störfeuers durch die einzige Supermacht der Welt, den Ausbau internationaler Rechtsinstitutionen weiter voran.

KAPITEL 6

# Risikominderung: Abrüstung und Terrorismusbekämpfung

Der vermutlich schlimmste Alptraum wäre eine von Terroristen gezündete Atombombe, zum Beispiel in New York oder Sydney. Und doch geriet eine Konferenz, an der 188 Nationen Ende Mai 2005 teilnahmen, um die Kontrollen zur Verbreitung von Nuklearwaffen zu verschärfen, zum vollständigen Fehlschlag. Noch nicht einmal eine gemeinsame Erklärung zu den Zielen des Vertrags über die Nichtverbreitung von Atomwaffen wurde abgegeben. Da stimmt irgendetwas nicht.

Der gefährlichen Konfrontation der atomaren Supermächte im Kalten Krieg folgte eine anscheinend noch schwierigere Ära. Zwar hat es im Bereich der strategischen Abrüstung bedeutende Fortschritte gegeben, doch ist die Atomwaffentechnologie weiter verbreitet worden, was auch die Bedrohung durch terroristische Organisationen erhöht. Diese Probleme haben, zusammen mit den Verschiebungen in der US-Verteidigungspolitik, zu tiefen Meinungsverschiedenheiten über die Prioritäten bei der Rüstungskontrolle geführt. Die einzigartige Gelegenheit zu gemeinsamem Handeln, die das Ende des Kalten Krieges eröffnete, ist in den letzten zehn Jahren weitgehend verspielt worden.

Die Angriffe vom 11. September und die amerikanische Reaktion darauf haben die Problematik der Rüstungskontrolle grundlegend verändert. Washington setzte den Kampf gegen Massenvernichtungswaffen an erste Stelle und drohte mit harten Aktionen gegen nicht-staatliche Akteure und gegen Regierungen, die diesen Akteuren Unterschlupf oder sogar Hilfe gewährten. Die Regierung Bush war an Abmachungen interessiert, mit denen die militärische Kapazität ihrer Feinde direkt beeinträchtigt werden konnte, während eine allgemeine Rüstungskontrolle den Umfang der amerikanischen Optionen verringert hätte.

Ein Nebenprodukt dieser Unstimmigkeiten ist die erneut wachsende Spannung zwischen den Atommächten. Washingtons Beharren auf dem Besitz offensiver Nuklearwaffen, seine Ankündigung, atomare Bunker-Sprengköpfe zu entwickeln und das Weltraumprogramm zur Raketenabwehr (›Star Wars‹) wiederzubeleben, haben in China und Russland Verärgerung hervorgerufen und zu Auseinandersetzungen zwischen den NATO-Staaten geführt. Solche Pläne können durchaus in einen neuen Rüstungswettlauf münden. Schon haben russische Politiker im Gegenzug damit geprahlt, noch wirksamere Waffen entwickeln zu können. Von China wird angenommen, dass es über etwa 300 strategische Gefechtsköpfe verfügt, mit denen auch amerikanische Ziele erreicht werden können. Zwar sind die Beziehungen zwischen Washington und Peking recht gut, aber Taiwan bleibt ein Streitpunkt, der zur erneuten Konfrontation führen kann.

All diese Umstände haben die Rüstungsausgaben sichtbar in die Höhe schnellen lassen. 2004 lagen sie bei geschätzten 950 Milliarden Dollar, von denen allein die USA mit 460 Milliarden bereits fast die Hälfte aufwendeten.[40] Weit dahinter liegen Brasilien, China, Indien, der Iran und Russland, deren Rüstungshaushalte jedoch ebenfalls kräftig zugelegt haben. Die eigentlich treibenden Kräfte bei den Bemühungen zur Kontrolle konventioneller Waffen sind die NGOs.

Dieses Kapitel beschäftigt sich mit diversen Ansätzen, die Abrüstung voranzubringen und Massenvernichtungswaffen nicht in die Hände von Terroristen gelangen zu lassen. Wir betrachten die Mechanismen zur Nichtverbreitung von Atomwaffen und legen dar, warum sie in den letzten Jahren an Wirksamkeit verloren haben, warum die viel versprechenden Initiativen der 90er-Jahre zur Begrenzung der konventionellen Rüstung ins Stocken geraten sind und warum nach dem 11. September die Vereinigten Staaten und viele andere Nationen sich weiteren Schritten zu einer vernünftigen Rüstungskontrolle widersetzen und lieber ihre Streitkräfte weiter ausbauen.

## So fing es an: ›Little Boy‹ und die Folgen

Die Verfasser der UN-Charta gingen davon aus, dass die Reichtümer dieser Welt für die gesellschaftliche und wirtschaftliche Entwicklung verwendet werden sollten statt für militärische Zwecke. Sie akzeptierten jedoch die Tatsache, dass kaum eine Nation bereit sein würde, vollständig abzurüsten, weshalb die Charta auch nicht die Abschaffung der Rüstung forderte, sondern ihre ›Regulierung‹.

Am 6. August 1945, sechs Wochen nach der Konferenz von San Francisco, warfen die USA die erste Atombombe ab. Sie traf Hiroshima, und ihr Kodename lautete ›Little Boy‹. Aufgeschreckt von ihrer enormen Zerstörungskraft beschloss die UN-Generalversammlung in ihrer ersten Resolution (vom 24. Juni 1946) die Einrichtung der Atomenergiekommission, der Repräsentanten von Mitgliedern des Sicherheitsrates und Kanada angehörten. Sie sollte die Kontrolle der für friedliche Zwecke nutzbaren Atomenergie übernehmen und für die »Beseitigung [...] von Atomwaffen und allen anderen für die Massenvernichtung brauchbaren Waffen« sorgen.

Die Kommission scheiterte gleich zu Beginn, als die USA und die Sowjetunion konkurrierende Vorschläge auf den Tisch legten. Nachdem Moskau die erste sowjetische Atombombe zur Explosion gebracht hatte, gab es keine weiteren Zusammenkünfte mehr. 1947 folgte der Sicherheitsrat einer Resolution der Generalversammlung und richtete eine Kommission für konventionelle Rüstung ein, die aber durch den einsetzenden Kalten Krieg zur Erfolglosigkeit verurteilt war. 1952 schloss die Generalversammlung die beiden Kommissionen zu einer Abrüstungskommission (Disarmament Commission, DC) zusammen, die noch 2005 ihr (allerdings sehr bescheidenes) Dasein fristete. Auch diese Kommission war zur Handlungsunfähigkeit verdammt. Aber ein aus den vier führenden Mächten (USA, UdSSR, Großbritannien, Frankreich) und Kanada bestehendes Unterkomitee entwickelte einige Initiativen, darunter den Vorschlag, Atomtests in der Atmosphäre zu verbieten.

In seiner 1953 vor der Generalversammlung gehaltenen Rede »Atome für den Frieden« ließ US-Präsident Eisenhower das Ziel, die Atomenergie unter internationaler Kontrolle für friedliche Zwecke zu nutzen, wieder aufleben. Die aus dieser Idee resultierenden Verhandlungen führten 1997 zu jener Institution, die heute als Internationale Energiebehörde (IAEA) bekannt ist. Ihre Tätigkeit umfasst ›drei Säulen‹ der Verantwortung: Kernenergie, Nuklearsicherheit, Verifikation. Jedoch hatte diese neue Behörde weder die Befugnis noch die Mittel, die Verbreitung technologischer Fähigkeiten zum Bau von Atomwaffen zu verhindern. 1960 führte Frankreich und 1964 China Atomwaffentests durch. Großbritannien hatte diese Schwelle bereits 1952 überschritten. Doch blieben die USA und die Sowjetunion weiterhin die atomaren Großmächte schlechthin, deren Arsenal und ausgefeilte Technologien bei weitem ausreichten, nicht nur einander, sondern alles Leben auf der Erde auszulöschen.

## Die Atomwaffen im Kalten Krieg

Die von Washington und Moskau aufgestellten Atomstreitkräfte führten im Kalten Krieg zu jener Pattsituation, die unter dem Kürzel MAD bekannt wurde [MAD steht für ›Mutually Assured Destruction‹, das heißt ›gegenseitig garantierte Vernichtung‹, heißt aber natürlich auch ›verrückt‹. *d.Ü.*] – gemeint war die Fähigkeit zur wechselseitigen Auslöschung im Falle eines Angriffs. Um ihre Zweitschlagskapazität zu schützen, ließen die Supermächte bei allen Vorschlägen zur Reduzierung ihrer Nuklearwaffen äußerste Vorsicht walten, waren aber daran interessiert, die Weiterverbreitung von Kernwaffen zu verhindern.

Die nuklearen Habenichtse, die anfänglich an den Abrüstungsverhandlungen nicht beteiligt worden waren, verlangten jetzt ein Mitspracherecht. 1958 erweiterte die Generalversammlung die Abrüstungskommission, die alle UN-Mitglieder umfasste. Im Jahr darauf lautete ein wichtiger Tagesordnungspunkt: »Allgemeine und vollständige Abrüstung unter wirksamer internationaler Kontrolle«. Diese allumfassende Formulierung klang zwar gut, bewirkte jedoch, dass die folgenden Diskussionen sich um Ziele drehten, die nicht zu verwirklichen waren. Die Gruppe der blockfreien Länder konnte durchsetzen, dass die Generalversammlung die 70er-Jahre zum Jahrzehnt der Abrüstung erklärte, 1978 die erste Sondersitzung zur Abrüstung (SSOD-I) einberief, sodann die 80er-Jahre zu einer weiteren Abrüstungsdekade ausrief und noch zwei Sondersitzungen organisierte. Diese publicityträchtigen Aktivitäten blieben nicht ganz ohne Wirkung, doch bemerkte eine geachtete Kennerin der Zusammenhänge mit schneidender Kritik: »Das Wenige, was an den Abrüstungsdebatten der UN keine Farce war, war reine Heuchelei.«[41] Washington und Moskau hielten alle Trümpfe in der Hand.

Der heutige multilaterale Verhandlungsrahmen hat seinen Ursprung in der ersten Sondersitzung von 1978. Ihr Schlussdokument formulierte Leitlinien und bestimmte die Abrüstungskonferenz (Conference on Disarmament, CD) zum einzigen multilateralen Verhandlungsforum. Diese Konferenz legte von Anbeginn Wert darauf, ein unabhängiges Forum zu sein, das nicht der Kontrolle der UN unterstand.[42] Sie bestimmt ihre Agenda und ihre Verfahrensregeln selbst, auch wenn sie ihr Budget von den UN erhält, ihre Treffen von den UN organisiert werden und ihr Generalsekretär vom UN-Generalsekretär ernannt wird. Umfasste ihre Vorläuferin noch 18 Mitglieder, so sind es mittlerweile 65. Und es wurde bereits diskutiert, noch weitere 30 aufzunehmen. Auch die Abrüstungskommission (der immer noch alle UN-Mitgliedsstaaten angehören) wie das Erste Komitee der Generalversammlung befassen sich mit Abrüstungsfragen, produzieren dabei allerdings viel Leerlauf und heiße Luft.

Während des Kalten Krieges behielten Washington und Moskau alle Fäden in der Hand, indem sie erst nach gegenseitigen Konsultationen umfassendere Verhandlungen unterstützten. Ihre Zusammenarbeit führte zum Vertrag über ein partielles Testverbot von 1963 und fünf Jahre später zum überaus wichtigen Vertrag zur Nichtverbreitung von Atomwaffen. 1972 gelang ein weiterer Durchbruch in der Frage der nicht-nuklearen Massenvernichtungswaffen: Washington und Moskau kamen überein, biologische und chemische Waffen separat zu behandeln. So konnte zunächst die Konvention über biologische Waffen in Kraft treten, während ein vergleichbares Abkommen über Chemiewaffen noch 20 Jahre auf sich warten ließ. Störfeuer gab es natürlich auch: 1974 führte Indien eine kontrollierte Kernexplosion durch, während Israel und Südafrika heimlich eigene Nuklearwaffen entwickelten.

Parallel dazu liefen zum Teil erfolgreiche Bemühungen um Verträge für rüstungsfreie Zonen. 1959 wurde der Antarktis-Vertrag unterzeichnet, den die Nationen ausgehandelt hatten, die sich am Internationalen Geophysischen Forschungsjahr 1958/59 in der Antarktis beteiligt hatten. Der Vertrag verbot militärische Aktivitäten, Kernexplosionen und die Lagerung von Atommüll in der Antarktis. 1967 erklärte der Vertrag von Tlatelolco (den Kuba erst 2002 unterzeichnete) Lateinamerika zur atomwaffenfreien Zone. Ihm folgten im selben Jahr der Vertrag über die nicht-militärische Nutzung des Weltraums und, 1972, der Meeresboden-Vertrag. Die beiden Letzteren vereinten die Grundsätze der Nichtmilitarisierung mit spezifischen Verboten für Kernwaffen und kamen bestimmten Verteidigungsinteressen der Supermächte in Bezug auf geheimdienstliche Überwachung und Informationsbeschaffung entgegen. Der Weltraumvertrag ist durch neuere Entwicklungen wie etwa die Lasertechnologie oder die amerikanischen Pläne zu einem Raketenabwehrsystem überholt – einige meinen auch: gebrochen worden –, so dass die Abrüstungskonferenz über einen Folgevertrag verhandelt (der jedoch, wie es derzeit aussieht, nie das Licht der Welt erblicken dürfte).

1977 gelang es der Abrüstungskonferenz, nach bilateralen Verhandlungen zwischen Moskau und Washington und vor dem Hintergrund von Vermutungen über militärische Regenerzeugungsprogramme der USA während des Vietnamkriegs, einen Vertrag abzuschließen, der Umweltveränderungen für feindselige Zwecke verbot. 1980 handelten 51 Staaten die Konvention über bestimmte konventionelle Waffen aus, die den Einsatz von Brandbomben und Landminen einschränkt, Laser verbietet, die dauerhafte Blindheit hervorrufen, und sich gegen Splitterbomben richtet, deren Fragmente zu klein sind, um im Körper durch Röntgenstrahlen entdeckt werden zu können, das heißt Verletzungen hervorrufen, die äußerst schwierig oder gar nicht medizinisch zu behandeln sind.

## Abrüstungsinitiativen nach dem Kalten Krieg

Mit dem Ende der Ost-West-Konfrontation verminderte sich das Risiko eines Atomkriegs, das vier Jahrzehnte lang wie ein Damoklesschwert über der Welt gehangen hatte. Russland und die USA reduzierten die Anzahl ihrer Kernwaffen und verzichteten auf die abschussbereiten Raketen, mit denen sie die Städte des jeweiligen Kontrahenten bedrohten. Skeptiker versichern jedoch, dass jede Seite nur Minuten brauchen würde, um die Geschosse erneut startklar zu machen und abzuschießen, weil nach wie vor umfangreiche Kapazitäten existieren.

Der amerikanische Präsident Bush (sen.) und der sowjetische Präsident Gorbatschow taten im Herbst 1991 den ersten Schritt, indem sie übereinkamen, die Anzahl bestimmter taktischer Nuklearwaffen und Trägersysteme zu reduzieren. Im Unterschied zu den bisherigen Pakten handelte es sich dabei um eine politische Abmachung, die keinen Niederschlag in einem detaillierten Vertrag mit Vorkehrungen für die Verifikation fand. Diese anfänglich bilateralen Unternehmungen entwickelten sich dann zu einem umfangreichen Programm für die »gemeinsame Reduzierung der Bedrohung«. Damit sollte den an Geldmangel leidenden Russen geholfen werden, ihr Nuklearprogramm herunterzufahren und gleichzeitig zu schützen, ihre Kernreaktoren zu modernisieren und ihren Wissenschaftlern alternative Beschäftigungsmöglichkeiten zu verschaffen, damit sie nicht von so genannten Schurkenstaaten abgeworben würden. Der Moskauer Vertrag zur Reduzierung der strategischen Offensivwaffen (SORT) beschränkte die Anzahl der atomaren Gefechtsköpfe auf 1700 bis 2200 für jede der beiden Seiten, enthielt aber keinen Verifikationsmechanismus und auch nicht die Verpflichtung, die ins Arsenal verbannten Waffen zu vernichten.

Um die Bedrohung weiter zu vermindern, unterzeichneten die politischen Führer der G-8-Staaten auf ihrem Gipfeltreffen vom Juni 2002 in Kanada die »Globale Partnerschaft gegen die Verbreitung von Kernwaffen und Materialien zur Massenvernichtung«. Binnen zweier Jahre waren 17 Milliarden Dollar aufgebracht und eine Reihe von Programmen in Gang gesetzt worden. Der Gipfel von 2004 bekräftigte die weitere Unterstützung, die bislang nur an Russland geht. Weitere drei Milliarden sollen zur Verfügung gestellt und Probleme mit der Verfügung über und der Haftung für gefährliche Materialien beseitigt werden. Allerdings ist das bisher nicht mit dem gehörigen Nachdruck umgesetzt worden – noch 2005 hatte Russland sein spaltbares Material nicht hinreichend gesichert, und die Verwirklichung der Programme wird noch lange Zeit in Anspruch nehmen.[43]

Neben der von den USA und Russland betriebenen atomaren Abrüstung wurden noch weitere Fortschritte bei der Nichtverbreitung von Massenvernichtungswaffen gemacht. Südafrika gab sein Atomwaffenprogramm auf und unterzeichnete 1991 den Nichtverbreitungsvertrag, der vier Jahre später unbeschränkt erweitert wurde. Nach den Verträgen über atomwaffenfreie Zonen in Lateinamerika und dem Südpazifik (1986) wurden weitere Abkommen dieser Art für Afrika (Pelindaba 1996) und Südostasien (Bangkok 1997) geschlossen. Damit sollten die Länder in den betreffenden Regionen davon abgehalten werden, Atomwaffen zu entwickeln. Doch weil die Kernwaffen besitzenden Staaten diese Initiativen nur halbherzig unterstützten, kam es nicht zu entschiedeneren Maßnahmen. 1992 spielte die Abrüstungskonferenz eine wichtige Rolle bei der Verwirklichung der Konvention über chemische Waffen, deren Umsetzung Aufgabe der Organisation für das Verbot von Chemiewaffen war.

Das Ende des Kalten Krieges führte auf dem Hauptschauplatz der Ost-West-Konfrontation zu umfassenden Initiativen für konventionelle Abrüstung. Der Vertrag über die konventionellen Streitkräfte in Europa von 1990 setzte einen neuen »Eckstein für die europäische Sicherheit«. Durch ihn konnte die Anzahl konventioneller Waffen wie etwa die der Panzer und Artillerie beträchtlich verringert werden. Zudem sorgten Inspektionen für eine außerordentliche Transparenz. 1992 unterzeichneten Staaten der NATO und des Warschauer Pakts einen Vertrag (Open Skies Treaty), der kurzfristig angekündigte Aufklärungsflüge zur Überprüfung von Verteidigungsmaßnahmen ermöglichte. Er trat 2002 in Kraft, ist mittlerweile von weiteren Staaten unterzeichnet worden und hat zu erfolgreichen Inspektionen geführt.

Erfolgreich waren im ersten Jahrzehnt nach dem Kalten Krieg auch die vehementen Bemühungen internationaler NGOs gegen Landminen. 1996 verabschiedete die Abrüstungskonferenz ein Protokoll zur Stärkung der Konvention über konventionelle Waffen von 1990. Das ging vielen Aktivisten, die ein vollständiges Verbot der Produktion und Verwendung von Anti-Personen-Minen forderten, nicht weit genug. 1996 kam es zu breit angelegten, von der Zustimmung der Öffentlichkeit getragenen Aktionen von NGOs. Vorreiter war die Internationale Kampagne für das Verbot von Landminen, die die norwegische Regierung als Gastgeber der Verhandlungen in Oslo gewinnen konnte. Man einigte sich auf einen umfassenden Vertrag, der Ende 1997 von 122 Regierungen in Ottawa unterzeichnet wurde (22 weitere Staaten waren bis Dezember 2004 hinzugekommen). Die Kampagne und ihre Koordinatorin Jody Williams erhielten für ihre Arbeit den Friedensnobelpreis.

Die Umsetzung des Vertrags verlief bislang überaus erfolgreich, obwohl die USA, China und Russland ihn nicht unterzeichnet haben und nur zum Teil beachten. Viele Minenfelder wurden geräumt, Lagerbestände vernichtet, Produktion und Handel deutlich eingeschränkt. Die UN richteten einen Minendienst ein (UNMAS), der die verschiedenen Problembereiche koordinieren sowie Friedens- und humanitäre Operationen vor Ort unterstützen soll. Washington hat verschiedene Minenräumprojekte gefördert. Doch im Februar 2004 rückte die Regierung Bush von der unter Clinton geäußerten Absicht, den Vertrag zu unterzeichnen, ab und verfolgte eine neue Politik, die den unbegrenzten Gebrauch von ›selbstzerstörenden‹ Minen erlaubt und Südkorea dabei Sonderbedingungen einräumt.

Aktiv geworden sind die NGOs auch im Kampf gegen den illegalen Handel mit kleinen und leichten Waffen wie Granaten, Sturmgewehren und Panzerfäusten. Solche Waffen tragen in Konfliktgebieten erheblich zur Ausbreitung von Gewalt bei. Im Juli 2001 widmete sich eine UN-Konferenz dem Thema, und zwei Jahre später gab es das erste Biennaltreffen von Staaten, um einen Aktionsplan auszuarbeiten. Doch Fortschritte sind bislang kaum erzielt worden, weil viele Regierungen nicht willens oder fähig sind, zum UN-Verzeichnis konventioneller Waffen vollständige Informationen beizutragen. In den USA haben Waffenlobbys erfolgreich mobil gemacht, um gesetzgeberisches Handeln zu verhindern: Im Juni 2004 blieb eine von der Organisation Amerikanischer Staaten ausgehandelte Konvention zur Verfolgung illegaler Verkäufe und Lieferungen im US-Senat unbearbeitet.

## Atomwaffen(nicht)verbreitung

Mitte der 90er-Jahre geriet die Durchsetzung des Atomwaffensperrvertrags ins Stocken, und alte Bedrohungen tauchten in neuer Form und an anderen

Orten wieder auf. Pakistan, Nordkorea, der Iran und Libyen verfolgten ihre Programme zur Herstellung atomwaffenfähigen Materials weiter. Auch wenn der Iran angab, nur die friedliche Nutzung der Kernenergie im Auge zu haben. Den irakischen Bestrebungen zur Entwicklung von Nuklearwaffen wurde durch UN-Sanktionen und UNSCOM-Inspektionen ein Riegel vorgeschoben. 1994 schloss die Regierung Clinton mit Nordkorea ein Abkommen (›Agreed Framework‹), in dem die Amerikaner sich zur Lieferung neuer, zur Verbreitung von Atomwaffen untauglicher Reaktoren verpflichteten, während die Nordkoreaner versprachen, die Weiterentwicklung ihrer mutmaßlichen Nuklearkapazität einzustellen. Obwohl es hin und wieder beträchtliche Spannungen wegen der Umsetzungsmodalitäten gab, hielt das Abkommen bis 2002.

Wie sehr sich die Abrüstungskonferenz auch bemühte, die Zustimmung zum Vertrag über den Teststopp für Atomwaffen voranzutreiben, so wenig kam sie damit voran. Weder Indien noch Pakistan unterzeichneten ihn. Und die Konservativen im US-Senat verweigerten die Ratifizierung, weil der Vertrag ihrer Meinung nach die Verteidigungsoptionen der USA zu stark einschränkte und sich ohnehin nicht durchsetzen ließ. Die Regierung Bush unterstützt den Vertrag nicht, und China muss ihn noch ratifizieren. Allerdings hat keiner der Perm-Five-Staaten in den letzten Jahren Atomtests durchgeführt.

1998 verkündete Pakistan, man sei, wie bereits Indien, Atommacht, und im selben Jahr führten beide Länder erfolgreiche Tests durch. Später wurde bekannt, dass der für das pakistanische Programm verantwortliche Wissenschaftler, Abdul Khader Khan, ein geheimes Netzwerk geleitet hatte, das nukleare Waffentechnologie rund um den Globus verkaufte. Auf westlichen Druck hin wurde die Organisation aufgelöst, aber Khan gilt in Pakistan nach wie vor als nationaler Held.

In den 90er-Jahren rückten nicht-staatliche Akteure in den Mittelpunkt der besorgten Aufmerksamkeit. Im Internet tauchten Anleitungen zum Bau von Atombomben auf, und einige Spezialisten wollten die Möglichkeit nicht mehr ausschließen, dass Terroristengruppen eine einfache, aber wirkungsvolle Kernwaffe zusammenbauen könnten. Ebenso bedrohlich war die Vorstellung der geheimen Verbreitung von Massenvernichtungswaffen. Im März 1995 gelang einer japanischen Sekte ein Anschlag mit dem Nervengas Sarin auf die U-Bahn von Tokio. Zwar blieb die Zahl der Todesopfer auf zwölf beschränkt, doch wurde erschreckend deutlich, wie verwundbar gerade

Großstädte sind. Auch al-Qaida hatte mit Anschlägen auf US-Botschaften in Kenia und Tansania (1998) und den Zerstörer *USS Cole* im Jemen (2000) gezeigt, wozu sie fähig ist. Usama Bin Ladins immenser Reichtum mehrte die Befürchtung, dass seine Terrororganisation sich Massenvernichtungswaffen beschaffen könnte.

Verschiedene Gremien forderten stärker aufeinander abgestimmte Aktionen, um dem Abrüstungsprozess entscheidende Impulse zu geben. Die Canberra-Kommission zur Vernichtung von Kernwaffen, die von der Regierung Keating eingesetzt worden war, empfahl einen endgültigen Teststopp, die weitere Verminderung der Stationierung von Kernwaffen und eindeutige Erklärungen zum Verzicht auf deren Ersteinsatz. Der Kommissionsbericht vom August 1996 wurde von der konservativen Nachfolgeregierung stillschweigend zu den Akten gelegt. Andere hochrangige Gremien mit umfassendem Mandat, darunter vor allem Boutros-Ghalis Unabhängige Arbeitsgruppe für die Zukunft der Vereinten Nationen und die 1995 eingesetzte Kommission zur globalen Steuerung empfahlen ebenfalls die Vernichtung von Atomwaffen und erneute Anstrengungen zur Abrüstung. Doch fand ihre Argumentation in den entscheidenden Hauptstädten kein Gehör.

## Terrorismus: von Flugzeugentführungen zu Massenvernichtungswaffen

Gegen Ende der 50er-Jahre, als Flugzeuge auf dem Weg von und nach Kuba entführt wurden, nahm die internationale Gemeinschaft den Terrorismus zum ersten Mal als ernst zu nehmendes Problem wahr. Diese und andere Vorfälle führten im September 1963 zur Konvention von Tokio über die Sicherheit der Luftfahrt. Dennoch gab es weitere Entführungen, darunter 1968 die erste von Palästinensern durchgeführte. Abhilfe schaffen sollten die Haager Konvention von 1970 gegen die ungesetzliche Inbesitznahme von Luftfahrzeugen und ein Jahr später die Konvention von Montreal gegen Sabotage (zum Beispiel durch Sprengladungen an Bord). Passagierkontrollen waren ein Anfang. Doch zeigten zunächst, mit Ausnahme von Israelis, nur wenige Reisende Einsicht in die Notwendigkeit, Unbequemlichkeiten auf sich zu nehmen oder mehr zu zahlen, damit wirksamere Maßnahmen gegen entschlossene und abgefeimte Entführer ergriffen werden konnten.

Die UN wurden aufgeschreckt, als bei den Olympischen Spielen von 1972 in München arabische Terroristen elf israelische Athleten töteten. Allerdings vertraten Erste und Dritte Welt auch und gerade zum Palästinenserproblem sehr unterschiedliche Auffassungen, was sich in dem ungelenken Titel der Resolution 3034 niederschlug, den die Generalversammlung im Dezember 1972 verabschiedete:

> **Maßnahmen zur Verhinderung des internationalen Terrorismus, der das Leben unschuldiger Menschen gefährdet oder vernichtet oder grundlegende Freiheiten beeinträchtigt, und eine Untersuchung über die Ursachen jener Formen von Terrorismus und Gewalt, die aus Elend, Enttäuschung, Unzufriedenheit und Verzweiflung herrühren und manche Personen dazu veranlassen, menschliches Leben, auch das eigene, zu opfern, um radikale Veränderungen zu bewirken.**

Zwei Jahrzehnte lang fand kein Treffen statt, auf dem Wissenschaftler oder andere Fachleute erörterten, wo die Grenzlinie zwischen Terroristen und Freiheitskämpfern zu ziehen sei. Dennoch beschäftigte sich die Generalversammlung zunehmend mit terroristischen Gewalttaten, die eine Mehrheit von Mitgliedern auch ohne Ansehen der ihnen zugrunde liegenden Motivation verurteilen konnte. In den 70er- und frühen 80er-Jahren hatte der Terrorismus von links seine Hochzeit, betrieben von Gruppen wie den Roten Brigaden in Italien, der Action Directe in Frankreich, der Roten Armee in Japan und dem Leuchtenden Pfad in Peru. Strengere Maßnahmen wurden gefordert. Die Generalversammlung ergänzte die bestehenden Verträge zur Flugsicherheit durch drei weitere, die 1980 zur Ratifizierung anstanden. Dabei ging es um den Schutz von Diplomaten vor Verbrechen, um Geiselnahme und um den Schutz von Nuklearmaterial vor Diebstahl. Später wandte die Generalversammlung ihre Aufmerksamkeit dem ›staatlich geförderten Terrorismus‹ zu und legte 1988 drei neue Verträge vor, die die Sicherheit von Flughäfen, Transporten und solchen Anlagen wie Bohrinseln betrafen. Ein vierter, zur Kennzeichnung von Plastiksprengstoffen, wurde nach dem Anschlag von Lockerbie ausgearbeitet und 1991 zur Ratifizierung vorgelegt.

Das Ende des Kalten Krieges brachte auch in die Terrorismusdebatten der UN einen neuen Ton. Die Resolution 49/60, die 1994 von der Generalversammlung verabschiedet wurde, markierte eine scharfe Abkehr von der Vergangenheit. Ihr Titel lautete schlicht »Maßnahmen zur Bekämpfung des internationalen Terrorismus«. Sie verurteilte terroristische Gewalttaten und rief alle Staaten zur Zusammenarbeit gegen Terrorakte auf. Die eindeutige

Botschaft lautete, dass der Zweck nicht die Mittel heiligen könne. »Kriminelle Handlungen, die darauf abzielen, in der Öffentlichkeit, bei einer Gruppe von Personen oder bestimmten Personen aus politischen Gründen einen Zustand des Terrors hervorzurufen, sind in keiner Hinsicht zu rechtfertigen, wie immer auch die politischen, philosophischen, ideologischen, rassischen, ethnischen, religiösen oder anders gearteten Begründungen lauten mögen, die zu ihrer Rechtfertigung vorgetragen werden.«

Es blieb Usama bin Ladin vorbehalten, dem Terrorismus eine neue Dimension hinzuzufügen. Die palästinensische Hamas-Organisation und die vom Iran unterstützte Hisbollah griffen zwar westliche und israelische Ziele an, blieben jedoch auf den Nahen Osten beschränkt. Sie wollten Israel besiegen und dessen Verbündete, vor allem die USA, aus der Region vertreiben. Bin Ladin jedoch berief sich auf den Islam, um Angriffe auch gegen säkulare islamische Staaten wie Ägypten, Saudi-Arabien und den Irak zu rechtfertigen. Dabei schien es ihn nicht zu stören, dass auch muslimische Zivilisten zu Tode kamen. Mit seinem Reichtum und seinem Charisma baute er al-Qaida zu einer Organisation aus, die im Westen (und nicht zuletzt seinen Medien) als hochgefährlich gilt, weil sie über beträchtliche Kapazitäten und eine ganze Armee von Anhängern verfügt, die unabhängig voneinander operieren können, um einen weltweiten Guerillakrieg zu führen.

## Washingtons Krieg gegen den Terror

Der Angriff auf das World Trade Center schockierte die Welt und traf die US-Regierung unvorbereitet. Obwohl die Einzelheiten der Aktion erst nach und nach bekannt wurden, verlor Präsident Bush keine Zeit, sein Land in den Krieg zu führen. Fast alle Staaten bekundeten den USA ihr Mitgefühl und ihre Unterstützung. Schon am 12. September verabschiedete der Sicherheitsrat eine Resolution (1368), deren Wortlaut an Deutlichkeit nichts zu wünschen übrig ließ. Das Recht der USA auf Selbstverteidigung wurde anerkannt, die Angriffe fanden eine ›einmütige‹ Verurteilung, und alle Staaten wurden aufgerufen, deren Urheber der Justiz auszuliefern und ihre Anstrengungen im Kampf gegen den Terrorismus zu verdoppeln. Am selben Tag verabschiedete die Generalversammlung eine ähnliche Resolution (56/1).

Die USA hatten also willige Bündnispartner für multilaterale Bestrebungen, ihre Maßnahmen gegen den Terrorismus und jeden Staat, der ihnen half oder Unterschlupf bot, zu verstärken. Am 28. September verabschiedete der Sicherheitsrat unter Berufung auf Kapitel VII die Resolution 1373, die alle Staaten dazu verpflichtete, die Finanzierung des Terrorismus zu verhindern, Guthaben einzufrieren, jede Form von Unterstützung oder Unterschlupf zu verweigern, Terroristen und ihre Helfershelfer der Justiz auszuliefern und ihnen jede Bewegungsmöglichkeit zu nehmen. Alle Staaten waren aufgerufen, im Kampf gegen den Terrorismus zu kooperieren und den bereits existierenden Verträgen beizutreten. Ein Komitee aus Repräsentanten aller Ratsmitglieder wurde eingerichtet, um die Verwirklichung der Maßnahmen zu kontrollieren. Die Berufung auf Kapitel VII gab den gegen Finanzierung von und Gewährung von Unterschlupf für Terroristen gerichteten Vorkehrungen sofort weltweite Rechtswirksamkeit und eröffnete implizit die Möglichkeit, gegen Staaten vorzugehen, die nicht zur Mitarbeit bereit waren. Ein Treffen des Sicherheitsrates auf Ministerebene am 12. November bekräftigte die Resolution und gab dem Prozess zusätzliches politisches Gewicht.

Sobald bin Ladin als Urheber der Angriffe vom 11. September feststand, gingen die USA zur militärischen Aktion gegen den Terroristenführer und seine in Afghanistan gelegene Operationsbasis über. Diesmal verzichtete Washington auf den Beistand des Sicherheitsrates, weil es Verzögerungen befürchtete. Am 12. November eroberten Truppen der Nordallianz Kabul. Nun waren wieder die UN an der Reihe. Der Sicherheitsrat stimmte der Entsendung einer internationalen Sicherheitsstreitmacht für Afghanistan (der ISAF, die später von der NATO übernommen wurde) und einer Hilfsmission (der UNAMA) zu. Der Sonderbeauftragte des Generalsekretärs, Lakhdar Brahimi, war entscheidend an dem Zustandekommen der Loya Jirga beteiligt, die für die Einsetzung einer Übergangsregierung sorgte.

Unterdessen hatte sich das Antiterrorismus-Komitee an die Arbeit gemacht. Schon bald wurden Schwierigkeiten sichtbar: Kleinen und armen Staaten fehlten Mittel und Möglichkeiten, während es zwischen den Staaten des Westens oftmals Koordinationsprobleme gab. Konzepte wurden unterschiedlich interpretiert, zudem durfte der Schutz der Bürgerrechte nicht aus dem Auge verloren werden. Der Sicherheitsrat verfügte zusätzliche Maßnahmen, um die Staaten zum Durchgreifen zu motivieren, damit sie Guthaben einfrieren, Reisen verhindern und Waffenlieferungen sowie technische Hilfe für die Taliban und al-Qaida verbieten konnten.

Auf Drängen der USA erweiterte der Sicherheitsrat die Bestimmungen des internationalen Rechts. Resolution 1540 vom April 2004 befasste sich mit der Verhinderung der Verbreitung von atomaren, biologischen und chemischen Massenvernichtungswaffen an nicht-staatliche Akteure. Zwar murrten einige Mitglieder, dass solche Angelegenheiten wie bisher besser durch Verträge geregelt werden könnten, und wiesen auf mögliche Konflikte mit dem Seehandelsgesetz hin, das den ungehinderten Schiffsverkehr auf den Weltmeeren regelte. Aber die Verabschiedung der Resolution wurde nicht behindert, und so konnte die Maßnahme Bushs Initiative zum Verbot des Transports von Massenvernichtungswaffen über Land, Meer und Luft (Proliferation Security Initiative, PSI) ergänzen.

Anfang 2005 wurde diese Initiative offiziell von etwa 60 Staaten unterstützt, von denen 15 zum aktiven Kern gehörten, darunter Großbritannien und weitere große europäische Staaten, ferner Australien, Kanada, Japan und Singapur. Rechtsprobleme ergeben sich aus möglichen Konflikten mit Grundsätzen des Handelsrechts und des Transitverkehrs sowie der Schwierigkeit, illegale Güter zu identifizieren. Deshalb hat China sich den aus der Initiative erwachsenden Aktivitäten widersetzt, ohne jedoch die Umsetzung zu boykottieren. Obwohl Kritiker meinen, PSI zeige ohnehin keine Wirkung, geriet die Initiative im Lauf des Jahres 2005 in Bewegung und konnte, wie es hieß, einen außergewöhnlichen Erfolg verbuchen, als ein Transport von Nuklearmaterialien nach Libyen verhindert wurde.

Nach dem Anschlag auf eine Schule in Beslan verabschiedete der Sicherheitsrat auf Geheiß Russlands eine weitere Resolution (1566) zur Verurteilung des Terrorismus. Neben den bekannten Forderungen wurde eine Arbeitsgruppe zur Erörterung wirksamerer Maßnahmen und der Möglichkeit eines internationalen Entschädigungsfonds für Opfer terroristischer Gewaltakte eingerichtet.

Die positiven Auswirkungen all dieser Resolutionen lassen sich nicht bestreiten. Konten terroristischer Organisationen mit Millionen-Guthaben wurden aufgespürt und eingefroren. Neue Gesetze traten in Kraft; die Zusammenarbeit bei ihrer Durchsetzung wurde verbessert; überall auf der Welt haben Staaten Maßnahmen gegen den Terror Priorität eingeräumt. Viele Terroristenführer sind verhaftet und Verschwörungen aufgedeckt worden. Dabei gab es besondere Erfolge in Pakistan, wo al-Qaida in den letzten Jahren, wie es schien, fast nach Belieben schalten und walten konnte.

Aber auch Misserfolge sind nicht zu leugnen. Hier und dort kamen die Maßnahmen gegen den Terror nur schleppend voran. Es mangelte an Koordination zwischen den zuständigen Behörden. Immer noch sprudeln Geldquellen, wenn auch nicht mehr so üppig wie zuvor (die Anschläge auf Züge in Madrid haben Berichten zufolge weniger als 10.000 Dollar gekostet und das Attentat auf die U-Bahn in London kaum mehr). Im August 2004 berichtete der Vorsitzende des Überwachungskomitees für die Sanktionen gegen al-Qaida und die Taliban, dass diese beiden Gruppen von den Sanktionen nicht erreicht würden.[44] Dem Komitee übermittelte Informationen zu oder Namen von Terroristen seien allzu oft ungenau oder unzureichend detailliert. Al-Qaida scheint auch weiterhin über beträchtliche finanzielle Möglichkeiten zu verfügen und zudem viele Führungskader, die während und nach der Flucht aus Afghanistan verhaftet oder getötet wurden, ersetzt zu haben. Der Kampf gegen diese Organisation wird zudem dadurch erschwert, dass sie mittlerweile offenbar ein eher loses Bündnis ist, das Terroristen ausbildet, finanziert und ideologisch aufrüstet, die Planung und Durchführung von Operationen jedoch Zellen überlässt, die über die gesamte muslimische Welt verteilt sind.

## Noch einmal: Kann der Atomwaffensperrvertrag durchgesetzt werden?

Haben die mit dem Atomwaffensperrvertrag verbundenen Maßnahmen Wirkung gezeigt? Als das Abkommen 1970 in Kraft trat, gab es fünf Staaten mit Atomwaffen, heute sind es neun. Von den vier inzwischen hinzugekommenen haben drei – Indien, Pakistan und Israel – den Vertrag nicht unterzeichnet, und Nordkorea hat die Unterschrift zurückgezogen. Der Iran steht im Verdacht, die Produktion von Kernwaffen anzustreben. Positiv ist, dass 181 Staaten, die keine Kernwaffen besitzen, den Vertrag nach wie vor erfüllen, so dass zumindest der Besitz dieser Waffen in weiten Teilen der Welt als inakzeptabel gilt. Allerdings beschweren sich unzufriedene Hardliner, am lautesten die USA, darüber, dass der Vertrag eine zum Kernwaffenbesitz entschlossene Regierung an der Ausführung ihres Vorhabens nicht zu hindern vermöge, während die atomwaffenfreien Staaten die Weigerung der Nuklearmächte beklagen, die versprochenen Schritte zur Abrüstung auch wirklich einzuleiten. Beide Seiten haben Recht – aber wie soll die Welt sicherer gemacht werden?

Kernpunkt des Sperrvertrags war ein Abkommen, in dem die fünf Nuklearstaaten sich zur vollständigen Abrüstung bereit erklärten und zugleich verpflichteten, den atomwaffenfreien Staaten jede Hilfe beim Erwerb oder der Produktion von Kernwaffen zu versagen, während diese sich bereit erklärten, auf Kernwaffen zu verzichten, sich aber das ›unveräußerliche Recht‹ vorbehielten, Programme zur friedlichen Nutzung von Kernenergie zu betreiben. Die Atomenergiebehörde IAEA hat den Auftrag, durch ein System von Kontrollen und Inspektionen, die unter mit den betreffenden Staaten vereinbarten Sicherheitsvorkehrungen vorgenommen werden, die Einhaltung des Vertrags zu kontrollieren. Die Inspektionen werden auf freiwilliger Basis durchgeführt, so dass die Behörde nicht einfach mit der Tür ins Haus fallen darf, aber geheimdienstliche Informationen der USA und anderer Staaten nutzen kann. Versagt hat sie, als es ihr nicht gelang, das irakische Waffenprogramm, das nach dem Krieg von der UNSCOM aufgedeckt wurde, ausfindig zu machen.

Die allen Staaten offen stehende Möglichkeit zur friedlichen Nutzung der Kernenergie ist eine entscheidende Schwachstelle des Sperrvertrags. Vor 1991 ließen die Iraker ihre zivilen Produktionsstätten inspizieren, konnten die militärischen Programme jedoch erfolgreich geheim halten. 2005 war die Frage, ob der Iran sich ähnlicher Methoden bedient. Die friedliche Nutzung kann im Endstadium ihrer Entwicklung zu einer militärischen konvertiert werden, wozu lediglich hochgradig angereichertes Uran oder Plutonium benötigt wird. Beides lässt sich, wenn auch mit gewissen Schwierigkeiten, beschaffen. Auf der Konferenz zum Sperrvertrag, die im Mai 2005 stattfand, kamen die 118 teilnehmenden Staaten zu keinem Konsens. Zudem wurde sie von den USA und dem Iran boykottiert. Beide Länder bestanden auf der Freiheit, Nuklearmaterialien verbreiten zu können. Der Sperrvertrag ist vor allem dadurch geschwächt, dass die fünf Nuklearstaaten mit doppelter Elle messen und die neuen Atomwaffenstaaten ihre Aktivitäten in aller Heimlichkeit betreiben.

Die internationale Gemeinschaft hat mehr oder weniger tatenlos zugesehen, wie Indien, Pakistan und Israel den Vertrag schlichtweg ignorierten. Die politischen Realitäten dürften ein Vorgehen gegen diese Länder in der nächsten Zukunft kaum zulassen. Allerdings hält man im Westen Indien und Israel für stabile Demokratien, die ihre Kapazitäten nur im äußersten Notfall zur legitimen Selbstverteidigung einsetzen würden. Vorsichtiges Vertrauen genießt auch das autokratische Militärregime in Pakistan, doch ist das Land politisch alles andere als stabil. Israel droht bisweilen, wenn auch eher verhüllt, mit dem Einsatz seiner Atomwaffen, um Feinde abzuschrecken und die USA im Nahen Osten bei der Stange zu halten.[45] Ähnlich verfährt Indien, wenn es den Westen mahnen oder Islamabad drohen will.

Diese Gesten kommen bei den atomwaffenfreien Nachbarn dieser Länder nicht besonders gut an.

In der Rüstungskontrolle wird die Glaubwürdigkeit der fünf großen Nuklearstaaten durch ihre Weigerung, selbst entscheidende Abrüstungsanstrengungen zu unternehmen, beeinträchtigt. Daran ist vor allem die Regierung Bush nicht interessiert. Washington sieht nicht in den Waffen das Problem, sondern in der Frage, wer den Finger auf dem roten Knopf hat. Zweideutig gehaltene Erklärungen haben auch zu der Vermutung Anlass gegeben, die USA seien bereit, Kernwaffen im Vergeltungsschlag gegen einen chemischen oder biologischen Angriff einzusetzen. Andere Nationen haben andere Gründe, ihre Waffenarsenale beizubehalten: Russland und China misstrauen einander und beide den USA. Frankreich und Großbritannien ist wohl eher am Status selbst gelegen, denn ihre geringen Kapazitäten sind angesichts des Schutzes, den das NATO-Mitglied USA ihnen bietet, eigentlich überflüssig. Indien, Israel und Pakistan wollen sich vor regionalen Feinden schützen, während Nordkorea gegen einen möglichen Angriff der USA gewappnet sein will.[46]

Gefahren gehen, vor allem aus Sicht der USA, in erster Linie von Nordkorea und dem Iran aus. Besonders die Politik Nordkoreas scheint, von außen betrachtet, eine Mischung aus Verfolgungswahn, Irrationalität und Halsstarrigkeit zu sein. Da das Land auf seiner Eigenständigkeit beharrt, können selbst gezielte Sanktionen ihm kaum etwas anhaben. Die einzige Ausnahme sind Erdölprodukte, die jedoch von China geliefert werden. Nordkorea ist der klassische Fall des isolierten Außenseiters, der nur eine Trumpfkarte besitzt. Pjöngjang benutzt sie, um von seinen Nachbarn und den USA die Gewähr zu erhalten, nicht angegriffen zu werden. Dieses Verlangen dürfte die nordkoreanische Regierung durchaus für vernünftig halten.

Ob und wann dieses Problem gelöst werden kann, ist höchst ungewiss. Das 1994 von den USA geförderte Abkommen über den Bau eines Atomreaktors für Nordkorea hatte sich Ende 2002 erledigt, als die Regierung Bush die Zusage zurückzog. Washingtons Behauptung, Pjöngjang verfüge über ein Programm zur Anreicherung von Uran, führte zu einem heftigen Wortwechsel zwischen beiden Staaten. Nordkorea verwies die Inspektoren der IAEA des Landes und verkündete im Januar 2003 den Rücktritt vom Sperrvertrag. Im Februar 2005 verkündete Pjöngjang öffentlich, man habe »Kernwaffen hergestellt«[47]. Möglicherweise ist das ein Bluff, wobei US-Geheimdienste jedoch glauben, das Land verfüge über genügend spaltbares Material für mehrere Bomben. Außerdem hat Nordkorea erfolgreich Marschflugkörper getestet, die Sprengköpfe zu Zielen in Südkorea und Japan transportieren können. Gespräche zwischen den beiden Koreas, China, Japan und Russland ließen zunächst auf eine Lösung hoffen, wurden dann aber wegen der Ereignisse vom Februar 2005 abgebrochen.

Vielleicht lässt sich im Fall des Iran, der offenbar noch nicht über Kernwaffen verfügt, auf dem Verhandlungswege mehr erreichen. 2003 von der IAEA durchgeführte Inspektionen deckten Programme für die Herstellung von angereichertem Uran auf, was zu hektischen Bemühungen führte, den Iran in glaubwürdige Sicherheitsmaßnahmen einzubinden, um die Entwicklung waffentauglicher Technologien zu verhindern. Der Iran beharrt darauf, die Atomenergie nur zu friedlichen Zwecken nutzen zu wollen, und hat sich amerikanischen und europäischen Forderungen, seine Programme der Kontrolle durch die Atomenergiebehörde zu unterstellen, verweigert. Frankreich, Deutschland und Großbritannien haben Teheran Handelsvergünstigungen und andere Vorteile angeboten, wenn es sein Nuklearprogramm aufgibt, während die USA die Bereitschaft des Iran zur Zusammenarbeit eher skeptisch bewertet. Zudem ist man sich nicht einig, ob die gemäßigten Kräfte in der iranischen Regierung tatsächlich gemäßigt sind und, falls das der Fall sein sollte, überhaupt Einfluss auf das Nuklearprogramm nehmen können.

Immerhin sind einige Vorkehrungen getroffen worden, um den illegalen Transfer von Nukleartechnologien und -materialien sowie Flugkörpern, die Sprengköpfe tragen können, zu unterbinden, egal, ob er von staatlichen oder nicht-staatlichen Akteuren betrieben wird. Zu solchen Kontrollinstanzen gehören:

– das Zanger-Komitee, bestehend aus Vertretern von 35 Ländern, die Kernenergiekomponenten exportieren. Das Komitee operiert auf der Grundlage des Sperrvertrags, um zu garantieren, dass die Sicherheitsvorkehrungen der IAEA von den importierenden Ländern beachtet werden;

– das Trägertechnologie-Kontrollregime (MTCR), eine informelle Arbeitsgruppe von Staaten, die sich zur Kontrolle des Exports von Trägerraketen und -technologien verpflichtet haben. Unterstützt wird das MTCR seit kurzem von einem in Den Haag vereinbarten Internationalen Verhaltenskodex (ICOC) zur Stärkung von Maßnahmen gegen die Weiterverbreitung von Trägertechnologien;

– das Wassenaar-Arrangement zur Exportkontrolle, das sich auf konventionelle Waffen sowie Güter und Technologien, die zivil wie militärisch nutzbar sind (›dual use‹), konzentriert. Es dient zugleich als Forum für die umfassende Diskussion aller Probleme bei der Nichtverbreitung von Waffen; und schließlich

– die Proliferation Security Initiative, die von den USA im Mai 2003 in Kraft gesetzt wurde. Die teilnehmenden Länder (2005 waren es etwa 60) operieren auf nationaler Ebene oder durch Organisationen wie Interpol, um den Transport von Massenvernichtungswaffen, Trägersystemen und damit verbundenen Materialien zu Lande, zu Wasser und in der Luft zu unterbinden. Theoretisch ist die Initiative bestehenden Gesetzen und Verbotsvorschriften untergeordnet. Doch befürchten manche Länder, dass sie sich verselbständigen und damit das internationale Recht untergraben könnte, was möglicherweise zu Spannungen mit Zielländern wie Nordkorea führen würde.

*

Und was ist mit dem Terrorismus? Die IAEA kann al-Qaida nicht inspizieren. Und Usama Bin Ladin dürfte der Sperrvertrag völlig gleichgültig sein. Die größte Gefahr geht weiterhin davon aus, dass es einer Terrororganisation gelingen könnte, sich in den Besitz einer Nuklearwaffe zu bringen.[48] Al-Qaida wäre zweifellos in der Lage, sich die technischen Fähigkeiten für den Bau einer einfachen Bombe anzueignen, die klein genug wäre, um transportiert werden zu können, und ausreichende Sprengkraft hätte, um in einer Großstadt Hunderttausende zu töten. Das größte Problem ist die Beschaffung von waffenfähigem spaltbaren Material. Auf dieser Ebene ist die Welt weiterhin verwundbar. Über 30 Länder besitzen solche Materialien, und einige Vorräte könnten besser geschützt sein.

Obwohl die Vorstellung einer ›Kofferbombe‹ beängstigend ist, gehen einige Experten davon aus, dass eine Terrororganisation oder ein anderer nicht-staatlicher Akteur für den Bau einer solchen Waffe, insbesondere für die Beschaffung spaltbaren Materials, auf die Unterstützung eines Staates angewiesen wäre.[49] Die Verifikation der Verwendung und Disposition solchen Materials gehört zu den Hauptaufgaben der IAEA, weshalb der Sperrvertrag ihr auch Schutz gewährt, wenn sie in der Lage ist, verdächtige Staaten zu inspizieren. Die Abrüstungskommission arbeitet an einem Sperrvertrag für spaltbares Material (FMCT), um dessen Produktion weiter zu beschneiden. Doch haben die USA entgegen ihrer früheren Haltung die Gespräche darüber aufgekündigt, weil sie Einwände gegen die Verifikationsvorkehrungen erhoben. Terroristen wären durchaus in der Lage, spaltbares Material oder sogar eine fertige Waffe zu stehlen. Der beklagenswerte Zustand der Nuklearsicherheit in Russland hat solche Befürchtungen in den Mittelpunkt der Aufmerksamkeit gerückt. Leichter noch wäre es für Terroristen jedoch, Nuklearanlagen wie etwa Atomreaktoren anzugreifen oder eine ›schmutzige Bombe‹ zu benutzen, das heißt eine konventionelle Sprengwaffe mit radioaktivem Material, das bei der Explosion freigesetzt wird.

## Blick in die Zukunft: Schlachten gewinnen, Kriege verlieren?

Die amerikanische Erklärung des ›war on terrorism‹ hat die Aufgabe, konkretere Ziele zu bestimmen sowie zu prüfen, ob Fortschritte erzielt wurden, überschattet. Der Begriff ›Terrorismus‹ beschreibt eine im Lauf der Jahrhunderte von höchst unterschiedlichen Gruppen angewendete Taktik. Heute wird internationaler Terrorismus zumeist mit dem islamischen Extremismus gleichgesetzt. Das aber ist etwas anderes als einen Feind zu identifizieren, eine Strategie zu entwickeln und zu benennen, was deren Erfolg begründen kann.

Doch ist das für die Regierung Bush und auch für die meisten Amerikaner völlig belanglos. Für sie sind Feinde all diejenigen, die, wie Bin Ladins al-Qaida, danach streben, Amerikaner umzubringen. Die Reihe der Anschläge vom World Trade Center über Bali bis nach London scheint zu bestätigen, dass es sich hier nicht um einen abstrakten, sondern sehr realen Feind handelt, der rücksichtslos und genährt vom muslimischen Extremismus zuschlägt. Wohl nur wenige Amerikaner würden den Äußerungen des stellvertretenden US-Verteidigungsministers Douglas Feith widersprechen: »Die Vereinigten Staaten befinden sich im Krieg, und der Terrorismus kann nicht mehr nur als Problem der Durchsetzung von Recht und Ordnung gesehen werden.«

Im Februar 2003 gab Washington eine National Strategy for Combating Terrorism heraus. Sie beginnt mit einem Zitat von Bush: »Wir werden nicht eher Ruhe geben, als bis die weltweit operierenden Terrorgruppen gefunden, gestoppt und besiegt worden sind.« In der Erklärung heißt es, die USA müssten die Terrororganisationen vernichten, den ›Krieg der Ideen‹ gewinnen und Amerikas innere Sicherheit stärken.

In der Praxis hat sich Washington hauptsächlich auf sein Militär und die Geheimdienste verlassen und seinen Willen bekundet, im Nahen Osten für mehr Demokratie zu sorgen. Mit Afghanistan und dem Irak wurde ein Anfang gemacht. In Afghanistan wurden Ende 2004 mit einigem Erfolg nationale Wahlen durchgeführt. Hier und da lassen sich positive Entwicklungen beobachten. Aber die Sicherheit ist noch immer ein großes Problem, vor allem außerhalb von Kabul. Die Opiumproduktion, eine der Haupteinkommensquellen des Landes, aus der auch der Terrorismus finanziert wird, erreichte 2004 neue Rekorde. Die ländlichen Gebiete sind weiterhin arm. Hier herrschen Warlords und nach wie vor Traditionen, die Frauen diskriminieren. Mitte 2005 waren Afghanistan und der Irak noch immer tief in einen Bürgerkrieg verstrickt, dessen Ende nicht abzusehen war.

Viele Kritiker plädieren für eine grundlegende Umorientierung der amerikanischen Antiterror-Politik: Washington solle sich der politischen und sozialen Dimensionen des Terrorismus annehmen und mit dem ›Krieg der Ideen‹ Ernst machen. Kritik kam auch aus den Reihen der CIA, dessen Al-Qaida-Spezialist der Regierung vorwarf, sie verkenne das wahre Wesen dieser Bewegung.[50] Die Invasion in den Irak habe die antiamerikanischen Ressentiments in der arabischen Welt noch weiter angeheizt und der al-Qaida die Rekrutierung neuer Mitglieder erleichtert. Washington jedoch setzt weiter darauf, dass der Irak befriedet werden kann, wenn man auf dem einmal eingeschlagenen Kurs bleibt.

Vielfach ist die Rede davon, dass man die Ursachen des Terrorismus – Armut und Ungerechtigkeit – bekämpfen müsse. Zwar wird allgemein bekräftigt, dass diese Faktoren der weltweiten Gewalt zugrunde liegen, doch ist die Verbindung zum Terrorismus alles andere als offenkundig. Bin Ladin selbst ist überaus reich. Viele der Attentäter vom 11. September kamen aus Familien der Mittel- und Oberschicht und handelten aus religiösen, nicht ökonomischen Beweggründen. Andererseits gibt es viele arme Regionen in der Welt, die keine Terroristen unterstützt oder hervorgebracht haben. Davon abgesehen scheint niemand die Hoffnung zu hegen, dass die diversen Entwicklungsprogramme hinreichend ausgebaut werden könnten, um in absehbarer Zeit die Armut in den Slums von Karatschi oder anderen Orten des Elends nachhaltig zu beseitigen.

Die Vereinten Nationen werden ihre Bemühungen auch weiterhin darauf konzentrieren müssen, die Regierungen zur besseren Zusammenarbeit im Kampf gegen den Terrorismus zu motivieren, wobei die Verbreitung von Massenvernichtungswaffen zurzeit das Hauptproblem ist. Hier ist ein koordiniertes Vorgehen möglich, während langfristige Strategien zweifellos umstritten bleiben werden.

Über allem hängt der Schatten der Auseinandersetzungen im Irak. Abgesehen von der britischen Regierung unter Tony Blair sind nur wenige Regierungen bereit, die Amerikaner im militärischen Kampf oder in dem um die Herzen und Hirne der Muslime zu unterstützen. Solange die Zukunft des Irak unklar ist und Uneinigkeit über die wesentlichen Ursachen des Krieges besteht, müssen sich die UN auf die beschränkten Maßnahmen konzentrieren, die das Antiterror-Komitee in Anlehnung an den ›Krieg‹ gegen Drogen und internationale Kriminalität verfolgt. Die Regierung Bush hat mit ihren einsamen Entscheidungen die Chance auf ein wirksameres, multilaterales Vorgehen in Afghanistan und im Irak vertan.

Dritter Teil

# Für die Bewahrung der Grundrechte des Menschen

## Kapitel 7

# Normen setzen und durchsetzen

Nach dem ersten Gründungsprinzip der Vereinten Nationen, künftige Geschlechter vor der Geißel des Krieges zu bewahren, war das zweite der Glaube an die fundamentalen Grundrechte des Menschen. Die Idee der Menschenrechte war nicht neu: Von der Magna Charta über Luthers ›Zehn Grundsätze‹ bis zur Französischen Revolution, von der amerikanischen Unabhängigkeitserklärung, der Verfassung und der ›Bill of Rights‹ über die Völkerbundverträge bis zu den Vereinten Nationen selbst hatte sie immer neuen Ausdruck gefunden. Als die Allgemeine Erklärung der Menschenrechte am 10. Dezember 1948 von der UN-Generalversammlung angenommen wurde, drangen ihre Verfasser darauf, dass sie überall »verteilt, gelesen und erläutert« werden sollte. Sie hatte nicht die Kraft eines Gesetzes, doch ist sie so oft als internationaler Maßstab zitiert worden, dass sie mittlerweile quasi legalen Status und die Zustimmung aller UN-Mitgliedsstaaten besitzt.[51]

Auch wenn Kritiker bemängeln, dass die Vereinten Nationen kein international gültiges Recht setzen und nicht über die polizeilichen Mittel verfügen können, von ihnen beschuldigte Personen vor Gericht zu bringen, so gibt es doch bestimmte Gesetze und Praktiken zum Schutz der Menschenrechte, die aus der UN-Charta, den Nürnberger Prinzipien, den Verträgen, Konventionen und Resolutionen der UN und dem internationalen Gewohnheitsrecht hervorgegangen sind. Sie werden angewendet, und niemand kann so tun, als existierten sie nicht.

Die Erklärung der Menschenrechte benennt sechs Gruppen unveräußerlicher Rechte: Jede Person hat das Recht auf Leben, Freiheit und Sicherheit; das Recht, nicht gefoltert oder unmenschlich bestraft zu werden; das Recht, nicht willkürlich verhaftet, festgehalten oder vertrieben zu werden. Zudem gibt es das Recht auf Bewegungsfreiheit, auf Beteiligung an der Politik, der Regierung und dem gemeinschaftlichen Leben sowie wirtschaftliche, soziale und kulturelle Rechte. Wichtig ist auch, dass die Weltgemeinschaft das Recht hat, einzugreifen, wenn Einzelpersonen in ihren Rechten beeinträchtigt sind. Die Artikel 2.4, 55 und 56 der UN-Charta machen es den Staaten zur Pflicht, die Menschenrechte zu fördern und zu schützen, notfalls sogar unter Anwendung von Gewalt. Aber hier kollidiert die Universalität der Menschenrechte mit dem Recht souveräner Staaten auf Nichteinmischung in ihre eigene Gesetzgebung, was in der Charta ebenfalls seinen Niederschlag (im Artikel 2.7) gefunden hat. Anders gesagt: Die humanitäre Intervention zum Schutz der Menschenrechte lässt sich ebenso rechtfertigen wie die Missachtung derselben.

Die Erklärung der Menschenrechte gründet die Autorität einer Regierung auf den Willen der Menschen, die, wie es heißt, frei und gleich geboren werden. Damit ist, wenn auch nicht explizit, die Demokratie die von den Vereinten Nationen favorisierte Regierungsform. Nach dem Ende des Kalten Krieges als Auseinandersetzung zwischen autoritären und demokratischen Nationen wurden in der Erklärung von Wien (1993) Demokratie, Entwicklung und die Achtung der Menschenrechte explizit miteinander verknüpft, ebenso in der Erklärung von Warschau sieben Jahre später.

Die Erklärung der Menschenrechte, ihrem Selbstverständnis nach ein ›allgemeiner Maßstab‹ für alle Menschen und Nationen, enthält lange Ermahnungen, doch nur wenige Ausführungsbestimmungen. Sie bekräftigt den Glauben an die Menschenrechte, äußert sich aber nur vage darüber, wie sie geschützt werden können. Sie liest sich heute wie eine weitere Bekundung der frommen Hoffnungen der Gründungsväter. Die ehemalige US-Botschafterin Jeane Kirkpatrick meinte einmal, es sei »ein Brief an den Weihnachtsmann«[52]. Nur wenige der Staaten, die 1948 der Erklärung zustimmten, hätten ernstlich behaupten können, keinen ihrer Bürger aufgrund seiner Rasse, seines Geschlechts, seiner Religion, seiner politischen Überzeugung, seiner sozialen Herkunft, seines Eigentums, seiner Geburt oder ›eines anderen Status‹ zu benachteiligen. Ebenso wenig galt, dass alle ihre Bürger gleichen Schutz durch das Recht genossen, niemals Opfer willkürlicher Verhaftungen wurden oder niemals wegen einer Handlung verurteilt wurden, die bei Verübung noch nicht als Verbrechen galt. Und das gilt auch heute noch. So verweigern zum Beispiel viele UN-Mitgliedsstaaten das Recht auf Asyl (Erklärung, Artikel 14); manche erlauben Zwangsheiraten (Artikel 16.2); manche verweigern Frauen das Recht auf Eigentum (Artikel 17.1); manche schränken das Recht auf Denk- und Gewissensfreiheit, Religionsausübung,

Meinungs- und Versammlungsfreiheit und auf Mitgliedschaft in Vereinigungen ein (Artikel 18 bis 20). In einigen Ländern ist das Recht auf die Teilnahme »an periodisch stattfindenden, authentischen« Wahlen, auf gleichen Lohn, auf die Mitgliedschaft in Gewerkschaften, auf ausreichende Freizeit sowie auf Arbeit und Bezahlung derselben eingeschränkt (Artikel 21, 23, 24). Das Recht auf Bildung und Erziehung (Artikel 26) gilt zwar im Prinzip, steht jedoch in vielen Ländern für die arme Bevölkerung nur auf dem Papier. Neben China kann in einigen Staaten des Nahen Ostens, der USA und Südostasiens die Todesstrafe verhängt werden (die in der Erklärung unerwähnt bleibt).

Fast wie ein nachträglicher Einfall wirkt die kurze Erwähnung der Pflichten, die von den (vielleicht erschöpften) Verfassern der Erklärung der langen Liste der Rechte hinzugefügt wurde. Jeder, heißt es im Artikel 29, hat Pflichten in der Gemeinschaft, außerhalb derer »die freie und vollständige Entwicklung seiner Persönlichkeit« nicht möglich sei (wobei Frauen damals unerwähnt blieben). Allerdings versäumten es die Verfasser, darzulegen, worin diese Pflichten bestehen. 2001 formulierte eine Gruppe ehemaliger politischer Führungspersönlichkeiten, zu der unter anderen Willy Brandt und Malcolm Fraser gehörten, eine etwas umfassendere Liste von Bürgerpflichten, doch enthält die Erklärung der Menschenrechte nach wie vor keinen Zusatz mit einem Katalog verbindlicher Verantwortlichkeiten. Es sieht auch nicht so aus, als wolle die Generalversammlung etwas Derartiges vorschlagen.

Der Artikel 25 spricht vom Anspruch der Menschen auf einen angemessenen Lebensstandard, wozu Nahrung, Kleidung, Unterkunft, medizinische Versorgung, soziale Dienstleistungen, Absicherung bei Arbeitslosigkeit, Krankheit und Behinderung sowie Vorsorge für das Alter und im Fall einer Mutterschaft gehören. Das wird bisweilen als Ausgleich zwischen den Rechten der Armen und der Verantwortung der Reichen interpretiert.

Nach den UN-Katastrophen in Bosnien und Ruanda konzentrierten sich UN-Mitglieder erneut auf die Verantwortlichkeit von Staaten für den Schutz gefährdeter Menschen. Ein von der kanadischen Regierung im September 2000 eingerichtetes unabhängiges Gremium, die Internationale Kommission zu Fragen von Intervention und staatlicher Souveränität (ICISS), befasste sich mit dem Problem, wie humanitäre Intervention mit der Achtung der Rechte souveräner Nationen vereinbart werden könne. Ziel war ein internationaler Konsens über bessere Möglichkeiten, auf gravierende humanitäre Krisen angemessen, vielleicht schon im Vorfeld, reagieren zu können.

Der im Dezember 2001 veröffentlichte Kommissionsbericht vertrat die Auffassung, dass eine Verantwortlichkeit für den Schutz der Menschenrechte universell sein müsse. Die Autoren hatten eine Akzentverschiebung vorgenommen: Sie stellten nicht das Recht, von außen intervenieren zu können, in den Vordergrund, sondern betonten das Recht einer leidenden Bevölkerung auf Hilfe, zu der andere Staaten verpflichtet seien. Die Zeit dafür war mehr als reif. Aus direkt humanitären Gründen sollte, so wurde vorgeschlagen, das Prinzip staatlicher Souveränität auf den Schutz der jeweils eigenen Staatsbürger und jener anderer Länder ausgedehnt werden. Diese Vorstellung nährte sich nicht nur aus einer 50-jährigen Erfahrung mit dem internationalen Recht, sondern auch aus Ideen zur Sicherheit der Menschen, die der Sicherheitsrat entwickelt hatte. Manche von ihnen wurden in einigen Staaten und Regionen der Welt bereits praktiziert. Staaten und die Vereinten Nationen sollten im Falle von Konflikten, Bedrohungen oder auch als Reaktion auf die Folgen kriegerischer Auseinandersetzungen auf dreierlei Weise ihre Verantwortung demonstrieren: schützen, reagieren und wiederaufbauen.

Die Charta und die Erklärung verlangten von den UN den Einsatz gegen Unmenschlichkeit aus unterschiedlichen Anlässen und an unterschiedlichen Orten: willkürliche Inhaftierung, die Todesstrafe, Vorenthaltung wirtschaftlicher, sozialer und kultureller Rechte, Völkermord, Verletzung der Menschenrechte bei bewaffneten Konflikten, religiöse Intoleranz, Beschneidung des Rechts auf Entwicklung, Nahrung, Bildung und Frieden; Folter und andere Misshandlungen, Kriegsverbrechen, Vergehen gegen die Rechte von Frauen, Kindern, Flüchtlingen usw. Dadurch waren die UN nachweislich überfordert. Die Möglichkeiten zur Durchsetzung waren nur schwach ausgeprägt, so dass das Rechtssystem der UN sich darauf verlegte, die Einhaltung der existierenden Erklärungen und Verträge zu überwachen. Mittlerweile sind es sieben, und weitere sind in Planung.[53]

1948 galt die Erklärung der Menschenrechte als einer der Grundsteine für Frieden, Sicherheit und Entwicklung. Frühe Erfolge meldeten die UN beim Übergang vieler Kolonien in die Unabhängigkeit; allerdings wurde die Bevölkerung oft genug von späteren Diktaturen um ihre gerade gewonnenen Rechte gebracht. Erst 1969 wurde ein umfassendes Vertragswerk auf den Weg gebracht und in den nächsten drei Jahrzehnten ausgebaut. Nun konnten Einzelpersonen sich über Missstände beschweren, Hochkommissare wurden ernannt, und viele Staaten akzeptierten, wenn auch ohne Begeisterung, dass äußere Instanzen die Menschenrechtslage innerhalb ihrer Grenzen prüften.

Ein weiterer UN-Erfolg war 1990 die Überführung Namibias in die Unabhängigkeit durch UNTAG. Aber es kam auch zu Fehlschlägen und Verzögerungen, wie etwa in Kambodscha, Somalia, Ruanda, Bosnien, Kosovo, Norduganda und Darfur.

Seit 1994 hat der Generalsekretär vier Hohe Kommissare für Menschenrechte ernannt, die indes nur geringe Befugnisse für die Untersuchung der Menschenrechtslage besitzen. Diese Männer und Frauen unterschiedlicher Nationalität arbeiten weltweit auf nationaler, regionaler und internationaler Ebene mit NGOs, akademischen Institutionen und dem Privatsektor zusammen. Sie haben nach Maßgabe ihrer Möglichkeiten den Opfern Gehör und den UN-Entscheidungen moralische Autorität verschafft. Aber dass die Hohe Kommission für Menschenrechte 40 Jahre lang ohne einen Hohen Kommissar auskommen musste, zeigt, wie sehr einige Mitgliedsstaaten die Menschenrechte zugunsten der eigenen Souveränität vernachlässigen. Der erste Hohe Kommissar wurde auf der Internationalen Konferenz für Menschenrechte 1993 in Wien berufen.

*

NGOs spielen schon seit langem eine herausragende Rolle für den Schutz und die Überwachung der Menschenrechte. So fertigt zum Beispiel das Internationale Komitee des Roten Kreuzes (IKRK) vertrauliche Berichte für Regierungen über die Behandlung von Gefangenen an; amnesty international und Human Rights Watch sorgen für die Aufdeckung von Menschenrechtsverletzungen; der Internationale PEN unterstützt inhaftierte Schriftsteller und Journalisten; und die International Crisis Group ist in vielen Krisengebieten tätig, um Beweise für Vergehen gegen die Menschenrechte zu sammeln und der Öffentlichkeit zugänglich zu machen. Das Internet ist dabei ein zunehmend wichtigerer Faktor. Und auch in Lateinamerika und Asien entstehen weitere Menschenrechtsorganisationen.

Die NGOs sind in ihrer Kritik an der Arbeit der UN keineswegs zurückhaltend, aber auch von anderer Seite gibt es viele Äußerungen der Unzufriedenheit. Im Dezember 2004 räumte Kofi Annan ein, dass die Glaubwürdigkeit und Effektivität der Anstrengungen zum Schutz der Menschenrechte erneuert werden müssten. Und das High Level Panel bescheinigte der UN-Menschenrechtskommission ganz unverblümt, dass sie an einem ›Legitimitätsdefizit‹ leide. Das Büro des Hohen Kommissars für Menschenrechte verfügt über nur unzureichende Mittel, da zwei Drittel seines Budgets aus freiwilligen Beiträgen von Mitgliedsstaaten stammen. Sonderberichterstatter und Repräsentanten, die bestimmte Probleme untersuchen sollen, sind oftmals unterbezahlt und haben zu wenig Mitarbeiter. Einzelne Organisationen, die die Umsetzung der Charta und der Verträge überwachen, sind ineffizient und schwerfällig und ihre Berichte von, wie es ein Beobachter wohlwollend beschrieb, »unterschiedlicher Qualität«[54]. Zwar wurden in die Kommission Diplomaten berufen, die als politisch unabhängig gelten. Doch hat das nicht zu einer Entpolitisierung der Operationen geführt. Und wenn die UN-Organisationen zur Überwachung der Verträge von den Mitgliedsstaaten, wie 2003 geschehen, nur noch *einen* US-Dollar jährlich an Beiträgen erhalten, dürfte das ihrer Unabhängigkeit und Gewissenhaftigkeit nicht eben förderlich sein. Manche Staaten wollen in der Kommission nur deshalb vertreten sein, um Kritik an ihrem eigenen Verhalten abzuwenden. Allein deshalb gehören einige der schlimmsten Menschenrechtsverletzer – Libyen, Saudi-Arabien, Simbabwe – ihr an. Zudem überschneiden sich die Arbeitsgebiete vieler Organisationen. So treffen die Berichte oftmals sehr spät ein, wobei manche Probleme aufgegriffen werden, andere dagegen nicht. Es kann also nicht überraschen, dass es weiterhin Menschenrechtsverletzungen gibt und die hochgesinnten Ziele der Erklärung bislang nicht erreicht wurden. Die seit 1946 zur Verbesserung der Menschenrechtslage tätigen UN-Organisationen scheinen kaum Fortschritte erzielt zu haben.

Aber auch die Mitgliedsstaaten haben wenig getan, um die Effektivität der UN zu verbessern. Wenn man mit Geldzuwendungen knausert, die Berichterstattung verschleppt und Sonderberichterstattern den Zutritt verweigert, wird man die betrübliche Lage nicht verändern. Allerdings sind häufig genug die Regierungen von Mitgliedsstaaten selbst das Hauptziel von Beschwerden, so dass sie das Beschwerdesystem entweder zu umgehen oder auszuhebeln trachten. Für Diplomaten, die auf Fortschritte drängen, sind die jährlichen Treffen der Menschenrechtskommission im Palast der Nationen in Genf eher eine Qual. Während ein Delegierter eine Rede hält, unterhalten sich die anderen ungeniert mit ihren Nachbarn, dem Vorsitzenden oder dem Gesprächspartner am Handy. Ein hochrangiger Repräsentant suchte, wie man uns erzählte, sogar einmal um die Akkreditierung für seinen Hund nach.

Dabei gibt es genügend Reformbefürworter, deren ausschließliches Interesse es nicht nur ist, ihre Regierung aus der Schusslinie zu halten. Viele setzen sich sinnvollerweise für eine Verschlankung und Zusammenlegung der zuständigen Organisationen ein, wollen deren Aufgaben auf Wichtiges reduzieren und den Staaten die Berichterstattung erleichtern (2004 fehlten noch 1000 solcher Berichte). Philip Alston, ein herausragender australischer Anwalt, verfasste 1989, 1993 und 1997 für den Generalsekretär detaillierte Berichte über eine Verbesserung des Systems. Doch nichts geschah. Andere schlagen vor, die Menschenrechtslage in den Mitgliedsstaaten zum Kriterium für ihren Beitritt zur Kommission zu machen und mehr Gelder für Konfliktprävention, Krisenbewältigung und die Wiederherstellung der Rechtsordnung bereitzustellen. Das High Level Panel empfahl 2004 in seinem Bericht an Kofi Annan, dass alle UN-Mitgliedsstaaten der Menschenrechtskommission angehören sollten und diese dem Sicherheitsrat sowie dem Wirtschafts- und Sozialrat (ECOSOC) gleichzustellen sei. Um die nationale Politik herauszuhalten, sollte ein kleines Gremium unabhängiger, regional ausgewählter Experten gebildet werden, das für die Umsetzung bestehender Resolutionen zuständig wäre. Die Geltung der Menschenrechte sollte auf das ganze UN-System ausgeweitet werden. Kofi Annan stimmte den Vorschlägen zu und empfahl die Einrichtung eines Rats für Menschenrechte. Wenn es gelänge, die Vereinten Nationen in dieser Hinsicht auf eine Linie einzuschwören, wären die Menschenrechte irgendwann vielleicht nicht mehr nur der Paria der UN.

Auch in der Frage der Menschenrechte herrscht Uneinigkeit zwischen den armen und reichen Nationen, zwischen den USA und Europa, zwischen den Vereinten Nationen und den USA. Obwohl die Erklärung von allen Staaten angenommen wurde und ihre Ziele klar formuliert zu sein scheinen, wird unter Menschenrechten in unterschiedlichen Regionen Unterschiedliches verstanden. Die EU-Staaten, die sich darauf geeinigt haben, ihre gewalttätige Vergangenheit hinter sich zu lassen und einträchtig miteinander zu leben, sind – vor allem die Skandinavier – mehrheitlich der Auffassung, dass jeder zuerst im eigenen Land für die Bewahrung der Menschenrechte sorgen muss.

China wiederum steht für die in asiatischen Ländern weit verbreitete Auffassung, dass das Recht der Gemeinschaft auf wirtschaftliche Entwicklung stärker wiegt als das Recht auf individuelle Freiheit, und selbst in formellen Demokratien wie Singapur wird vor zu viel Demokratie gewarnt. Natürlich kann man solche Äußerungen von politischen Führern in Asien und Afrika erwarten, geht es ihnen doch um den Machterhalt und das Recht, ihre Nachfolger selbst bestimmen zu können. Dabei würde zu viel zivile Freiheit nur störend wirken. Die Möglichkeiten der UN, in Burma und Simbabwe auf die Einhaltung der Menschenrechte zu dringen, sind beschränkt, und Pekings harsche Reaktion auf Kritik am Umgang mit Dissidenten hat weniger mächtige Länder bewogen, dieses Thema fortan zu meiden. Allerdings verweisen solche Führer gern auf die Exzesse der Freiheit im Westen, wo ihrer Meinung nach die Familie keine Verantwortung für die Alten und Kranken übernehme und der Staat nicht ausreichend für Gesundheit, Bildung und Arbeitsplätze sorge. Sie sind der Ansicht, dass das Wohlergehen einer Nation eine langfristige Angelegenheit sei, das nicht zum Gezänk von Politikern werden dürfe, die sich alle drei oder vier Jahre Wahlen stellen müssen. Und sie sehen nicht ein, warum sie sich von Staaten kritisieren lassen sollen, die ebenfalls gegen Menschenrechte verstoßen.

Obwohl also die Diktion sich wandelt, wird die Auseinandersetzung zwischen kapitalistischen und planwirtschaftlich geführten Staaten, zwischen reichen und armen Nationen, zwischen Erster und Dritter Welt in den Menschenrechtsdebatten der UN fortgeführt. Zunehmend gelten dabei die einzige Supermacht USA und ihre Freunde als Repräsentanten der einen Seite, während der Rest der Welt die andere vertritt. Einige Staaten folgen ›dem Imperium‹ nur zu bereitwillig, wenn es darum geht, die Menschenrechtskomitees zu düpieren. Australien, das die UN lange Zeit nachdrücklich unterstützt hatte, erstaunte andere Mitgliedsstaaten, als es 1997, statt eine Standardmenschenrechtsklausel zu unterzeichnen, ein Handelsabkommen verwarf, das die Beziehungen zur EU gestärkt hätte. 1998 wurde ein UN-Bericht über die Benachteiligung der australischen Ureinwohner ebenso zurückgewiesen wie die Kritik des Hohen Kommissars für Menschenrechte über die Behandlung von Immigranten. 2002 verweigerte Australien die Unterstützung eines Optionalen Protokolls zur Internationalen Anti-Folter-Konvention und opponierte gegen eine UN-Erklärung zum Recht indigener Völker auf ›Selbstbestimmung‹ mit dem Hinweis, Ausländer sollten Australien nicht über dessen eigene Angelegenheiten belehren.

2000 waren immer noch drei Berichte Australiens aus den letzten zehn Jahren an das Komitee zur Beseitigung der Rassendiskriminierung (CERD) überfällig, und auch die Berichterstattung für das Komitee zur Beseitigung der Frauendiskriminierung (CEDAW) lief eher schleppend. 1998 hatte das CERD Australien um »schnelles Handeln« ersucht, weil die Besitzrechte von Ureinwohnern »akut beeinträchtigt« waren. Und 2002 verfasste die UN-Arbeitsgruppe, die sich mit willkürlichen Inhaftierungen befasst, einen negativen Bericht über die Behandlung von Flüchtlingen und Asyl Suchenden. Kritik gab es auch an der mangelnden Gleichberechtigung von Frauen, Kindern, Migranten und Ureinwohnern. Die zuständigen Minister gaben dazu recht nationalistisch tönende Erklärungen ab, die eher nach Washington als nach Canberra klangen.[55] Dennoch übernahm Australien 2004 als Nachfolger von Libyen den Vorsitz in der UN-Menschenrechtskommission, obwohl es sich kaum anders verhalten hatte als das viel kritisierte Libyen.

Schon 2002 hatte sich Australien von dem UN-Seerechtskomitee (UNCLOS) und dem IGH zurückgezogen, um das Urteil über die Seegrenze zwischen Australien und Ost-Timor nicht anerkennen zu müssen. 2003 wandte sich Australien gegen ein Protokoll zur Stärkung der Anti-Folter-Konvention und verweigerte die Unterzeichnung sowohl des optionalen Protokolls zur CEDAW als auch des optionalen Protokolls zur Kinderrechtskonvention. Im Wirtschafts- und Sozialrat stimmte Australien gegen die Stärkung des UNHCR-Büros, enthielt sich der Stimme, als es darum ging, ein Recht auf Entwicklung zu formulieren, und wandte sich gegen den Entwurf einer Resolution für das Recht auf Nahrung. In all diesen Fällen stand Australien mit seiner ablehnenden Haltung nahezu isoliert da. Ebenso einsam weigerte es sich, einen Aufruf zu unterstützen, der Besorgnis über den Einfluss der Globalisierung auf das Völkerrecht bekundete (die USA enthielten sich). Dieses Verhalten vertiefte die Kluft zwischen Australien und den anderen Mitgliedsstaaten und ließ die Beteuerungen von Canberra, man sei an einer Stärkung des Menschen- und Völkerrechts interessiert, als wenig substanziell erscheinen. Australiens UN-Vertreter nannte die Generalversammlung einen »schrecklichen Ort«, worin andere Kritiker, die schon lange die »Tyrannei des Mobs« beklagten, ihm zustimmten.

Was das Menschenrechtssystem der Vereinten Nationen benötige, teilte uns Jeff Laurenti von der UN-Foundation (am 13. Oktober 2004) mit, sei eine grundlegende Reform der Menschenrechtskommission. Staaten, die mit der Allgemeinen Erklärung nicht kooperierten, sollten nicht zu Mitgliedern gewählt werden können. Er dachte dabei natürlich an den Iran, China und Nordkorea, nicht an die USA oder Australien. Immerhin wurden die USA 1999/2000 tatsächlich nicht gewählt, weil sie, so die Begründung, die Protokolle zu den Themen Frauen, Kindersoldaten, Folter und Sklaverei nicht unterzeichnet hätten. Nachdem Präsident Clinton sich öffentlich für die frühere Beteiligung der USA am afrikanischen Sklavenhandel entschuldigt hatte, erhielten die USA ihren Sitz zurück, verweigerten die Unterzeichnung aber weiterhin.

2004 warnte Kofi Annan die Generalversammlung davor, den »seit langen Zeiten währenden Kampf um die Herrschaft des Rechts für alle« aus den Augen zu verlieren. Nie zuvor in der Geschichte der UN war die Welt so gespalten zwischen denen, die die allgemeine Anerkennung des internationalen Rechts für den einzigen Weg zu einer globalen Zivilisation hielten, und denen, die es ihren eigenen Interessen unterzuordnen gedachten. Präsident Bush kannte und unterstützte die Ansichten des von ihm zum permanenten Vertreter der USA bei den Vereinten Nationen nominierten John Bolton, der meinte, dass sein Land »dem internationalen Recht keine Gültigkeit einräumen darf ... weil ... diejenigen, die diesem Recht Bedeutung beimessen, genau jene sind, die die Vereinigten Staaten einschränken wollen«[56]. Ein anderer loyaler Gefolgsmann von Bush, der australische Premierminister, schlug in dieselbe Kerbe. »Wir lassen uns von niemandem sagen, was wir zu tun haben«, meinte er. »Ich werde es nicht zulassen, dass der Ruf dieses Landes als Verteidiger der Menschenrechte im Zusammenhang mit innenpolitischen Auseinandersetzungen beschädigt wird ... Traditionellerweise sind diese Angelegenheiten das Vorrecht von Staaten.«[57]

Es gibt einige Themen, zu denen es zwischen Befürwortern und Gegnern des Menschen- und Völkerrechts zum Konflikt kommen kann. Wir betrachten im Folgenden die Problemfelder Völkermord und Folter. Hier haben die UN die Möglichkeit, etwas zu tun, was den Mitgliedsstaaten, selbst wenn sie als Gruppen kooperieren, verwehrt bleibt: Die UN können allgemein zustimmungsfähige Definitionen dieser Verbrechen liefern, ihre Ursachen ergründen und legitime Gegenmaßnahmen ergreifen.

## Völkermord

›Nie wieder‹, hieß es nach der Schoah. Doch hat die Geschichte gezeigt, dass es eher ›immer und immer wieder‹ hätte heißen müssen. Die Konvention gegen den Völkermord von 1948 konstatierte, dass Genozid – die erklärte Absicht, eine ganze Bevölkerung oder ethnische Gruppe zu vernichten – in Kriegs- wie in Friedenszeiten dem internationalen Recht zufolge ein Verbrechen sei, das die Signatarstaaten zu verhindern und zu bestrafen die Pflicht hätten. Aber Völkermord konnte auch von Regierungen verübt werden, während Artikel 2.7 der UN-Charta die Intervention als Einmischung in die inneren Angelegenheiten eines Staates verbot. Noch schlimmer war, dass die Perm Five und andere mächtige UN-Mitgliedsstaaten oftmals die Augen vor den Verbrechen verschlossen, sofern sie die Betreiber von Völkermord nicht gleich selbst mit Waffen belieferten.

Ohne den Begriff des Völkermords explizit neu zu definieren, sind die UN-Mitgliedsstaaten übereingekommen, dass das Prinzip der Nichteinmischung ungültig wird, wenn ethnische Säuberungen und Menschenrechtsverletzungen *in großem Umfang* betrieben werden. Wie groß dieser Umfang sein muss, ist eine Frage, die die UN bei mehreren Gelegenheiten beschäftigt hat – vor allem in Kambodscha, Somalia, Bosnien-Herzegowina, Kosovo, Ruanda sowie jüngst in Darfur. Die Konvention verfolgte das Ziel, eine weitere Schoah zu verhindern; doch indem sie konstatierte, dass Völkermord *geplant und beabsichtigt* sein muss, hat sie sich selbst eine Falle gestellt, in die sie einige Male getappt ist. Ein Staat, der einen Völkermord plant, wird das natürlich nicht zugeben, so dass eine Kommission aus anderen Staaten die Sache untersuchen muss. Dieser zeitaufwändige Prozess vergrößert die Zahl der Opfer. Werden die Verbrechen vom Sicherheitsrat als Bedrohung für Frieden und Sicherheit eingestuft, gilt die Intervention als gerechtfertigt. Doch aufgeschobene Gerechtigkeit ist oft genug verweigerte Gerechtigkeit.

Das High Level Panel tat sich schwer damit, auf die mit dem Völkermord zusammenhängenden Probleme von Planung, Umfang oder dringender Reaktion plausible Antworten zu finden. Aber es verwies auf die »sich herausbildende Norm« des Rechts auf Prävention, die, so wurde mit Nachdruck erklärt, für alle vermeidbaren Katastrophen gelten solle, also für Massenmord und -vergewaltigung, ethnische Säuberungen mittels Vertreibung und Terror, willentliche Herbeiführung von Hungersnöten und Krankheiten. Als letztes Gegenmittel sollte der Sicherheitsrat den Einsatz von Gewalt autorisieren. Aber im Fall Darfur dauerte es lange, bis er sich dazu durchrang. Wir haben uns mit dem Sudan schon im Zusammenhang mit Sanktionen und UN-Friedenstruppen beschäftigt; im Folgenden soll es um die Menschenrechte gehen.

*

*Darfur:* Im September 2004 traf sich der Sicherheitsrat in Nairobi, um der Notwendigkeit, den seit 21 Jahren währenden Bürgerkrieg zwischen dem muslimischen Norden und dem christlichen Süden des Sudans zu beenden, Nachdruck zu verleihen. Die Bemühungen schienen erfolgreich zu verlaufen: Im Januar 2005 wurde zwischen der Regierung in Khartum und der sudanesischen Volksbefreiungsbewegung das Friedensabkommen von Naivasha unterzeichnet. Die Gewinne aus der Ölförderung sollten dem Norden und dem Süden gleichermaßen zugute kommen. Die drei südlichen Provinzen erhielten sechs Jahre Zeit für ein Referendum über die mögliche Unabhängigkeit vom

Sudan. Aber Jan Pronk, der UN-Vertreter, wies eilig darauf hin, dass Milizen und Rebellengruppen sich erneut bewaffneten und Konflikte in und um die vom Abkommen nicht betroffene Provinz Darfur, wo seit zwei Jahren bereits ein weiterer Krieg tobte, sich ausbreiteten.[58]

Darfur, ein Wüstengebiet von der Größe des Irak, bewohnt von etwa 80 Stämmen mit schwarzafrikanischer Bevölkerung, hatte sich schon seit langem von Khartum benachteiligt gefühlt. Die Region war reich an Öl, doch die Gewinne flossen in andere Taschen. Das Nord-Süd-Abkommen würde, so wurde befürchtet, die Lage noch verschlimmern. 2003 kam es zu Rebellenaufständen, woraufhin Khartum Nomadenmilizen einsetzte, um die Insurgenten zu bekämpfen. Trotz der Aufforderung des Sicherheitsrates, die Kampfhandlungen binnen eines Monats einzustellen, schickte die Regierung weiterhin Militärflugzeuge nach Darfur, die, so wurde behauptet, Versorgungsstraßen sichern, nicht aber die Zivilbevölkerung bombardieren sollten. Die Milizen wurden weiterhin ungestraft mit Waffen beliefert, Sanktionsdrohungen des Sicherheitsrates gegen die Ölindustrie ignoriert. Im Mai 2004 waren über eine Million Darfuris auf der Flucht. Ethnische Säuberungen veranlassten Tausende, sich zu Stammesbrüdern im Tschad zu retten, wodurch die von Idriss Déby geführte Regierung dieses Landes weiter destabilisiert wurde. Gegen Ende des Jahres waren neue Rebellenbewegungen entstanden, die Angriffe gegen das Ölfördergebiet im westlichen Kordofan führten. Allein Ende Januar 2005 kamen weitere 100 Personen bei Bombenangriffen der sudanesischen Regierung gegen die Rebellen ums Leben.

Die Kämpfe führten schließlich dazu, dass 2005 etwa 1,7 Millionen Menschen vertrieben und an die 70.000 getötet worden waren. Khartum bestritt diese Zahlen und behauptete, es handle sich nicht um ethnische Säuberungen, sondern um ›Stammeskonflikte‹. In den Flüchtlingslagern starben derweil bis zu 10.000 Menschen monatlich an Krankheiten und Gewalttaten.

Die von der Regierung unterstützten Milizen der Janjaweeds begingen, so wurde berichtet, Mord, Vergewaltigung und Plünderungen in einem solchen Ausmaß, dass US-Außenminister Colin Powell Ende 2004 von Völkermord sprach. Doch die sudanesische Regierung erkannte, dass die USA und Großbritannien im Irak alle Hände voll zu tun hatten und nicht willens waren, ein weiteres Desaster wie in Somalia zu erleben. Zudem verhinderten politische Differenzen im Sicherheitsrat ein entschlossenes Handeln, während die gleichzeitige Krise in der Elfenbeinküste zu einer raschen Reaktion führte, als die Afrikanische Union ebenso wie die Perm Five Frankreichs Forderung nach Sanktionen und einem Waffenembargo unterstützten. Doch wollte keines der Mitglieder des Sicherheitsrates die Friedensbemühungen im Sudan gefährden; darüber hinaus ging es Russland und China um die Wahrung ihrer Interessen am sudanesischen Öl und den Schutz ihrer Waffenverkäufe.

Der Sicherheitsrat ließ die Vorgänge in Darfur untersuchen, was drei Monate dauerte und einen ziemlich uneindeutigen Bericht hervorbrachte, der von einem dem Völkermord gleichzustellenden Verbrechen gegen die Menschlichkeit sprach, nicht jedoch von absichtsvollem Genozid gemäß der engen Definition der Nachkriegszeit. Mittlerweile hielten manche Beobachter die immer wieder zitierte Zahl von 70.000 Toten für eine krasse Unterschätzung; das Bündnis für internationale Gerechtigkeit kam nach Gesprächen mit Flüchtlingen auf 200.000 Tötungen. Im April 2005 nannte ein für das britische Parlament verfasster Bericht sogar die Zahl von 300.000 Opfern. Zwei Millionen sollten vertrieben worden sein.[59]

Jan Pronk unterstützte seitens der UN die Entscheidung der westlichen Mitgliedsstaaten, dem Sudan die Entwicklungszusammenarbeit so lange vorzuenthalten, bis die Krise in Darfur bewältigt sei. Dann aber kam es im Sicherheitsrat zu den gewohnten Auseinandersetzungen. Kofi Annan wollte die mutmaßlichen Verbrecher vor den Internationalen Strafgerichtshof bringen, was die USA ablehnten. Washington schlug stattdessen ein Kriegsverbrechertribunal vor, das in Tansania abgehalten werden sollte. Aber im April 2005 enthielten sich die USA bei einer Abstimmung im Sicherheitsrat und machten so den Weg für eine Verfolgung sudanesischer Kriegsverbrecher durch den Strafgerichtshof frei. Bedingung war jedoch, dass keine im Sudan arbeitenden Amerikaner seiner Rechtsprechung unterstellt wurden.

Wie aber konnte dem Morden Einhalt geboten und die Angeklagten verhaftet werden? Die völlig überlastete Afrikanische Union versprach zwar im Oktober 2004 die Entsendung von 3000 Soldaten und Beobachtern, doch geschah das erst im Februar 2005 und nicht im zugesagten Umfang. Ruanda, das über eigene Erfahrungen in Sachen Völkermord (Hutus gegen Tutsis) verfügte, war als erstes Land bereit, Truppen zu schicken. Doch die Verwirklichung dieses Vorhabens war eine andere Sache. Ende Dezember 2004 zog die britische Karitativorganisation Save the Children ihren 350 Personen umfassenden Stab aus Darfur ab, nachdem vier Mitarbeiter getötet worden waren. Die Beobachter der Afrikanischen Union und ein WHO-Team erhielten von der Regierung nicht die Erlaubnis, Darfur zu bereisen, weil es, wohl aufgrund von Bombenangriffen der sudanesischen Luftwaffe, zu gefährlich war.

Während der Sudan weiterhin einen Sitz in der UN-Menschenrechtskommission hatte, musste der UN-Flüchtlingskommissar im Februar zurücktreten, weil ihm sexuelle Belästigung vorgeworfen wurde. In Darfur aber ging das Morden weiter. Wenn diese Region für Afrika steht, muss befürchtet werden, dass in einigen Jahren viele Menschen ein ähnliches Schicksal erleiden werden, wenn die UN ihre Fähigkeit zur rechtzeitigen Intervention nicht verbessern. Immerhin scheinen sich einige Fortschritte anzudeuten.

*

*Kambodscha:* Über eine Million Kambodschaner starben während der Herrschaft der Roten Khmer (1975–1979) an Hunger und Krankheit, oder sie wurden hingerichtet. Die UN haben wiederholt darauf hingewiesen, dass die Verantwortlichen nur verurteilt werden können, wenn 55 Millionen Dollar für den Prozess bereitgestellt würden.

Ansonsten war das Verhalten der UN alles andere als überzeugend, was auch daran lag, dass bis 1990 nicht die von Vietnam unterstützte faktische Regierung von Kambodscha in der Generalversammlung vertreten war, sondern die exilierten Repräsentanten der Roten Khmer, die für China, die USA und die ASEAN-Staaten akzeptabler waren. Manche Beobachter meinen, dass die vietnamesische Intervention, wenn sie die Zustimmung der UN gehabt hätte, als humanitär und legitim eingestuft worden wäre und nicht als »bewaffneter Überfall«[60]. Einige Mitgliedsstaaten, angeführt von Australien und Japan, ergriffen die Initiative für eine Demokratisierung des Landes. Obwohl die UN das Zustandekommen der Verfassung von 1993 förderten, zog sich UNTAC danach zurück. Die Prozesse wegen der Menschenrechtsverletzungen des Pol-Pot-Regimes kamen nur schleppend in Gang.

Menschenrechte und demokratische Prinzipien können von den UN nur durchgesetzt werden, wenn Mitgliedsstaaten ein Interesse daran haben und zudem bereit sind, materielle Hilfe zu leisten. In Burma zum Beispiel verhindert die dortige Militärregierung seit Jahrzehnten jede internationale Untersuchung ihrer Menschenrechtspraktiken. In Afghanistan dagegen konnten die UN tätig werden und bei der Bildung einer neuen, wenn auch keineswegs stabilen Regierung helfen. Hier leisteten die USA den größten Beitrag, während sie in Kambodscha nichts taten, damit die noch lebenden Ex-Führer der Roten Khmer, denen die Hauptschuld am Tod von zwei Millionen Menschen angelastet wird, vor Gericht gestellt werden konnten. Schließlich sprang Japan mit mehr als 21 Millionen Dollar ein. Kambodscha selbst stellte 13 Millionen zur Verfügung. Und mit Beiträgen weiterer Länder wurde das von den UN gesteckte Ziel von 55 Millionen Dollar für die Errichtung des Sondertribunals nur knapp verfehlt. Im Mai 2005, nach fünfjährigen Gesprächen zwischen den UN und der Regierung in Pnom Penh konnte man sich auf die Einrichtung einer ›Außergewöhnlichen Kammer‹ einigen, die innerhalb der nächsten vier Jahre ihre Arbeit aufnehmen soll.

In Kambodscha war der Weg zur Gerechtigkeit lang und erreichte sein Ziel nur zum Teil. Pol Pot entging der Gerichtsbarkeit und starb 1998; zwei weitere ehemalige Führer sind im Gefängnis. Sie gehören zu den insgesamt zehn Personen, denen der Prozess gemacht wird, während die übrigen Verbrecher ohne Strafe davonkommen.

## Folter

Verglichen mit ›Menschenrechten‹, ›Völkermord‹ und ›Terrorismus‹ ist die Bedeutung von ›Folter‹ fest umrissen und fast allgemein akzeptiert. Zumindest galt das bis 2003, bis die USA erklärten, dass für bestimmte Personen die Genfer Konventionen nicht gültig seien, weshalb man sie neu entwickelten Techniken zur Informationsbeschaffung unterwerfen könne. Nicht nur in dieser Hinsicht brachen die Irak-Invasoren ungestraft die Regeln des Kriegsrechts und die Genfer Konventionen (wie es Krieg führende Nationen immer wieder getan hatten). Aber hier beschäftigen wir uns mit der Folter, die in einem gesetzlosen Umfeld ausgeübt wird, wozu auch Diktaturen gehören. So betrieb im benachbarten Iran die Geheimpolizei des Schahs jahrelang die ›Fingernagel-Fabrik‹, deren Methoden 1968 von der westlichen Presse aufgedeckt wurden. Im selben Jahr nahm der damalige UN-Generalsekretär U Thant die Einladung des Schahs zur Eröffnung einer Internationalen Konferenz über Menschenrechte in Teheran an.

Die britischen Truppen im Irak, die ebenfalls der Folter an Gefangenen beschuldigt wurden, unterstehen dem britischen Gesetz über Menschenrechte, das die Folterung und unmenschliche oder erniedrigende Behandlung von Gefangenen verbietet. Bei Verstößen können Soldaten von einem internationalen Gericht verurteilt werden. Aber die USA und Australien haben sich außerhalb der internationalen Rechtsprechung gestellt. Die USA verlangten für ihr Personal Schutz vor der Verfolgung durch irakische Behörden und für ihre Militärangehörigen Immunität gegenüber dem Internationalen Strafgerichtshof. Zudem haben sie die Ratifizierung der Anti-Folter-Konvention von

1984 verweigert. Australien verweigerte 2003 die Unterzeichnung eines optionalen Protokolls zu dieser Konvention. Australische Beamte und Militärs sollen die angebliche ›Überstellung‹ und Folterung australischer Bürger und 1000 anderer Personen stillschweigend gebilligt haben. Die Überstellung von Verdächtigen zu Verhörzwecken in Länder außerhalb der USA war schon unter Präsident Clinton vorgekommen. Doch damals musste das Weiße Haus diesem Verfahren zustimmen. Unter Bush sollen solche Überstellungen routinemäßig erfolgt sein, wobei Verdächtige, gefesselt und kapuzenbedeckt, von in den USA registrierten Gulfstream-V-Turbojets nachts nach Ägypten, Indonesien, Jordanien, Libyen, Marokko, Pakistan oder Usbekistan transportiert wurden. Die Behörden in den jeweiligen Ländern wurden lediglich »gebeten, nicht zu foltern«[61].

Es hat den Anschein, als würden die USA und ihre Adepten ein juristisches Paralleluniversum bewohnen. Sie begründeten den Einmarsch in den Irak unter anderem damit, dass sie das Land von einem Diktator befreien wollten, der seine Bürger foltern ließ. Aber als herauskam, dass amerikanische Gefangenenwärter in denselben Gefängnissen ebenfalls gefoltert hatten (übrigens auch in Afghanistan), wurde der Welt klar, warum die USA den Internationalen Strafgerichtshof so hartnäckig ablehnen. In allen Ländern mit US-Stützpunkten besteht Washington auf der Exterritorialität seiner Truppen. Auch in Korea und Vietnam war das US-Militär vor der Verfolgung durch nationale oder internationale Gerichte geschützt. In beiden Ländern war, den US-Veteranen für den Frieden zufolge, die Misshandlung von Gefangenen an der Tagesordnung.[62]

Schon bald nach dem 11. September 2001 inhaftierten US-Streitkräfte in Afghanistan, Pakistan und dem Irak Hunderte von Männern, die verdächtigt wurden, Terroristen zu sein oder Verbindungen zu al-Qaida zu haben. Der Befehl lautete, möglichst schnell Informationen aus ihnen herauszubringen. Zur Unterstützung ersann Washington für diese Personen die neue Kategorie ›feindlicher Kombattant‹, die in den Genfer Konventionen nicht auftaucht. Am 13. November 2001 erließ Präsident Bush einen militärischen Befehl für die »Inhaftierung, Behandlung und Verurteilung bestimmter Nicht-Bürger im Krieg gegen den Terrorismus«. Die Genfer Konventionen sollten für Mitglieder von al-Qaida nur nach Ermessen des Präsidenten gelten.[63]

In einem Memorandum, das mittlerweile zu trauriger Berühmtheit gelangt ist, wies der stellvertretende US-Justizminister Jay Bybee den Rechtsberater des Präsidenten im August 2002 darauf hin, dass »grausame, unmenschliche oder erniedrigende Behandlung« dieser Gefangenen »nicht als Folter« eingestuft werden könne. Diese sei vielmehr Schmerz, der einhergeht mit »schweren körperlichen Verletzungen wie Organversagen, Beeinträchtigung der Körperfunktionen oder sogar Tod«. Des Weiteren würden sich die amerikanischen Gesetze gegen Folter nicht auf »Inhaftierungen und Verhöre von feindlichen Kombattanten entsprechend der Weisungsbefugnis des Präsidenten als Hauptbefehlshaber« anwenden lassen. Alberto Gonzales, der Rechtsberater des Weißen Hauses, der 2005 zum Justizminister ernannt wurde, versah Bush auf diese Weise mit einer Rechtfertigung für die Anwendung von Foltermethoden bei Verhören: Der Präsident könne als Hauptbefehlshaber der Armee entscheiden, welche Gefangenen unter die Bestimmungen der Genfer Konventionen fallen würden und wie mit den übrigen zu verfahren sei.

Amerikanische Kritiker der UN waren mit weiteren Rechtfertigungen für diese neue Möglichkeit, das internationale Recht auszuhebeln, schnell bei der Hand. Keine Terroristengruppe, so argumentierten einige, sei Signatarin der Genfer Konvention, weshalb die USA diese auch nicht auf Terroristen anwenden müssten. Andere wiesen darauf hin, dass die Genfer Konventionen nach dem Zweiten Weltkrieg ausgehandelt worden waren, um uniformierte Streitkräfte mit einer identifizierbaren Kommandostruktur, die den Regeln des Krieges gemäß handelten, zu schützen. Da die Al-Qaida-Kämpfer völlig anders organisiert seien, könne man sie auch als außerhalb dieser Gesetze stehend behandeln. Sie sollten nicht die in den Genfer Konventionen festgelegten Privilegien genießen dürfen und so noch für ihre Verbrechen belohnt werden. Außerdem seien gemäß der Genfer Konventionen Prozesse gegen Kriegsgefangene von den Militärbehörden der inhaftierenden Macht durchzuführen, so dass auch Tribunale ohne formelle Beweiserhebung dem Gesetz Genüge tun würden.[64] Wer so argumentiert, legt das Völkerrecht nach seinen Bedürfnissen aus.

Auch aus anderen Gefängnissen wurden Foltervorwürfe laut. Im Vordergrund stand dabei das Kriegsgefangenenlager von Guantánamo Bay auf Kuba, das dem Weißen Haus zufolge nicht der amerikanischen Rechtsprechung unterliegt. Doch im Juni 2004 verfügte der Oberste Gerichtshof der USA, dass er das Recht habe, auf Petitionen von dort Internierten einzugehen. Im Oktober beschäftigte sich der Gerichtshof dann mit den Menschenrechten der 550 Gefangenen aus 42 Ländern (von denen bis Mitte 2005 über 100 gestorben waren) und betonte, dass »ein Kriegszustand kein Blankoscheck für den Präsidenten« sei, Menschen ohne rechtliche Begründung auf unbestimmte Zeit festzuhalten. Die Regierung begann daraufhin mit der Freilassung und Repatriierung, noch bevor die Militärkommission die Fälle verhandeln konnte. Es wurden keine Anschuldigungen erhoben, keine Entschuldigungen ausgesprochen und keine Entschädigungen angeboten.

Im Januar 2005 berichtete das *New England Journal of Medicine*, dass US-Militärärzte gegen die medizinische Ethik und die Genfer Konventionen verstoßen hätten, weil sie in einem Gefangenenlager an Verhören teilgenommen hatten, bei denen es zu Misshandlungen gekommen war. Zu den Gefangenen gehörten zwei australische Staatsbürger, doch akzeptierte die Regierung Howard ohne weitere Proteste die Versicherung der USA, dass diese Personen nicht gefoltert worden seien. Unbeachtet blieben auch Hinweise von Rechtsspezialisten des australischen Militärs. Im März 2005 reichten amerikanische Anwälte im Namen von acht Männern, die in irakischer und afghanischer Haft gefoltert worden sein sollen, eine Klage gegen Donald Rumsfeld ein. Doch sind die Chancen, dass die für solche Vorgänge hauptsächlich Verantwortlichen – Rumsfeld oder Bush, Howard oder Blair – vor dem IGH erscheinen, höchst gering. Im Juli wurde ein Urteil des Obersten Gerichtshofs durch das Berufungsgericht kassiert, das befand, die Genfer Konventionen gelten nicht für die Gefangenen von Guantánamo Bay und die Militärtribunale seien gesetzeskonform.

## Aussichten

Die Vereinten Nationen könnten mehr für die Verteidigung der Menschenrechte tun. Sie könnten zum Beispiel die vom Bericht über das Recht auf Prävention vorgeschlagene Ausweitung der Verantwortung von Staaten in ihr Konzept aufnehmen. Staaten, die gegen UN-Konventionen verstoßen, sollten in den entsprechenden Gremien und Körperschaften keinen Sitz mehr erhalten. Die Kommission könnte mehr für die Verteidigung oder Wiedereinsetzung gewählter Regierungen tun und sollte sich beim Vorgehen gegen Länder, in denen Menschenrechtsverletzungen begangen werden, weniger selektiv verhalten. Übergangsregierungen in Ländern wie Bosnien, Ostslawonien, dem Kosovo, Ost-Timor und dem Irak sollten zur Beachtung der Menschenrechte angehalten werden. Einigen UN-Administratoren ist in dieser Hinsicht Versagen vorgeworfen worden, so etwa der UNMIK (Kosovo), der UNTAET (Ost-Timor) und bei UN-Operationen in verschiedenen afrikanischen Staaten.

Die Mühlen des Völkerrechts mahlen langsam, aber sie mahlen. Die Kriegsverbrechertribunale in Ruanda und Bosnien gehen ihren Gang, und auch in Kambodscha werden Prozesse vorbereitet. Der IGH hat die israelische ›Sicherheitsmauer‹ als Verletzung des Völkerrechts bezeichnet und ihren Abriss gefordert; allerdings ist die Entscheidung nicht bindend. Der Internationale Strafgerichtshof untersucht Massenmorde im Kongo, in Darfur und Uganda. Aber neben vielen weiteren Unmenschlichkeiten ist das Problem des internationalen Terrorismus noch nicht gelöst.

Auch außerhalb der UN geht die Diskussion über Menschenrechte weiter. George Kennan, der führende US-Stratege des Kalten Krieges, der sich in den 50er-Jahren als Entspannungspolitiker einen Ruf erwarb, drängte 1992, nach seinem Abschied vom Außenministerium, die Regierung, vage und idealistische Ideen von Menschenrechten, Demokratisierung und Erhöhung des Lebensstandards beiseite zu lassen und stattdessen eine realistische Machtpolitik zu betreiben. Nur so ließe sich der Abstand zwischen dem enormen Reichtum der USA und der Armut anderer Nationen aufrechterhalten.[65] Diese Kluft ist seitdem noch gewachsen. Einige Jahre später präzisierte er seine Ansichten: Die USA seien nicht so groß, meinte er, dass sie die Führungsrolle für die ganze Welt übernehmen könnten. Sie sollten lieber Beispiel geben, indem sie mit den Problemen der eigenen Gesellschaft angemessen umgingen. Er hoffte, Amerika werde allmählich »von der öffentlichen Befürwortung von Demokratie und Menschenrechten ablassen«[66]. Das ist bereits, wenn auch selektiv, geschehen. Und auch Bushs Eintreten für Demokratie, Menschenrechte und humanitäre Intervention ist höchst selektiv.

Unzufrieden mit der Menschenrechtspolitik der UN ist auch die indische Schriftstellerin Arundathi Roy. Im November 2004 vertrat sie in einem Vortrag die Auffassung, die Idee der Gerechtigkeit selbst sei unter Beschuss geraten und die Menschenrechte seien nur ein armseliger Ersatz für diese Idee. Fortwährend seien die weichen, verletzlichen Bereiche der Gesellschaft den so heftigen wie geschickten Angriffen seitens der Mächtigen ausgesetzt. Aber sogar wohl meinende Leute würden die Frage der sozialen Gerechtigkeit auf das Problem der Menschenrechte reduzieren. Deren Verletzung sei aber mittlerweile zur Routine geworden und gehöre zur Implementierung einer politischen Zwangsordnung in einer ungerechten Welt. Die UN würden, wie NGOs und Entwicklungszusammenarbeit anbietende Staaten, in den armen Ländern als moderne Missionare gesehen und ebenso misstrauisch und desillusioniert betrachtet, weil sie viel versprächen und wenig hielten. Die reichen

Staaten benützten die Menschenrechte, »um dem Imperialismus sein hässliches Aussehen zu nehmen. Um den Zorn zu beschwichtigen und den Status quo zu erhalten«[67]. Dieser Status quo werde von den reichen Staaten als ›Stabilität‹ bezeichnet. Die Menschenrechtspolitik der UN sei der Trick, mit dem es gelänge, diese Stabilität zu bewahren.

Kofi Annan ist sich, wie er in seiner Antwort auf den Bericht des High Level Panel vom 21. März 2005 mit dem Titel »In größerer Freiheit« zeigte, der wachsenden Kluft zwischen armen und reichen Ländern bewusst. Er forderte die Mitgliedsstaaten auf, Bedrohungen der Sicherheit, sei es durch Massenvernichtungswaffen oder Aids, durch Terrorismus oder den Mangel an sauberem Wasser, als unteilbar anzusehen. Er griff den Vorschlag des HLP zur Reform des dysfunktional gewordenen Wirtschafts- und Sozialrates auf und empfahl insbesondere die Ersetzung der Menschenrechtskommission durch einen Menschenrechtsrat, dessen Mitglieder direkt durch eine Zweidrittelmehrheit der Generalversammlung gewählt und unabhängig von nationalen Interessen arbeiten sollten. Überflüssig war vielleicht, dass er die ›Einführung‹ eines Nulltoleranzprinzips für Menschenrechtsverletzungen durch UN-Friedenstruppen forderte. Ein solches Prinzip war schon seit einigen Jahren in Kraft, wurde aber, wie gezeigt, häufig missachtet. Die Regeln der UN zu ändern, war eine Sache; eine andere, ihre Kultur zu verändern.

Wenn das höchst ehrgeizige Programm für eine tief greifende Wandlung der Vereinten Nationen nicht 2005 angenommen wird und wenn Beobachter wie Arundathi Roy, George Monbiot und Jared Diamond Recht behalten, treibt die Welt tatsächlich einem ›Clash‹ entgegen. Doch werden es nicht Kulturen sein, die da, wie Huntington meint, aufeinander prallen, und auch nicht, wie es Tariq Ali vorhersagt, Fundamentalismen (obwohl diese Konflikte bereits gegenwärtig sind), sondern die zahlreichen jungen und armen Nationen, die ihr Recht fordern, auf die wenigen alten und reichen Staaten. Die Frage, auf die wir am Schluss zurückkommen, lautet, wo in einer so gespaltenen Welt die Vereinten Nationen stehen werden.

## Kapitel 8

# Leere Versprechungen: die Rechte von Frauen und Kindern

Wie leicht sich viele UN-Mitgliedsstaaten über die Beachtung der Menschenrechte hinwegsetzen konnten und können, zeigt sich am deutlichsten in der mangelnden Gleichberechtigung von Frauen und der Beeinträchtigung der Rechte von Kindern. Nicht, dass es den UN an Initiativen und kräftigen Worten zur Beförderung dieser Rechte mangelte. Was aber nach 60 Jahren immer noch fehlt, ist deren Umsetzung in die Praxis.

### Frauen[68]

In der Charta und der Menschenrechtserklärung ist der Grundsatz der Gleichheit von Mann und Frau verankert. 1979 betonte die gerade ins Leben gerufene Antidiskriminierungskommission CEDAW, dass Männer und Frauen gleiche Rechte und den gleichen Anspruch auf Menschenwürde hätten, und bestätigte die Entschlossenheit der Generalversammlung, die Erklärung über die Beseitigung der Gewalt gegen Frauen in die Tat umzusetzen. Wie notwendig die CEDAW war, die seither durch zwei weitere Erklärungen unterstützt wurde – die eine betraf die Beseitigung von Intoleranz und Diskriminierung aufgrund von religiösen oder anderen Überzeugungen, die andere das Recht auf Entwicklung –, zeigt die Abneigung vieler Staaten, Frauen und Mädchen Rechte zuzugestehen. Internationale Frauenkongresse haben wiederholt Ziele formuliert. Doch der Weg dorthin ist mühsam.

Es ist schon erstaunlich, dass nach all diesen Bemühungen die Frauen in manchen muslimischen Ländern immer noch weitgehend rechtlos, in einigen afrikanischen Staaten versklavt und in vielen anderen von der Bildung ausgeschlossen sind – ganz zu schweigen von Menschenhandel und Prostitution.

Auch in den Ländern des Westens herrscht noch keine Gleichberechtigung: Frauen verdienen im Durchschnitt weniger als Männer und sind kaum in Führungspositionen zu finden. Die Zahl der Parlamente, in denen sie mehr als ein Drittel der Sitze innehaben, lässt sich an zehn Fingern abzählen. Auch heute noch ist die Zahl der Staaten, in denen die Frauen durch gesetzgeberische und andere Maßnahmen bewusst gefördert werden, sehr gering im Vergleich zu denjenigen, wo nichts dergleichen geschieht. Obwohl Artikel 10(g) der CEDAW die ihr angehörenden Länder verpflichtet, den Frauen auch im Sport gleiche Möglichkeiten einzuräumen, konnten erst 2004 Frauen aus den arabisch-islamischen Ländern an den Olympischen Spielen teilnehmen. Trotz der Artikel 2 und 7 erhielten die Frauen in Kuwait erst 2005, gegen den Widerstand islamischer Konservativer, politische Rechte. Anlass für diese Maßnahme war übrigens der Besuch des kuwaitischen Präsidenten in Washington. Immerhin war der Widerhall in der Weltöffentlichkeit beträchtlich und zeigte den kuwaitischen Frauen, wie groß der Fortschritt im Vergleich zu vielen Nachbarstaaten war.

Den Kampf um die Gleichberechtigung führen die Frauen seit Jahrhunderten, mit wechselndem Erfolg. Versprochen wurde sie ihnen immer wieder, vor allem in Zeiten von Krieg und Revolution, in denen ihre Unterstützung der nationalen Angelegenheiten plötzlich für unverzichtbar gehalten wurde. Doch was man ihnen bei diesen Anlässen gewährte, hat man ihnen danach oft genug wieder genommen. Die Behauptung, Frauen wollten gar keine Gleichberechtigung, ist auf vielen internationalen Konferenzen widerlegt worden, so in Nairobi 1985, anlässlich der Verabschiedung der Strategien zur Frauenförderung, ferner 1990 in New York, 1992 in Rio de Janeiro, als es um Umweltfragen ging, 1995 in Kopenhagen (Thema war die soziale Umwelt) und 1996 in Istanbul, als man über die Wohnsituation diskutierte. Zahlreich sind die Aktivitäten und Organisationen der UN, in denen es um die Verbesserung der Lage der Frauen geht. Da man die Bedeutung der Frauen für die Sektoren Bildung und Entwicklung erkannte, wurde ihre Beteiligung auf allen Ebenen verstärkt, in den UN-Behörden, den internationalen Finanzinstitutionen (IFIs) und den nationalen Entwicklungsprogrammen. Zudem setzen sich viele NGOs für die Frauenrechte ein.

Auf der vierten Weltkonferenz der Frauen, die 1995 in Peking stattfand, wurde erörtert, wie es um die in Nairobi festgelegten Ziele bestellt sei. »Frauenrechte sind Menschenrechte«, lautete das Motto. In der Aktionsplattform sprach sich die Konferenz für verstärkte Bemühungen um die Gleichstellung der Frauen in allen politischen und sozialen Programmen der Mitgliedsstaaten aus und entwickelte einen Plan zur Umsetzung der in Nairobi artikulierten Ziele bis zum Jahr 2000. Zwar sei in einigen Ländern und Regionen und vor allem in den reichen Nationen schon vieles erreicht worden, doch bleibe noch jede Menge zu tun. Mittlerweile hat sich der Optimismus von 1995 abgeschwächt. Wie üblich, sind die ärmsten Menschen in den ärmsten Ländern weiterhin am stärksten benachteiligt, was insbesondere die Frauen trifft. Gerade hier hat die Menschenrechtspolitik der UN ganz offensichtlich versagt.

Warum das so ist, zeigt ein Blick auf die Millenniumsziele. 2003 waren hinsichtlich des dritten Ziels, das die Förderung der Gleichberechtigung vorsah und diese an der Zahl der Mädchen, die am Grundschulunterricht teilnahmen, bemaß, in fünf von acht Regionen Fortschritte zu verzeichnen. Negativ war das Bild in Südostasien, Lateinamerika und der Karibik, während Afrika und Ozeanien, Südmittelasien und Westasien noch weit vom Ziel entfernt waren. Das liegt sicherlich auch an den religiösen und kulturellen Bedingungen, die Frauen traditionell benachteiligen, ebenso aber an unzureichenden staatlichen Bildungsausgaben und einer höchst ungleichen Einkommensverteilung.

Verallgemeinernd ließe sich sagen, dass die globalen Wettbewerbsstrukturen von Männern zum Nachteil der Frauen dominiert werden, so dass die Beteuerungen vieler Staaten, Frauen zu fördern, recht hohl klingen. Religiöse und kulturelle Traditionen sind oft stärker als das Änderungsstreben politischer Führungen, die zudem, auch wenn Frauen aus oligarchischen Familien an der Spitze stehen, oft genug andere Prioritäten setzen. Und selbst in den reichen Nationen entsprechen die Taten nicht den hochfliegenden Worten. Besonders in den USA lässt sich, Jeffrey Sachs zufolge, »eine fast völlige Abkoppelung der internationalen Verpflichtungen von der Innenpolitik« entdecken. Die von Bush für die globale Entwicklungsförderung versprochenen Dollarmilliarden sind bislang noch nicht aufgetaucht. Dennoch glauben viele Amerikaner, dass ein Viertel ihrer Steuern in die Entwicklungszusammenarbeit fließt.[69]

Australien und Neuseeland waren führend in der Welt, als sie Ende des 19. Jahrhunderts den Frauen das Wahlrecht zusprachen. Zu Beginn des 21. Jahrhunderts wurde in Neuseeland zum ersten Mal eine Frau in das höchste Regierungsamt gewählt, während in Australien die Regierung Howard sich trotz gegenteiliger Bekundungen von den politischen und sozialen Zielen der UN immer stärker distanzierte. Die (hierin den USA folgende) Weigerung, das optionale Protokoll zur CEDAW zu ratifizieren, wurde auch in Australien selbst kritisiert, unter anderem von der Antidiskriminierungskommission und von der Richterin Elizabeth Evatt, die früher lange Zeit für das

Menschenrechtskomitee gearbeitet hatte. Die Weigerung habe, so meinte sie, »das Engagement dieses Landes für Frauenrechte hier und weltweit untergraben«[70]. Aber Australien ist kein Einzelfall.

*

*Ehrenmorde:* Die so genannten Ehrenmorde verstoßen in den meisten Ländern des Nahen Ostens und Südasiens gegen das Gesetz. Dennoch werden allein in Palästina jedes Jahr an die 80 Frauen und Mädchen, oft von der eigenen Familie, getötet, nur weil sie allein auf den Markt gegangen sind oder mit einem Mann Kontakt hatten, der nicht zur Familie gehörte. Die Mörder werden nur selten gerichtlich verfolgt oder verurteilt. In Afghanistan, das angeblich auf dem Weg zur Demokratie ist, wurde im Mai 2005 eine junge Frau wegen Ehebruchs zu Tode gesteinigt. Wollte man diese Ehrenmorde und andere Verletzungen von Frauenrechten der ›arabischen und islamischen Tradition und Kultur‹ zuschreiben, wäre das eben der doppelte Maßstab, den die arabischen Medien gern dem Westen ankreiden.

In der UN-Generalversammlung und anderen Gremien wurden diese Vorgänge viel zu lange übersehen, und man schwieg auch zur Frauendiskriminierung in Saudi-Arabien und in Afghanistan unter den Taliban. Ein UN-Offizieller unterschrieb im Mai 1998 sogar eine Vereinbarung mit den Taliban, in der es hieß, dass »der Zugang der Frauen zum Gesundheits- und Bildungswesen notwendigerweise in kleinen Schritten vollzogen werden muss«[71]. Im Dezember 2004 kritisierten die UN den Iran wegen öffentlicher Hinrichtungen, Folter, Willkürurteilen, Auspeitschungen, Steinigungen und Diskriminierung von Frauen. Allerdings war das Land da bereits wegen seiner nuklearen Ambitionen ins Fadenkreuz des Sicherheitsrates geraten, der es für angemessen hielt, den Druck durch derlei Vorwürfe noch zu erhöhen. Die gleiche Technik wurde vom Westen gegenüber China eingesetzt. Diese selektive Vorgehensweise gilt auch, wenn es um die Rechte von Frauen geht.

*

*Aids:* Was die Frauen in Afrika an Rechten gewonnen haben, droht ihnen durch Aids wieder verloren zu gehen. Der von den UN, der WHO und der Weltbank verantwortete Jahresbericht zur Lage brachte die ›Feminisierung‹ von Aids zum Vorschein. Mehr Frauen als zuvor hielten das Risiko für gering, heirateten und wurden von Männern infiziert, die das Virus durch riskantes Sexualverhalten erworben hatten. In der Karibik waren junge Frauen zweimal so stark ansteckungsgefährdet wie junge Männer. In Papua-Neuguinea verdoppelt sich die Zahl der Infektionen alle zwei Jahre, wobei Mädchen zwischen 14 und 19 Jahren die höchste Rate aufweisen; vor allem treulose Ehemänner sollen für die Verbreitung des Virus sorgen. Pakistan erkannte das Problem und führte als erstes islamisches Land 2004 eine große Konferenz zum Thema durch.

Am schlimmsten ist die Entwicklung im mittleren und südlichen Afrika, wo 57 Prozent aller Infizierten weiblichen Geschlechts sind. In Südafrika, Sambia und Simbabwe lag das Infektionsrisiko von Frauen zwischen 15 und 24 Jahren drei- bis sechsmal so hoch wie das junger Männer. In Schwarzafrika, so erfuhr der Schriftsteller Paul Theroux von Entwicklungshelfern 2001, beginnt das Geschlechtsleben bereits mit sechs oder acht Jahren. Der Vorschlag, Kondome zu benutzen, wird verspottet: »Man isst doch keine eingewickelten Süßigkeiten.« In Mosambik glaubten viele Männer, Geschlechtsverkehr mit Jungfrauen würde sie von Aids heilen. Andererseits verweisen Berichte aus Uganda über ein vom Präsidenten Yoweri Kaguta Museveni und seiner Frau initiiertes Programm, das Abstinenz, Treue und den Gebrauch von Kondomen propagierte, auf ermutigende Resultate.

In den USA waren von den infizierten Frauen 72 Prozent Farbige. Eine Untersuchung aus dem Jahr 2004 zeigte, dass Frauen in einer New Yorker Region mit niedrigem Einkommen doppelt so stark gefährdet sind, sich bei ihren Ehemännern oder langjährigen Liebhabern anzustecken, als bei Zufallsbekanntschaften. Auch für sie sind, wie für die afrikanischen Frauen, monogame Beziehungen keine Sicherheitsgarantie.[72] Zwischen 2002 und 2004 blieb der Prozentsatz infizierter Frauen in allen Regionen konstant oder wuchs sogar an. Das Infektionsrisiko lag auch in den entwickelten Ländern in der physischen Verwundbarkeit der Frauen, der Weigerung des Partners, Kondome zu benutzen, der Untreue von Ehegatten, dem risikofreudigen Verhalten anderer männlicher Partner, der sexuellen Ausbeutung junger Frauen durch ältere Männer, Vergewaltigung und anderen Formen sexueller Nötigung sowie in der Verwendung nicht sterilisierter Spritzen beim Drogenkonsum.

Ende 2004 war UNAIDS zu dem Schluss gekommen, dass die Epidemie nur eingedämmt werden könne, wenn sich die Lebensbedingungen von Frauen und Mädchen grundlegend änderten. Peter Piot, der Leiter von UNAIDS, meinte, dass diese Veränderung von den Frauen selbst ausgehen müsse. Statt Kondome für Männer zu propagieren, sollten Rechte für Frauen durchgesetzt werden: Bildung, Beruf, Eigentum und Wohnmöglichkeiten standen dabei im Vordergrund. Natürlich waren diese Ideen nicht neu, sondern fanden sich bereits in der Menschenrechtserklärung und wurden auch von der CEDAW vertreten. Aber viele Staaten hatten es bislang bei Lippenbekenntnissen bewenden lassen.

*

*Schwangerschaft, Prostitution, Sklaverei:* Mehr als eine halbe Million Frauen sterben jedes Jahr während der Schwangerschaft oder bei der Kindsgeburt. Die meisten von ihnen sind Afrikanerinnen.

2005 gehörte Catherine Hamlin zu den Preisträgerinnen der UN. Sie wurde für besondere Verdienste um die Verbesserung der Gesundheit und des Wohlergehens der Menschen ausgezeichnet und erhielt den Preis als Anerkennung für ihre 30-jährige Tätigkeit in Äthiopien, wo sie und ihr Mann 1974 das Hospital für Fistelerkrankungen gegründet hatten. Finanziert wurde die Arbeit durch Spenden, was den Hamlins die kostenfreie Behandlung von 1200 Frauen im Jahr ermöglichte. Bei den Fisteln handelt es sich um eine schmerzhafte Erkrankung der Region zwischen Vagina und Rektum, unter der vor allem sehr junge Frauen nach langwierigen und schwierigen Geburten leiden. Catherine Hamlin beschrieb ihre Erfahrungen in dem 2001 erschienenen Buch *The Hospital by the River*. 2004 führte die UNFPA die erste globale Kampagne gegen diese Fistelerkrankung in 20 Ländern des mittleren Afrikas, Südasiens und Arabiens durch – ein weiteres Beispiel für eine UN-Organisation, die ihre Kapazitäten in Regionen einsetzt, wo dringender Bedarf besteht. Einen anderen Mut machenden Versuch auf Gemeindeebene unternimmt Grace Kodindo, eine im Tschad tätige Geburtshelferin. Dort, wo eine von elf Frauen während der Schwangerschaft oder bei der Geburt stirbt, arbeitet sie, unterstützt von den UN, mit Ärzten in Honduras zusammen. Denn dort hatten einflussreiche Personen dafür gesorgt, dass die Sterblichkeitsraten bei werdenden Müttern niedriger sind als in den reicheren Nachbarländern. Dieser Fortschritt beruht jedoch, wie die Aids-Kampagne in Uganda, auf persönlichen Bemühungen und nicht auf institutionell verankerten Maßnahmen.

Im engen Zusammenhang mit Aids und Drogen steht die Prostitution, die für arme Frauen immer eine Gelegenheit darstellt, mehr Geld zu verdienen als in unterbezahlten Industriejobs. Arbeit und eigenständiges Einkommen ist ein Menschenrecht und gilt, wie die CEDAW (im Artikel 11) betont, auch für Frauen. Michael Maren wies in *The Road to Hell* (1997) darauf hin, dass Männer (und auch Frauen, hätte er hinzufügen können), die Kinderprostitution fördern, Verbrecher sind, während eine Afrikanerin, die sich freiwillig für die Prostitution entscheidet, eine rational begründbare Wahl trifft. Denn auf diese Weise kann sie mehr Geld verdienen als mit einer Arbeit auf der Farm oder in einem Ausbeutungsbetrieb, und ihre gesundheitlichen Risiken sind auch nicht größer. In vielen Regionen der Welt, vor allem in den ländlichen Gebieten von Lateinamerika und weiten Teilen Asiens, entscheiden sich junge Frauen für diese Möglichkeit. Die US-Regierung wandte unter Berufung auf Artikel 6 der CEDAW dagegen ein, dass man Frauenhandel und Sextourismus nur in den Griff bekomme, wenn man die Prostitution verbiete. Doch würde das vermutlich auch diese in den Untergrund treiben, weshalb die Frauenkonferenz 2005 in New York sich dagegen aussprach.

Zehn Jahre zuvor hatte die Konferenz von Peking noch zuversichtlich erklärt, dass »die explizite Anerkennung des Rechts aller Frauen, alle Aspekte ihres physischen Wohlergehens und insbesondere ihre Fruchtbarkeit selbst zu bestimmen, für ihre Eigenständigkeit von grundlegender Bedeutung ist«. Ein Jahrzehnt später hatte diese Zuversicht merklich abgenommen. Terrorismus, Militarismus und wachsender religiöser Fundamentalismus sowie unsichere wirtschaftliche Bedingungen hatten den Fortschritt verlangsamt. Angesichts der verheerenden Folgen von Aids in Afrika sprach die Regierung Bush von umfassenden materiellen Beiträgen zur Bekämpfung der Epidemie und wies auch auf ihre Programme zur ›Befreiung‹ der afghanischen Frauen und zur Verhinderung von Vergewaltigung, sexueller Ausbeutung und häuslicher Gewalt hin (wobei von den Auswirkungen noch nicht viel zu spüren ist). Doch bei den Themen Prostitution und Abtreibung bleiben die Republikaner erzkonservativ. Ihre Bemühungen, das Recht auf Abtreibung nicht nur in den USA, sondern auch in anderen Ländern, besonders China, einzuschränken, stießen auf den entschiedenen Widerstand der New Yorker Konferenzteilnehmerinnen.

Die UN machten 2004 zum Gedenkjahr für den Kampf gegen die Sklaverei. Obwohl die Briten 1832 und die Amerikaner 30 Jahre später die Sklaverei für ungesetzlich erklärten, ist sie – wie die Piraterie – keineswegs beseitigt, sondern hat nur ihre Methoden geändert. Noch immer gibt es in Südasien und Teilen Afrikas abhängige Arbeitsverhältnisse, die nichts anderes sind als Sklaverei. Das gilt auch für die Kinderarbeit, die Schätzungen der ILO zufolge an die 179 Millionen Kinder im Alter zwischen fünf und 17 Jahren betrifft. Frühe und erzwungene Heiraten sind für Millionen Mädchen und Frauen Sklaverei. Die Rekrutierung von Kindern als Soldaten fällt ebenfalls in diese Kategorie, desgleichen der Menschenschmuggel, sofern er mit erzwungener Arbeit verbunden ist.

Die USA haben die CEDAW nicht ratifiziert, und Australien hat das optionale Protokoll nicht unterzeichnet, das es ermöglicht, den zuständigen Komitees direkt über die Lage der Frauenrechte Bericht zu erstatten. Andere westliche Länder unterhalten gute Beziehungen zu Staaten, in denen nach wie vor die Beschneidung von Mädchen praktiziert wird; oder sie tätigen Geschäfte mit Ländern, in denen Frauen keinen Führerschein machen oder nicht außerhalb des Hauses arbeiten dürfen, vom Unterricht fern gehalten werden oder nicht erbberechtigt sind und durch das Scheidungsrecht sowie bei Strafen für Ehebruch gegenüber den Männern benachteiligt werden. Die reichen Nationen nehmen es hin, dass nur Männer in Saudi-Arabien als Botschafter akkreditiert werden können, was den Prinzipien der Gleichberechtigung und Nichtdiskriminierung krass zuwiderläuft. Iranische Botschafter weigern sich, UN-Diplomatinnen die Hand zu geben. Mit der stillschweigenden Duldung solcher Verhaltensweisen diskreditieren die UN sich selbst. Würde man einen schwarzen Amerikaner oder einen indischstämmigen Briten so behandeln, gäbe es einen Sturm der Entrüstung. Wenn die Mitgliedsstaaten es nicht schaffen, sich gemäß den gegen jede Diskriminierung gerichteten Grundsätzen der UN zu verhalten, tragen sie zu deren Zerstörung bei. Vielleicht ist einigen sogar daran gelegen.

*

*Fehlverhalten innerhalb der UN:* 2005 musste die Welt erfahren, dass Angehörige von UN-Friedenstruppen in der DR Kongo Mädchen und Frauen sexuell missbraucht hatten. Entsprechende Videos und Fotografien waren öffentlich verkauft worden. Beschuldigt wurden etwa 150 Soldaten aus Kanada, Frankreich, Marokko, Russland und Uruguay. Einige wurden suspendiert, andere in ihre Heimatländer zurückgeschickt. Ähnliche Vorwürfe kamen im März 2005 gegen Militärangehörige in Burundi, Haiti, Liberia und Namibia auf.[73] Der UN-Bericht über die Mission bemerkte, das Nulltoleranzprinzip habe offensichtlich »null Beachtung« gefunden, das heißt, die für die Friedenstruppen Verantwortlichen haben sich nicht an die Regeln der UN gehalten. Das ist für den guten Ruf der Vereinten Nationen alles andere als förderlich.

## Kinder[74]

Mit markigen Worten die Rechte von Kindern einzufordern, ist eine Sache, sie in die Tat umzusetzen, eine andere. In der Menschenrechtserklärung wurde die Kindheit als Entwicklungsstadium bezeichnet, das besonderer Unterstützung bedarf. Die UN-Erklärung zu den Rechten des Kindes von 1959 betonte erneut die Bedeutung des Schutzes durch den Gesetzgeber »vor und nach der Geburt«.

Die UN-Konvention über die Rechte des Kindes (CRC) von 1989 ist von den meisten Mitgliedsstaaten ratifiziert worden, nicht aber von den USA. In einigen US-Staaten konnten Jugendliche unter 18 Jahren hingerichtet werden, und noch heute können 17-Jährige Militärdienst leisten; außerdem befürchtete der Kongress Einschränkungen der nationalen Souveränität und elterlicher Rechte. Doch hat die Konvention, wie die UN meinen, in den vier Schlüsselbereichen – Überleben, Entwicklung, Schutz und Partizipation – zu Fortschritten in der Politik geführt. 1999 nahm die Internationale Gewerkschaftsorganisation ILO die Konvention 182 an, die auf die Beseitigung der schlimmsten Formen von Kinderarbeit zielte. Und die UN-Organisation UNICEF, die ursprünglich ins Leben gerufen worden war, um kranken und hungernden Kindern in den europäischen Ländern nach dem Zweiten Weltkrieg zu helfen, kümmert sich jetzt um das Wohlergehen von Kindern in aller Welt. Der Direktor der UNICEF wird vom Generalsekretär ernannt. Bislang lag die Führung ausschließlich in amerikanischen Händen. Als Carol Bellamy ihre Tätigkeit für UNICEF beendete, musste sie einräumen, dass für manche Kinder die Welt noch ebenso schlimm aussah wie zu dem Zeitpunkt, da sie ihre Arbeit begonnen hatte.

Der Fortschritt ist eben nicht leicht zu befördern. Für viele ist die Idee, dass Kinder Rechte haben, neu und seltsam, obwohl schon 1924 die Erklärung von Genf davon sprach. 2004 zeigte der Jahresbericht von UNICEF, *The State of the World's Children,* dass immer noch mehr als einer Milliarde Kindern die in der Konvention von 1989 festgelegten Rechte verwehrt werden. Mehr als die Hälfte aller Kinder leidet unter den Folgen von Armut, Krieg und Aids. Mehr als eine Milliarde Kinder wachsen krank und unterernährt auf. Schulen sind (wie 2004 in der tschetschenischen Stadt Beslan) zum Zielobjekt von Krieg führenden Gruppierungen geworden. Die höchsten Sterblichkeitsraten bei Kindern unter fünf Jahren finden sich in afrikanischen Ländern und in Afghanistan. Vier Fünftel der 15 Millionen Kinder unter 18, die Ende 2003 Waisen wurden, lebten in den Ländern Schwarzafrikas. Schätzungsweise 18 Millionen afrikanischer Kinder werden 2010 einen Elternteil oder beide durch Aids verloren haben.

2004 sagte die britische NGO Oxfam den Tod von 45 Millionen Kindern während der nächsten zehn Jahre voraus, weil die reichen Länder die Gelder für die Entwicklungszusammenarbeit kürzen. Zwischen 1960 und

1965 hatte die Entwicklungshilfe noch 0,48 Prozent des Bruttosozialprodukts betragen. 1993 war dieser Anteil auf die Hälfte geschrumpft. Die USA gaben sogar nur 0,14 Prozent aus, ein Zehntel dessen, was der Einmarsch in den Irak gekostet hatte. Die Gelder aus der EU kamen, wie Oxfam berichtete, oftmals ein Jahr später als vorgesehen. Eins von sechs Kindern leidet, so UNICEF, an extremer Unterernährung, eins von sieben wird nicht gesundheitlich versorgt, eins von fünf hat keinen Zugang zu sauberem Wasser, und eins von dreien hat keine Toilette im Haus.

Angesichts solcher Bedingungen sparen die Kritiker von UNICEF nicht mit guten Ratschlägen. Nach der Tsunami-Katastrophe im Indischen Ozean beklagte sich die medizinische Zeitschrift *The Lancet*, dass UNICEF sich zu sehr auf die Rechte der Kinder konzentriert hätte, statt für ihr Überleben zu sorgen. Nur das Überleben garantiere ihnen die Möglichkeit, sich zu entwickeln.[75] UNICEF war vor allem darum bemüht, die Kinder in den verwüsteten Gebieten vor Ausbeutung, Misshandlung und Menschenhandel zu schützen. Andere Kritiker wiesen darauf hin, dass die UN-interne Kontrollinstanz (das Office of Oversight Services) im Zusammenhang mit dem Kongo-Skandal 70 Anschuldigungen wegen sexueller Übergriffe gegen Kinder, zum Teil nicht mehr als 13 Jahre alt, untersuchte, wobei in sieben Fällen nachgewiesen werden konnte, dass Sex mit Geld oder Lebensmitteln gekauft worden war.

Dennoch leisten die UN weltweit wichtige Arbeit, die andere nicht tun können oder wollen. Daten werden gesammelt und Fortschritte in Richtung auf international anerkannte Ziele gemessen. Wir wenden uns nun den Themen Kinderhandel, Kindersoldaten und den besonderen Problemen in Norduganda und Sierra Leone zu.

*

*Kinderhandel:* Das von der UNGA im November 2000 angenommene Palermo-Protokoll über organisiertes Verbrechen und Menschenhandel bezog sich insbesondere auf Frauen und Kinder. Menschenhandel wurde definiert als die Anwendung von Drohung und Zwang zum Zwecke der Ausbeutung, als Kinder galten alle Personen unter 18 Jahren. Im November 2002 legte das UN-Hochkommissariat für Menschenrechte (UNHCR) Richtlinien zum Kampf gegen den Menschenhandel vor, darunter eine, die besondere Maßnahmen zum Schutz von Kindern vorsah.

Untersuchungen über den Kinderhandel haben ergeben, dass die Hauptgründe in Armut, Schutzlosigkeit, sozialer Ausgrenzung und Diskriminierung zu finden sind. Dabei kann die Diskriminierung Geschlecht, Alter und ethnische Herkunft betreffen. Kinderhandel hat viele Gründe, darunter frühe Heirat, unerlaubte Adoption (meist durch Personen aus reichen Ländern), aber auch Prostitution, Knechtschaft, Arbeit oder gar Organentnahme. In den nahöstlichen Ländern werden Kinder beim Teppichknüpfen eingesetzt. In den Vereinigten Arabischen Emiraten dienen Jungen als Jockeys bei Kamelrennen, obwohl das offiziell erst ab einem Alter von 16 Jahren erlaubt ist. Allerdings übersehen westliche Kritiker oft, dass Kinderarbeit häufig notwendig ist, um das Familieneinkommen aufzubessern oder um größere Härten zu vermeiden. Immerhin sind Selbsttötungen von Jugendlichen in reichen Ländern wie Australien, Japan und Schweden, in denen es keine Kinderarbeit gibt, häufiger als in den armen Ländern, in denen Kinder die Müllkippen am Rande der Großstädte absuchen.

UN- und NGO-Berichte gehen davon aus, dass Asyl suchende Kinder oftmals Menschenhändlern entkommen wollen, die ihnen in ihrer Heimat versprachen, sie vor Verfolgung in Sicherheit zu bringen. Erhalten diese Kinder keinen Flüchtlingsstatus, werden sie nach Hause zurückgeschickt oder in Lager und ähnliche Einrichtungen gesteckt, wo ihre Rechte weiterhin verletzt werden. Sharon Bessell zitiert aus einem Bericht von Human Rights Watch aus dem Jahr 2003: »Kinder, die Opfer von Menschenhandel geworden sind, werden oftmals eher bestraft als geschützt [...] Kinder, die aus Togo nach Gabun verbracht wurden, werden häufig zusammengetrieben und an die zuständige Botschaft ausgeliefert [...] In Bosnien brauchen die Mädchenhändler keine Angst vor gerichtlicher Verfolgung und Verurteilung zu haben; die Gesetze finden keine Anwendung, und so gibt es keinen Schutz für die Opfer von Menschenrechtsverletzungen.«[76]

Bessell schlägt vor, die Kinder nicht so sehr als Opfer oder Nutznießer von Menschenhändlern zu betrachten, sondern als Bürger mit Rechten. »Von diesem ersten Schritt«, bemerkt sie, »sind wir noch weit entfernt.«

*

*Kindersoldaten:* Die schlimmste Menschenrechtsverletzung, die Kindern in sozial schwachen Ländern zugefügt werden kann, dürfte ihr zwangsweiser Einsatz als Soldaten sein. 2004 waren mehr als 300.000 Kinder in über 30 Ländern aktiv an Kampfhandlungen beteiligt, und weitere Hunderttausende wurden rekrutiert. Einige waren gerade einmal zehn Jahre alt, die meisten jedoch zwischen 15 und 18 Jahren. Dazu gehörten auch Mädchen, die dem

Risiko, vergewaltigt, sexuell belästigt oder zur Ehe gezwungen zu werden, in besonderem Maß ausgesetzt waren. Die größte Anzahl von Kindersoldaten, etwa 17.000, kämpfte in Regierungstruppen und Milizen in Darfur, während zwischen 2500 und 5000 der sudanesischen Volksbefreiungsarmee angehörten.[77] Auch in Burundi, Burma und dem Kongo kamen Kindersoldaten zum Fronteinsatz; in Kolumbien, Uganda und Simbabwe gehörten sie paramilitärischen und Milizgruppen an.

Die Flüchtlingshilfsorganisation Refugees International berichtete, dass familiäre Armut zwei Drittel der Kinder zum Dienst mit der Waffe veranlasste. Andere, die in gewalttätigen Kulturen aufwuchsen, wollten damit ihre ›Männlichkeit‹ beweisen, wieder andere wurden entführt und als Spione und menschliche Schilde benutzt. Diese Kinder, heißt es in dem Bericht, »begingen an der Front oftmals Gewalttaten gegen ihre eigenen Familien und Gemeinschaften«.

Als sich die Lage in den Krieg führenden Regionen Afrikas verschlimmerte, lenkte ein von Graça Machel für die UN verfasster Bericht die Aufmerksamkeit darauf, dass bessere Rechtsnormen in Kraft treten müssten, um die Kinder vor dem Kriegsdienst zu bewahren. 1997 ernannte Kofi Annan einen Sonderbeauftragten, den ehemaligen ugandischen Außenminister Olara Otunnu, der für eine bessere Kontrolle der Vorgänge sorgte. Es wurde ein Berichtswesen über den Einsatz von Kindersoldaten angelegt, und Krieg führende Parteien, die Kinder brutalisierten, wurden aufgelistet und namentlich genannt.

Das Optionale Protokoll zur Konvention über die Rechte von Kindern, das im Februar 2002 in Kraft trat, verbot die Rekrutierung von Jugendlichen unter 18 Jahren für den militärischen Einsatz. Von 100 Staaten, die das Protokoll unterzeichneten, hatten es 2004 erst 18 ratifiziert. Nicht ratifiziert hatten es Länder wie Australien, Österreich, Deutschland, die Niederlande, Großbritannien und die USA, weil dort das Rekrutierungsalter unter 18 liegt. In Australien erhält man mit 18 das Wahlrecht, so dass Jugendliche Militärdienst leisten, noch ehe sie wählen. Aber da Australien keine Bill of Rights hat, kann der Premierminister das Land auch ohne parlamentarische Zustimmung in den Krieg schicken, so wie John Howard es 2003 tat.

*

*Uganda:* Als der Sicherheitsrat im November 2004 in Nairobi zusammentrat, um das Friedensabkommen zwischen dem Nord- und dem Südsudan zu erörtern, standen auch andere Konflikte in Darfur, Burundi, dem Kongo und Uganda auf der Tagesordnung. Vor der Generalversammlung hatte Kofi

Annan auf die »vergessene Krise« in Norduganda hingewiesen, wo Kinder rekrutiert, verstümmelt und zur Teilnahme an grausamsten Gewalttaten gezwungen wurden. Jan Egeland, der stellvertretende Generalsekretär für Humanitäre Angelegenheiten, sprach 2003 von der »größten dem Vergessen anheim gefallenen humanitären Notlage weltweit«.

Nach dem Ende der Kolonialzeit war Uganda von dem Tyrannen Idi Amin regiert worden. Mit britischer und französischer Hilfe 1971 an die Macht gelangt, ließ er in einer beispiellosen Terrorkampagne Hunderttausende von indischstämmigen Ugandern einsperren, foltern, töten oder vertreiben. Nachdem seine westeuropäischen Helfer sich von ihm abgewandt hatten, erhielt er Unterstützung von der Sowjetunion, Libyen und Saudi-Arabien. Als seine Armeen auf tansanisches Territorium übergriffen, reagierte der Präsident Tansanias Julius Nyerere und stürzte ihn 1979. Uganda brach wirtschaftlich völlig zusammen: Von der Gesamtbevölkerung von etwa zehn Millionen Menschen starben bis zu 500.000. Unter Präsident Yoweri Museveni, der 1986 Milton Obote ablöste und ebenfalls Kindersoldaten einsetzte, verbesserte sich die Lage im Süden. Doch dann brachen in Norduganda Kämpfe zwischen der Regierung in Kampala und der Lords Resistance Army (LRA) aus. Die LRA ist eine bizarre christliche Rebellenbewegung unter Führung von Joseph Kony, der das Leben in Uganda nach den Zehn Geboten ausrichten will (die für ihn offensichtlich nicht gelten). Im Februar 2004 verbrannte die LRA an die 200 Frauen und Kinder in ihren Hütten in einem Dorf im nördlichen Uganda. Diese Gräueltat wurde vom Sicherheitsrat ebenso ignoriert wie von den meisten westlichen Medien. Mehr als 20.000 Kinder sind entführt worden, und jene, die durch Aids oder den Krieg zu Waisen wurden, hat man zu Soldaten gemacht.

Nachdem der amerikanische Korrespondent Tim Judah im September 2004 die Region bereist hatte, schätzte er, dass in Norduganda durch Kriegsgewalt mehr Menschen umgekommen seien als in Darfur und dass zweimal so viele Ugander zu Flüchtlingen gemacht worden seien. Mehr als eineinhalb Millionen sind vom UN-Welternährungsprogramm abhängig. Natürlich tobt der Konflikt schon sehr viel länger als die Kämpfe in Darfur. Aber der Vergleich ist insofern nahe liegend, weil die Rebellen in Norduganda als Gegenleistung für ihre Angriffe auf die von Museveni unterstützte SPLA im Südsudan von der sudanesischen Regierung Hilfe bekamen. Dass der Internationale Strafgerichtshof ein Ermittlungsverfahren gegen die LRA eröffnet hat, ist positiv, weil damit ähnlichen Bewegungen möglicherweise Einhalt geboten werden kann. Doch zeigt sich hierin auch die Komplexität, mit der die UN-Menschenrechtspolitik konfrontiert ist.

2004 waren über 90 Prozent der Bevölkerung in Norduganda auf die Nothilfe der UN angewiesen. Internationale Spenden sorgten für die Hälfte des ugandischen Budgets. Aber die Lebensmittel auszuliefern war schwierig und mit Gefahren verbunden. Kofi Annan arbeitete mit dem Friedens- und Sicherheitsrat der Afrikanischen Union zusammen, um die Überwachung von Menschenrechten und Schutzoperationen zu garantieren. Diese Aktivitäten sollten, so hoffte er, die Regierung Museveni zum Handeln zwingen, ohne sie von der internationalen Gemeinschaft zu isolieren. Wiederholt waren Friedensverhandlungen gescheitert. Aber die UN fürchteten, dass die Entsendung von Truppen das Leben der Kindersoldaten noch zusätzlich gefährden würde. So blieb die Lage unverändert desolat.

*

*Sierra Leone:* Als nach zehnjährigem Bürgerkrieg der Frieden erklärt wurde, hatten Tausende von Kindern kein Zuhause mehr. Einige hatten am Krieg teilgenommen, viele waren physisch und psychisch geschädigt. Die UN und NGOs sorgten übergangsweise für Hilfe. Seit Ende 1999 konnten mehr als 3000 Kindersoldaten demobilisiert und reintegriert werden. Nahrung und Obdach sowie medizinische und psychologische Versorgung wurden bereitgestellt. Mit Unterstützung einer Radiokampagne gelang es einem Netzwerk, mehr als 800 Kinder wieder mit ihren Familien zusammenzuführen. Überall im Land wurden für Mütter im Kindesalter Betreuungszentren errichtet und arbeiten UN-Organisationen, NGOs und eine private UN-Stiftung Hand in Hand an der Verbesserung der Lage. Eine ähnliche Kooperation, an der sich auch Kirchenführer beteiligten, existierte in Mosambik. Waffen wurden gegen Fahrräder, Zement und Nähmaschinen eingetauscht. Die Erfolgsaussichten für eine solche Zusammenarbeit auf unterer Ebene schienen hier vielversprechender als in anderen Teilen Afrikas.

Die Lage von Kindern und Frauen zu verbessern fehlt es weder an rhetorischen noch an materiellen Mitteln. Doch werden ihnen ihre Rechte immer noch vorenthalten, weil in den reichen wie den armen Ländern Männer an der Macht sind und andere Prioritäten setzen.

## KAPITEL 9

# Flüchtlinge und indigene Völker

Erst in der Postkolonialzeit beschäftigten sich die Vereinten Nationen mit den Rechten indigener Völker, viel später also als mit dem Flüchtlingsproblem, das eine Folge des Zweiten Weltkriegs war. Beide Gruppen aber stehen vor der Frage, wie es mit ihrem Heimatland bestellt ist, welche Behandlung sie dort erfahren und wie die Alternativen beschaffen sind.

### Flüchtlinge[78]

Was mit Flüchtlingen geschehen solle, war eines der ersten Probleme der UN. Nach der kriegsbedingten Vertreibung von Millionen Menschen in Europa und Asien kümmerte sich zunächst die UNRWA (Relief and Works Agency) um die Wiederansiedlung von Flüchtlingen und den Wiederaufbau zerstörter Regionen. Dann rief die Generalversammlung das Hochkommissariat für Flüchtlinge (UNHCR) ins Leben, das am 1. Januar 1951 seine Arbeit aufnahm, die eigentlich nach drei Jahren beendet sein sollte. Jedoch wurde das Mandat seit 1958 alle fünf Jahre verlängert. Der Hohe Kommissar wird vom Generalsekretär nominiert und von der Generalversammlung gewählt. Unterstützend wirkt ein Exekutivkomitee von Vertretern aus 50 Mitgliedsstaaten, das auch das Budget des UNHCR kontrolliert. Abgesehen von einem geringen Beitrag aus dem UN-Haushalt für Verwaltungskosten, werden die Aktivitäten des UNHCR von Regierungen, NGOs und Einzelpersonen finanziert; die Gesamtsumme beläuft sich auf über eine Milliarde Dollar jährlich. Das UNHCR ist mit einem Stab von 6000 Mitarbeitern eine der größten Organisationen der Vereinten Nationen. Ihr erklärtes Ziel besteht darin, zu garantieren, dass jeder Flüchtling ein Recht auf Asyl beanspruchen und, bis zur eventuellen freiwilligen Rückkehr in die Heimat, Zuflucht in einem anderen Staat finden kann.

Die Rechte von Flüchtlingen wurden zuerst in den 20er- und 30er-Jahren formuliert. 1951 übernahm die Konvention über den Status von Flüchtlingen diese Formulierungen von der Internationalen Flüchtlingsorganisation und legte die Verpflichtungen der Signatarstaaten fest. 1967 erweiterte ein Zusatzprotokoll die ursprüngliche Option, die die Aufnahme von Flüchtlingen allein aus europäischen Ländern vorgesehen hatte. Die Konvention definierte den Flüchtlingsstatus ähnlich wie das Statut des UNHCR, demzufolge ein Flüchtling jede Person ist, die »wegen einer wohl fundierten Furcht vor Verfolgung aufgrund von Rasse, Religion, Nationalität oder politischer Überzeugung sich außerhalb des Landes ihrer Nationalität befindet und nicht in der Lage oder, wegen solcher Furcht, nicht willens ist, sich unter den Schutz jenes Landes zu begeben«.

*

Artikel 1.2 legt fest, dass als Flüchtling auch eine Person bezeichnet werden kann, die keine Nationalität hat und die, ebenfalls wegen solcher Furcht, nicht in das Land ihres ehemaligen Wohnsitzes zurückkehren kann. Die Konvention verbietet es (in den Artikeln 31 und 32) Staaten ferner, Flüchtlinge, die ihr Territorium illegal betreten haben, zu bestrafen oder ihre Bewegungsfreiheit unnötig einzuschränken. Die Ausweisung darf nur erfolgen, wenn die nationale Sicherheit oder die öffentliche Ordnung bedroht ist. Wichtig ist auch das im Artikel 33 festgelegte Prinzip der Nichtzurückweisung *(non-refoulement)*: Kein Flüchtling darf gegen seinen Willen in ein Land zurückgeschickt werden, wo er der Gefahr einer Verfolgung ausgesetzt ist.

Mit den Jahren ist die Definition des Begriffs ›Flüchtling‹ in praxi ausgeweitet worden auf Personen, die vor bewaffneten Konflikten, Gewalt, Verfolgung und Menschenrechtsverletzungen (die ebenfalls umfassender begriffen werden) fliehen. Da aber ›persönliche Vorteile‹ explizit nicht als Fluchtgrund anerkannt werden, sind die so genannten ›Wirtschaftsflüchtlinge‹ von der Akzeptanz ausgeschlossen; ein Problem, das dringend neu überdacht werden muss, werden dadurch doch das Menschenrecht auf bezahlte Arbeit und die in der UN-Charta bekundete Entschlossenheit, »besseren Lebensstandard in größerer Freiheit« zu befördern, berührt. Flüchtlingen aus Indochina wurde nachgesagt, dass sie keine ›wirkliche‹ Verfolgung zu erleiden hätten, sondern in anderen Ländern durch illegale Arbeit oder Migration bessere Wirtschaftsverhältnisse anstrebten. Auch Personen, die aus China, Afghanistan oder dem Irak flohen, wurden solche Absichten unterstellt; Muslime galten zudem noch als terrorismusverdächtig. Das mag für Einzelne durchaus zutreffen, doch lässt sich die sehr reale Verzweiflung vieler Menschen ebenso wenig leugnen wie die gewachsene globale Mobilität und die Angst illegaler Migranten vor dem Schicksal, das sie bei einer Repatriierung erwartet. Auf diese Weise kollidiert das Recht von Staaten, Migranten aufzunehmen oder abzulehnen, fortwährend mit dem Recht von *Bona-fide*-Flüchtlingen auf Schutz.

In ihrem Bericht über ›das turbulente Jahrzehnt‹, das heißt die 90er-Jahre, hat Sadako Ogata, die 1991 zur Flüchtlingskommissarin gewählt worden war (was in dreifacher Hinsicht – wegen ihrer japanischen Nationalität, ihres Geschlechts und ihrer akademischen Bildung – ein Novum darstellte), ihre Bemühungen beschrieben, das UNHCR reaktionsschneller und fähiger zu praktischer Entscheidung zu machen. Außerdem sollte mit Regierungen und Gruppen, auch wenn sie möglicherweise korrupt, brutal oder heimtückisch waren, vorurteilsfrei umgegangen werden.

Zunehmend werden die UN aufgefordert, auch Menschen zu helfen, die in ihrem eigenen Land Vertreibungen ausgesetzt sind und oftmals schlechter behandelt werden als grenzüberschreitende Flüchtlinge. Solche Vertreibungen gehören, schrieb Kofi Annan 1998, »zu den großen menschlichen Tragödien unserer Zeit«[79]. Ebenso sollen sie sich um Bevölkerungen kümmern, die von Bürgerkriegen betroffen sind.[80] Die Kurden im Irak und in der Türkei sind ebenso als Beispiel zu nennen wie die Tutsis in Uganda. Eine ständig wachsende Abteilung des UNHCR, die die humanitären Angelegenheiten koordiniert, beschäftigt sich mit solchen Problemen. Doch verliefen noch 2004 die entsprechenden Operationen eher spontan und unkoordiniert; auch mangelte es an Geld und Personal. Kofi Annans Bericht forderte die UN auf, bei den Bemühungen um den Schutz von Menschenrechten und von Personen, die »im eigenen Land unter Gewalt und Zerstörung« zu leiden hatten, die Führungsrolle zu übernehmen.[81] Solche Schrecknisse gab es nicht nur in den dafür bekannten afrikanischen Ländern, sondern auch in Kolumbien, der Russischen Föderation, Myanmar, Nepal und Sri Lanka. 2004 gehörten die russischen Tschetschenen zur größten Einzelgruppe, die Flüchtlingsstatus zu erlangen suchte und die auch in ihrem Heimatland unter Vertreibungen zu leiden hatte.[82]

Ein Jahrzehnt nach Ruanda und drei Jahre nach dem Bericht über das Recht auf Prävention war immer noch nicht allgemein anerkannt, dass der Schutz von Zivilisten vor Bürgerkrieg und Vertreibung zu den hauptsächlichen Verantwortlichkeiten der UN gehörten. Die Untersuchung stellte fest, dass das UN-System sowohl im Hauptquartier als auch vor Ort nicht entschieden genug gegen Regierungen und Behörden vorgehe, die Vertriebenen das Recht auf humanitäre Hilfe verweigerten oder gar mit Gewalt gegen Helfer vorgingen.

Flüchtlinge und Vertriebene stellen ein gravierendes Problem dar, das keinesfalls verschwindet, sondern immer wieder dort auftritt, wo Gewalt und Schutzlosigkeit, Mobilität und Marginalisierung zusammentreffen. 2004 gab es, Schätzungen zufolge, weltweit an die 9,7 Millionen Flüchtlinge, viele davon in Ländern, die außerstande waren, ihnen zu helfen. Zwischen 20 und 25 Millionen waren im eigenen Land vertrieben, weitere zwei Millionen hatten ihr Zuhause durch den Tsunami im Indischen Ozean verloren. In über 115 Ländern sorgten die UN für Schutz und Hilfe, wobei die zunächst als Übergangslösung errichteten Lager bald dauerhafte Siedlungen wurden. Seit Ende der 90er-Jahre gingen einige Regierungen dazu über, Flüchtlinge und Asyl Suchende einzusperren oder in die Herkunftsländer zurückzuschicken, was in rechtlicher, moralischer und humanitärer Hinsicht unbefriedigend war. Zudem erwies sich, dass viele der so Behandelten ein Recht auf Asyl hatten.

Die von den UN vertretene Definition dessen, was einen Flüchtling oder Vertriebenen ausmacht, ist nicht mehr zeitgemäß. Das HLP empfahl die Modernisierung der Flüchtlingspolitik, ihre Anpassung an eine mobiler und gewalttätiger gewordene Welt. Doch schreckte es vor einer Änderung der Definition zurück und definierte auch nicht, wer die Verantwortung und die Kosten für Schutz und Versorgung der Flüchtlinge tragen solle. Unterdessen muss das UNHCR zwischen Asyl Suchenden und der ablehnenden Haltung von Regierungen vermitteln, Informationen sammeln und verifizieren und die Ansprüche von Asylbewerbern auf ihre Gültigkeit prüfen. Außerdem bemüht sich das Flüchtlingskommissariat, Migrationsbewegungen zuvorzukommen, indem es die Sicherheit in den Heimatländern und die Möglichkeiten für eine Rückkehr der Flüchtlinge verbessert. Doch bis die Definition geändert wird und sich dies in der Rechtsprechung und Praxis der UN-Mitgliedsstaaten niedergeschlagen hat, sind verzweifelte Menschen weiterhin den Machthabern in ihrem Heimatland und anderen Staaten ausgeliefert.

Die USA, sagen Zyniker, sind überall zugleich verhasst und als Migrationsziel begehrt. Paul Theroux wurde in den ostafrikanischen Ländern oft gefragt, wie man in die Vereinigten Staaten gelangen könne.[83] Ein Jahr später hatte sich die Lage in den USA dramatisch verändert. Denn nach den

Angriffen vom 11. September wurden an die 1000 Ausländer, darunter auch Asyl Suchende, zusammengetrieben und ohne Anschuldigung interniert, was gegen die Flüchtlingskonvention verstieß. Einigen wurde der Besitz von Massenvernichtungswaffen vorgeworfen, ohne dass dafür Beweise beigebracht worden wären. Die Regierung Bush richtete ein Informationssystem ein (Terrorism Information and Protection System; TIPS), das US-Bürger ermunterte, Verdachtsmomente den Behörden mitzuteilen. Es wurde zwar öffentlich verurteilt und später fallen gelassen, gehört jedoch zu den opportunistischen Rechtsverdrehungen, die einige Regierungen im Namen des ›Krieges gegen den Terror‹ in Gang setzten. Amerikaner und Australier wurden offiziell zum Misstrauen gegenüber Ausländern jeglicher Art aufgefordert. Eine angeblich der inneren Sicherheit dienende Gesetzgebung untergrub in beiden Ländern allgemein akzeptierte Bürgerrechte.

»Die Menschenrechtsverletzungen von heute sind die Flüchtlingsbewegungen von morgen«, erklärte das UNHCR 1995 und fügte hinzu, dass eben deshalb »der Schutz von Flüchtlingen untrennbar mit dem der Menschenrechte verbunden ist«. Die UN bewegten sich hier, wie auch sonst oft, in vermintem Gelände. Und ihre Kritiker aller Couleur hatten reichlich Gelegenheit, sie für das anzugreifen, was sie getan, wie auch für das, was sie unterlassen hat. Sadako Ogata beschreibt in ihrem Bericht, wie die Tätigkeit der Flüchtlingskommission in Bosnien behindert wurde: »Alle Parteien schienen zu glauben, dass unsere humanitäre Hilfe dem jeweiligen ›Feind‹ nütze.«

Roberta Cohen von der Brookings Institution beschwerte sich darüber, dass Richtlinien der UN zur Umsetzung der Politik vom Stab des UNHCR vor Ort weitgehend ignoriert würden. So hätten, wie sie uns berichtete, männliche Stabsangehörige in Pakistan die Verpflichtung missachtet, für die Gleichbehandlung der Frauen von aus Afghanistan geflohenen Familien zu sorgen. Obwohl den Frauen sehr an einer Ausbildung ihrer Töchter gelegen war, durfte nur eine geringe Zahl von Mädchen die dortigen Schulen besuchen, weil das als ›kulturell bedingt‹ und daher entschuldbar galt. Als Cohen sich 1993 mit einer der UN-Menschenrechtskommission angehörenden US-Delegation in Somalia aufhielt, musste sie erfahren, dass somalische Flüchtlingsfrauen routinemäßig vergewaltigt wurden. Das galt als Bestandteil des Flüchtlingslebens. Auch wurden Haushaltsgegenstände, die Vergewaltigten gestohlen worden waren, nicht zurückerstattet, weil das, wie ein UN-Angehöriger meinte, andere Frauen dazu verleiten würde, ebenfalls zu behaupten, sie seien vergewaltigt worden. Im *Wall Street Journal* beschuldigte Claudia

Rosett das UNHCR, nichts für Flüchtlinge aus Nordkorea zu tun.[84] Doch sind das angesichts der 5000 Mitarbeiter des Flüchtlingskomitees wahrscheinlich nur Randerscheinungen, denen gegenüber sich die meisten Helfer anstandslos ihrer schwierigen und oft gefährlichen Aufgabe widmen.

*

*Das Palästinenserproblem:* Wer soll die Palästinenser schützen, die seit mehr als zwei Generationen Flüchtlinge sind? Die UNRWA war 1949 ins Leben gerufen worden, um sicherzustellen, dass die palästinensischen Flüchtlinge in ihre Heimat zurückkehren könnten und entschädigt würden. Doch nichts davon ist geschehen. Israel, das diese Bedingungen bei seinem UN-Beitritt 1949 akzeptierte, hat die Resolutionen niemals umgesetzt. Im Dezember 1949 beauftragte die Generalversammlung den Treuhandrat mit der Verwaltung von Jerusalem, was weder die arabische noch die jüdische Bevölkerung akzeptieren wollte. Mittlerweile umfasst die Flüchtlingsliste der UNRWA mehr als vier Millionen Palästinenser. Die Organisation ist beträchtlich gewachsen und mit ihren 25.000 Mitarbeitern, die meisten von ihnen Palästinenser, fester Bestandteil der regionalen Wirtschaft. Sie hat die Aufgabe, den Palästinensern zu helfen, die wegen des fortdauernden Konflikts ihre Heimstätten und Arbeitsmöglichkeiten verloren haben, wird aber von den Israelis beschuldigt, sich nicht neutral zu verhalten, was die Aufgabe nicht leichter macht.

Die Israelis behaupten zum einen, dass zum Mitarbeiterstab der UNRWA auch Sympathisanten von Hamas und Hisbollah gehören, und zum anderen, dass ein zu großer Zustrom von heimatsuchenden Palästinensern den jüdischen Charakter des Staates Israel beeinträchtigen würde. Seit 2001 hat Israel 17 Mitarbeiter der UNRWA verhaftet und einige von ihnen beschuldigt, ihre Fahrzeuge für den Transport militanter Palästinenser zu benutzen. Die von der UNRWA eingerichteten Schulen, so ein anderer Vorwurf, würden Lehrbücher benutzen, die den Aufstand predigten. Die Palästinenser wiederum verweisen auf zahlreiche UN-Resolutionen, die ihre Forderungen unterstützen: Rückkehr der Flüchtlinge in ihre Heimatgebiete, keine weitere Zerstörung von Häusern durch die israelische Armee, Rückzug Israels aus allen nach dem Sechstagekrieg von 1967 besetzten Gebieten. Diese Resolutionen sind von Israel und den USA so häufig ignoriert worden, dass sie in der Missachtung des Sicherheitsrates sogar Saddam Hussein übertreffen.[85] Neben der UNRWA ist in der Westbank und Jordanien auch das UNHCR tätig, um dauerhafte Lösungen zu finden, doch kann es angesichts der militärischen und politischen Kontroversen auch nicht mehr anbieten als fürsorglich-beruhigende Hilfe, während die Feindseligkeiten weitergehen.[86]

Am 9. Juli 2004 entschied der Internationale Strafgerichtshof, dass die von Israel zum Schutz vor Selbstmordattentätern errichtete Mauer die Menschenrechte der Palästinenser verletzt und gegen das Völkerrecht verstößt. Wo sie durch die besetzten Gebiete führe, müsse sie abgerissen und den Betroffenen eine Entschädigung gezahlt werden. Das war rechtlich ebenso wenig bindend wie die darauf folgende Resolution der Generalversammlung. Zwingende Schritte könnte nur der Sicherheitsrat ergreifen, wogegen die USA zweifellos ihr Veto einlegen würden, so wie sie es auch taten, als der Rat im April 2004 die Tötung des geistlichen Führers der Hamas durch israelische Streitkräfte verurteilen wollte. Die Resolution der Generalversammlung verurteilte alle Formen des Terrorismus und forderte die palästinensische Selbstverwaltung auf, gewalttätige Angriffe zu verhindern. Aber sechs Nationen (die USA, Israel, Australien und drei pazifische Inselstaaten) stellten sich gegen die Resolution und damit gegen die Auffassung von 150 Mitgliedsstaaten. So muss das UNHCR weiter nach Kompromissen suchen.

*

*DR Kongo:* Als die Übergangsregierung der Demokratischen Republik für Juni 2005 Wahlen plante, galt der Kongo als Beispiel für erfolgreiche Friedensbemühungen. Doch zu Beginn des Jahres drohte der von sechs Nationen geführte Krieg, in dessen fünfjährigem Verlauf 300.000 Menschen an den Kampfhandlungen und weitere 2,7 Millionen an Hunger und Krankheiten gestorben waren, erneut auszubrechen. Zahlreiche bewaffnete Gruppen hatten jahrelang um die Kontrolle über die Bodenschätze im anarchischen östlichen Kongo gekämpft, wo im Dezember 2004 an die 100.000 Menschen zur Flucht gezwungen wurden. Im August jenes Jahres, ein Jahrzehnt nach dem Völkermord in Ruanda, kamen mehr als 100 kongolesische Tutsi-Flüchtlinge bei erneuten Angriffen der Hutus in Westburundi ums Leben. Daraufhin griffen ruandische Truppen wieder im Kongo ein und behaupteten, sie würden Hutus verfolgen, die vor zehn Jahren nach Zaire geflohen seien. Außerdem ginge es darum, kongolesische Dissidenten zu unterstützen. Von Dezember 2004 bis Januar 2005 wurden in dem Gebiet über 100 Zivilisten getötet und doppelt so viele Frauen vergewaltigt. Im östlichen Kongo sollen, Berichten zufolge, Milizen der Lendu 500.000 Angehörige des rivalisierenden Stammes der Hema zu Flüchtlingen gemacht und mehr als 50.000 von ihnen umgebracht haben. 2004 lag die Sterblichkeitsrate von Kindern unter fünf Jahren im Kongo um 70 Prozent höher als im afrikanischen Durchschnitt.

Angesichts dieser Schrecken mussten die UN alle Hoffnungen auf Prävention oder Repatriierung fahren lassen, zumal, wie bereits erwähnt, die eigenen Truppen ins Zwielicht geraten waren und sich zum Teil ebenso gesetzlos verhalten hatten wie die Kombattanten. Damit war die Neutralität dahin und der Auftrag der UN, für den Weltfrieden zu sorgen, gefährdet. War der Anspruch, die Menschenrechte zu verteidigen, in Genf und New York erschüttert, konnte man kaum hoffen, ihn im Kongo durchzusetzen.[87] Doch im April 2005 zeitigte das aggressivere Vorgehen von MONUC erste Erfolge, als Hutu-Rebellen im Ostkongo sich zu Gesprächen bereit erklärten, den Völkermord als solchen bezeichneten und verurteilten, und erklärten, den bewaffneten Kampf einstellen und die Auseinandersetzungen auf politischer Ebene führen zu wollen.[88]

*

*Australien:* Australien bleibt auch weiterhin auf der Liste jener acht Länder, die sich zur Aufnahme und geordneten Rückführung von Flüchtlingen bereit erklärt haben. Wie die USA, Frankreich und andere Staaten nahm Australien in den 70er- und frühen 80er-Jahren viele Flüchtlinge aus Indochina auf und entwickelte ein Rückführungsprogramm, das nach einigen Startschwierigkeiten gut funktionierte. Doch noch vor den Angriffen vom 11. September wurden Flüchtlinge aus Afghanistan und dem Irak (also jenen Ländern, deren tyrannische Führer zu stürzen die USA sich vorgenommen hatten), die an der Nordküste Australiens landeten, Opfer einer neuen Politik der harten Hand. Ab 2001 wurden solche Boatpeople daran gehindert, das australische Festland zu erreichen, damit sie dort nicht um Asyl bitten konnten. Einige Inseln vor der Küste wurden sogar zu außerhalb der ›Einwanderungszone‹ liegenden Gebieten erklärt. Andere, denen die Landung dennoch gelungen war – manche hatten ihre Pässe vernichtet –, mussten lange Jahre in Auffanglagern verbringen. Scheiterte ihr Asylantrag, wurden sie in die Herkunftsländer zurückgeschickt. Ein Mann, der im Juli 2005 ›nach Sicherheitsüberprüfungen‹ freigelassen wurde, hatte sieben Jahre in einem Lager gelebt.

Dem australischen Strafgesetzbuch zufolge, das sich hierbei auf die Flüchtlingskonvention und den Internationalen Vertrag über bürgerliche und politische Rechte (ICCPR) bezieht, ist es ein Verbrechen gegen die Menschlichkeit, jemanden einzusperren oder seine Bewegungsfreiheit entscheidend einzuschränken, sofern es sich dabei um einen Asyl Suchenden handelt und die Einschränkung beabsichtigt und Bestandteil eines systematischen Angriffs gegen eine Menschengruppe ist. Folglich machte der auf Asylrecht spezialisierte Anwalt Julian Burnside geltend, dass die australische Regierung fortwährend Verbrechen gegen die Menschlichkeit begehe und damit sogar gegen eigenes Recht verstoße. Würde, so meinte er, die Menschenrechtserklärung heute diskutiert, würde Australien sich dagegen aussprechen.[89]

Eine mit willkürlicher Inhaftierung befasste UN-Arbeitsgruppe untersuchte im Juni 2002 die Zustände in den australischen Lagern. Viele Flüchtlinge, so wurde berichtet, litten an Verzweiflung und Depressionen. Sie konnten nicht verstehen, warum sie unter harten körperlichen Bedingungen isoliert und festgehalten wurden. Verhaltensstörungen, Selbstverstümmelungen und Suizidversuche, die in fünf Fällen tödlich endeten, waren die Folge. Die Inhaftierten waren über ihre Zukunft im Ungewissen und nicht hinlänglich über ihre Anträge informiert. Sie standen unter ständiger Bewachung und wurden in Handschellen zur medizinischen Versorgung außerhalb des Lagers gebracht. Appelle erfolgten durch Aufruf von Nummern, nicht Namen. Für die Lagerverwaltung war der US-Konzern Wackenhut, eine private Gefängnisverwaltung, zuständig.

Die Arbeitsgruppe hielt das Verhalten der australischen Behörden für eine Verletzung des Artikels 9 des ICCPR, der besagt, dass niemand willkürlich inhaftiert werden darf und dass Inhaftierte unverzüglich über die gegen sie erhobenen Anschuldigungen informiert werden müssen. Von 1000 Anträgen auf Asyl oder auf Anerkennung als Flüchtling erweisen sich 90 Prozent als begründet. Im März 2004 und im Juli 2005 nahm die Regierung Howard einige kosmetische Verbesserungen vor, um den Rest der Asyl Suchenden, den kein Land haben wollte, freizulassen, jedoch nur unter bestimmten Auflagen und ohne Entschuldigung oder Entschädigung. Eine Entscheidung des Obersten Gerichts gab der Regierung auch zukünftig die Möglichkeit, Menschen einzusperren, die kein Verbrechen begangen haben, deren Menschenrechte jedoch offenbar weniger wichtig sind als der ›Schutz‹ Australiens vor Flüchtlingen. Unterdessen haben amerikanische und britische Gerichte der jeweiligen Exekutive beschieden, dass diese unschuldige Personen nicht auf Dauer einsperren dürfe.

Brian Urquhart, ein ehemaliger stellvertretender UN-Generalsekretär, macht für den unangemessenen Umgang mit Flüchtlingen nicht die Definition, das UNHCR oder das Verhalten einzelner Mitgliedsstaaten verantwortlich, sondern den Sicherheitsrat. Im Mai 2005 schrieb er:

> **Die USA und andere mächtige Nationen vermeiden eine Diskussion über die immer wieder auftretende Unfähigkeit des Sicherheitsrates, das dringend Erforderliche zu tun. Auch die Gründe für dies Verhalten werden nicht erörtert. Den Mitgliedern des Sicherheitsrates, vor allem den ständigen, fehlt bisweilen das Gefühl für ihre internationale Verantwortung, das in Situationen, wo Handeln unbedingt nötig ist, zumindest für kurze Zeit ihre Zerwürfnisse oder ihre kompromisslos betriebene nationale Politik auf den zweiten Rang verweisen könnte.** [90]

Humanitäre Interventionen sollten, so meint er, in dringenden Fällen den Vorrang vor nationaler Souveränität haben, und er folgt der Empfehlung des HLP für eine sich in ständiger Bereitschaft befindende schnelle Eingreiftruppe. Wollen die UN glaubwürdig bleiben, müssten sie diese humanitären Probleme angehen.

### Indigene Bevölkerungen

Was unter einer ›indigenen‹ Bevölkerung zu verstehen ist, ist höchst umstritten. Es mag eine angemessene Bezeichnung so vieler Menschen sein, deren Unterschiedlichkeit sich begrifflich wahrscheinlich gar nicht fassen lässt, die unter diesem Banner damit begonnen haben, die Menschenrechtspolitik der UN zu nutzen, um auf ihre gemeinsamen und individuellen Ansprüche aufmerksam zu machen.

Als erste internationale Organisation erkannte die ILO (Internationale Arbeitsorganisation) die Bedeutung der Rechte für indigene Bevölkerungen. Ihre Konvention 107 mit dem Titel »Betreffend den Schutz von indigenen und anderen stammes- oder halb stammesförmigen Bevölkerungen in unabhängigen Ländern« wurde 1957 im Zeichen postkolonialer Verhältnisse angenommen, jedoch nur von 19 Ländern ratifiziert. 1989 wurde das Abkommen überarbeitet. Die (neue) Konvention 169, die in Zusammenarbeit mit FAO, UNESCO und WHO entstand, setzte den Akzent stärker auf die Rechte indigener Bevölkerungen. Diese hätten, so wurde erklärt, das Recht, bei der Entwicklung eigene Prioritäten zu setzen. Zu den Kriterien dessen, was als ›indigen‹ gelten soll, gehörte die Abstammung von Völkern, die ein

Land oder eine Region vor der Eroberung oder Kolonisierung bewohnten, sowie die Bewahrung der Gebräuche und Institutionen dieser Völker. Das Selbstbestimmungsrecht, sich als indigen zu verstehen, galt der Konvention als grundlegend. Bisher wurde sie von 17 Ländern ratifiziert, darunter allerdings kein asiatisches.

Die ILO-Konvention ist das einzige rechtlich bindende Instrument des Völkerrechts in dieser Frage, und seine Effektivität bemisst sich nach seiner Umsetzung. Allerdings hatte bereits ein internationaler Trend eingesetzt. 1982 hatte die Weltbank damit begonnen, bei ihrer Entwicklungspolitik größere Rücksicht auf indigene Völker zu nehmen, und eine Direktive von 1991 forderte die umfassende Respektierung ihrer Würde, Menschenrechte und Einzigartigkeit. Entwicklungsfördernde Aktivitäten dürften ihnen keinen Schaden zufügen. Nach Beratungen mit Organisationen der Ureinwohner legte die Weltbank noch stärkeres Gewicht auf Landbesitzrechte und Selbstbestimmung.

1993 wurde von den UN zum Jahr der indigenen Völker erklärt. Entsprechende Aktivitäten führten zum Entwurf der Erklärung über die Rechte indigener Völker. Sie beschäftigte sich mit Themen wie Selbstbestimmung, Anerkennung kollektiver Rechte, Achtung indigener Kulturen und geistigen Eigentums und Anerkennung indigener Institutionen. Sie forderte die Rückgabe von Land und Bodenschätzen oder entsprechende Entschädigungen.

Resultat dieser Arbeit und des Jahrzehnts der indigenen Völker (1994–2004) war die Bildung einer neuen UN-Organisation, des ›Ständigen Forums zu indigenen Themen‹, das zum ersten Mal im Mai 2002 in New York zusammentraf. Mehr als 600 Vertreter indigener Bevölkerungen nahmen an der Veranstaltung teil, die dann zu einem jährlich tagenden Beratungsforum wurde, das den Wirtschafts- und Sozialrat (ECOSOC) über Entwicklungs-, Umwelt- und Menschenrechtsprobleme indigener Völker unterrichtete. Die Hälfte der Forumsmitglieder wird vom Präsidenten des ECOSOC berufen, die andere Hälfte von Regierungen ernannt und vom ECOSOC gewählt. Die Dauer der Mitgliedschaft beträgt drei Jahre, die jedes Jahr einberufenen Treffen dauern zehn Tage. Doch ist der Entwurf der Erklärung von 1994 noch nicht zu einer endgültigen Version gereift. Vielleicht befürchten manche Mitgliedsstaaten die Entstehung einer indigenen Version der Menschenrechtskommission, der sie dann auf Betreiben einer selbst ernannten ›indigenen Industrie‹, die aus ihren Fehlern Kapital zu schlagen trachtet, Rechenschaft schuldig wären.

Während im September 2004 das Museum der amerikanischen Indianer in Washington feierlich eröffnet wurde, betrieb die australische Regierung die Entlassung des Direktors des Nationalmuseums, der den Aborigines angehört. Die von Murdoch kontrollierten Medien heizten eine Debatte von Historikern über die Anzahl der von den ersten britischen Siedlern und ihren Nachfolgern umgebrachten Aborigines an. Und die Regierung beendete die Arbeit der Aboriginal and Torres Strait Islander Commission. Hier wie bei anderen Menschenrechtsproblemen hinkte Australien der Entwicklung in vergleichbaren Ländern wie Neuseeland oder Kanada hinterher.

Berichte wiesen nach, dass viele der indigenen Menschen Australiens unter Bedingungen lebten, die in der Dritten Welt üblich sind. Hoffnung auf Veränderung besteht nicht. Einer von sechs indigenen Australiern war nicht imstande, einfache medizinische Hinweise zu lesen, und ihre Lebenserwartung lag um 20 Jahre unter dem nationalen Durchschnitt, so der UN-Entwicklungsindex von 2004. Auch nach genauer juristischer Untersuchung blieb die Zahl der Inhaftierten und in der Haft Verstorbenen überproportional hoch. Unter den entwickelten Nationen hatte Australien mit 14,3 Prozent die zweithöchste Anzahl an Menschen, die unter der Armutsgrenze lebten; die höchste Anzahl – 17 Prozent – lebten in den USA. 1998 schwächte die Regierung Howard das Gesetz über Besitzrechte der Ureinwohner (Native Title Act) ab. Statt darüber zu rätseln, wie der Lebensstandard der Ureinwohner zu verbessern sei, hätte sich Canberra auch an die UN wenden können, die über reichliche Erfahrungen in Ländern mit ähnlichen Problemen verfügen.

Stattdessen wurde Australien im März 2005 vom Antidiskriminierungskomitee (CERD) wegen seiner Behandlung von Migranten, Muslimen, Asyl Suchenden, Flüchtlingen und Aborigines erneut negativ beurteilt – zum siebten Mal seit 1998. Der letzte CERD-Bericht aus dem Jahr 2000 hatte den Zorn australischer Minister erregt, die die Arbeit des Komitees unter anderem als einseitig, verletzend, tendenziös, schlecht vorbereitet und argumentativ schwach bezeichneten. Die Ansichten von NGOs und Menschenrechtsorganisationen hätten zu viel Gewicht erhalten. Der Außenminister drohte gar, dem Komitee »eine blutige Nase« zu verpassen. Premierminister Howard erklärte trotzig: »Die australischen Gesetze werden von australischen Parlamenten gemacht, die vom australischen Volk gewählt werden, nicht von UN-Komitees.« Diese Verteidigungsstrategie hatte schon Premierminister Hughes 90 Jahre früher benutzt, als er Japans Vorschlag für eine Präambel über Rassengleichheit im Völkerbundvertrag zurückwies.

Doch war die Kritik des Komitees berechtigt, denn seit 2000 hatte es in der Frage der Aborigines und der Flüchtlinge keinen Fortschritt mehr gegeben. So hatte Australien dem Schiff *Tampa* die Erlaubnis verweigert, auf See aufgegriffene Flüchtlinge an Land zu bringen, die nun in kleinen Inselstaaten Zuflucht finden mussten. Das bereits unter der Labour-Regierung für Flüchtlinge, Migranten und Ureinwohner eingeführte Lagersystem wurde ausgeweitet; der nationalen Kommission für Menschenrechte und Chancengleichheit die Mittel beschnitten; neue Sicherheitsgesetze, die vor allem Muslime beeinträchtigten, verabschiedet; einige Besitzrechte der indigenen Bevölkerung abgeschafft und ihr Lebensstandard nicht angehoben.[91]

Doch nicht nur Australien stand in der Kritik. In ihrem 2001 veröffentlichten Bericht über das UN-Vertragssystem zu den Menschenrechten bemängelte die Kanadierin Anne Bayefsky das Vorgehen der Kontrollkomitees zur Einhaltung der Verträge ebenso wie die Berichterstattung und zögerliche oder fehlende Umsetzung der Verträge durch die Mitgliedsstaaten, von denen viele die sechs Verträge oder die rechtlichen Möglichkeiten zur individuellen Beschwerdeführung noch nicht ratifiziert hatten. Doch die Regierung Howard forderte die Reform dieser Komitees nur, wenn sie Australien kritisierten. Schließlich sei dieses Land eine Demokratie und müsse mit anderen Maßstäben gemessen werden als Staaten, in denen die Menschenrechte mit Füßen getreten würden. So weit war Australien 2005, gemessen an seinem Verhalten gegenüber den UN, von diesen jedoch nicht mehr entfernt.

Vierter Teil

# Kampf um sozialen Fortschritt

KAPITEL 10

# Beseitigung der Armut: Theorie, Wirklichkeit und Zielsetzung

Die UN-Charta sieht in der Herstellung von Frieden und Sicherheit die Lösung für das Problem der Armut. Es gehe, wie es in der Präambel heißt, darum, »den sozialen Fortschritt und einen besseren Lebensstandard in größerer Freiheit zu fördern«. Würde man die Reichtümer der Welt gleichmäßiger verteilen, könnte das die Beweggründe, Kriege zu führen, beseitigen. Das war keine neue Idee. Seit Jahrhunderten forderten Menschen aller möglichen Religionen und Weltanschauungen, den Armen zu helfen, sei es aus Altruismus oder Eigeninteresse, damit Frieden einkehre. Die UN versuchen es erst seit 60 Jahren und haben dabei mehr Ressourcen in den Kampf gegen Unterentwicklung und Armut gesteckt als je einer zuvor in der Geschichte. Unsere Frage lautet: Mit welchem Ergebnis?[92]

Den internationalen und multilateralen Systemen mangelt es nicht an Geld und Möglichkeiten. Die UN riefen den Wirtschafts- und Sozialrat (ECOSOC) ins Leben, der für sozialen Fortschritt und die Verbesserung des Lebensstandards sorgen sollte, ferner die Weltbank und den Weltwährungsfonds (IMF), die die Mittel und Methoden zur Gewährleistung stabiler wirtschaftlicher Verhältnisse bereitstellten. Und noch weitere Organisationen wurden von den UN in das globale Netzwerk einbezogen: die Internationalen Finanzinstitutionen (IFIs), die Weltgesundheitsorganisation (WHO), die Interparlamentarische Union, der Weltpostverein, die Internationale Organisation für zivile Luftfahrt, die Internationale Fernmeldeunion, die Weltorganisation für Meteorologie und die Internationale Arbeitsorganisation (ILO). Viele weitere entstanden unter der Ägide der UN in späteren Jahren. ECOSOC hat 150 NGOs beratenden Status eingeräumt.

In diese Organisationen ist mehr Geld und Fachwissen eingeflossen, als die Welt je gesehen hat. Nur ein Bruchteil davon hat die armen Länder erreicht. Unleugbar sind Fortschritte erzielt worden, vor allem bei Hilfslieferungen für Not leidende Menschen, bei der Ausrottung der Pocken und im Kampf gegen andere Krankheiten sowie bei der Verbesserung der Nahrungsmittelproduktion und der Wasserversorgung. Doch ist die Armut nicht gewichen. Fast die Hälfte der Weltbevölkerung (2,7 Milliarden) lebt von zwei Dollar am Tag, oder weniger. In dieser Hinsicht haben sich die Statistiken seit 1945 kaum geändert, und daraus ergeben sich drei Fragen: Können die UN mittels unserer Kenntnisse über die Faktoren, die den sozialen Fortschritt hemmen und den Lebensstandard niedrig halten, ihre in der Charta festgelegten Pflichten wirksamer erfüllen? Oder sind Armut und Ungleichheit unaufhebbar? Und wenn ja, warum?

Wir werden die Antworten in den folgenden drei Kapiteln zu geben suchen, indem wir die Entwicklungszusammenarbeitspolitik der UN und ihrer Organisationen erörtern. Wir betrachten zuerst die Stärken und Schwächen ihrer Strukturen und die Theorien und Praktiken, die zum letzten großen Plan führten: den UN-Millenniumszielen. Im 11. Kapitel fragen wir, wie die UN mit so grundlegenden menschlichen Bedürfnissen wie Gesundheit (eingeschlossen Aids und Drogen) und Bildung umgegangen sind. Dann wenden wir uns den Erfahrungen mit Katastrophenhilfe und Umweltschutz zu. Im 12. Kapitel untersuchen wir die jüngsten Reaktionen der UN auf neue Bedrohungen der Sicherheit und die Ansätze zur Entwicklungszusammenarbeit, wobei es auch um Demokratisierungsprobleme, die Auswirkungen der Globalisierung und die relativen Verdienste von Handel und Wirtschaftshilfe geht. Wir beschließen das Kapitel mit einer Bewertung der Bemühungen der UN um die ›Verbesserung des Lebensstandards‹ der Weltbevölkerung.

## Strukturen, Theorien und Praktiken

Die noblen Ideen der UN-Charta, die im Artikel 55 eine internationale Zusammenarbeit zur Lösung von wirtschaftlichen und sozialen Problemen forderten, wurden in den späteren Artikeln über die Aufgaben des Wirtschafts- und Sozialrats (vor allem 61 bis 66) wieder relativiert. Da die Mitglieder des ECOSOC regelmäßig von der Generalversammlung gewählt werden, ist dieser im Vergleich zum Sicherheitsrat mit seinen ständigen Mitgliedern relativ machtlos. Der Wirtschafts- und Sozialrat kann auf den ihm zugewiesenen

Feldern tätig werden, indem er Untersuchungen durchführt, Berichte vorbereitet, der Generalversammlung Empfehlungen unterbreitet und auf ihre Anfrage hin tätig wird, »soweit dies in seine Kompetenz fällt«. Er kann Konventionen für die Generalversammlung entwerfen, die jedoch, sollten sie verabschiedet werden, keinerlei bindende Kraft haben. Er kann die Aktivitäten der ihm unterstehenden Organisationen koordinieren, Berichte von ihnen erhalten und die so gewonnenen Informationen an sie weitergeben. Das wirkt wie ein geschlossener Kreislauf, der nur durchbrochen werden kann, indem ECOSOC seine Informationen an den Sicherheitsrat weiterleitet und diesen »auf dessen Anfrage unterstützt«.

Ursprünglich hatte ECOSOC eine überschaubare Anzahl von 18 Mitgliedern, die mit wachsender UN-Mitgliedschaft 1965 auf 27 und 1973 dann auf 54 erweitert wurde – fast die Hälfte der Mitgliedsstaaten. Natürlich waren unter den neuen Mitgliedern viele Länder, die gerade ihre politische Unabhängigkeit erreicht hatten und zunehmend, zum Beispiel in der UNCTAD, der UNESCO, der ILO und dem UNHCR, im Zeichen postkolonialistischer Entwicklungspolitik gemeinsame Sache gegen die reichen Staaten machten. Sie setzten Wirtschaftskommissionen für Europa, Afrika, Lateinamerika, die Karibik, Asien und den Pazifik sowie Westasien ein, die anfänglich nützliche Arbeit leisteten, was später, als sich die UN-Organisationen und die NGOs vermehrten und spezialisierten, nachließ. Der Rückzug der Wirtschaftskommissionen aus Europa, Asien und Lateinamerika ist auf den wirtschaftlichen Fortschritt der jeweiligen Region, vielleicht auch durch deren Tätigkeit, zurückzuführen.

Unter den vielen UN-Organisationen, die für wirtschaftlichen und sozialen Fortschritt zuständig sind, setzen manche schon seit Jahren Zeichen, wie UNRWA, UNHCR, FAO, UNESCO, UNDP, UNICEF und WHO, während UNFPA, UNEP, UNU, IAEA, der Minenräumservice und das Aids-Programm erst vor kurzem damit begonnen haben. Andere, wie UNODC, UNIDO und IFAD, wirken weniger auffällig. Bei einem solchen Überfluss an UN-Agenturen kommt es natürlich in den Verantwortlichkeitsbereichen zu Überschneidungen. Doch muss das, wenn in übergreifenden Teams gearbeitet wird (wie etwa bei Aids und Flüchtlingen), deren Wirksamkeit nicht reduzieren. Allerdings führt die Vermehrung der Organisationen zur Versuchung, weitere Gremien zu schaffen, deren Aufgabe darin besteht, die vielfältigen Aktivitäten zu ›koordinieren‹. Die Generalversammlung tut sich schwer damit, das Unterholz zu lichten, ja selbst die eigene Agenda zu bereinigen. Erfahrungen mit UN-Operationen, die in von den hilfsbedürftigen Regionen weit entfernten Hauptstädten lanciert wurden, zeigen, dass sie bestenfalls weitere Berichte und Datensammlungen produzieren und schlimmstenfalls keines der Hindernisse für wirtschaftlichen und sozialen Fortschritt beseitigen, selbst wenn klar ist, wo die Stolpersteine liegen.

Im ECOSOC hatten alle Mitglieder gleiches Stimmrecht, während dies in der Weltbank nach der Größe der Beiträge der Mitgliedsstaaten gestaffelt war. Da beide Organisationen für den Kampf gegen Armut und Unterentwicklung zuständig waren, die Bank jedoch über die Gelder verfügte, waren Konflikte unvermeidlich. Zudem hatte der Weltwährungsfonds die Macht, die Regeln zu formulieren und durchzusetzen, während ECOSOC den Sicherheitsrat, dessen fünf ständige Mitglieder die Bank und den Weltwährungsfonds kontrollierten, nur »mit Informationen versehen« konnte. Zwar ist Koordination die bürokratische Antwort auf Konflikte, doch lehnte die Weltbank von vornherein jede Zusammenarbeit mit ECOSOC ab und wollte sich von den UN auch nicht in ihre Budgetverwaltung hineinreden lassen, während sie sich das Recht vorbehielt, deren wirtschaftliches Vorgehen zu diktieren. Die Präsidenten der Weltbank gingen zunehmend auf Distanz zum Wirtschafts- und Sozialrat, während in den armen Ländern der Widerstand gegen die IFIs und ihre Doktrinen wuchs. Als das High Level Panel im Dezember 2004 empfahl, ECOSOC, Weltbank und IWF sollten ihre Aktivitäten zumindest aufeinander abstimmen, war das eine Ermahnung, endlich vernünftig miteinander umzugehen.

Nicht zu vergessen sind die zahllosen NGOs, die in diesem Bereich für die Vereinten Nationen tätig sind. Ihre Aufgabe ist es, die UN mit Informationen zu versorgen, als Frühwarnsysteme zu fungieren, Daten zu sammeln, verlässliche Unterstützung zu bieten und Resultate zu kontrollieren. Kritiker behaupten, dass sie nichts von all dem tun. Andere, die den NGOs vorwerfen, kein demokratisches Mandat zu haben, unverantwortlich und politisch einseitig zu handeln, wollen zumeist bestimmte wirtschaftliche Interessen schützen; solche Kritiker gibt es in den armen wie den reichen Ländern gleichermaßen. In den USA und Australien haben sie jüngst gedroht, NGOs, die sich für Umweltschutz, Arbeiterrechte, die Ureinwohner und Gleichberechtigung einsetzen, die Unterstützung zu entziehen. Andere Organisationen – amnesty international, Care, Greenpeace und Human Rights Watch vor allem – werden in den armen Ländern bedroht und als doktrinär, ignorant und aufdringlich beschimpft. Manche bezeichnen sie als »die sanfte Seite westlicher Intervention«[93].

Entwicklungshilfe als bedeutendes multilaterales Unterfangen begann mit dem 1944 geschlossenen Abkommen von Bretton Woods, das zur Gründung der IFIs (International Financial Institutions) führte. Den ersten Kredit der Weltbank erhielt Frankreich für den Nachkriegswiederaufbau. Gleich danach folgte der sehr viel umfassendere, von den USA finanzierte Marshall-Plan. Mit den Jahren änderten sich die Bedürfnisse und also auch die Theorien über multilaterale Hilfe. Die Bank wandte ihre Aufmerksamkeit den unabhängig gewordenen Entwicklungsländern zu und bewilligte ihnen Kredite für umfangreiche Infrastrukturprojekte wie Kraftwerke, Eisenbahnen oder Staudämme. Solche Projekte galten einige Jahre lang als Maßstab. Man erhoffte sich von ihnen einen ›Trickle-down-Effekt‹ für die Armen, deren Dörfer hatten weichen müssen oder deren billige Arbeitskraft für die Errichtung dieser Anlagen genutzt worden war. Doch warteten viele vergeblich auf verbesserte Sozialleistungen und Landreformen. Die Investitionsgewinne wurden nur selten genutzt, um die Kredite zurückzuzahlen, weshalb die armen Länder alsbald in die Schuldenfalle gerieten. Zudem standen die teuren Objekte oft in einer Gegend, deren Infrastruktur mit ihren Proportionen nicht kompatibel war.

Daraufhin forcierte die Weltbank als neue Idee die »integrierte Entwicklung ländlicher Gebiete« und förderte den Bau von Brücken, Straßen, Häfen und Bewässerungssystemen. Kreditempfänger waren jedoch immer die Regierungen, deren Führer sich des Öfteren durch Schmiergelder und Aufträge für Fabriken, die nichts produzierten, bereicherten und deren Militärs die neu gebauten Straßen und Flughäfen dazu benutzten, den Widerstand der armen Bevölkerungsteile zu brechen. Zugleich belastete die Verschuldung vieler armer Länder deren Bruttosozialprodukt so sehr, dass der Sozialhaushalt schrumpfte. Nach dem Ölschock der 70er-Jahre wurden viele arme Länder zahlungsunfähig, woraufhin die IFIs von der Förderung staatlicher Regulierungsmechanismen auf ›strukturelle Anpassung‹ umschalteten, was den reichen Ländern als Investoren ohnehin besser passte: Die armen Länder mussten ihre Währungen abwerten, um ihre Exporte auf dem Weltmarkt wettbewerbsfähiger zu machen, wurden gezwungen, die Staatsausgaben zu kürzen, Handelsbarrieren abzubauen und Preiskontrollen aufzugeben, wenn sie ihre Kredite behalten wollten. Kredite sollten sie natürlich weiterhin aufnehmen, da sonst die Daseinsberechtigung für die Weltbank und den IWF entfallen wäre.

In einigen Entwicklungsländern kam es zu Aufständen, denen sogar Regierungen zum Opfer fielen. Vielfach wurde die ›strukturelle Anpassung‹ als

›soziale und wirtschaftliche Katastrophe‹ empfunden und die IFIs für alle Fehlschläge verantwortlich gemacht – auch für solche, an denen sie nicht beteiligt waren. Umweltschäden und Massenvertreibungen wurden ihnen und ihren Projekten ebenso zur Last gelegt wie die Bereicherung der Reichen auf Kosten der Armen. Auch wenn es oft genug die besitzende Klasse in den betreffenden Ländern selbst war, die den Sozialabbau betrieb und davon noch profitierte.[94]

1986 verkündete die Weltbank nach einer Reihe von Katastrophen in Indonesien, dass sie Umsiedlungsvorhaben vermeiden wolle, wo immer dies möglich sei. Dennoch betrieb sie diese Politik weiter, was in den Entwicklungsländern als bürokratische Arroganz wahrgenommen wurde. Bis 1993 wurden noch 200 solcher Vorhaben in die Tat umgesetzt. 1992 sollte in Indien ein Entwicklungsplan für das Narmada-Tal durchgeführt werden, der 40 Millionen Menschen mit Trinkwasser, Bewässerung und Elektrizität zu versorgen versprach. Vier große und Tausende kleinerer Staudämme waren erforderlich, wobei schon der erste Großdamm 40.000 Familien aus ihren Dörfern vertreiben würde. Nach Aufständen und Selbstmorddrohungen wurde das Projekt ad acta gelegt. Angesichts solcher Vorkommnisse (nicht zu vergessen die Katastrophe von Bophal) ist es nicht verwunderlich, dass Neu-Delhi zunehmend allergisch auf ausländische Entwicklungsprojekte reagierte.

Immer wenn Projekte fehlschlugen, kündigten die IFIs, treu unterstützt von vielen Regierungen und einigen NGOs, die Revision ihrer Strategie an. Dabei ging es zumeist um die Rückbesinnung auf ›menschliche Grundbedürfnisse‹ oder Hilfe für ›die Ärmsten der Armen‹. Ein australischer UN-Berater schrieb 1997: »Angesichts der rasch voranschreitenden globalen Integration können bestimmte Fehlentwicklungen des Weltmarkts nur dadurch behoben werden, dass bestimmte Güter und Dienstleistungen, darunter auch solche, die für die grundlegende Entwicklung notwendig sind, von der öffentlichen Hand bereitgestellt werden.«[95] Doch erwies sich auch diese Politik in den ärmsten Ländern als Fehlschlag, weil die Bedürfnisse dort zu groß und zu drängend waren, als dass die reichen Länder die Mittel zu ihrer Befriedigung hätten aufbringen können. Zudem waren manche Regierungen weniger daran interessiert, die Not der Allerärmsten zu lindern, als vielmehr die wachsende Bevölkerung der Großstädte unter Kontrolle zu halten. Als bekannt wurde, was das neue Hauptquartier der Weltbank an Baukosten verschlungen hatte, meinte die Umweltorganisation Friends of the Earth im Juni 1993, nun sei das Maß voll: »Die Weltbank ist nicht reformierbar.« 1994 und 1995 wurden die Treffen von Weltbank und IWF von NGOs belagert, die den Slogan ausgaben: »Fünfzig Jahre ist genug.«

Seit den 80er-Jahren hat die Weltbank ihre Bemühungen in Afrika mehr als verdoppelt. Obwohl nur ein Sechstel der Kredite in afrikanische Länder fließt, beschäftigt die Bank dort ein Drittel ihrer regionalen Mitarbeiter. Sie verstand sich als »eine Art Schattenregierung für den Kontinent« und förderte in den 90er-Jahren viele Projekte zur ›sozialen Gerechtigkeit‹. Dennoch ist die Armut in manchen Regionen weiterhin so groß, dass einer unserer Informanten meinte, die UN sollten ein Jahrzehnt lang alle ihre Anstrengungen auf Afrika konzentrieren, während ein anderer dafür eintrat, Afrika überhaupt keine Hilfe mehr anzubieten.

Der nächste Trend kam mit einem neuen, reformorientierten Weltbankpräsidenten, der für Schuldenerleichterung eintrat, um die Armut abzumildern. Allerdings sollten die Schulden nicht einfach vergeben und vergessen werden; vielmehr wurde die weitere Hilfe an bestimmte Bedingungen geknüpft, zu denen unter anderem ›nachhaltige Entwicklung‹, ›Transparenz‹ und ›Good Governance‹ gehörten. 2000 sprach ein US-Kongresskomitee sogar davon, dass der IWF Schulden ganz erlassen solle.

Mit der demokratischer organisierten Welthandelsorganisation (WTO) kam ein neuer Trend: ›Handel statt Hilfe‹. Viele arme Länder sahen darin Vorteile für sich. Die reichen Länder wurden von den NGOs und der Wählerschaft unter Druck gesetzt, bessere Exportbedingungen für die Produkte zu schaffen, die in den Entwicklungsländern durch Förderprogramme hergestellt worden waren. Viele WTO-Mitglieder waren erstaunt über den populistischen Widerstand gegen den Vorschlag für ein multilaterales Investmentabkommen, der dazu führte, dass das Treffen in Seattle ergebnislos blieb. Da die WTO sich nicht mehr hinter komplexen Texten und Abkürzungen verstecken konnte, zwang sie die USA, das Einfuhrverbot für afrikanische Baumwolle aufzuheben. Die EU verfuhr nach einigem Zögern ähnlich mit den Importbeschränkungen für Zucker. Im Westen ging man zu bilateralen ›Freihandels‹-Abkommen über, um das multilaterale System zu umgehen. Natürlich hatten die Bemühungen der Weltbank nicht immer nur Katastrophen zur Folge. Der Aufstieg von armen Ländern, der sich besonders in Ostasien vollzog, verdankt sich auch jenen wirtschaftlichen Verbesserungen, die durch die Weltbank ermöglicht wurden. Deren Exporterfolge galten vielen Beobachtern als Beweis für die These, dass Handel besser sei als Hilfe und dass ein Land seine eigene Entwicklung besser aus eigenen Kräften fördern kann als durch ausländische Institutionen. Diese Länder konnten den IFIs Widerstand entgegensetzen. So verweigerte die neue südafrikanische Regierung die vielen Reisen nach Washington, die nur dem Zweck dienten, Kredite aufzunehmen, die kaum billiger waren als die von Privatbanken gewährten. Andere Länder wie Brasilien, China und Mexiko, die aufgrund guter Wirtschaftspolitik zu reich für solche Kredite waren, jedoch immer noch als Entwicklungsländer galten, drohten mit Kündigung, falls die Bank nicht schneller zahle.[96] Die Wirtschaftspolitik der UN war also durchaus erfolgreich, nur eben nicht überall. China und Indien zum Beispiel blühten auf, während Afrika arm blieb. Warum?

## Wie sinnvoll ist Entwicklungszusammenarbeit?

Die UN betreiben seit 60 Jahren Entwicklungspolitik, doch trotz einiger Lichtblicke sind viele Länder ärmer als je zuvor. Offensichtlich hängen Erfolg und Misserfolg vom jeweiligen Empfängerland ab. Doch verfahren UN und Weltbank ungeachtet wechselnder Trends immer nach demselben Schema: Hilft die aktuelle Hilfe nicht, dann hilft vielleicht mehr Hilfe. Beobachter wie George Monbiot sagen voraus, dass die reichen Länder einen anderen Weg finden müssen, weil sonst die armen Nationen sich zusammentun und ihn mit Nachdruck einfordern. Andere meinen, dass Entwicklungszusammenarbeit, außer in Notfällen, nicht nur entwürdigend ist, sondern auch zu Initiativlosigkeit und Korruption verleitet, weshalb sie auch bestenfalls kurzfristig wirkt. Dennoch sind Geber- und Nehmerländer kaum bereit, darauf zu verzichten.

Die UN bitten die Geberländer immer um weitere Aufstockung der Mittel für die Entwicklungszusammenarbeit. Es ist sogar unterstellt worden, dass Krisen wie jene in Darfur absichtlich provoziert werden, damit die weißen Lastwagen anrollen – nicht etwa, um den Flüchtlingen Hilfe zu bringen, sondern um eine lange Reihe von Grenzkontrolleuren und Blockadeverwaltern mit Beute zu versorgen. In einigen Krisenregionen wie etwa den palästinensischen Territorien, den Grenzgebieten von Kaschmir und auf Zypern sind die UN-Operationen zum Bestandteil der Wirtschaft geworden, so dass die Bevölkerung dauerhaft von ihnen abhängig ist. »Entwicklungszusammenarbeitsprojekte sind ein Zweck an sich«, notierte Michael Maren 1997. Und auch die UN-Mitarbeiter haben, bei allem Idealismus, ganz normale menschliche Bedürfnisse: Je lukrativer der Auftrag und je besser die Möglichkeiten zum Aufstieg, desto länger bleiben sie. Auch Ost-Timor zeigte bereits erste

Anzeichen einer solchen Abhängigkeit, als die UN-Mission im Mai 2005 beendet wurde.

Wenn wir davon ausgehen, dass Entwicklungszusammenarbeit immer noch die Antwort auf Armut und Unterentwicklung ist, wird klarerweise mehr davon benötigt. Jan Egeland vom Humanitären Dienst der UN beklagte sich im Januar 2005, dass in vielen Teilen Afrikas die Bemühungen seiner Organisationen hinter den Verpflichtungen der Geberländer ebenso zurückblieben wie hinter den Bedürfnissen der Empfänger. Er verwies dabei auf Darfur, Simbabwe, den Kongo, Eritrea, Äthiopien, Somalia, die Zentralafrikanische Republik, die Elfenbeinküste, den Tschad, Uganda und Guinea. Dort seien die Gelder um zehn bis 40 Prozent unter den versprochenen Summen geblieben, in einigen Fällen seien nur 75 Prozent gezahlt worden. In Liberia, der Elfenbeinküste und Burundi führten die UN umfangreiche und teure Friedensmissionen durch, zahlten jedoch weniger als die Hälfte der für ein humanitäres Minimalprogramm benötigten Mittel. Da sei es kein Wunder, dass es zu erneuten Kämpfen komme, berichtete Egeland dem Sicherheitsrat. In Uganda könne, warnte Oxfam, der seit 18 Jahren währende Bürgerkrieg, zu dem der Sicherheitsrat keine einzige Resolution verabschiedet hatte, wieder ausbrechen. Im Hintergrund stand die Vorstellung, dass mehr Entwicklungszusammenarbeit zur Beendigung dieser Krisen führen könne.

Auch Weltbank und IWF hängen, wie wir sahen, dieser Vorstellung an und sind keineswegs bemüht, sich überflüssig zu machen. Ein Entwicklungsexperte bemerkte: »Die Weltbank zahlt mir mein Gehalt«, und das soll sie, so die implizite Folgerung, wohl auch weiterhin tun. Mitte der 90er-Jahre war die Organisation »in ihren Strukturen beständig und zahlte gute Pensionen, also blieben die Leute in ihren Jobs und machten Karriere«[97]. In dieser Hinsicht ähnelte die Weltbank eher einem Familienunternehmen der 50er-Jahre als einer Finanzinstitution des 21. Jahrhunderts. Selbst der reformfreudige Präsident James Wolfensohn hatte es schwer, seine Ideen von der dringenden Notwendigkeit sozialer Gerechtigkeit zu vermitteln.

Außenstehende Beobachter übten ganz andere Kritik. In den 70er-Jahren beschuldigten die Befürworter von ›food first‹ die IFIs, sie würden die armen Länder in eine Schuldenfalle locken. Einige, die die Verhältnisse in Afrika sehr genau kannten, lehnten die Hilfe von außen vollständig ab. In seinem Buch *The Lords of Poverty* bemerkte Graham Hancock, auch und gerade hinsichtlich der Weltbank, kurz und bündig: »Entwicklungszusammenarbeit funktioniert nicht.«[98] Da die materiellen Mittel im Besitz der Geberländer blieben, konnten selbst Projekte, die kurzfristig Erfolge zeitigten, auf lange Sicht zu Fehlschlägen werden. Hancock erklärte: »Wenn ein Projekt von Ausländern finanziert wird, wird es normalerweise auch von ihnen geplant und umgesetzt, wobei die dafür notwendige technische Ausrüstung ebenfalls aus dem Ausland stammt.« Die Bedingungen werden von den Geberländern in Verträgen festgelegt, die in diesen Ländern unter Berücksichtigung von deren Währung abgefasst sind. Die technische Ausrüstung wird von den Nehmerländern importiert und muss, will sie nicht außer Funktion geraten, von ausländischen Technikern gewartet werden. Ein wirksamer Technologietransfer findet so nicht statt. Ein Beobachter aus Ghana ging so weit, den Niedergang weiter Teile Afrikas der Entwicklungszusammenarbeit anzulasten.[99] Eine italienische Untersuchung forderte, die afrikanischen Probleme mit afrikanischen Arbeitskräften unter Berücksichtigung der lokal gegebenen Möglichkeiten und mit einem Minimum an importierter Technologie zu lösen.[100]

Die Wahrheit dürfte, wie so oft, in der Mitte liegen. Angesichts der wachsenden Globalisierung können sich die reichen Länder nicht auf Dauer gegen die armen abschirmen, während diese nicht zu einer vorgeschichtlichen Vergangenheit zurückkehren können, auch wenn diese freundlicher ausgesehen haben mag als die Gegenwart. Auch weiterhin müssen die UN versuchen, beiden Seiten, den reichen wie den armen Ländern, Verpflichtungen aufzuerlegen. Ein entscheidender Gesichtspunkt dabei ist die weltweite Bevölkerungsentwicklung.

## Bevölkerungsentwicklung

Es ist nicht schwer zu begreifen, warum US-Regierungen, insbesondere die von religiös-konservativen Kräften unterstützten, mit dem Bevölkerungsfonds der Vereinten Nationen (UNFPA) in Konflikt geraten mussten. Die UNFPA ist die weltweit größte Organisation zur Finanzierung von Gesundheitsprogrammen zur Bevölkerungs- und Familienplanung. Sie definiert Gesundheit in Beziehung auf solche Planung als Zustand vollständigen physischen, mentalen und sozialen Wohlbefindens, der Bestandteil des Menschenrechts auf Gesundheit ist.

Seit 1969, also zehn Jahre nach Einführung der Verhütungspille, hat die UNFPA fast sechs Milliarden Dollar für ihre Programme in Entwicklungsländern aufgewendet. Sie operiert in 142 Ländern, um auf deren Anforderung

Männern, Frauen und Jugendlichen bei der Familienplanung zu helfen. Dazu gehört die Hilfestellung bei der Vermeidung unerwünschter Schwangerschaften und durch Geschlechtsverkehr übertragener Krankheiten, die Hilfe bei der Sicherung möglichst risikofreier Schwangerschaften und Geburten sowie die Bekämpfung von Gewalt gegen Frauen. Wie die UNFPA berichtet, hat der Zugang zu freiwilligen Familienplanungsprogrammen in den Entwicklungsländern zugenommen, wodurch die Geburtenrate um die Hälfte – von sechs auf drei Kinder pro Frau – gesenkt werden konnte. 2004 benutzten fast 60 Prozent der verheirateten Frauen in den Entwicklungsländern empfängnisverhütende Mittel; 1969 waren es erst zehn bis 15 Prozent gewesen.

Auf der internationalen Konferenz über Bevölkerung und Entwicklung von 1994 stimmten 179 Regierungen darin überein, dass ein umfassendes Bildungs- und Gesundheitswesen Vorbedingung für nachhaltige Entwicklung sei. Sie beschlossen ein Aktionsprogramm, das folgende Ziele, die bis 2015 erreicht sein sollten, umfasste: allgemeine Gesundheitsfürsorge, allgemeine Grundschulbildung (auch für Mädchen), Senkung der Sterblichkeitsrate von Müttern um 75 Prozent, Senkung der Sterblichkeitsrate bei Kindern, Erhöhung der Lebenserwartung. 1999 wurde dieser Liste noch der Kampf gegen Aids hinzugefügt: Bis 2005 sollte die Infektionsrate in den am stärksten betroffenen Ländern bei den 15- bis 24-Jährigen um 25 Prozent gesenkt werden, 2010 sollte diese Marge weltweit erreicht sein. Der Konsens von Kopenhagen wies diesen Zielen höchste Priorität zu. Als die Kampagne der Regierung Bush gegen die UNFPA an Heftigkeit zunahm, fragte ein Demokrat im Kongress, wann die politische Rechte endlich zufrieden wäre: »Wenn die UN dichtgemacht werden?«[101]

Insbesondere China lag im Fadenkreuz der US-Konservativen. Dort würden, so hieß es, mit Unterstützung seitens der UNFPA Zwangsabtreibungen durchgeführt. China war die erste Nation, die Maßnahmen zur Durchsetzung der Ein-Kind-Familie ergriff und damit Verantwortung für die Zukunft eines immer dichter bevölkerten Planeten übernahm. Unter Indira Gandhi wurden in Indien Zwangssterilisationen durchgeführt und Belohnungen für die Anwendung empfängnisverhütender Mittel gewährt. Doch war der Widerstand in der Bevölkerung so groß, dass man davon wieder Abstand nahm. Seitdem hat keine indische Regierung weitere Programme zur Kontrolle des Bevölkerungswachstums entwickelt, abgesehen von einer Anzeigenkampagne für den Gebrauch von Kondomen im Kampf gegen Aids. Hier wie in anderen (auch demokratischen) Ländern setzen religiöse Strömungen darauf, ihre Rivalen durch demografischen Druck auszuschalten. Vor allem in muslimisch dominierten Ländern gibt es immer noch Polygamie, und die ehelichen Rechte des Mannes gelten als unantastbar. Die Geburtsraten sind völlig aus dem Gleichgewicht gekommen, so dass westliche Demografen davon ausgehen, dass es in einigen Jahrzehnten in Europa eine überalterte einheimische und eine stark angewachsene junge muslimische Bevölkerung gibt. In den USA lässt sich eine ähnliche Entwicklung bei der hispanischen im Vergleich zur amerikanischen Bevölkerung beobachten. Im Augenblick wächst die Weltbevölkerung jährlich um 90 Millionen. Die Kurve wird sich wohl erst gegen Ende des 21. Jahrhunderts abflachen. Man geht für diesen Zeitpunkt von einer Gesamtbevölkerung von elf Milliarden aus.

Solche pessimistischen Einschätzungen werden nicht überall geteilt. Die Abteilung für Bevölkerungsentwicklung in den UN ging Ende 2004 von einem langfristigen Abfallen der globalen Geburtenrate aus, so dass in 300 Jahren etwa neun Milliarden Menschen auf der Erde leben würden. Auch in den armen Ländern steige der Trend zu kleineren Familien (was jedoch keineswegs sicher ist) und einer Geburtenrate von durchschnittlich zwei Kindern pro Frau. Andererseits werde die Lebenserwartung im Jahr 2300 auf über 95 Jahre steigen (in Japan sogar bis 106 Jahre). Ausnahmen seien die 53 von Aids am meisten betroffenen Länder, wo die Übertragungs- und Sterblichkeitsraten vor 2010 vermutlich nicht sinken.

## Ziele und Fortschritte

In den meisten UN-Organisationen wurden schon lange vor dem Jahr 2000 Daten gesammelt, Ziele gesetzt und Fortschritte gemessen. Zur Jahrtausendwende sollten diese Informationen in einen umfassenden Plan für die Menschheitsentwicklung im 21. Jahrhundert einfließen. Die UN-Mitgliedsstaaten und Kofi Annan gaben einen Bericht in Auftrag, der untersuchen sollte, wie die Arbeit der Vereinten Nationen verbessert werden könnte. Dieser Bericht formulierte die Entwicklungsziele für das neue Jahrtausend, die Millennium Development Goals (MDGs).[102]

Auf dem Millenniumsgipfel nahmen die UN den Augenblick, da die Welt sich fragte, wie das 21. Jahrhundert sich entwickeln werde, wahr, um längerfristige Handlungsziele zu beschließen. Acht solcher Ziele, die erreichbar schienen, wurden formuliert, um die Intentionen der Charta zu verfolgen und die Lage in den armen Ländern bis 2015 entscheidend zu verbessern. Die

Verantwortung dafür wurde vor allem den reichen Ländern zugeteilt. Diese verlangten natürlich Transparenz bei der Verwendung ihrer Gelder, so dass die Ziele quantifizierbar seien und Fortschritte im Jahresabstand eingeschätzt werden könnten. Doch nach noch nicht einmal fünf Jahren war die Bewertung eher gemischt. Die Absichten, bemerkte der *Economist*, seien löblich, doch die Verwaltungskosten immens. Konnte man überhaupt von Erfolgen reden?[103]

Beginn des Beurteilungszeitraums der acht Ziele war das Jahr 1990. Der Zukunftsplan beruhte auf dem Bekenntnis des Versagens in der Vergangenheit in ebenjenen Bereichen, in denen es nicht erst seit 1990, sondern schon seit 1945 keinen Fortschritt gegeben hatte: Armut und Hunger, Analphabetentum, Diskriminierung der Frauen, Gesundheitsfürsorge und mangelnde Mittel, um die Entwicklung in der Welt voranzutreiben. In Kofi Annans 2003 veröffentlichtem *Bericht über die Umsetzung der UN-Millenniumserklärung* finden sich nähere Ausführungen zu den acht Zielen.

1. *Beseitigung extremer Ausmaße von Armut und Hunger:* Ziel ist es, die Extremfälle von Hunger und Armut bis 2015 um die Hälfte zu reduzieren. Gegenwärtig leben eine Milliarde Menschen von weniger als einem Dollar pro Tag, 800 Millionen sind unterernährt, und 153 Millionen Kinder unter fünf Jahren sind untergewichtig. Seit 1990 sind diese Zahlen in den Regionen von Ostasien/Ozeanien, Südmittelasien und Südostasien um mindestens zehn Prozent zurückgegangen, in geringfügigem Ausmaß auch in Lateinamerika, dem Karibikraum und Nordafrika. In Schwarzafrika und Westasien hat sich die Lage jedoch verschlechtert. Asien bleibt die Region, in der zwei Drittel der Ärmsten leben. Selbst wenn das gesteckte Ziel erreicht wird, bleibt die Zahl der an Armut und Hunger leidenden Menschen erschreckend groß.

2. *Allgemeine Grundschulbildung:* 2015 sollen alle Jungen und Mädchen eine Grundschulbildung genießen und abschließen können. Im Augenblick sind, Schätzungen zufolge, 114 Millionen Kinder im schulfähigen Alter von einer solchen Bildung ausgeschlossen. Zwar ist seit 1990 in allen Regionen außer Ost- und Südostasien die Einschulungsquote gestiegen, doch haben Schwarzafrika und Westasien nur sehr geringe Zuwächse zu verzeichnen. Davon abgesehen garantiert eine abgeschlossene Grundschulbildung keineswegs Fähigkeiten und Fertigkeiten im Lesen, Schreiben und Rechnen, auch nicht die Fähigkeit, andere zu unterrichten oder produktiv an der technologischen Entwicklung zu partizipieren.

*3. Gleichberechtigung der Frauen:* Um die geschlechtsspezifische Benachteiligung in der Grundschul- und weiterführenden Bildung bis 2005 und in allen Bildungsbereichen bis 2015 zu beseitigen, müssen 63 Millionen Mädchen im schulfähigen Alter eingeschult werden. Bezogen auf eingeschulte Jungen ist die Quote überall gestiegen, mit Ausnahme von Lateinamerika und der Karibik. Allerdings ist der Zuwachs in Westasien und Ozeanien sehr gering. Zudem sind Bildungsmaßnahmen für Mädchen noch keine hinreichende Lösung des Diskriminierungsproblems, das viele unterschiedliche Formen aufweist, darunter die sehr geringe Anzahl von Frauen in fast allen Parlamenten dieser Welt. Die Zurückhaltung, mit der dieses Ziel formuliert wird, zeigt die Größe der Aufgabe, vielleicht auch den Widerstand gegen ihre Verwirklichung.

*4. Verringerung der Kindersterblichkeit:* Bis 2015 soll die Sterblichkeitsrate bei Kindern unter fünf Jahren um zwei Drittel zurückgehen. Dazu sind umfangreiche Impfaktionen gegen Masern und andere Kinderkrankheiten erforderlich. Jedes Jahr sterben elf Millionen kleiner Kinder an solchen Krankheiten, pro Stunde also 1200. Jeden Tag sterben 4000 Kinder, weil es ihnen an sauberem Trinkwasser fehlt. Hier sind in allen Regionen leichte Fortschritte erzielt worden, vor allem in Nordafrika, Nordmittelasien und Südostasien. Die geringsten Fortschritte gab es in Schwarzafrika. Natürlich gibt es noch weitere Ursachen hoher Kindersterblichkeit, wie etwa Flucht, bewaffnete Konflikte und andere Bedrohungen.

*5. Verbesserung des Gesundheitszustands von Müttern:* Bis 2015 soll die Sterblichkeitsrate von Frauen, die während der Schwangerschaft oder bei der Geburt sterben, um drei Viertel gesenkt werden. Im Augenblick liegt die Zahl bei 500.000 Todesfällen pro Jahr. In dieser Hinsicht sind kaum Fortschritte zu verzeichnen, außer in einigen wenigen armen Ländern. In Schwarzafrika stirbt eine von 16 Frauen während der Schwangerschaft, in Südmittelasien eine von 30, dagegen in Ostasien nur eine von 840 und in den reichen Ländern eine von 2800. Ohne grundlegende Verbesserung der Infrastruktur und der medizinischen Versorgung wird es hinsichtlich dieses Ziels keine Fortschritte in den armen Regionen geben.

*6. Kampf gegen Aids, Malaria und andere Krankheiten:* Aids ist die Haupttodesursache in Schwarzafrika und fordert weltweit die viertmeisten Opfer tödlich verlaufender Krankheiten. Aids breitet sich rasch in Südasien, der Karibik und Ozeanien aus. Nur in zwei Ländern konnte die Epidemie zurückgedrängt werden. Zudem werden in den von Aids betroffenen Ländern viele Menschen durch Malaria, Tuberkulose und Poliomyelitis getötet. Immerhin gibt es gegen diese Krankheiten Mittel und vorbeugende Maßnahmen, nicht jedoch gegen Aids, dessen Ausbreitung auch kulturelle, politische und ökonomische Ursachen hat.

7. *Erhaltung der Umwelt:* Um die Grundsätze einer nachhaltigen Entwicklung in die Politik der Nationalstaaten zu integrieren und den weiteren Verlust von Umweltressourcen aufzuhalten, soll bis 2015 die Zahl von 2,6 Milliarden Menschen, die ohne ausreichende sanitäre Anlagen auskommen müssen, sowie die Zahl von 1,2 Milliarden, die keinen Zugang zu sauberem Trinkwasser haben, um jeweils die Hälfte zurückgedrängt werden. Darüber hinaus wird gefordert, bis 2020 die Lebensweise von mindestens 100 Millionen Slumbewohnern zu verbessern. Angesichts der weltweit höchst unterschiedlichen Umweltbedingungen dient als gemeinsamer Nenner für die Zielsetzung der Zugang zu sauberem Trinkwasser, während andere Umweltprobleme unberücksichtigt bleiben. Alle Regionen haben die Trinkwassersituation in den ländlichen Gebieten verbessert, während für die Städte das Gegenteil der Fall ist. Manche sehen in einer drohenden Wasserknappheit dringenden Handlungsbedarf für UN und Weltbank. Allerdings haben UNICEF und WHO herausgefunden, dass 2002 positiverweise 83 Prozent der Weltbevölkerung im eigenen Haushalt oder innerhalb eines Fußwegs von 30 Minuten über Wasser verfügten – ein Anstieg um 77 Prozent, gerechnet von 1990 an. 2015 soll der Prozentsatz auf 88,5 gestiegen sein, was trotz der wieder einmal schlechteren Zahlen für Schwarzafrika erreichbar scheint.

8. *Globale Partnerschaft für die Millenniumsziele:* Um die Ziele bis 2015 zu erreichen, müssen arme und reiche Länder zusammenarbeiten, damit die Armut zurückgedrängt werden kann, Zugang zu Märkten und Technologien möglich sowie ein offenes Handels- und Finanzsystem etabliert wird, die Demokratisierung (Good Governance) voranschreitet und soziale Bedürfnisse hinreichend Berücksichtigung finden. Das bedeutet, dass reiche Länder die Entwicklungszusammenarbeit verstärken, ihre Zusagen einhalten, einen umfassenden Schuldenerlass vorantreiben, ihre Agrarsubventionen zurückfahren sowie den armen Ländern Zugang zu bezahlbaren Medikamenten und neuen Technologien erleichtern müssen.

*

Das waren solide Ziele, deren Erreichbarkeit im Rahmen des Möglichen lag, vielleicht mit Ausnahme des achten Ziels: Ein »offenes Handels- und

Finanzsystem« mochte jenen bedrohlich erscheinen, die ein Multilaterales Investmentabkommen (MAI) ablehnten. Ansonsten waren die Verpflichtungen eindeutig verteilt: Die reichen Länder sollten für ein günstiges Umfeld sorgen und dafür das notwendige Geld bereitstellen, während die armen für demokratische und sozial transparente Strukturen zu sorgen und sich um die elementaren Bedürfnisse ihrer Bevölkerungen zu kümmern hatten, also die Gelder nicht einfach kassieren, sondern sinnvoll verwenden sollten.

Um diese Ziele zu erreichen, brauchten die UN-Organisationen natürlich wieder mehr Geld. Schätzungen zufolge war der für die Entwicklungszusammenarbeit aufgewendete Prozentsatz des Bruttonationaleinkommens von 0,33 Prozent (1990) auf 0,23 Prozent (2002) gefallen, würde aber bis 2006 wieder auf 0,26 Prozent steigen. Zudem hätten Schuldennachlässe und -erlässe bei den ärmsten und am stärksten verschuldeten Ländern bereits zu einem günstigeren Verhältnis der Exporte im Vergleich zu den Schuldenrückzahlungen geführt. Zudem hatte 2002 der zollfreie Zugang zu den Märkten der reichen Länder Fortschritte in den Ländern mit niedrigem und mittlerem Einkommen bewirkt. Doch könnten die armen Länder die gesteckten Ziele nicht ohne weitere Unterstützung durch die reichen Länder verwirklichen. Jeffrey Sachs berechnete in seinem Bericht an die Millennium Development Foundation, dass die Zahl von einer Milliarde Menschen mit einem Einkommen von unter einem Dollar pro Tag in zehn Jahren um die Hälfte reduziert werden könnte, wenn die reichen Nationen die Gelder für Entwicklungszusammenarbeit verdoppelten, so dass der Prozentsatz bei 0,54 des Bruttosozialprodukts läge. Anders formuliert: Die weltweite Armut wäre zu halbieren, wenn jeder Bewohner der reichen Länder zugunsten der Armen über ein Jahr gerechnet einmal die Woche auf eine Tasse Kaffee oder einen Softdrink in einem Café verzichten würde.

Doch wenn es bei den bisherigen Margen bleibt, würden die USA das erste Ziel nicht vor 2040 erreichen. Zudem hat die Regierung Bush ihre Beiträge zum UN-Hungerhilfeprogramm 2005 um 20 Prozent reduziert. Deutschland würde sogar noch fast 50 Jahre länger benötigen, und Japan hat 2004 die Entwicklungszusammenarbeit gekürzt. Insgesamt waren die Budgets auf die Hälfte dessen gefallen, was 1960 aufgewendet wurde. Während die armen Länder pro Tag 100 Millionen Dollar für die Schuldenrückzahlungen aufbringen mussten. Erheblich mehr Geld steckten die OECD-Staaten in ihre Agrarsubventionen, nämlich 318 Milliarden Dollar, während sie für die Entwicklungszusammenarbeit nur 57 Milliarden Dollar aufwendeten.

Das Ziel der UN, das Budget auf 0,7 Prozent des Bruttosozialprodukts anzuheben, war 2004 nur von Dänemark, Luxemburg, Norwegen und Schweden erreicht oder übertroffen worden. In Belgien waren es 0,6 Prozent, in Australien (2005) nur 0,25 Prozent (2,1 Milliarden australische Dollar plus eine Milliarde, verteilt über fünf Jahre, für die Opfer und Schäden der Tsunami-Katastrophe in Indonesien). 2002 verkündete Präsident Bush auf der UN-Konferenz in Monterrey (Mexiko) zum Thema ›Finanzierung für Entwicklung‹ die Erhöhung der Entwicklungszusammenarbeit um fünf Milliarden Dollar. Die Gelder sollten von der Millennium Challenge Corporation, einer halb privaten Gesellschaft, an Regierungen verteilt werden, die Gerechtigkeit walten ließen, in Menschen investierten und wirtschaftliche Freiheit förderten. Zwar stehen die USA in absoluten Zahlen gerechnet an der Spitze der Geberländer und leisten auch umfangreiche privat finanzierte Entwicklungszusammenarbeit, doch in Relation zum Bruttosozialprodukt nehmen sie mit 0,16 Prozent den letzten Platz ein und sind, wie die Europäer, darauf bedacht, ihre Agrarwirtschaft mit Subventionen zu schützen.

2005 lagen Ost- und Südostasien bei der Verwirklichung der Millenniumsziele bis 2015 am besten im Rennen, abgesehen von der Entwaldung und der (verursacht durch hohe Zuwanderungsraten) mangelhaften Versorgung von Städten mit Trinkwasser. Am unteren Ende des Spektrums lag Schwarzafrika, das nur das achte Ziel erfolgreich ansteuerte. Wie ein Zyniker bemerkte, waren die betreffenden Länder sehr versiert, wenn es darum ging, Programme umzugestalten und Berichte zu veröffentlichen: »Wären Berichte essbar, würden die Menschen dort keinen Hunger leiden.« Zwischen Erfolg und Misserfolg lagen jene Regionen, in denen zumindest einige Ziele die Chance auf Verwirklichung zu haben scheinen. Dass der Fortschritt nur im Schneckentempo dahinkroch, lag jedoch auch an den UN selbst, die zwar, wie auch sonst häufig, die Ziele formulierten, ihre Umsetzung jedoch den Mitgliedsstaaten überließen. Sie beschränkten sich darauf, vor weiteren Krisen zu warnen, weitere Konferenzen abzuhalten und Arbeitsgruppen einzusetzen, weitere Ermahnungen, Erklärungen, Strategien, Programme und natürlich Berichte in die Welt zu setzen.

Selbst Mitgliedsstaaten, die sich nachdrücklich für die UN-Initiativen stark machen, ziehen es oft vor, allein oder in kleinen Gruppen zu handeln, weil sie dann die Vorgänge besser kontrollieren und den Ruhm einheimsen können. Norwegen hat einen guten Ruf als Vermittler; Schweden setzte die internationale Kommission ein, die den Kosovo-Bericht verfasste. Kanada organisierte das Treffen, das zum Protokoll von Montreal führte, und setzte die ICISS-Kommission ein, die den Bericht über das Recht auf Prävention schrieb. Australien sorgte 1996 mit der Canberra-Kommission für eine (wenn auch kurzlebige) Initiative zur nuklearen Abrüstung und intervenierte mit Bündnispartnern in Kambodscha und Ost-Timor. Die Niederlande waren die treibende Kraft bei den acht Jahre währenden Konsultationen, die schließlich 2000 die Earth Charter (Erd-Charta) hervorbrachte. Die USA sorgten mit anderen Nationen für den Konsens von Monterrey, der eine Erhöhung der Ausgaben für die Entwicklungszusammenarbeit vorsah. Die USA und Italien schlugen eine Initiative für globale Friedensoperationen vor, zu denen G-8-Staaten mit der Ausbildung für 75.000 Soldaten – zumeist Afrikaner, die in Afrika einzusetzen waren – beitragen sollten.

Großbritannien reagierte auf wiederholte Anfragen afrikanischer Regierungspolitiker betreffend technischer Ausbildung und Investitionen in grundlegende Infrastrukturen wie Transportwege, Elektrizität, Wasser und Telekommunikation, indem es 2004 eine Afrika-Kommission einsetzte. Als 2005 Großbritannien den Vorsitz der G-8 innehatte, legte Premierminister Blair im März ein Paket mit Empfehlungen für ein Programm vor, das bei jährlichen Kosten von 50 Milliarden Dollar zehn Jahre laufen sollte. Die obere Hälfte der Liste entsprach ziemlich genau den Millenniumszielen. Die reichen Nationen sollten den armen afrikanischen Staaten die Schulden erlassen und mehr Geld für die Gesundheitsvorsorge, vor allem im Kampf gegen ansteckende Krankheiten sowie Aids und Malaria ausgeben und für eine kostenlose Grundschulausbildung sorgen. Zudem sollten durch Kürzung von Agrarsubventionen afrikanischen Exporteuren auf dem Weltmarkt bessere Chancen eingeräumt werden. Im Gegenzug sollten die afrikanischen Regierungen für mehr Demokratie und Gerechtigkeit und weniger Korruption sorgen. Außerdem schlug Blair eine europäische schnelle Eingreiftruppe vor, die binnen zehn Tagen in Afrika eingesetzt werden konnte – was die Mitgliedsstaaten den UN niemals hatten einräumen wollen. Diese Pläne und Vorschläge überstürzten sich geradezu, während die Umsetzung der Millenniumsziele nur schleppend voranging.

Immerhin brachte Blairs Kommission einige unschöne Seiten der Entwicklungszusammenarbeit ans Licht. So schlug sie vor, dass die westlichen Länder afrikanische Friedensoperationen mit drei Milliarden Dollar jährlich unterstützen, das von korrupten afrikanischen Beamten und Geschäftsleuten gestohlene Geld zurückgeben und die Waffenverkäufe an Parteien in Konfliktzonen unterbinden sollten. Die letzten beiden Punkte waren seit langem bekannt, wurden in den UN jedoch gern verschwiegen. Zum einen: Gestohlene afrikanische Gelder befanden sich zumeist auf Konten ausländischer Banken in europäischen Hauptstädten. Die Beträge sollten, Berichten zufolge, mehrere Milliarden Dollar umfassen und in ihrer Gesamthöhe etwa der Hälfte der Auslandsschulden afrikanischer Länder entsprechen. Die Kommission setzte sich für die Rückgabe dieser Gelder ein. Zum anderen: Die an kämpfende Länder und Gruppen verkauften Waffen stammten aus den reichen Ländern, die sich dadurch mitschuldig an den Gemetzeln machten, da sie an ihnen verdienten. Allerdings würde Blairs Friedenstruppe wahrscheinlich noch mehr Waffen in die Kampfzonen bringen.

Ob oder inwieweit sich Blairs kühne Vorschläge verwirklichen lassen, ist noch nicht abzusehen. Planungen sind im Bereich der Entwicklungszusammenarbeit immer das Einfachste, während die Umsetzung kompliziert ist. Aber die europäischen Mitglieder der G-8 haben bereits versprochen, die Schulden afrikanischer Länder zu streichen und ihre Entwicklungszusammenarbeitsgelder zu verdoppeln. Das wäre immerhin viel versprechend. Unklar blieb, wann die Agrarsubventionen gekappt werden sollen.

Im Juli 2005 kritisierte Jeffrey Sachs die USA, weil sie wenig Eifer zeigten, es den anderen G-8-Staaten gleichzutun: Im Kampf gegen die Malaria war kein Fortschritt zu erkennen; Bushs Millennium Challenge Corporation rührte sich nicht; und die amerikanische Bevölkerung sollte endlich die Wahrheit über den niedrigen Stand der US-Beiträge erfahren. Die UNDP berichtete, dass die reichen Länder weiterhin 25-mal mehr für die Rüstung ausgäben und seit 1990 die Hilfe für die ärmsten Afrikaner um gerade einmal drei Dollar pro Kopf angehoben hätten. Nur überzeugte Kritiker der Entwicklungszusammenarbeit können das für eine gute Nachricht halten.

## Kapitel 11

# Besserung in Sicht? Gesundheit, Bildung, Umwelt und andere Katastrophen

Nach 60 Jahren ist die Welt, was die Befriedigung der elementaren menschlichen Bedürfnisse – Nahrung und sauberes Wasser – angeht, noch nicht sehr viel weitergekommen. Wirtschaftsexperten, die sich mit Themen wie Wasser, Sanitäranlagen, Unterernährung und Hunger auskannten, waren im Konsens von Kopenhagen von 2004 übereingekommen, dass es bislang weder den UN noch einzelnen Nationen und den NGOs gelungen sei, das Problem der Armut in den Griff zu bekommen. Im Bericht über das Treffen trat Bjorn Lomborg dafür ein, die Gelder der Entwicklungszusammenarbeit für die Wasserversorgung zu verwenden, statt damit Maßnahmen gegen die globale Erwärmung zu finanzieren. Trotz aller Proteste gegen ihre Pläne zur Errichtung von Großdämmen reagierte die Weltbank damit auf den exponentiell wachsenden Wasserbedarf. Ihren Initiativen ist es zu verdanken, dass jetzt mehr Menschen von Anlagen zur Trinkwasserbereitung, Bewässerung und Stromerzeugung profitieren. Doch können Kriege um Wasser auch zukünftig nicht ausgeschlossen werden, sofern es nicht gelingt, eine auf Nachhaltigkeit ausgerichtete Wasserwirtschaft zu entwickeln.

Im selben Bericht meinte Peter Swedberg, dass für Unterernährung und Hunger nicht Lebensmittelknappheit verantwortlich sei, sondern Armut, die wiederum nur durch lokale Initiativen wirksam bekämpft werden könne. Dabei sind noch viele andere Probleme zu berücksichtigen, wie zum Beispiel Wasser, Ernährung, Gesundheit und Bildung.[104]

Dergestalt hängen Armut, Gesundheits- und Umweltprobleme zusammen und bilden ein ständig fortwuchterndes Geflecht.

## Gesundheit

Das vierte der Millenniumsziele forderte, wie im vorigen Kapitel erwähnt, den entschlossenen Kampf gegen die Kindersterblichkeit. Viele Kinder sterben an Masern und anderen Kinderkrankheiten, gegen die mit Impfungen vorgegangen werden kann. Doch sind noch andere Faktoren zu berücksichtigen: Viele Kleinkinder wachsen in ungenügenden sanitären Verhältnissen auf oder sind untergewichtig, weil sie schlecht ernährt werden oder an Darmparasiten leiden. Leben sie in der Nähe von stehenden Gewässern, erkranken sie oft an Malaria. Fehlende Elektrizität führt dazu, dass Impfstoffe nicht gekühlt werden können. Schlechte Wegeverhältnisse verhindern die Versorgung der Landbevölkerung mit Medikamenten und ärztlicher Hilfe. Hinzu kommt die Beeinträchtigung gesundheitlicher Maßnahmen durch Konflikte und Kriege.

Immerhin haben Organisationen wie die WHO und UNICEF beträchtliche Erfolge im Kampf gegen Polio und Tetanus zu verzeichnen und können stolz darauf sein, die Pocken besiegt zu haben. Dieses Ziel setzte sich die WHO 1967. Zehn Jahre später war es mit einem Kostenaufwand von etwa 300 Millionen Dollar erreicht worden; die letzten Impfungen wurden in Somalia durchgeführt.

Ein weniger bekannter Erfolg ist das Programm zur Bekämpfung von Krankheiten, die durch Jodmangel verursacht werden (IDD). Es wurde in Ländern eingesetzt, wo ausgelaugte Böden zu solchen Mangelkrankheiten – vor allem Kretinismus und Schilddrüsendysfunktion – führen. Jodmangel kann Hirnschäden verursachen, ist jedoch durch einfache Mittel zu beheben. 2000 verfügten fast 70 Prozent aller Haushalte über jodiertes Öl oder Salz, das, vor der Schwangerschaft eingenommen, bei etwa 80 Millionen Säuglingen Hirnschäden verhinderte. Der Konsens von Kopenhagen schlug vor, Mangelkrankheiten durch den Zusatz von Vitaminen und Spurenelementen (Eisen, Zink, Jod und Vitamin A) zur Nahrung vorzubeugen. Das koste wenig und würde der Bevölkerung in den armen Ländern zu mehr Gesundheit verhelfen.

In den letzten Jahren haben sich die UN auch mit weniger traditionellen Gebieten der gesundheitlichen Vorsorge befasst. So diskutiert die Generalversammlung über die Ethik und die Folgen der Stammzellenforschung und des therapeutischen Klonens und über die Gefahren des Rauchens. Die Rahmenkonvention zur Tabakkontrolle trat im Februar 2005 in Kraft.

Weltweit jedoch sind Malaria und Tuberkulose erneut auf dem Vormarsch; zudem gibt es neue Viren und Bakterien, die resistent gegen Antibiotika sind. Der im Januar 2005 veröffentlichte Bericht über die bislang hinsichtlich der Millenniumsziele erreichten Fortschritte beruhte auf der Arbeit von 265 Forschern. Sein Autor, Jeffrey Sachs, wies darauf hin, dass die Malaria, die vor allem in den armen Ländern verbreitet ist, *jeden Monat* so viele Menschen tötet, wie der Tsunami vom 26. Dezember 2004 an Opfern forderte. In Afrika sterben jährlich eine Million Menschen an dieser Krankheit, die in 90 Prozent aller Fälle für den Tod von Kindern unter fünf Jahren verantwortlich ist. Viele verfügen nicht einmal über die einfachsten Abwehrmittel gegen Moskitos: Bettnetze, Abwehrmittel wie Sprays usw. oder ausreichende sanitäre Verhältnisse. Die reichen Länder geben 400 Millionen Dollar im Jahr für den Kampf gegen die Malaria in den armen Ländern aus, viel weniger als für den Kampf gegen Aids.

Andere Krankheiten sind gefährlich, weil sie vor keiner Grenze Halt machen. BSE, Vogelgrippe, SARS und Dengue-Fieber haben gezeigt, wie schnell riskante Praktiken in einigen wenigen Ländern menschliches Leben in vielen anderen gefährden können. Solche und ähnliche Krankheiten sind mobil wie der Mensch selbst, und die zu ihrer Bekämpfung von der FAO und der WHO vorgeschlagenen Quarantänemaßnahmen geraten mit den von Weltbank und Welthandelsorganisation propagierten offenen Grenzen in Konflikt.

Ungeachtet der aufopfernden Arbeit von UNICEF ist der führende Geldgeber im Kampf gegen Kinderkrankheiten Bill Gates. Die von ihm und seiner Frau gegründete Stiftung hat 750 Millionen Dollar gesammelt, damit Kinder in den armen Ländern geimpft werden können. Er hat auch die politischen Führer der Welt aufgefordert, die zusätzlichen zwölf Milliarden Dollar aufzubringen, die für den Schutz von zehn Millionen Kindern vor ansteckenden Krankheiten notwendig sind. Natürlich ist es sinnvoll, sich bei den Maßnahmen für Gesundheit und Bildung auf die Kinder zu konzentrieren. Doch fehlt es in Politik und Wirtschaft an der langfristig ausgerichteten Entschlossenheit eines globalen Kampfes gegen Krankheiten. In den reichen Ländern kann man sich medizinische Dienstleistungen aller Art, auch unwesentliche, leisten, während es in den armen Ländern selbst am Notwendigsten fehlt. Medizinische Forschung und qualifizierte Ärzte folgen dem Lockruf des Geldes, das mit den Krankheiten der Armen nicht zu verdienen ist. Das kurzsichtige Eigeninteresse der reichen Welt reagiert noch nicht einmal auf die Ansteckungsgefahr, die aus den armen Ländern droht.

*

*Aids:* Das aus Afrika stammende, die Autoimmunschwäche Aids hervorrufende HIV-Virus hat sich seit seiner Entdeckung über die ganze Welt ausgebreitet. 2004 wurden 38 Millionen Fälle gemeldet, davon 90 Prozent in den armen Ländern, zwei Drittel in Schwarzafrika. Dort ist die Lebenserwartung, die um 1995 noch 62 Jahre betrug, mittlerweile auf 47 Jahre gesunken. 2004 lag die Infektionsrate bei Frauen in Gesamtafrika im Vergleich zu den Männern um das 1,3-Fache höher. Global gesehen sind 2,1 Millionen Kinder mit Aids infiziert; jährlich sterben drei Millionen Menschen an der Immunschwäche. Seit 1981 sind daran 20 Millionen Menschen gestorben. 2005/06 werden in den armen Ländern voraussichtlich weitere sechs Millionen Opfer zu verzeichnen sein.

UNAIDS, die Organisation, die die weltweiten Bemühungen im Kampf gegen die Krankheit koordiniert, teilte im November 2004 mit, dass fünf Milliarden Dollar pro Jahr nur die Hälfte dessen seien, was tatsächlich benötigt würde, um Erfolge zu erzielen. Peter Piot, der Vorsitzende von UNAIDS, schrieb in seinem Zweijahresbericht, dass die bisherigen Anstrengungen keine sichtbaren Wirkungen gezeigt hätten: »Das Virus ist schneller als wir alle.« In den armen Ländern werden nur zehn Prozent der Infizierten behandelt, was auch an kulturellen Gegebenheiten liegt. Vielfach ist man dort nicht bereit, über Aids öffentlich zu diskutieren, die Menschen aufzuklären, den Gebrauch von Kondomen zu propagieren. Drogenabhängige infizieren sich häufig mit nicht sterilisierten Nadeln. Hier liegt eine gewaltige Aufgabe für die UN und ihre Organisationen. Statt dem Gespenst einer umfassenden Heilung nachzujagen, sollte sie Kampagnen für Safer Sex, saubere Nadeln und die Bestrafung von Infizierten, die ungeschützten Geschlechtsverkehr haben, führen.

Derweil hat König Mswati III., Afrikas letzter absoluter Monarch, der über Swasiland herrscht, zehn Frauen, drei Verlobte und 24 Kinder. Für die Frauen hat er einige Paläste gebaut, deren jeder an die 15 Millionen Dollar kostete. Außerdem verfügt er über einen umfangreichen Wagenpark. Im Dezember 2004 kaufte er für eine halbe Million Dollar einen Daimler-Chrysler und fuhr zwei Monate später zur Parlamentseröffnung in einer neuen Stretchlimousine (Mercedes S 600) vor. Swasiland leidet an Nahrungsmittelmangel und hat die höchste Aids-Infektionsrate der Welt. Die Bevölkerung umfasst eine Million Menschen, von denen 70 Prozent in absoluter Armut leben. Die Arbeitslosigkeit liegt bei 40 Prozent.

## Bildung

Bildung wird in der Menschenrechtserklärung als ein Recht betrachtet, von dem alle anderen Rechte – bürgerliche, politische, wirtschaftliche und soziale – abhängen. 1945 wurde die UNESCO gegründet, eine der ersten UN-Organisationen. Ihr Aufgabengebiet sind Bildung, Wissenschaft und Kultur. Die Mitgliedsstaaten sind durch den Vertrag über die Menschenrechte verpflichtet, für die Bildung und Ausbildung der gesamten Bevölkerung zu sorgen. Doch wird dies Recht heute noch Millionen von Kindern vorenthalten, und Millionen von Erwachsenen sind Analphabeten.

Schon bald hatte die UNESCO andere Ziele als den Bau von neuen Schulen im Nachkriegseuropa, die Verkündung wissenschaftlicher Entdeckungen und die Veröffentlichung von Lehrbüchern. Die Organisation erklärte, es sei ihr Ziel, den Frieden in den Köpfen aller Menschen herzustellen. Sie erhielt die Befugnis zur übergreifenden Arbeit in fünf Themenbereichen: Bildung, Naturwissenschaften, Sozial- und Humanwissenschaften, Kommunikation und Information, Kultur. Die UNESCO sorgte unter anderem für die Bewahrung kultureller Güter, den Schutz geistigen Eigentums und des Weltkulturerbes und förderte die Unabhängigkeit neuer Medien. 1984 kam es zu Auseinandersetzungen über die Pressefreiheit, als die armen Länder eine Kampagne für neue internationale Richtlinien zur Information führten, in der sie von den westlichen Medien mehr ›Objektivität‹ bei der Berichterstattung forderten. Daraufhin traten die USA aus der UNESCO aus. 1997 setzte sich die UNESCO ein weiteres Ziel, indem sie die Verwirklichung des Menschenrechts auf Bildung zur Vorbedingung für die Demokratisierung erklärte. Im September 2003 kehrten die USA in die Organisation zurück, was Bush mit den finanziellen und verwaltungsmäßigen Reformen und der Rückkehr zu ihren Gründungsprinzipien, insbesondere der Pressefreiheit, begründete.

Auch im 21. Jahrhundert bewahrt die UNESCO ihre politische Motivation. Sie sieht sich jetzt als ein Laboratorium von Ideen und will Maßstäbe in der universellen Diskussion neuer ethischer Probleme setzen. Jacques Delors beschrieb ihre Ziele als Initiierung von Lernprozessen: Die Menschen sollen lernen, sich gemeinsam Wissen anzueignen, zu handeln und zu leben. Die Organisation will nach eigener Aussage die Bedingungen für einen Dialog auf der Grundlage gemeinsamer Werte, der Eigenwürde jeder Zivilisation und Kultur und dem Kampf gegen die Armut schaffen. Wie effektiv sie dabei ist, lässt sich nur schwer einschätzen. Aber die UNESCO hat gezeigt, was auch in Zukunft möglich ist: UN ohne USA.

### Die Tsunami-Katastrophe im Indischen Ozean

Hilfe bei Not- und Katastrophenfällen ist eine den UN seit ihrer Gründung vertraute Praxis. Die Reaktion auf den Tsunami vom 26. Dezember 2004 zeigt die Stärken und Schwächen der UN in diesem Bereich.

Viele Küstengebiete im Osten des Indischen Ozeans waren verwüstet worden, in insgesamt zwölf Ländern hatte es 226.000 Todesopfer gegeben und noch weit mehr Verwundete. Man ging von etwa zwei Millionen Obdachlosen aus. Obwohl andere Beben und Fluten noch mehr Menschenleben gefordert hatten, war dieser Tsunami bislang der schlimmste in der Geschichte der Seebeben. Er lenkte die Aufmerksamkeit der Weltöffentlichkeit auf die Naturkatastrophen zurück und warf insbesondere die Frage nach Frühwarnsystemen auf.[105] Die Hilfsangebote waren so umfangreich, dass sie die Koordinierungsmöglichkeiten der betroffenen Länder überforderten. Die Spendenbereitschaft war groß: Regierungen, Wirtschaftsunternehmen und Bürger wetteiferten miteinander. Die Höhe der privaten Spenden belief sich auf 3,86 Milliarden Dollar. Australien versprach eine Milliarde australischer Dollar, verteilt auf zehn Jahre; die USA 950 Millionen Dollar, davon 226 Millionen, die das Militär bereitstellte. Die Kampagnen des Roten Kreuzes und des Roten Halbmonds wurden Ende Januar 2005 mit einer Summe von 1,5 Milliarden Dollar beendet. Auch die Organisation ›Ärzte ohne Grenzen‹ sammelte Spenden, von denen sie im Mai sogar einen Teil zurückerstattete, weil sie nicht alles verwenden konnte.

Kofi Annan sprach von einer beispiellosen globalen Katastrophe, die eine beispiellose globale Reaktion benötige. Dringend erforderlich seien 977 Millionen Dollar an Katastrophenhilfe, um fünf Millionen Tsunami-Opfer die nächsten sechs Monate unterstützen zu können. Der Norweger Jan Egeland leitete die bis dato größte UN-Hilfsaktion, die im Vergleich zu den Anstrengungen einiger Mitgliedsstaaten zwar langsamer, für UN-Verhältnisse aber dennoch vorbildlich schnell anlief. Anfang Januar übertrugen Vertreter von 26 Ländern den UN die Aufgabe, die Katastrophenhilfe zu koordinieren, und erkannten damit die entsprechenden Fähigkeiten der Vereinten Nationen an. Zum ersten Mal nach zwei Jahren erlaubte Indonesien ausländischen Beobachtern die Einreise nach Aceh; in Jakarta und auf Sri Lanka hoffte man auf eine Aussöhnung zwischen Rebellen und Regierung. Manch Intellektueller träumte sogar von einer allgemeinen Menschheitsverbrüderung.

Die UNESCO, die 1968 die Errichtung eines Frühwarnsystems für den Pazifik unterstützt hatte, versprach ein Tsunami-Warnsystem für den Indischen Ozean, das bis Juni 2006 eingerichtet werden sollte. Ein globales Warnsystem wurde für 2007 in Aussicht gestellt. Egeland verglich Haiti und Kuba, die beide Mitte 2004 vom selben Wirbelsturm getroffen worden waren. Im chaotischen Haiti hatte es 3000 Todesopfer gegeben, in Kuba dagegen, das besser vorbereitet war, kein einziges. Katastrophenhilfe ist, wie man erkannte, leichter zu leisten, wenn in den betroffenen Ländern geordnete Verhältnisse herrschen und die Menschen dem Unheil nicht einfach ausgeliefert sind.

Die Ereignisse vom 26. Dezember waren so offensichtlich eine globale Herausforderung, dass die Reaktion darauf für die UN zum ›dritten Versuch‹ werden konnte. Die Welt hatte die Möglichkeit, aus Fehlern der Vergangenheit zu lernen und mittels der UN zum Wohle aller zusammenzuarbeiten. Natürlich waren die UN schon früher mit der Hilfe in Katastrophenfällen beauftragt worden. Sie hatten aus Erfahrungen mit Erdbeben und Überschwemmungen in Bangladesch (1970 und 1991), Peru (1970) und im Iran (1990 und 2003) gelernt und auch viele weniger dramatische Unglücksfälle bewältigt. Zwar kann keine Reaktion auf Naturkatastrophen jemals schnell genug oder vollkommen effektiv sein, doch gab der Tsunami den UN die Möglichkeit, sich zu beweisen und ihre Fähigkeiten realistisch einzuschätzen.

Leider hielt die Euphorie nicht lange an. Kanada und Großbritannien waren verärgert, weil sie nicht zur frühen Kerngruppe gehörten. Egeland und die US-Regierung stritten sich über ›knauserige‹ Beiträge. Annan wies warnend darauf hin, dass Geberländer ihre Versprechungen oft nicht einhielten oder andere Hilfsprogramme kürzten, um das versprochene Geld aufzubringen. UN-Organisationen stritten über Prioritäten. Die Tamilen fühlten sich von der Regierung in Colombo, die Acehnesen von Jakarta vernachlässigt. Usama bin Ladin nutzte die Gelegenheit, die Muslime ein weiteres Mal zum Kampf gegen die Ungläubigen aufzufordern. Westliche Kritiker rümpften die Nase über die geringen Beiträge islamischer Regierungen, denen an den muslimischen Brüdern und Schwestern in den betroffenen Regionen nicht viel zu liegen schien.

Rosemary Righter, eine gewichtige Kritikerin der UN, bezweifelte deren Fähigkeit zu effektiver Hilfe, weil sich die verschiedenen Organisationen immer gegenseitig auf die Füße träten.[106] Egeland schickte zwar seine Teams sehr schnell zu den Einsatzgebieten, doch bemerkte ein Diplomat sehr abschätzig, dass die UN noch in den Weihnachtsferien seien, während die Kerngruppe die Arbeit leiste.[107] Vielleicht, so meinte ein anderer Beobachter, erwarten wir zu viel von den UN, »vor allem, wenn die mächtigen Nationen Handlungsbereitschaft fordern, jedoch gleichzeitig die Unterstützung verweigern«[108]. Andere vertraten die Auffassung, die UN sollten erst dann eingreifen, wenn Mitgliedsstaaten und Hilfsorganisationen vor Ort seien, weil diese unmittelbar reagieren könnten, während die UN für die langfristige Koordination geeigneter seien.[109]

Von Menschenbrüderschaft war schon bald keine Rede mehr. Die USA wollten ihre 16 500 Mann umfassenden Hilfstruppen keinem UN-Kommando unterstellen. Und Australien verkündete, dass man die Spenden für Indonesien nicht über UN-Kanäle laufen lassen werde. Vielmehr würden Indonesien und Australien bilateral über die Verwendung entscheiden und zur weiteren Hilfe Streitkräfte beider Nationen einsetzen.

Einige der betroffenen Länder lehnten die Unterstützungsaktionen generell ab. Indien könne, hieß es aus Neu-Delhi, mit seinen Problemen allein fertig werden. Tatsächlich brachten die Inder 30 Millionen Dollar an Spenden auf, die vor allem Sri Lanka zugute kamen.[110] Die Regierung von Thailand reagierte ähnlich, vielleicht in realistischer Einschätzung ihrer Rückzahlfähigkeiten, und bot stattdessen an, die internationale Hilfe für die südostasiatische Region zu koordinieren. Burma wollte keine Angaben über die Zahl der Todesopfer machen (es waren 59) und zögerte lange, ausländische Vertreter von Hilfsorganisationen ins Land zu lassen.

So zeigte die Tsunami-Katastrophe wie im Brennglas alle Schwierigkeiten, mit denen die UN konfrontiert sind. Abgesehen davon, dass sie, wie so oft, von allen Seiten Kritik und Ratschläge erhielten, ging es um Hilfs- und Friedensoperationen, Konfliktprävention und Abrüstung, unterschiedliche Lebensstandards, Zugang zu den Märkten der reichen Länder, Schuldenerlass, den Einfluss des Tourismus, Umweltzerstörung und Ansteigen der Meeresspiegel, Schutz von Kindern, Mängel des öffentlichen Gesundheitswesens, Versorgung mit Trinkwasser, Schutz von Ureinwohnern, Minderheiten und Flüchtlingen sowie von Grundbedürfnissen und Menschenrechten, mangelhafte Regierungs- und Verwaltungstätigkeit, den ewigen Konflikt zwischen Multilateralismus und staatlicher Souveränität sowie die Kluft zwischen den Versprechungen der Mitgliedsstaaten und ihrer Erfüllung und natürlich um die breite Kluft zwischen armen und reichen Nationen. Damit haben die UN seit langem zu kämpfen, und das hat sich auch durch die Katastrophe nicht geändert.

## Umweltprobleme

Im 21. Jahrhundert wird es auf der Erde richtig warm: Bevölkerungszunahme, Entwaldung und die Verbrennung fossiler Stoffe haben seit der industriellen Revolution zu einem Anstieg der Durchschnittstemperatur um 0,7 Grad Celsius geführt. 2030 sollen acht Milliarden Menschen die Welt bevölkern, wodurch der Energieverbrauch und der Druck auf die Umwelt noch weiter anwachsen werden. Wird es noch einmal 0,7 Grad wärmer, sind, wie Ökologen warnen, weitere Naturkatastrophen absehbar.

Katastrophenskeptiker sehen die Zukunft weniger düster und zweifeln Hinweise auf drohendes Unheil an. In den 90er-Jahren steuerten die 38 Beitragszahler im Verhältnis zu ihrem Bruttosozialprodukt zehn Prozent weniger zum Global Environment Facility bei. Doch das siebte Millenniumsziel verpflichtet die UN-Mitgliedsstaaten zu kollektivem Handeln für den Erhalt der Umwelt. Das UN-Umweltprogramm (UNEP), die Organisation für industrielle Entwicklung (UNIDO) und andere mit der Problematik befasste UN-Organisationen sehen sich drei Fragen gegenüber: Was sollen wir glauben? Was können wir tun? Können wir überhaupt etwas tun?

Die Beziehung von Umwelt- und Sicherheitsproblemen ist weltweit akzeptiert, so dass weit mehr UN-Aktivitäten laufen, als hier benannt werden können. Dazu gehören Initiativen zum Erhalt der Artenvielfalt und der Korallenbänke (UNESCO und das Welterbe-Zentrum), zum Klimawandel und nachhaltiger Energiewirtschaft (UNEP) sowie zur Energieeffizienz (UNEP und Weltbank). Von den vielen Initiativen der UN-Stiftung werden zwei in China durchgeführt, die sich mit Biomasse für Energiesysteme und mit systemischer Energieerhaltung befassen. In Brasilien und Südafrika unterstützt die Stiftung ein Projekt zur Einbindung der Privatwirtschaft in die Förderung von Clean Development Mechanisms, die der Förderung von Klimaschutzprojekten in Entwicklungsländern dienen.

1987 sorgte die Brundtland-Kommission dafür, dass die Welt nicht mehr von der Konfrontation zwischen wirtschaftlicher Entwicklung und Umweltschutz, sondern von ›nachhaltiger Entwicklung‹ sprach, die nun zum Ziel vieler UN-Organisationen und NGOs wurde. Hier konnten die UN zum Wohle der Weltgemeinschaft tätig werden. Hier existierte ein weiteres globales Problem, das nach einer globalen Lösung verlangte.

Ermutigung versprachen die Erfahrungen mit dem Montreal-Protokoll, das 1987 unterzeichnet und 1990 sowie 1992 ergänzt wurde. Es war unter der Wiener Konvention zum Schutz der Ozonschicht von 1985 ausgehandelt worden. Die Wiener Konvention verpflichtete die Signatarstaaten zum Schutz von Mensch und Umwelt gegen die negativen Auswirkungen, die mit dem Schwund der Ozonschicht verbunden waren. 2000 war die Produktion von FCKW-Stoffen weitgehend eingestellt worden. Obwohl in der Ozonschicht über den Polen noch Löcher verblieben, schätzte die Weltbank, dass das Montreal-Protokoll zur Vermeidung von 20 Millionen Fällen von Hautkrebs und 130 Millionen Fällen von grauem Star beigetragen hat.[111]

Von den vielen Umweltproblemen, mit denen die UN befasst sind, seien hier die globale Erwärmung und ihre möglichen Auswirkungen auf den Klimawandel näher betrachtet.

*

*Das Kyoto-Protokoll:* Das regierungsübergreifende Gremium für den Klimawandel, dem 2500 Wissenschaftler angehören, berät die UN und die Weltklimaorganisation. Man ist sich darin einig, dass Klimawandel und globale Erwärmung schwer wiegende Probleme sind. Umweltexperten halten das erste Jahrzehnt dieses Jahrhunderts für eine äußerst kritische Periode, weil Weltwirtschaft und Erdklima zunehmend auf Kollisionskurs geraten. Doch sind die Ansichten über die Zukunft sehr geteilt, weshalb viele Regierungen zögern, Ausgaben zu tätigen, von denen sich nicht mit Sicherheit sagen lässt, ob sie den Klimawandel aufhalten oder wenigstens verlangsamen können. Für den Umweltschutz wurden weltweit, James Wolfensohn zufolge, zwischen 1990 und 2000 pro Jahr im Durchschnitt zwei, für militärische Zwecke dagegen 900 Milliarden Dollar aufgewendet.

Die Konvention über den Klimawandel wurde 1992 auf dem Erdgipfel in Rio de Janeiro ausgehandelt und zehn Jahre später auf dem Gipfel in Johannesburg überprüft. Sie verpflichtete alle Signatarstaaten, Emissionen, die den Treibhauseffekt beschleunigten, zu reduzieren, setzte jedoch keine Ziele. 1997 fügte das Kyoto-Protokoll der Konvention eine für Industrieländer gültige Begrenzung der Emissionen hinzu. Am 16. Februar 2005, nachdem auch Russland das Protokoll ratifiziert hatte, erlangte es vertraglich bindende Kraft. 141 Länder hatten das Protokoll ratifiziert, darunter auch 34 Industrienationen, die sich darauf einigten, ihre Kohlendioxidemissionen bis 2012 um 5,2 Prozent (gemessen an den Werten von 1990) zu senken. Zugleich wurde ein Handel mit $CO_2$-Emissionen beschlossen, von dem emissionsarme Länder ebenso profitieren sollten wie emissionsstarke: Staaten, die über Emissionsrechte verfügen und im Ausland in den Klimaschutz investieren, können die Kosten auf ihre eigenen Emissionen anrechnen.

Die USA, die 36,1 Prozent aller Treibhausgase der industrialisierten Länder emittieren, weigerten sich, das Protokoll zu ratifizieren, ebenso Australien (2,1 Prozent) und eine Anzahl von Ländern mit geringem Emissionsaufkommen. Allerdings bezogen sich die Reduktionswerte nur auf die reichen Industrienationen. Brasilien, China und Indien wurden als Entwicklungsländer eingestuft und erhielten keine konkreten Zielvorgaben. Australien hatte das Protokoll anfänglich unterstützt. Doch 2001 erklärte die Regierung Howard, dass die hauseigenen Emissionen weiter steigen müssten, weil Australien vom Verkauf von Brennstoffen an andere Länder abhängig sei, die dann Emissionskredite erhielten. Auch beklagte sich Canberra darüber, dass Luftverschmutzer wie China oder Indien nicht gezwungen würden, ihre Emissionen zu reduzieren oder damit zu handeln.

Vorhersagen zufolge wird China 2030 mit einer 20-fachen Zunahme an privat genutzten Pkws die USA überholt haben. Der Ölverbrauch würde sich bis dahin verdreifachen, von 6,4 auf 18,7 Millionen Barrel pro Tag. Selbst wenn diese Zahlen übertrieben sein sollten, wären die Auswirkungen auf Ölpreise, Luftverschmutzung und den Wettbewerb um knapper werdende Ressourcen schwer wiegend. Als China eine Einladung zum Treffen der G-8-Staaten oder die Zulassung zur WTO verlangte und Indien sich weigerte, den Atomwaffensperrvertrag zu unterzeichnen, verstanden sich beide als Industrienationen, doch hinsichtlich des Kyoto-Protokolls blieben sie arme Länder. Die UN standen vor einem weiteren Definitionsproblem.

2020 würden, so wurde erwartet, die Entwicklungsländer für mehr als die Hälfte der globalen Emissionen verantwortlich sein und könnten Handelsvorteile aus der Tatsache schlagen, dass sie nicht die Kosten für Emissionssenkungen tragen müssten. Es könnte im Interesse der USA liegen, solche Wettbewerber aus dem globalen Emissionshandel herauszuhalten.[112] Innerhalb der EU wurden Zweifel laut, ob es sinnvoll sei, bis 2012 weitere Reduktionsziele anzupeilen, solange sich China, Indien und die USA nicht ihrerseits zu Begrenzungen bereit finden würden, was indes nicht abzusehen war.[113] Kanada hatte keine Pläne, wann es seine Ziele erreichen wollte: Die Emissionen nahmen zwischen 1990 und 2004 um 70 Prozent zu. Italien kündigte seinen Ausstieg aus dem Vertrag für 2012 an. Bjorn Lomborg meinte, die Vorschriften würden 150 Milliarden Dollar im Jahr an Kosten verursachen, ohne die Erwärmung letztlich aufhalten zu können. Dennoch berichtete das

Pew Centre im April 2005 von Fortschritten im Emissionshandel, dem sich 2012 auch China, Indien und Brasilien anschließen wollten.

Der Leiter von UNEP meinte, die Vereinbarungen von Kyoto würden zu einer »gesünderen, faireren und stabileren Welt« führen, auch wenn, was UN-Offizielle immer betonen müssen, noch nicht alle Unterzeichner-Länder die angestrebten Zielvorstellungen umsetzten. Es wäre vor allem mal wieder Afrika, so fügte er im Februar 2005 hinzu, das die Folgen des Nichthandelns der Welt zu tragen hätte. UNEP trat für die Nutzung verlässlicher und effizienter Quellen sauberer Energien ein, was für manche Länder, der Gefahren ungeachtet, die Nutzung der Atomkraft bedeutete. Der Leiter von UNIDO konnte sich eine Welt mit Wasserstoffenergie vorstellen, mit leisen Automotoren und unterirdischen Stromleitungen. Derweil schmolzen in der Arktis weiter Schnee und Eis.

Während viele Regierungen noch zauderten, entschlossen sich BP und Dupont, ihre Emissionen unter die Margen von 1990 herunterzufahren. 2005 konnte Dupont zeigen, dass eine Senkung auf 65 Prozent möglich war. BP erreichte das für 2010 anvisierte Ziel bereits 2002. Es waren nicht einmal Kosten entstanden, denn die Energieeinsparungen wogen die Ausgaben für die emissionssenkenden Technologien mehr als auf.

*

*Landminen und abgereichertes Uran:* Australien und die Antarktis sind die einzigen Kontinente, die niemals mit Landminen bestückt wurden.[114] Im Gegensatz dazu gab es sie in allen zwölf vom Tsunami betroffenen Ländern. Als die Sturmflut sie freilegte, wurden sie für die Überlebenden zu einer weiteren Gefahr.

Eine andere, ähnlich heimtückische Bedrohung der Sicherheit von Zivilisten könnte schon bald zu einem neuen Aufgabengebiet für die UN werden: der militärische Einsatz von abgereichertem Uran (*depleted uranium*, DU). Die DU-Technologie wurde von Deutschland in den 70er-Jahren entwickelt und ist von der Konvention über konventionelle Waffen 1980; der vollständige Titel lautet: »Konvention über das Verbot oder die Beschränkung konventioneller Waffen mit größter Zerstörungskraft oder Zielungenauigkeit«) nicht ausdrücklich verboten worden. Sie wurde bei der Ummantelung von Bomben, zur Herstellung von Antipanzerwaffen und der Härtung von Panzerplatten zuerst von Großbritannien und den USA im Golfkrieg von 1990/91 eingesetzt. Auch in Bosnien und bei der Invasion im Irak fand DU

Verwendung. Angeblich sollen sich Israel, die Türkei, Pakistan, Thailand, Russland und Saudi-Arabien ebenfalls dieser Technologie bedienen. Wenn ein DU-Geschoss ein gepanzertes Fahrzeug trifft, fängt es von innen an zu brennen, wobei kleine Partikel freigesetzt werden, die verschluckt oder eingeatmet werden können, dann in den Boden und ins Wasser und so in die Nahrungskette gelangen. Diese Partikel erzeugen Lungenkrebs, Leukämie und andere aggressive Krebserkrankungen. Die mit DU verseuchte Umwelt bleibt auf lange Zeit geschädigt.[115]

Kritiker, die den USA den breiten Einsatz von DU vorwerfen, sprechen von einer anderen Form des Nuklearkriegs. Sicher wird das Uran in Kenntnis der Folgen eingesetzt. Kanadische und deutsche Experten, die das ›Golfkriegssyndrom‹ untersuchten, entdeckten bei Kindern von Kriegsteilnehmern beider Seiten physische Deformationen, Leukämie und Krebs.[116] Amerikanische Spezialisten berichteten, dass nach dem Einsatz von DU an die 50.000 irakische Kinder in den ersten acht Monaten des Jahres 1991 an Krebs, Nierenversagen und zuvor unbekannten inneren Krankheiten starben. Ähnliche Auswirkungen gibt es seit 2003 auch bei erwachsenen Zivilisten und Militärangehörigen im Irak zu beobachten. Bei aller Sorge über Massenvernichtungswaffen scheint der UN-Sicherheitsrat übersehen zu haben, dass zwei der Perm Five offenbar DU im Irak eingesetzt haben, was gegen die Menschenrechtskonvention verstößt.

Die Anglo-Alliierten bemühen sich nach Kräften, die Auswirkungen von DU zu leugnen und zu vertuschen. Die Gründe dafür dürften ähnlich gelagert sein wie bei dem Einsatz von Agent Orange in Indochina. Auch hier haben die USA und Australien niemals die Verantwortung für die Folgen übernommen, vermutlich aus Angst vor Prozessen und den enormen Kosten bei Schadenersatz für die Opfer und ihre Familien und für die Zerstörung der Wälder. Hier böte sich den UN eine weitere Gelegenheit, die Grundsätze der Charta zu verwirklichen. Es ist aber fraglich, ob sie sich dazu durchringen werden.

### Was noch zu tun ist

Warum sind im Lauf der Geschichte so viele Zivilisationen untergegangen? In seinem 2005 erschienenen Buch *Collaps* gab Jared Diamond darauf eine klare Antwort: weil sie die natürlichen Grundlagen ihrer Existenz zerstörten. Bei der Befriedigung menschlicher Bedürfnisse setzt man auf Technologien, die oft genug die Umwelt unerträglich belasten. Aber die politisch Verantwortlichen sind weniger an einer langfristigen Planung zur Gesunderhaltung der Umwelt interessiert als von kurzfristigen Interessen geleitet: »Selbstbereicherung, Kriegführung, sich selber ein Denkmal setzen, Konkurrenz und Ausbeutung der Landwirtschaft, um all das finanzieren zu können«. Versagt der Staat völlig, verschlimmert die arme Landbevölkerung ihre Lage noch weiter, indem sie Flüsse und Böden vergiftet und Arten ausrottet.

Wer einmal den vom Ölqualm schwarzbraunen Himmel über einem Land des Nahen Ostens oder die Rauchschwaden brennender indonesischer Wälder gesehen hat, mag denken, dass so das Ende der Welt aussehen könnte, zumindest das Ende von Zivilisationen, die nichts hinterlassen als Ödnis und Wüste. Wer dort bleiben muss, wird nicht zögern, andere im Kampf um die verbleibenden Ressourcen anzugreifen, ethnische Säuberungen durchzuführen oder den Feind mit ansteckenden Krankheiten zu schwächen. Wer solche verhängnisvollen Regionen verlassen kann, macht sich auf den Weg. Wer bleibt, beutet aus, was noch übrig ist, nur um irgendwann auch den Fluchtversuch zu unternehmen. Solche Massenfluchtbewegungen sind die Folge kulturellen und ökologischen Niedergangs und gehören zu den Schattenseiten der Globalisierung. Diamond beschreibt diese »unaufhaltsamen Ströme von Immigranten, die auf legale oder illegale Weise in Booten, Zügen, Flugzeugen und zu Fuß« in weniger geschädigten Regionen ankommen. Bisweilen wirkt das wie eine Umkehrung des Kolonialismus: aus dem Nahen Osten nach Europa oder von Mexiko in die Vereinigten Staaten. Die Grenzen der Nationalstaaten, die in der Charta und den Diskussionen der Generalversammlung eine so große Rolle spielen, können eines Tages von einer neuen Völkerwanderung der Armen hinweggefegt werden.

Die Erd-Charta wurde am 29. Juni 2000 in Den Haag in Kraft gesetzt, um zu vollenden, was auf dem Gipfel von Rio 1992 unerledigt geblieben war. Unterstützt von der niederländischen Regierung und der UNESCO, war es das ehrgeizige Ziel dieser Charta, die entstehende Weltgesellschaft mit soliden ethischen Grundlagen zu versehen und für den Aufbau einer Welt zu sorgen, in der Natur und Menschenrechte respektiert werden, wirtschaftliche Gerechtigkeit und eine Kultur des Friedens herrschen. Diese Idee fand breite Unterstützung auch bei NGOs, und so wurde an der UN-Universität für den Frieden in Costa Rica ein Sekretariat eingerichtet. In enger Anlehnung an die UN-Charta konstatierte die Erd-Charta die unauflösliche Verbindung zwischen Umweltschutz und Menschenrechten, ausbalancierter menschlicher Entwicklung und Frieden. Allein der deklaratorische Wert dieser »Prinzipien für den Aufbau einer gerechten, nachhaltigen und friedlichen Weltgesellschaft« sollte auch kommende Generationen bewegen können. Doch ist, wie bei vielen Bemühungen der UN, die Umsetzung eine andere Sache.

Wir haben einige Beispiele aus den vielen UN-Aktivitäten zur Verbesserung der Lebensbedingungen der Weltbevölkerung dargestellt und dabei gesehen, dass – nicht überraschend – gleichermaßen Licht und Schatten herrschen. Doch wo »sozialer Fortschritt und besserer Lebensstandard in größerer Freiheit« erreicht werden konnte, ist dies nicht zuletzt den UN-Organisationen zu verdanken, nicht zu vergessen all jene Mitgliedsstaaten, die Hilfe gewährten oder annahmen. Doch stehen die UN, wie Kofi Annan 2003 diplomatisch mitteilte, an einem Scheideweg. Denn augenblicklich befinden sie sich auf einem Kollisionskurs mit den USA und Ländern wie Australien, die auf unilaterale Globalisierung und Eigeninteresse setzen. Deshalb hängen Erfolg oder Misserfolg des dritten Versuchs auch in den von uns zuletzt erörterten Bereichen davon ab, dass die Regierungen und Bevölkerungen jener Länder begreifen, was auf dem Spiel steht: unser Überleben.

# Kapitel 12

# Globalisierung, Demokratisierung (Governance) und Handel

Wie erfolgreich waren die UN in ihrem Kampf gegen Armut und für einen besseren Lebensstandard in größerer Freiheit? Sehr erfolgreich, meinen die Anhänger und verweisen auf die Verdoppelung des Human Development Index seit 1960. Überhaupt nicht erfolgreich, meinen jene Kritiker, die darauf verweisen, dass in einigen Ländern die Entwicklungszusammenarbeit Entwicklung verhindert und Korruption begünstigt habe.

Unterschiedliche Denkweisen überschneiden sich in den Vereinten Nationen selbst und wirken sich auf ihr Handeln aus. Im Folgenden wollen wir anhand der Themen Globalisierung, Demokratisierung (Governance) und Handel die Operationen der UN und ihre Auswirkungen auf *failing states* untersuchen.

## Gute und schlechte Globalisierung

Über das, was Globalisierung ist und bewirkt, gehen die Ansichten weit auseinander. Wer die internationale wirtschaftliche Integration befürwortet, wird ihre positiven Resultate der Globalisierung zuschreiben. Wer kulturelle Autonomie bewahren möchte, wird die Globalisierung als Bedrohung sehen. Versteht man unter Globalisierung »den Versuch, universelle Normen wirtschaftlichen, sozialen und politischen Verhaltens in einer Welt durchzusetzen, in der in allen Bereichen der Interaktion seit jeher Diversität geherrscht hat«, kann der Widerstand in der armen Welt nicht überraschen, vor allem, wenn die Normen von den Reichen und Mächtigen gesetzt werden.[117] Andererseits würden viele in der armen Welt die Globalisierung befürworten, wenn damit gleiche Bedingungen für alle Partner verbunden wären, das heißt freier

Handel, faire Preise, kostengünstigere Medizin und bessere Reisemöglichkeiten. Allerdings wird in der reichen Welt zwar der ungehemmte Fluss von Informationen und Gütern als angenehm empfunden, nicht unbedingt aber der von Menschen. Dergestalt gewinnen die Menschen in der armen Welt den Eindruck, dass die Reichen sich der Globalisierung bedienen, um das Beste an sich zu nehmen und den Rest – die Armen selbst – sich selbst zu überlassen. Die Reichen dagegen halten den armen Ländern vor, im Wettbewerb versagt zu haben.

Wie dem auch sei: Die Globalisierung ist ein Prozess, der nicht aufgehalten werden kann, der aber auch nicht notwendigerweise mit den Grundsätzen und Zwecken der UN in Konflikt geraten muss. Zwei frühere Versuche, eine globale Weltordnung zu schaffen, sind gescheitert: Die Briten wollten sie auf den Freihandel gründen und die Kommunisten auf die Freiheit von Klassenzwängen. Ein ›dritter Versuch‹ war die von Bush sen. verkündete ›neue Weltordnung‹, in der den UN eine zentrale Rolle zukommen sollte. Bush jun. denkt da anders: Wer nicht für die USA ist, seien es Nationen oder Organisationen, ist wider sie. In der Verbindung von militärischer Vorherrschaft mit den neuen Informationstechnologien zielt seine Globalisierung auf allgemeine Kommerzialisierung und Privatisierung. Demgegenüber versuchen die UN sich an einer anderen Art der Globalisierung, die sich die Sicherung des Weltfriedens und die Hebung des Lebensstandards der Armen zum Ziel gesetzt hat. Ein weiterer Konflikt zwischen Washington und den UN scheint unausweichlich.

Wer indes Globalisierung im Interesse der wenigen Reichen betreibt, auf den muss die Idee einer globalen Demokratisierung, mittels derer die Armen ihre Interessen artikulieren können, eher abstoßend wirken, weil für ihn transnationale Konzerne ›gute Globalisierung‹ darstellen, transnationale Organisationen dagegen ›schlechte Globalisierung‹. Die Demokratisierungsbestrebungen der UN gehören für die Marktfetischisten zur schlechten Variante. Ein Kritiker, Mark Plattner, meint: »Eine Welt ohne Grenzen ist höchstwahrscheinlich keine demokratische Welt. Die Idee einer ›Weltbürgerschaft‹ klingt in der Theorie gut, dürfte in der Praxis aber kaum funktionieren.«[118] Plattner und andere befürchten, dass die Fürsprecher des Transnationalen in den UN und den NGOs die nationale Souveränität mittels globalisierter Technologie aus den Angeln heben und neue Normen einer globalen Demokratisierung entwickeln wollen. Diese Progressiven unterstützen »die Unterdrückten und die Minderheiten, sind gegen die Todesstrafe, gegen unilaterale Militäraktionen der USA usw.«. Ohne dass es benannt würde, ist hier von der

Bewegung für Globale Gerechtigkeit (Global Justice Movement) die Rede, einer, wie es ein Mitglied formulierte, »umfassenden und ungeordneten Koalition«[119]. Wahrscheinlich übertreiben die Gegner dieser Bewegung, wenn sie ihr unterstellen, sie verändere »globale Institutionen, Gesetze, Regeln, Netzwerke und ideologische Normen«. Plattner und andere betreiben den Konflikt mit den UN, nicht weil diese bestrebt sind, zur Weltregierung zu werden, sondern weil sie jenen im Weg stehen, die eine Weltordnung gemäß ihren eigenen Interessen wollen.

*

*Handelsvorteile und Handelsnachteile:* Wie wir bereits sahen, setzen viele Menschen in den armen Ländern zur Verbesserung ihrer Lage nicht auf Entwicklungszusammenarbeit, sondern auf durch ›gute Globalisierung‹ beförderte Handelsstrukturen. Echter Freihandel würde natürlich bedeuten, dass sie im Zugang zu den Märkten dieser Welt Chancengleichheit bekommen. Etwas, das die reichen Länder immer wieder versprachen, ohne es bislang gehalten zu haben. Der Welthandel ist selten das, was er zu sein scheint: Freihandel ist nicht frei, Liberalisierung bedeutet Protektionismus, und die globalen Handelsregulierer, die lauthals Transparenz fordern, operieren selbst im Geheimen und ohne Rechenschaft ablegen zu müssen. So wie der Welthandel im Augenblick läuft, ist er, wie George Monbiot meint, »ein schwächliches und oftmals rückwärts orientiertes Mittel zur Verteilung des Reichtums unter den Nationen«[120].

Viele arme Länder haben ihre Umwelt und Kultur beschädigt, um die reichen Länder mit überproportional hohen Mengen an Nahrungsmitteln, Rohstoffen und Fabrikwaren zu versorgen. Oft genug fließen die Gewinne nicht an die eigentlichen Produzenten zurück, sondern bleiben in den Händen ausländischer Firmen, die gemäß den Regeln der Welthandelsorganisation die Farmen und Plantagen, die Ressourcen und Fabriken besitzen dürfen. Subventionierte Landwirtschaft ermöglicht es den reichen Ländern, ihre Produkte unter Kostenpreis zu verkaufen, die Märkte damit zu überfluten und zu ruinieren und die unterbezahlten Bauern in den armen Ländern aus dem Geschäft zu drängen.

Als die USA (ein berühmtes Beispiel) ihre 25.000 Baumwollfarmer mit 3,9 Milliarden Dollar subventionierten, dem dreifachen Betrag der Entwicklungszusammenarbeit für Afrika, fielen die Weltpreise um 26 Prozent, was für Millionen Bauern in den armen Ländern, die nur vom Baumwollanbau lebten, die Zerstörung ihrer Existenzgrundlage bedeutete. Diese Subventionen waren eine klare Verletzung der WTO-Regeln. Ähnlich hat die EU mit ihrer gemeinsamen Agrarpolitik jahrzehntelang den Rübenzucker subventioniert, zum Schaden für den in vielen anderen Weltregionen fabrizierten Rohrzucker. Zwar erlauben die Europäer die zollfreie Einfuhr von Rohkaffee und -kakao, doch verhindern sie durch progressive Zölle die Verarbeitung in den Erzeugerländern, so dass der Wert des Endprodukts disproportional höher ist als der des Rohstoffs. Der Vorwurf der Afrikaner, hier werde Kolonialismus mit anderen Mitteln betrieben, ist durchaus berechtigt.

Die Afrikakommission der britischen Regierung drängte 2005 auf stärkere Öffnung der westlichen Märkte für Exporte aus Afrika. Das war schon oft versprochen, aber bislang nicht eingehalten worden. Reiche Länder schließen häufig Handelsabkommen mit armen, um Zugang zu deren Märkten zu erlangen. Im Gegenzug versprechen sie eine Senkung der Agrarsubventionen, die dann nicht erfolgt; manchmal werden die Subventionen sogar erhöht. Aber die Erfolge einiger zielstrebiger Länder in Lateinamerika und Ostasien verdanken sich dem Handel, und ihr wachsender Wohlstand hat ihnen Selbstvertrauen verschafft. Genau das fehlt den Ländern, die am Tropf hängen. Auch die Cairns Group, in der sich Agrarprodukte exportierende Länder zusammengeschlossen haben, hat erfolgreich in einige geschützte Märkte eindringen können. Kaufkraft, die durch entsprechende Handelsbestimmungen begünstigt wird, ist ein guter Motor zur Entwicklung von Selbstrespekt. Oxfam zufolge verdienen arme Länder 32-mal so viel durch Exporte, wie sie an Hilfsleistungen erhalten. Eine Zunahme schon um ein Prozent am Anteil der Weltexporte würde die Zahl der ganz Armen in den Entwicklungsregionen um 128 Millionen (zwölf Prozent) senken.[121]

Als nach dem langen und quälenden Hinscheiden des Allgemeinen Zoll- und Handelsabkommens (GATT) die WTO gegründet wurde, in der jedes Mitgliedsland über eine Stimme verfügte, zeigten die armen Länder 1999 in Seattle, dass sie den damit allein ihrer Anzahl wegen verbundenen Machtzuwachs zu nutzen wussten. Aber die reichen Länder ließen sich nicht so leicht ausmanövrieren. Die ›Quad‹ (Kanada, EU, Japan und die USA) trifft sich vor den WTO-Zusammenkünften und entscheidet über die für sie und einige andere reiche Länder vorteilhaften Ergebnisse. Ähnliche Vereinigungen gibt es, aus ähnlichen Gründen, überall in den UN. Offensichtlich bleibt den armen Ländern kein anderer Weg durch das Weltmarktdickicht als der Aufstand gegen die Quad. Ihre Stärke liegt in ihrer Zahl und ihrem Reichtum an Rohstoffen (inklusive Erdöl). Käme es zur Rebellion, würde sie den Ölschock der 70er-Jahre weit in den Schatten stellen. Die G-7-Staaten sind sich des Risikos bewusst und haben dringend um Unterstützung ihrer Afrikakommission gebeten, während die Perm Five wohl hoffen, dass die Millenniumsziele noch vor dem Ausbruch der Revolte erreicht werden können.

## Demokratisierung (Governance)

Demokratie als beste Regierungsform ist nirgendwo perfekt, sondern noch in den 40 bis 50 Ländern, die für die übrige Welt ein Beispiel geben wollen, verbesserbar. Das Recht aller Bürger, an periodisch stattfindenden freien, gleichen und geheimen Wahlen teilzunehmen, ist in der Menschenrechtserklärung ebenso erwähnt wie im Internationalen Vertrag über bürgerliche und politische Rechte. Menschenrechtskomitee und -kommission haben übereinstimmend erklärt, dass Wahlen frei sein und mehr als eine Partei umfassen müssen. In seiner Rede zur Lage der Nation von 1994 verband Präsident Clinton Demokratie mit Frieden und Sicherheit. Die Warschauer Erklärung vom Juni 2000 mit dem Titel »Auf dem Weg zu einer Gemeinschaft von Demokratien« bekräftigte, dass Frieden, Entwicklung, Menschenrechte und Demokratie miteinander zusammenhingen.[122] Vertreter von 98 Staaten hatten dem zugestimmt, als der Angriff auf das World Trade Center die USA zum Krieg veranlasste. Die Demokratiebewegung wurde fortgesetzt, und bei dem Treffen in Seoul 2002 waren von 115 teilnehmenden und beobachtenden Staaten mehr als die Hälfte (60) Entwicklungsländer.

1980 gab es in der Weltgemeinschaft nur 54 Demokratien, doch führte die Entkolonialisierung in vielen Ländern zu demokratischen Strukturen. Laut Freedom House in New York sind mittlerweile 119 der 191 UN-Mitgliedsstaaten demokratisch. Allerdings waren nicht alle Länder darauf vorbereitet, weshalb es hier und da Rückschritte gegeben hat. Natürlich reicht es nicht hin, sich für demokratisch zu erklären, wenn die entsprechende Praxis fehlt oder mangelhaft ist. Zur Demokratisierung gehören, so ein Team von Experten der UN-Universität, alle Organisationen, die für Menschenrechte, Bürgerbeteiligung, freie Wahlen, unabhängige Medien, wirtschaftliche Transparenz, Gerechtigkeit, zivile Kontrolle der Streitkräfte, effektive lokale Verwaltungen und den politischen Status von Frauen und Minderheiten eintreten.[123]

In der UN-Charta selbst wird ›Demokratie‹ nirgendwo erwähnt, und es gehört auch nicht zu den erklärten Zielen der UN, die Demokratisierung zu fördern. Eine demokratische Verfassung ist keine Vorbedingung für die UN-Mitgliedschaft. Auch die UN selbst sind weit davon entfernt, demokratisch zu sein, was ebenso für Weltbank und IWF gilt. Dennoch haben die UN während der Dekolonisierungsphase und besonders nach dem Ende des Kalten Krieges die mit Wahlen verbundene Demokratie als »grundlegende Regierungsform« bezeichnet, die »alle Nationen anstreben sollten«[124].

Der Bericht der Weltbank von 1998 mit dem Titel »Entwicklungszusammenarbeit: Was funktioniert und warum« sah den Schlüssel zur erfolgreichen Bekämpfung der Armut in einer auf Demokratie, Transparenz und Verantwortlichkeit beruhenden Regierungstätigkeit. Begeisterten sich die 80er-Jahre für den größtmöglichen Rückzug der Politik aus den meisten Bereichen des gesellschaftlichen Lebens, lautete der Wahlspruch, unter dem sich die 90er versammelten, ›Good Governance‹. Mochte darin auch viel Rhetorik liegen, verdankte sich dieser Wechsel nicht zuletzt der Einsicht von Geber- und Nehmerländern (die jetzt ›Programmländer‹, *program countries*, hießen), dass Entwicklungszusammenarbeit bessere Resultate – und zwar für beide Seiten – bringen müsse als bisher. Die UN setzten auch bei sich selbst Reformprozesse in Bewegung, was unter anderem zu einer klareren Strukturierung von Verantwortlichkeiten und häufigeren Evaluierungen führte. Das war vor der Wahl Kofi Annans zum Generalsekretär in einigen Bereichen vernachlässigt worden.

Das UN-Entwicklungsprogramm (UNDP) steht im Ruf, das Vertrauen seiner Gastländer zu genießen und so nützliche wie dauerhafte Beiträge zum Good Governance zu liefern. Die praktischen Erfahrungen und Kenntnisse dieser Organisation wurden und werden häufig von der Abteilung Wahlhilfe der UN genutzt. Als das UNDP in den 90er-Jahren die Demokratisierung zu einem seiner Schwerpunkte machte, entschied es sich damit für einen langfristigen Ansatz zum Aufbau von Rechtsinstitutionen und der Entwicklung von Wahlsystemen.

2001 gingen 45 Prozent der vom UNDP aufgewendeten Gelder in Demokratisierungsprojekte in 166 Ländern, wobei insbesondere demokratische Übergangsprozesse unterstützt wurden. Ferner half das UNDP bei der Vorbereitung von über 270 Berichten zur Auswirkung von Demokratisierungsbemühungen auf Entwicklung und Armutsbekämpfung.

Die neue Popularität des Begriffs ›Governance‹ im Zusammenhang mit der Entwicklungszusammenarbeit überschattete allmählich die Bedeutung, die früher dem Wachstum zugefallen war. Das UNDP legte nun viel Wert auf Bürgerbeteiligung und nachhaltiges soziales Wachstum. Damit riskierte es den Konflikt mit den Interessen reicher Länder, die solche Ziele nur rhetorisch befürworteten, während die armen Länder darin den kürzesten Weg zum Wohlstand sahen, was natürlich nur in Enttäuschung enden konnte. So sind die UN bei ihren Demokratisierungsansätzen ebenso selektiv geworden wie in der Frage der Menschenrechte: 2004 trat das Parlament in der Volksrepublik China, die zu den Perm Five gehört, für einen einzigen Tag zusammen, 2005 waren es immerhin schon zehn. In Chinas Einparteienstaat sind Wahlen kaum mehr als Akklamationen.

Die im Bereich der ›Governance‹ arbeitenden UN-Organisationen halten es für sinnvoller, einen staatlichen Kollaps zu verhindern, als dessen Folgen zu mildern. Das Abrutschen eines Staates zu antizipieren bietet gleichzeitig die Gewähr für zielgenauere Entwicklungszusammenarbeit und erleichtert Rettungsaktionen. Doch müssen solche Vorstellungen gegen den regionalen und internationalen politischen Widerstand erst noch durchgesetzt werden. Die Abteilung für politische Angelegenheiten (UNDPA) hat sich der Herausforderung gestellt, eine Analyse und ein Frühwarnsystem für drohende staatliche Desintegration zu erstellen. Außerdem wird man der Empfehlung des HLP folgen und eine Kommission für friedenssichernde Maßnahmen einrichten. Doch war die Aufgabe, staatlichen Kollaps oder bewaffneten Konflikt präventiv zu verhindern, selbst für das HLP zu politisch. Dennoch werden sich die UN des Problems annehmen müssen, wie nach vergeblichen Friedensbemühungen das weitere Abgleiten eines Landes ins Chaos verhindert werden kann.

## Korruption

Zu den Staaten, die nach dem 11. September 2001 verdächtigt wurden, Terroristen zu unterstützen, gehörten arme Länder in Afrika, Lateinamerika und dem Südpazifik – Länder, die der Westen zwei Jahrzehnte früher vor dem Kommunismus zu bewahren versucht hatte. Auch in dieser Hinsicht schien der Terrorismus eine Art neuer Kommunismus zu sein. Der Westen war mit nachdrücklicher Gewalt daran erinnert worden, dass schwache, hinfällige oder kollabierende Staaten immer noch ein ernst zu nehmendes Problem darstellten. Francis Fukuyama behauptete, die reiche Welt hätte es allzu lange versäumt, stärkere Staaten aufzubauen und schwächere zu stärken. Er verwies dabei in seinem 2004 erschienenen Buch *State Building: Governance and World Order in the 21st Century* auf die traurige Bilanz der US-amerikanischen Außenpolitik. Allerdings waren die Versäumnisse der UN auf diesem Gebiet mindestens ebenso groß.

Manche vertreten die Ansicht, dass alle Entwicklungsländer potenziell kollabierende Staaten sind. Zwar gibt es kaum Übereinstimmung darüber, was unter Entwicklung zu verstehen sei oder warum einige Staaten zerfallen, andere dagegen nicht. Doch nachdem James Wolfensohn das in Diplomatenkreisen eigentlich unaussprechbare Wort ›Korruption‹ in die Debatte geworfen hatte, waren viele geneigt zuzugeben, dass Korruption eine Ursache für staatlichen Zerfall ist und die Entwicklungszusammenarbeit dazu beitragen kann. Ein mutiges Team von thailändischen Wirtschaftswissenschaftlerinnen zeigte Ende der 90er-Jahre, dass Bestechungszahlungen an Polizisten, Richter, Politiker und Schutzgelderpresser in direktem Zusammenhang mit dem Verschwinden von Geldern standen, die eigentlich für den Ausbau des Gesundheits- und Bildungswesens im Interesse der armen Landbevölkerung in Thailand vorgesehen waren. Beobachtungen von Transparency International und der International Crisis Group in anderen Ländern bestätigten die Ergebnisse der Thailänderinnen. Schmiergeldzahlungen gibt es in vielen Ländern und auf allen Ebenen der Gesellschaft. Doch in der armen Welt stehen die illegal angehäuften persönlichen Reichtümer der wenigen in krassem Kontrast zum Lebensstandard der vielen. Provisionen und Schmiergelder, die von internationalen Geldgebern und Konzernen gezahlt werden, nützen vor allem den Bankkonten der politischen Führer in einigen der ärmsten Länder dieser Erde. Zu den Spitzenreitern zählen dabei die Präsidenten Suharto (zwischen 15 und 35 Milliarden Dollar), Marcos (5 bis 10 Milliarden), Mobutu (5 Milliarden), Abacha (2 bis 5 Milliarden), Milošević (1 Milliarde), Duvalier (300 bis 800 Millionen), Fujimori (600 Millionen) und Estrada (an die 80 Millionen).[125]

Natürlich stammten diese Reichtümer nur zum Teil aus UN-Fonds. Doch mögen die Ziele auch noch so hoch gesteckt sein, es bleibt die Tatsache, dass die UN-Organisationen mit den IFIs, nationalen Regierungen, NGOs und sogar reichen Einzelpersonen im großen Entwicklungszusammenarbeitsspiel wetteifern, in dem alle Spieler beweisen möchten, wie wirksam, wichtig und einflussreich sie sind. Da die Gelder der Entwicklungszusammenarbeit an die Regierungen fließen, müssen deren Beamte schon außergewöhnlich pflichtbewusst und gut bezahlt sein, um der Verlockung größerer Zuwendungen widerstehen zu können. So aber, wie die Entwicklungszusammenarbeit im Augenblick strukturiert ist, wird sie, von wem auch immer sie kommt, die

Korruption fördern und die Kluft zwischen Arm und Reich vertiefen. Da bleibt nur die Alternative, die Gelder an so viele Bedingungen zu knüpfen, dass diejenigen, die sie erhalten, daraus keinen Honig saugen können.

## Verweigerte Hilfe

Der indonesische Präsident Sukarno empfahl den großspurigen Niederländern einmal, sie sollten mit ihrer Hilfe »zur Hölle gehen«. Sein Nachfolger, Suharto, wiederholte diese Aufforderung in den 90er-Jahren. Angesichts seiner Reichtümer und der seiner Kinder konnte Suharto ohne diese Hilfe auskommen, da er von ausländischen Konzernen mehr bekam. Während der Wirtschaftskrise in Ostasien 1997/98 wies Premierminister Mahathir von Malaysia den Weltwährungsfonds ab und schlug mit einigem Erfolg seinen eigenen Weg ein. Die Burmesen, deren Fremdenfeindlichkeit auch durch historische Erfahrungen genährt wurde, haben lange Zeit jegliche Hilfe abgelehnt. Und die Militärregierung von Myanmar verwendet das, was sie bekommt, für sich selbst, nicht aber für die Bedürfnisse der eigenen Bevölkerung.

In Nordkorea läuft das ähnlich. Ende 2004 wurde fünf UN-Organisationen mitgeteilt, dass sie ihren Mitarbeiterstab zu halbieren und das Land nach Beendigung ihres Auftrags zu verlassen hätten. Angeblich war es zu kompliziert, das Programm, das neun Jahre lang 6,5 Millionen Menschen, ein Drittel der Gesamtbevölkerung, mit Lebensmitteln versorgt hatte, zu kontrollieren. Im Ausland hegte man den Verdacht, dass auch Nordkorea lieber seine bewaffneten Streitkräfte (1,1 Millionen Mann) mit diesen Lebensmitteln versorgte, statt sie den wirklich Bedürftigen zukommen zu lassen.[126] Das World Food Program bestand darauf, seine Hilfsleistungen nicht an Bedingungen zu knüpfen, weshalb es Auseinandersetzungen mit den USA gab, deren Strategie darauf hinauslief, die Nordkoreaner durch Nahrungsmangel zur Verzweiflung und so zum Sturz der Regierung zu treiben.

Im Gegensatz dazu wurde Uganda in den 90er-Jahren fast über Nacht zu einem Modell für erfolgreiche Entwicklungszusammenarbeit. Yoweri Museveni und sein Stellvertreter, ein Oxford-Absolvent, konnten der Beratungsgruppe der Weltbank erklären, welche ihrer Vorstellungen unsinnig waren, und sie bestanden darauf, lokale Gemeinschaften nach ihren Bedürfnissen zu fragen und sie öffentlich für die Verwendung der Hilfsgelder verantwortlich zu machen. Die Ergebnisse konnten sich sehen lassen: Ugandas Abhängigkeit ging drastisch zurück.[127]

Indien ist, wie so oft, ein anders gelagerter Fall. Die Hälfte der ärmsten Menschen der Welt lebt in Südasien, der Region mit dem niedrigsten durchschnittlichen Bruttosozialprodukt überhaupt. Indiens 1947 beschlossene Verfassung garantiert, in Anlehnung an die UN-Charta, allen Bürgern politische Grundrechte und fordert bislang vergeblich den Staat zur Gleichbehandlung von Mann und Frau auf. Indien ist den UN insofern vergleichbar, als dass auch dort die Macht in den Händen einer kleinen Spitze liegt, der politischen, Land besitzenden und wirtschaftlichen Eliten. Genau wie die UN hat Indien viele Pläne und Projekte, Institutionen und Ressourcen entwickelt, alle mit dem Ziel einer gerechteren Machtverteilung.

Vier Jahrzehnte lang hat Indien seine Entwicklung geplant – das heißt, die Eliten haben (ähnlich wie in den UN und den IFIs) der übrigen Bevölkerung diktiert, was sie tun solle, um ihre Lage zu verbessern. Und mit zunehmenden Exporten, der Anwendung innovativer, basisbezogener Methoden und einer wachsenden, technologisch versierten Mittelschicht konnte der Anteil der Armen an der Gesellschaft leicht gesenkt werden. Doch große Schichten sind immer noch äußerst arm (wie die Welt insgesamt nach 60 Jahren UN) und durch das Bevölkerungswachstum noch größer geworden.[128] Die Inder können stolz sein angesichts der günstigen Voraussagen über ihre wirtschaftliche Entwicklung. Doch fordert der Protektionismus seinen Preis, und die Bewahrung von Traditionen hat die Entstehung umfassender öffentlicher Dienstleistungen eher verhindert. Allerdings hatte Indien, wie gesehen, schon vor dem Tsunami seine schlechten Erfahrungen mit ausländischer Hilfe gemacht. Es ist kein Zufall, dass Arundathi Roy, deren scharfe Kritik an der Menschenrechtspolitik wir bereits zitierten, aus Indien stammt. Was in Indien geschieht, wird ein Barometer für die Entwicklungszusammenarbeit, die IFIs und die UN sein.

## Drei Fallstudien

Die Demokratisierungsbestrebungen der UN und ihre wechselnden Erfolge sollen an dem Beispiel dreier Länder – Togo, Nepal und Afghanistan – näher untersucht werden.

*

*Togo:* Als das HLP im Dezember 2004 bei der Hilfe für kollabierende Staaten zu regionalen Ansätzen riet, ehe sich der Sicherheitsrat ihrer annehmen müsse, mag es an die ehemalige französische Kolonie Togo am Golf von Benin gedacht haben. Präsident Gnassingbé Eyadema, der sein kleines Land nach Afrikas erstem postkolonialem Putsch 38 Jahre lang unterdrückt hatte, starb unerwartet am 5. Februar 2005. Dem folgte unmittelbar die Entlassung des Premiers, die Ergänzung der Verfassung und die Ernennung von Gnassingbés Sohn Faure zum Präsidenten bis zunächst 2008. Gnassingbé sen. hatte genügend Demokratie zugelassen, um die Hilfsgelder am Fließen zu halten, jedoch nicht genug, um ihn absetzen zu können. Er gehörte der ethnischen Minderheit der Kabye an, die die Armee kontrollierten und die Nachfolgeregelung manipulierten.

Bemerkenswerter als diese Vorgänge war die heftige Reaktion der Afrikanischen Union und der ECOWAS, der Wirtschaftsgemeinschaft westafrikanischer Staaten. Aber auch die EU, Frankreich und die USA sparten nicht mit Drohungen. Westafrikanische Führer trafen sich mit einer Regierungsdelegation aus Togo und forderten eine Rückkehr zur früheren Verfassung. Zugleich verurteilten sie die Schüsse auf protestierende Demonstranten in der Hauptstadt Lomé. Sanktionsdrohungen bewogen Gnassingbé jun. zur Ausschreibung von Wahlen, die innerhalb von zwei Monaten stattfinden sollten. Doch schon am 24. Februar wurde er von der Nationalversammlung zum Rücktritt gezwungen, damit er keine Gelegenheit bekäme, die Wahlen zu manipulieren. (Übrigens hatte Gnassingbé jun. an der Sorbonne studiert und in Yale sein Examen gemacht, was ihn jedoch offenbar nicht mit Begeisterung für die liberale Demokratie erfüllen konnte.) Im Mai wurde er gewählt, doch warf man ihm Betrug vor. Die schärfsten Vorwürfe kamen dabei aus Nigeria und Südafrika – den reichsten bzw. bevölkerungsreichsten afrikanischen Staaten. Mochte auch viel Rhetorik im Spiel sein, so gab es doch auch Erfolge: Simbabwe wurde weiter isoliert, der Zusammenhalt der Afrikanischen Union und der ECOWAS gestärkt und Kofi Annans Forderung, regionale Probleme müssten regional und mit friedlichen Mitteln gelöst werden, entsprochen.

*

*Nepal:* König Gyanendra hatte in vier Jahren vier Premierminister entlassen; ein Attentat auf seine Familie während einer Feier (an der er nicht teilgenommen hatte) überlebte nur er. Zweimal verhängte Gyanendra den Ausnahmezustand, weil, so die Begründung, Maoisten ihn stürzen wollten. Gyanendra beschuldigte den Premierminister, Sher Bahadur Deuba, die Aufständischen nicht unter Kontrolle bringen zu können. 2001 und 2002 meldete Human Rights

Watch zahlreiche illegale Tötungsaktionen, Verschleppungen, willkürliche Verhaftungen und den Zusammenbruch von Recht und Ordnung. Am 13. Februar rief der König den Notstand aus, entließ die gewählte Regierung, ließ Hunderte von Politikern, Studentenführern, Gewerkschaftern und Menschenrechtlern verhaften oder entführen und übernahm die Kontrolle über die Medien. Die Maoisten riefen daraufhin einen dreitägigen Generalstreik aus. Weitere Verhaftungen folgten, und die NGOs mussten sich erneut registrieren lassen und für ihre Tätigkeit um Erlaubnis nachsuchen. Das war, wie Kofi Annan im Einklang mit dem indischen und amerikanischen Außenministerium erklärte, ein herber Rückschlag für das Land und eine Bedrohung der regionalen Sicherheit. Doch kam das Vorgehen des Königs nicht unerwartet, denn der 13. Februar markierte den neunten Jahrestag des Beginns des Volkskrieges. In diesen neun Jahren waren 11.000 Menschen auf Seiten der Rebellen wie der Regierung gestorben. Die nepalesische Armee war derweil auf 80.000 Mann aufgestockt worden.

Nepal war ein weiteres ideales Land für die gerade vom HLP empfohlenen Interventions- und Vermittlungsbemühungen. Von den Rebellen hieß es, sie würden die Intervention ausländischer oder UN-eigener Streitkräfte begrüßen.[129] Aber Indien war, obwohl es eine Kontrolle der Maoisten befürwortete, dagegen, weil es einen Präzedenzfall für Kaschmir befürchtete. Indien hatte die nepalesische Armee in den vergangenen Jahren mit militärischer Ausrüstung im Wert von 175 Millionen Dollar unterstützt, würde aber, falls Recht und Ordnung in Nepal endgültig zusammenbrächen, eher selbst einmarschieren. Nepals anderer Großmachtnachbar, China, hatte bekommen, was er wünschte: Der König schloss das Büro des Dalai Lama nach 45 Jahren, und der im indischen Exil lebende Dalai Lama verlor Tibet an China.

Noch aus einem anderen Grund verdient Nepal besondere Aufmerksamkeit: Es ist eines der wenigen UN-Mitglieder, für den Kommunisten noch eine ernsthafte Bedrohung der Regierung darstellen. Ob man dies als Symptom für nicht gelungene Entwicklung oder als Zeichen einer politischen Zukunft für andere arme Länder, die von ihren Herrschern ausgebeutet werden, deuten soll, ist eine Frage, die die internationale Gemeinschaft vorurteilsfrei erörtern sollte. Zunächst aber wurde mit der großen Keule hantiert: Indien und die USA setzten die Entwicklungszusammenarbeit und vor allem die militärische Unterstützung aus. Würden die Maoisten in Nepal tatsächlich durch Wahlen an die Macht kommen, wären diese wohl bald so frei und geheim wie die in Nordkorea oder China. Als der König am 18. Februar, dem ›Tag der Demokratie‹, verkündete, in Nepal gebe es »eine wachsende Enttäuschung im Hinblick auf die Demokratie selbst«, klang er fast wie ein Maoist. Bald darauf brannten im Süden des Landes an die 700 Häuser, Frauen wurden vergewaltigt und etwa 30 des Maoismus verdächtigte Personen von einer mit Äxten, Stöcken und Paraffin bewaffneten Menge, die von offizieller Seite aufgehetzt worden sein soll, gelyncht. Die Maoisten reagierten mit Vergeltungsaktionen. Die nationale Menschenrechtskommission erhielt keine Erlaubnis für eine Erkundung der Lage im Gebiet von Kapilvastu. Nepal ist mittlerweile ein erstrangiger Kandidat für die Erprobung der neuen UN-Methoden.

*

*Afghanistan:* Keinem der vielen ausländischen Invasoren – zu nennen sind hier vor allem die Briten, die Sowjets und die Amerikaner – ist es bisher gelungen, Afghanistan zu einen oder zu befrieden. Schon die Geografie macht das Land zu einem Paradies für Krieg führende Stämme und zum Friedhof für all jene Ausländer, die ihren militärischen oder politischen Willen durchsetzen wollen. Den bislang letzten Versuch unternahmen die Amerikaner, nachdem sie im November 2001 mit der nachträglichen Billigung des Sicherheitsrates das Land besetzten. Die Bush-Regierung konnte die Taliban stürzen, aber Usama bin Ladin nicht finden, und widmete sich nun dem Versuch, das Land zu demokratisieren, also genau das zu tun, wofür sie Clinton, der in anderen Ländern ähnliche Bestrebungen verfolgte, immer kritisiert hatte. Die traditionelle Loya Jirga gab einer neuen Verfassung ihren Segen, und der Favorit der Amerikaner wurde 2004 zum Präsidenten gewählt. Schon zwei Jahre zuvor hatten die Amerikaner den Rückzug angetreten und ein halbwegs sicheres Kabul zurückgelassen, um sich nun mit aller Kraft auf den Irak zu stürzen.

Aber die ›Befreiung‹ Afghanistans war nur halbherzig, genauso wie die internationalen Hilfsleistungen und die Bemühungen von UN-Organisationen. Deshalb wies das Land im November 2004 einen Lebensstandard auf, der nur noch von Sierra Leone unterboten wurde. Die militärischen und politischen Errungenschaften der letzten Jahre waren in Gefahr. Die Taliban hatten nicht nur Musik, Tanz, Schulbildung für Mädchen und die Arbeit von Frauen außerhalb des Hauses, sondern auch den Opiumanbau verboten, der nach ihrem Sturz wieder aufblühte. Ende 2004 bauten zehn Prozent der Bevölkerung (etwa 365.000 Haushalte) Mohn an, der pro Hektar ein sehr viel besseres Bruttoeinkommen (nämlich 4600 Dollar) ermöglichte als Weizen mit 390 Dollar pro Hektar.

Der Leiter des UN-Büros für Drogen und Kriminalität (UNODC), Antonio Maria Costa, warnte im November 2004 vor der Entwicklung zu einem Rauschgiftstaat. Die Auseinandersetzung um die Durchführung freier Wahlen hatte die neuen Sicherheitsdienste in Atem gehalten, so dass die Drogenproduktion verlorenes Terrain zurückgewinnen konnte. Drogenschmuggler importierten jedes Jahr 10.000 Tonnen an Chemikalien, mit denen 75 Prozent der Mohnernte zu Heroin verarbeitet werden konnten. Damit verdiente Afghanistan 2,8 Milliarden Dollar pro Jahr, was 60 Prozent des legal erwirtschafteten Bruttosozialprodukts entsprach. Keine erfreulichen Aussichten für Nahrungsmittelproduktion, Gesundheit und Ernährung sowie für die Errichtung demokratischer Institutionen. Im Juli 2005 erkannten die Anglo-Alliierten ihren Fehler, doch Bush wollte ihn ohne Rücksichtnahme auf die UN berichtigen.

## Alternativen

Obwohl die mit staatlichem Zusammenbruch, internationaler humanitärer Intervention und Konfliktprävention verbundenen Probleme allmählich besser begriffen wurden, blieb die anglo-amerikanische Reaktion auf den Terrorismus nach 2001 davon unbeeinflusst. Die USA und ihre Verbündeten bemühten keine Rechtsinstitutionen und zückten auch nicht das Scheckbuch, sondern griffen schnellstmöglich zu den Waffen. Es war die gleiche Reaktion, die die Kolonisatoren mit ihren Kanonenbooten, Strafaktionen, unfairen Verträgen und [wie in Australien; *d.Ü.*] mit vergiftetem Mehl gezeigt hatten: Anderen Völkern sollte eine Lehre erteilt und die eigenen Interessen geschützt werden.

Die Entwicklungszusammenarbeit scheint sich im 21. Jahrhundert auf vergleichbarem Weg zu befinden. Da die Mitarbeiter von Hilfsorganisationen nur so geschützt ihre Aktionen durchführen können, ist, so wird argumentiert, der Einsatz von bewaffnetem Personal oft unumgehbar. Schließlich sollen die Konvois dort ankommen, wo die Hilfsgüter benötigt werden. Das verweist sicherlich auf die Gesetzlosigkeit, die in vielen Regionen herrscht, verstößt aber gegen die Konventionen. Wie die Armen darauf reagieren werden, ist noch ungewiss.

Die Welt hat Geld und Lebensmittel in Hülle und Fülle. Doch fast die Hälfte der Weltbevölkerung hat nicht das Geld, um Lebensmittel produzieren oder kaufen zu können. Dass diese Situation auch nach 60-jährigen Bemühungen der UN fortdauert, lässt vermuten, dass entweder Veränderungen unmöglich oder die Aktivitäten der UN falsch konzipiert sind. Alvin und Heidi Toffler, die Autoren des Buches *Future Shock* (deutsch *Der Zukunftsschock*), haben unlängst eine andere Erklärung vorgeschlagen: Die reiche Welt will, so meinen sie, gar nichts verändern. Vielleicht schrecken diejenigen, die die gegenwärtige Machtbalance auf globaler, regionaler oder auch lokaler Ebene aufrechterhalten wollen, gar vor der Aussicht auf eine Welt ohne Armut zurück. Vielleicht befürchten gerade die Institutionen, die sich mit dem Kampf gegen die Armut befassen, dass ihr Markt austrocknen würde, wenn es keine Armut mehr gäbe. Was täten all die Hilfsorganisationen, wenn die gesamte arme Welt sie samt ihrer Hilfe zum Teufel schickte? Natürlich ist eine zivilisierte Gesellschaft auch weiterhin daran zu messen, wie sie mit den Armen und Marginalisierten umgeht, und wird, wenn sie klug ist, sich ihrer aus Eigeninteresse oder gar Altruismus annehmen, und das gilt auch für eine globale Gesellschaft.

Japan stand bislang als Geberland an der Weltspitze und lag mit seinen Beiträgen zum UN-Haushalt und zu Friedensmissionen an zweiter Stelle (ohne dafür mit einem dauerhaften Sitz im Sicherheitsrat belohnt worden zu sein). Mittlerweile fragt man sich in Tokio, ob die Entwicklungszusammenarbeit wirklich sinnvoll war. Mitarbeiter der UN-Universität berichteten uns im November 2004, dass nur 20 Prozent der Hilfsleistungen ihr Ziel erreicht hätten, was vor allem der Korruption in den armen Ländern geschuldet sei. Japan verlangte von den UN eine genauere Rechenschaftslegung über die Verwendung der Gelder und Güter. Eine von Geberländern durchgeführte Untersuchung ergab, dass jede UN-Behörde ihre eigenen Methoden hatte und übergreifende Konsultationen nur höchst selten stattfanden, weshalb die Bewertung der Ergebnisse gemeinsam betriebener Hilfsprojekte kompliziert war. Zudem unterblieb die Evaluation oft unter dem Druck, neue Hilfsprojekte starten zu müssen. Das gilt natürlich auch für die Geberländer, die sämtlich UN-Mitglieder sind.

Die Welt steht immer noch vor der Alternative, mit der schon die Verfasser der UN-Charta 1945 konfrontiert waren: Entweder lässt man die Armen ihre Probleme auf ihre Weise lösen, oder man interveniert, um ihnen zu helfen, in ›größerer Freiheit‹ zu leben. Aber in den 90er-Jahren zeigte die wachsende Bedrohung durch globale Umweltschäden, die Gefahr von Pandemien und Terrorismus, dass die reichen Länder sich nicht mehr gegen die Forderungen der armen abschirmen konnten. So suchte man für den Umgang mit ihnen nach Alternativen, von denen wir einige erörtert haben. Als die Generalversammlung ihren Ruf, zur Lösung der Weltprobleme beitragen zu können, verlor, wurden alternative Foren eingerichtet, zum Teil mit Unterstützung hochrangiger Mitarbeiter der UN und der Weltbank.

1971 trafen sich die wirtschaftlichen Führungskräfte reicher Länder zum ersten Mal während der Skisaison in Davos, um ökonomische Probleme wie Outsourcing, ›Verschlankung‹ des Staats, Konzernmanagement und die Liberalisierung von Investitionsgeschäften zu bereden. Mit der Zeit wuchs das Forum auf 1000 Großunternehmen, die als zahlende Mitglieder fungierten, und es nahmen an den Treffen Führungskräfte der weltweit größten Konzerne teil. Im Januar 2005 waren 20 führende Politiker, 70 Minister sowie Vertreter von Hilfsorganisationen in Davos. Die Agenda des Weltwirtschaftsforums wurde auf Diskussionen über Klimawandel, den Islam, Armut, das US-Defizit und sogar die Frage, warum reiche Länder das Glück nicht kaufen können, ausgeweitet. Aids galt als »Kernthema für die Geschäftswelt«, und es wurde eine Global Business Coalition, ein weltweites Bündnis von Unternehmern, gegründet, das dafür sorgen wollte, dass Medikamente dort, wo sie dringend benötigt werden, billiger zu haben sind. Einige Vertreter des Bündnisses rechtfertigten dieses Vorgehen damit, dass in einer limitierten Wirtschaft Demokratie nicht funktionieren könne und damit dem Terrorismus Tür und Tor geöffnet werde. Wenn Menschen mit beruflichen Fähigkeiten an Aids sterben, sinken die Steuereinnahmen, und Regierungen sind in Gefahr, destabilisiert zu werden. Insofern liege es durchaus im Interesse der Reichen, den Armen zu helfen.

Seit 2000 gibt es regelmäßige Treffen des Weltsozialforums. Sie finden ebenfalls im Januar statt und sollen als ›Anti-Davos‹ eine Alternative für all jene bieten, die seit Mitte der 90er-Jahre mit wachsender Intensität an den Orten protestiert hatten, wo internationale Wirtschaftskonferenzen stattfanden. Das Weltsozialforum bekundet seinen Respekt für »universelle Menschenrechte sowie für die Rechte aller Männer und Frauen aller Nationen und für die Umwelt; es beruht auf internationalen demokratischen Systemen und Institutionen, die der sozialen Gerechtigkeit, der Gleichheit und der Souveränität der Völker dienen«.

2002 trafen sich anlässlich des Weltsozialforums 50.000 Menschen im brasilianischen Porto Alegre. Sie vertraten keine Institutionen oder Organisationen, sondern wollten für sich selbst sprechen. Als der Präsident der Weltbank, James Wolfensohn, eine Rede halten wollte, wurde ihm dies nicht gestattet.[130] 2005 kamen bereits 100.000 Menschen zum Weltsozialforum, um über fairen Handel, den Hunger in der Welt und die negativen Auswirkungen der Globalisierung zu diskutieren. Die Agenda und die Grundsätze des Forums verweisen auf die Gründungsziele der UN-Charta, was einerseits zeigt, dass sie noch nicht verwirklicht wurden, und andererseits, dass viele Menschen noch immer ihre Verwirklichung anstreben. Die Befürworter des Weltsozialforums bezeichnen es liebevoll als einen »Karneval der Unterdrückten«, dessen Ziele jedoch höchst gewichtiger Natur sind: Kampf gegen Armut, Krankheit und Umweltzerstörung. Die Globalisierung soll durch eine fairere, gesündere und transparentere Version des Welthandels ersetzt werden, bei der die armen Länder bessere Möglichkeiten zur Selbstentwicklung haben. Immer wieder forderten Delegierte, den armen Ländern die ›kriminellen Schulden‹ zu erlassen.

Der sozialistische Rivale des Weltsozialforums, das wirtschaftlicher Rationalität verpflichtete Weltwirtschaftsforum, hat in den letzten Jahren Treffen in Ländern der Dritten Welt bevorzugt und sich ebenfalls eine umfassendere Agenda zugelegt, deren Themen denen des Sozialforums immer ähnlicher werden. Obwohl Wolfensohn nicht beliebt war, was auch für den neuen Präsidenten Paul Wolfowitz gilt, ist ein zukünftiges gemeinsames Treffen beider Foren denkbar. Die UN könnten dabei eine Vermittlerrolle spielen.

## Warum tun wir nicht mehr?

2004 verdiente Nicole Kidman für eine dreiminütige TV-Werbung (Chanel No. 5) fünf Millionen Dollar, Madonna das Doppelte für eine Reihe von Anzeigen (Versace). Yachteigentümer aus Brunei, Dubai und den USA wetteiferten um den Besitz der bis dahin teuersten Superyacht (300 Millionen Dollar). Susan George berichtete, dass die weltweit 7,7 Millionen Millionäre, von denen nur die wenigsten Steuern bezahlen, 2005 ein Anlagevermögen im Wert von 28 Billiarden Dollar besaßen – fast so viel wie das Bruttosozialprodukt aller OECD-Staaten. Das passt zu den prächtigen Abfindungen, die gescheiterten Spitzenmanagern bei ihrem Ausscheiden hinterhergeworfen werden. Angesichts der Armut in der Welt sind solche Zahlen obszön. Immerhin versuchen Ted Turner, Bill Gates, George Soros und andere Superreiche, durch Wohltätigkeit das Ungleichgewicht ein bisschen zu korrigieren.

Die Kluft zwischen Arm und Reich ist tief und dauerhaft. Vielleicht haben die Vereinten Nationen selbst dazu beigetragen, dass die Geberländer skeptisch wurden, dass manche Länder gar keine Hilfe wollten, als manche Hilfsoperationen schief gingen. Oder vielleicht ist Entwicklungszusammenarbeit selbst überholt, weil sie, wofür es viele Anzeichen gibt, das verlängert, was sie beseitigen will. Sie ist zu einer Industrie geworden, die vielen Leuten gut bezahlte Jobs verschafft, und zwar, wie es aussieht, auf Dauer. Die UN sind aufgefordert, die weltweite Entschlossenheit der frühen Jahre wiederzubeleben, Hunger und Armut abzuschaffen, so wie dies, wenn auch nur kurzfristig, nach der Tsunami-Katastrophe möglich war. Die UN haben die Aufgabe, diese internationale Zusammenarbeit immer wieder anzuregen, damit die Millenniumsziele bis 2015 erreicht werden können.

Der Generalsekretär hat für die armen Länder einen Demokratiefonds und eine International Finance Facility (IFF) in Aussicht gestellt. Außerdem hat er erneut mehr Hilfe und Schuldenerlasse gefordert, wofür die armen Länder als Gegenleistung Demokratisierung und verlässliche Regierungsstrukturen, die Förderung privater Investitionen und den Kampf gegen die Korruption gewährleisten sollen. Ferner sollte die Doha-Runde bis spätestens 2006 abgeschlossen sein; vorher sollten die reichen Länder den Exporten der armen zoll- und quotenfreien Zugang zu den Märkten gewähren. Wichtig ist die Verbindung, die Kofi Annan zwischen den Sicherheitsinteressen der reichen Länder (Terrorismus, Massenvernichtungswaffen) und den Sicherheitsbedenken der armen Länder (Armut, Krankheiten, Umweltschäden) zog. All das, meinte er, seien Bedrohungen für die Sicherheit eines jeden Einzelnen: »Menschenrechte, Entwicklung und Sicherheit hängen wechselseitig voneinander ab.«[131] Doch kann Annan nur das tun, was die UN-Mitglieder ihm gestatten.

Die UN können nicht alles für alle sein. Gareth Evans hat einmal bemerkt, dass es »nicht für jedes Sicherheitsproblem eine UN-Lösung gibt«[132]. Die UN können nur so gut sein, wie ihre Mitglieder es zulassen, und sie können nur wirksam handeln, wenn die Mitglieder Frieden, Menschenrechte, Gerechtigkeit und Entwicklung wirklich wollen. Sie haben sich dafür entschieden, die UN machtlos zu halten, so dass die Hauptverantwortlichkeit für Sicherheit und Fortschritt weiterhin in ihren Händen liegt. Aber was sie den UN 1945 gaben und was bis heute Gültigkeit hat, ist die Fähigkeit, ihren Aktionen Legitimität zu verleihen oder zu verweigern. Und diese Macht wollte Kofi Annan vor dem Ende seiner Amtszeit im Dezember 2006 auf jeden Fall stärken.

Fünfter Teil

# Der Blick nach vorn

## Kapitel 13

# Sind die UN reformierbar?

Sind die UN für die Aufgaben, die im 21. Jahrhundert auf sie zukommen, gewappnet? Viele Menschen sind da skeptisch. Der Bericht von Kofi Annans High Level Panel vom Dezember 2004 räumte ein, dass die jüngsten Entwicklungen »das Vertrauen in die Möglichkeit kollektiver Antworten auf unsere gemeinsamen Probleme und Herausforderungen untergraben [...] und tiefe Meinungsverschiedenheiten über das Ausmaß und Wesen dieser Herausforderungen zutage gefördert haben«.

Diese Bedenken rühren an den Daseinsgrund der Vereinten Nationen. Unmittelbarer Anlass für Kofi Annans Äußerungen war die Ohrfeige, die Präsident Bush dem Sicherheitsrat verpasste, ehe er seine ›Koalition der Willigen‹ in den Krieg gegen den Irak führte. Die ablehnende Haltung der US-Konservativen wirft einen langen Schatten auf die UN und ihre Organisationen. Und Washingtons Auseinandersetzung mit der Politik der Vereinten Nationen ist seit den 80er-Jahren immer aggressiver geworden. Washingtons Haltung wird noch über die Präsidentschaftswahlen von 2008 hinaus ein gewichtiger Faktor bleiben.

Worin liegen die Hauptprobleme der UN? Welche Vorschläge zu ihrer Behebung liegen auf dem Tisch? Immer wieder haben sich die UN im Lauf ihrer Geschichte verändert, um neuen Aufgaben gerecht zu werden: Friedensmissionen, Entkolonialisierung, Umweltschutz, Menschenrechte, Aufbau der Zivilgesellschaft usw. Doch gibt es weiterhin tiefe Gräben – zwischen Reichen und Armen wegen der Entwicklungsprogramme und ihrer Finanzierung, zwischen Konservativen und Progressiven über Menschenrechte, zwischen Starken und Schwachen über den Einfluss auf die globale Sicherheitsagenda. Darüber hinaus sind die UN als Institution großem Druck ausgesetzt, sich nach den Skandalen, die 2004 bekannt wurden, zu reformieren. Da die Öffentlichkeit nicht viele Einzelheiten kennt, nimmt sie das Schlimmste an und betet ihren Führern nach, die UN seien irrelevant und dysfunktional.

Aber die UN werden so schnell nicht von der Bildfläche verschwinden. Zu vielfältig sind ihre Aufgaben, zu sehr die Menschen auf ihre Hilfe angewiesen. Und auch die Mitgliedsstaaten können, aus anderen Gründen, nicht auf die UN verzichten, nicht einmal die Vereinigten Staaten. Die Frage ist, ob die fehlerhaften Teile repariert werden können, damit die ganze Maschine wieder auf die von den Gründern vorgezeichnete Straße gebracht werden kann.

## Reform als Kollateralvorgang

Manche Teile der ursprünglichen Charta sind bereits von den nachfolgenden Ereignissen überholt oder durch unvorhergesehene politische Verschiebungen modifiziert worden. Das kann selbst den besten Verfassungen passieren. Die Charta kennt keine Ergänzungen, ausgenommen die Erweiterung der Mitglieder des Sicherheitsrates und die Einsetzung des Wirtschafts- und Sozialrats (ECOSOC), womit Veränderungen im Abstimmungsmodus einhergingen. Doch hat der Konsens zwischen Mitgliedsstaaten dazu geführt, dass einige Bestimmungen der Charta ignoriert und einige faktische Ergänzungen vorgenommen werden konnten, ohne dass diese eine formelle Bestätigung erfuhren.

Manche Vorstellungen der Charta sind nicht verwirklicht worden, was eine Art Revision durch Unterlassung darstellt. Am deutlichsten wird dies im Hinblick auf die Ausführungen zur militärischen Rolle der UN. Jede Beurteilung der Sicherheitsoperationen der UN muss berücksichtigen, dass das ursprüngliche Konzept – Blauhelme stehen bereit, um unter UN-Kommando gegen Aggressoren vorzugehen – nie umgesetzt wurde. Verschiedene Vorschläge zur Wiederbelebung der Idee blieben ergebnislos. Das Militärische Stabskomitee tritt noch zusammen, entscheidet aber nichts. In die Schlagzeilen gelangte es nur einmal, als es seinen Versammlungsraum nicht zugunsten eines Salons für Raucher aufgeben wollte.

Abrüstungs- und Waffenkontrollverhandlungen entwickelten sich ganz anders als von der Charta vorgesehen. Der Sicherheitsrat hat das ihm eingeräumte Mandat zur Formulierung von Plänen für die Einrichtung eines Rüstungskontrollsystems nie wahrgenommen; stattdessen wurde die Leerstelle von einer Unzahl verschiedener Verträge ausgefüllt. Die Verhandlungen über atomare Rüstungsprobleme wurden von den beiden Supermächten geleitet. Diese Entwicklung ist mehr als bedauerlich. Wie der ehemalige stellvertretende UN-Generalsekretär Brian Urquhart einmal bemerkte, »ist die Möglichkeit eines gemeinsamen Sicherheitssystems, auf das sich die Regierungen verlassen könnten [...] verschwunden und nicht wieder aufgetaucht«[133]. Natürlich konnte ein solches System nicht mehr eingerichtet werden, nachdem Stalin den Eisernen Vorhang heruntergelassen hatte. Doch wäre die Chance da gewesen, als Gorbatschow die sowjetische Politik zum Westen öffnete; aber die USA und ihre Verbündeten ließen die Gelegenheit ungenutzt verstreichen.

Positiv zu vermerken ist, dass die Vorbehalte der Charta gegen jegliche Einmischung in die inneren Angelegenheiten souveräner Staaten mit der Zeit aufgeweicht wurden, so dass sich die Möglichkeiten einer humanitären Intervention für die Wahrung der Menschenrechte verbessert haben. Dennoch dürfte der Weg bis zu dem Zeitpunkt, da Artikel 2.7 endgültig der Vergangenheit angehört, länger sein, als Sir Anthony Parsons, der ehemalige britische Vertreter bei den Perm Five, einmal annahm. Doch zeichnet sich allmählich eine breitere Übereinstimmung ab, dass dieser Artikel kein Hinderungsgrund für Interventionen sein darf, wenn Menschenleben und Menschenrechte massiv bedroht sind. Das ist ein zentraler Gesichtspunkt bei weiteren Reformen.

Die Aufgaben, die die Charta dem Sicherheitsrat und dem ECOSOC zuwies, sind nur zum Teil erfüllt worden. 1945, zu Beginn seiner Tätigkeit, besaß ECOSOC ein umfassendes Mandat, und sein Prestige war fast so groß wie das des Sicherheitsrates. Er erwies sich in der Realität eher als lahme Ente. Der Charta zufolge sollte er Untersuchungen durchführen und Empfehlungen abgeben sowie die Aktivitäten spezialisierter Organisationen koordinieren, doch waren diese Befugnisse eher zurückhaltend formuliert und unterlagen zahlreichen Bedingungen. ECOSOC hat Bedeutendes bei der Formulierung weltweiter Normen geleistet. Aber die tatsächliche Arbeit an den ihm zugewiesenen Aufgaben übernahmen von Anfang an zahlreiche andere Organisationen und die mit dem Abkommen von Bretton Woods verbundenen Institutionen, die allesamt auf Koordinierungsbemühungen allergisch reagierten und eifersüchtig über ihre jeweiligen Fonds und Aufgabenbereiche wachten.

Der Umweltschutz ist, wie die Friedenssicherung, ein Bereich, in dem es den Verfassern der Charta an Voraussicht fehlte. Die Charta erwähnt das Thema nicht, und überdies erkannte man erst in den 60er-Jahren die dringende Notwendigkeit, tätig zu werden. Das UN-Umweltprogramm (UNEP) wurde erst 1972 aus der Taufe gehoben, und seine vielen Befürworter beklagen mit Recht, dass die Organisation, der ein durch die Charta gestütztes Mandat fehlt, noch immer nicht den Status genießt, den sie innerhalb der UN-Familie verdient hätte.

Eine weitere faktische Revision der Charta soll hier noch erwähnt werden – die ›Reform‹ der Budgetverteilung, die in den 80er-Jahren von den USA besonders heftig angegriffen wurde. Der US-Kongress zeigte sich angesichts ständig anschwellender und fehlgeleiteter UN-Haushalte empört, was seinen Niederschlag in der Kassebaum-Ergänzung fand. Die sah vor, dass US-amerikanische Beitragszahlungen ausgesetzt würden, bis die Budgetverteilung geändert wäre. Das sollte den Staaten, die die Rechnungen beglichen, einen größeren Einfluss verschaffen. Denn bisher konnten Länder, die weniger als ein Prozent der Kosten beitrugen, den 16 Staaten, die 80 Prozent aufbrachten, eine Budgeterhöhung aufzwingen. Rein rechtmäßig waren die USA als Signatarstaat verpflichtet, Beiträge gemäß der Mehrheitsentscheidung der Generalversammlung zu zahlen. Doch 1986 einigten sich die Mitgliedsstaaten auf eine strengere Budgetfixierung durch Expertenkomitees und konsensuelles Abstimmungsverhalten. Das bedeutete, dass die USA (und jedes andere Land) ein Veto einlegen konnten. Es lief dann nicht ganz auf diese Weise, doch zumindest haben sich die UN an langsamer wachsende Beitragszahlungen gehalten.

## Verdeckte und offene Interessenkonflikte

Die UN-Reform sei, meinte einmal ein Kolumnist der *New York Times*, »ein Tanz der Neuerfindung«. Das vorherrschende Thema in den Diskussionen vor dem 60. Jahrestag war die Frage, ob die UN, wie Kofi Annan es ausdrückte, »umgestaltet und erneuert« werden könnten, um im 21. Jahrhundert kollektive Sicherheit garantieren zu können. Zunächst geht es dabei darum, ob die stärksten Nationen der Welt sich auf ein gemeinsames Vorgehen gegen Bedrohungen des Friedens einigen können, das heißt, ob die Entscheidung über die Rechtmäßigkeit von Gewaltanwendung einzig in den Händen des Sicherheitsrates liegen soll. Zwar ist das ein Euphemismus für den Versuch einer stärkeren Einbindung der USA geworden, doch sind weniger mächtige UN-Mitglieder seit langem über die Vorrechte der Perm Five im Sicherheitsrat und über die Exklusivität seiner Entscheidungen verärgert. Ein offenerer Sicherheitsrat und ein von der Charta vorgesehenes System kollektiver Sicherheit liegen im Interesse der meisten mittleren und kleineren Mächte. Hier bildet nur Australien eine Ausnahme, das sich seit etwa zehn Jahren als Gefolgsmann der USA sieht und einer Konsenspolitik à la UN geringere Priorität einräumt.

Die UN-Reform wird üblicherweise im Namen des gemeinsamen Nutzens aller Mitgliedsstaaten gefordert. Doch konkrete Änderungsvorschläge ergeben sich immer aus bestimmten, unterschiedlichen nationalen oder regionalen Interessen und zielen auf größeren Einfluss im UN-System, wobei es vor allem um die Bewilligung und Verteilung von Ressourcen und die Bestimmung der Agenda geht. Die ärmeren Staaten erstreben größere finanzielle Hilfe im Kampf gegen die Armut und andere Folgen der globalen Ungleichverteilung des Reichtums. Sie haben mit Nachdruck daran gearbeitet, explizite Verpflichtungen seitens der reichen Länder, Mindestsätze für Hilfe und ein angemessenes Mitspracherecht bei der Verwendung der Gelder festzuschreiben. Aus ihrer Sicht sind Rationalisierung, Festsetzung von Bedingungen und Koordinierung Kodewörter für den wachsenden Einfluss der reichen Minderheit auf Agenda und Entscheidungen.

Andererseits haben sich die reichen Länder allen Versuchen, Ressourcentransfers ein Mandat zu erteilen oder die Kontrolle der Gebernationen über die Verwendung von Entwicklungsgeldern einzuschränken, widersetzt. Auch wenn eine Reihe progressiv gestimmter reicher Staaten sich hier für freiwillige Verpflichtungen ausgesprochen hat. Ganz hart blieben die USA, die als eines der wenigen Länder die Ratifizierung des Internationalen Pakts über wirtschaftliche, soziale und kulturelle Rechte von 1966 verweigert haben. Dieser Pakt war als weiterer Schritt zur Verpflichtung der reichen Länder auf Hilfe für die armen gedacht. Alle Reformvorschläge zu diesen Themen leiden unter der fortdauernden Auseinandersetzung zwischen Nord und Süd über Ressourcen und das ›Recht auf Entwicklung‹.

Diese Spaltung hat auch, wenngleich mit wechselnden gegnerischen Gruppierungen, zu Spannungen auf anderen Gebieten – Rüstungskontrolle, Umweltschutz und Menschenrechte – geführt. Im Falle der Abrüstungsproblematik setzen die großen Mächte jetzt auf gegen den Terrorismus gerichtete weltweite Nichtverbreitungsregelungen, während die schwächeren Staaten konkrete Maßnahmen, wie zum Beispiel die Reduzierung bestehender Arsenale, fordern. Bei Umweltschutz und Menschenrechten wehren sich die ärmeren Staaten häufig gegen die Versuche des Westens, Maßstäbe festzulegen, die das Wirtschaftswachstum verlangsamen oder traditionelle Lebensformen untergraben.

Regionale Bündnisse oder Rivalitäten treten zutage, wenn es um die Mitgliedschaft in UN-Organisationen geht – schließlich stehen Sicherheitsrat und ECOSOC am Anfang einer langen Reihe mit unzähligen Komitees und Kommissionen. Da die Wahlmodi der UN sich an geografischen Gegebenheiten orientieren, kommt es oft zu seltsamen Konstellationen, die jedoch fortdauern, weil das System garantiert, dass fast jedes Land einen Sitz oder gar den Vorsitz am Tisch bekommt, mag es diesen verdient haben oder nicht. Zugleich ist bei regionalen Animositäten wie denen zwischen Indien und Pakistan dafür gesorgt, dass beide gleich behandelt werden und möglicherweise gar nichts bekommen. Bloßes Stühlerücken wird an diesem Auswahlverfahren nichts ändern.

## US-Konservative gegen die UN: ein neuer kalter Krieg?

Worauf will die US-Regierung wirklich hinaus? Trotz aller Zusammenstöße mit den UN seit ihrem Amtsantritt 2001 verkündete Washington offiziell, dass »Präsident Bush und Außenministerin Rice die Vereinten Nationen weiterhin für ein wichtiges und lebenskräftiges Forum im Umgang mit den großen Bedrohungen für Sicherheit und Frieden halten«[134]. In einer Rede vor der Generalversammlung erklärte Bush 2003, die USA seien »den Vereinten Nationen verpflichtet«. Solche Äußerungen sind bestenfalls Propaganda angesichts des tatsächlichen Verhaltens der US-Regierung, das darauf abzielt, die UN zu marginalisieren oder zu ignorieren. Die UN, die Präsident Bush will, sind nicht die der Charta, sondern eine aller supranationalen Macht beraubte Organisation, die bei allen wichtigen Fragen willige Handlangerin der USA ist.

Zu den Handlungen, die deutlicher waren als Worte, gehörte das aggressive Vorgehen der Regierung Bush im Irakkrieg und ihre negativen Entscheidungen hinsichtlich des Kyoto-Protokolls, des Internationalen Strafgerichtshofs sowie des CTBT- und des ABM-Vertrags. Anfang 2005 unterstrich Bush seine Entschlossenheit, die UN auf seinen konservativen Kurs zu bringen, dadurch, dass er John Bolton, einen scharfen Kritiker jeder Form von Multilateralität, zum UN-Botschafter ernannte und Paul Wolfowitz, einen Befürworter des Irakkriegs, für das Amt des Präsidenten der Weltbank nominierte.

Allerdings wurde das von den Präsidenten Roosevelt und Truman gelegte Fundament einer multilateralen und von beiden großen Parteien getragenen Außenpolitik bereits von Ronald Reagan untergraben, der mit der Berufung von Jeane Kirkpatrick zur UN-Botschafterin die Kräfte des Konservatismus auf die Vereinten Nationen losließ. Die hartgesottene Kirkpatrick glaubte, dass ihre Vorgänger bei dem Bemühen, Kompromisse mit der Dritten Welt zu schließen, »präemptive Kapitulation« begangen hätten. Mit ihren heftigen Reaktionen auf gegen die USA gerichtete Abstimmungen schlug sie einen ganz neuen Ton an und wusste sich der Unterstützung vieler US-Amerikaner sicher, wenn sie die Generalversammlung in Grund und Boden kritisierte.

Mit dem Stil veränderte sich auch die Politik selbst. Bei den Verhandlungen über eine Seerechtskonvention änderten die USA ihren Kurs, indem sie sich weigerten, Vorkehrungen für eine gemeinsame Verwaltung der Tiefseegebiete anzuerkennen, die der konservative Kolumnist William Safire als »globalen Sozialismus« bezeichnete. Ende 1983 verließen die USA die UNESCO aus Protest gegen die neue »Internationale Informationsverordnung« und unternahmen später einen vernichtenden Angriff auf die UNCTAD. Auch die Kassebaum-Ergänzung und Reagans Entscheidung, die USA von der Gerichtsbarkeit des Internationalen Strafgerichtshofs auszunehmen, gehörten zu dieser neuen Politik. All diese Vorgänge wurden als reformerische Maßnahmen zur Verbesserung der UN ausgegeben.

Reagans Politik war keine Eintagsfliege, sondern repräsentierte mit ihrer »nachdrücklichen Betonung US-amerikanischer Macht und moralischer Bedeutung [...] die Radikalisierung der traditionellen US-Politik«, wie Rosemary Righter hervorhob.[135] Rechtskonservative US-Denkfabriken wie die Heritage Foundation und reaktionäre Senatoren wie Jesse Helms nutzten Reagans Popularität, um den Multilateralismus, der die amerikanische Außenpolitik seit 1945 bestimmt hatte, weiter zurückzustutzen. Dieser Trend wurde von der gemäßigten Regierung Bush sen. etwas abgeschwächt. Als 1992 der Demokrat Bill Clinton ins Weiße Haus einzog, schien die Rückkehr zu früheren Ansätzen gewährleistet. Doch es kam anders.

Im Prinzip war die Regierung Clinton UN-freundlich eingestellt und sprach von »nachdrücklichem Multilateralismus«. Außenminister Warren Christopher betonte 1995 in einer Rede vor der Generalversammlung: »Wir sind entschlossen, unsere Verpflichtungen [gemäß der UN-Charta] einzuhalten, und das gilt auch für unsere finanziellen Verpflichtungen.« Doch die guten Vorsätze, die Clinton vielleicht hatte, mussten Makulatur werden: Zum einen blockierte der Kongress die Beitragszahlungen, zum anderen wurde die Wiederernennung von Boutros-Ghali zum Generalsekretär abfällig kommentiert, handhabte man die Sanktionen gegen den Irak ungeschickt und verfuhr mit dem desaströsen Ausgang der Friedensmissionen in Ruanda und Somalia unangemessen, ja, heuchlerisch. Gegen Ende der zweiten Amtszeit gingen von Richard Holbrooke, Clintons superenergischem UN-Botschafter, Anregungen zu einer aktiveren UN-Politik aus, die jedoch weiterhin vom seit 1994 mehrheitlich republikanisch besetzten Kongress an die Kette gelegt wurden.

Als Holbrooke im Januar 2000 dem erzkonservativen Senator Helms die ungewöhnliche Möglichkeit einer Rede anlässlich einer Sondersitzung der Generalversammlung verschaffte, um einen Kompromiss über die US-Beitragszahlungen zu erreichen, nutzte dieser die Gelegenheit, seine Botschaft zu verkünden und im Namen des »amerikanischen Volkes« den Versammelten mitzuteilen, dass die UN »nur ein Teil von Amerikas diplomatischem Arsenal« seien. Insbesondere wandte er sich gegen das Völkerrecht und angebliche Bestrebungen der UN, zur »zentralen Autorität einer neuen internationalen Ordnung zu werden«. Er versicherte: »Keine UN-Institution [...] hat die Kompetenz, die Außenpolitik und die Entscheidungen zur nationalen Sicherheit der Vereinigten Staaten zu beurteilen.« Und das war sehr ernst gemeint, denn schließlich war Helms der Vorsitzende des Senatskomitees, das die Ratifizierung von Verträgen kontrollierte und großen Einfluss auf die Verteilung der außenpolitischen Budgets hatte. Vielleicht hatte er noch nicht einmal die Mehrheit der Senatoren hinter sich, doch besaß der Senat insgesamt nicht genügend Mumm, um ihm zu widersprechen.

Mit der Wahl von George W. Bush hatten die ›Neocons‹ in der Exekutive und die Konservativen im Kongress die Überhand, was für den idealistischen Multilateralismus das Ende bedeutete. Nun herrschten in Washington wieder nationale Souveränität und amerikanischer Sonderweg. Da half es auch nichts, dass einige besonnene Republikaner ihre kritische Stimme erhoben, wie etwa General Bent Scowcroft (ein Mitglied von Annans High Level Panel), der Politikwissenschaftler Francis Fukuyama und der frühere Vertragsunterhändler Clyde Prestowitz, dessen Buch über das neue Amerika schon im Titel – *Rogue Nation* (Schurkennation) – fast alles sagte.

Der Neocon-Bulldozer scheint genügend Benzin zu haben, um bis 2008, dem Ende von Bushs zweiter Amtszeit, durchzuhalten, auch wenn Meinungsumfragen zeigen, dass eine Mehrheit der Amerikaner wie auch eine Mehrheit der amerikanischen Meinungsführer den Multilateralismus bevorzugt, dem Kyoto-Protokoll beigetreten und den Wirkungskreis des Internationalen Strafgerichtshofs auch auf die USA ausgedehnt sehen möchte. Viele haben auch nichts dagegen einzuwenden, dass die UN Geld durch Besteuerung erhalten. Aber diese Themen spielen in den USA keine große Rolle, weshalb

Bush seine Wiederwahl als Mandat für die Fortsetzung der (neo-)konservativen Politik betrachtet.

Sicher will die amerikanische Rechte die UN nicht einfach abschaffen. Und ebenso wenig sind alle Konservativen gegen internationale Organisationen oder Verträge – wichtig ist für sie, dass dadurch die US-amerikanischen Interessen befördert werden. Nichts anderes meinte Jesse Helms, der inzwischen durch einen gemäßigten Senatsvorsitzenden, Richard Lugar, ersetzt wurde. Hier und da gibt es ein Umdenken in puncto UN, doch liegt das nicht an der Initiative liberaler Politiker, sondern an der immer offenkundiger werdenden Unmöglichkeit, in Afghanistan und im Irak weiterhin auf die Hilfe der UN verzichten zu können.

## Chronische Beschwerden einer 60-Jährigen

Schon ihrem Wesen nach bieten sich die Vereinten Nationen als Ziel von Kritik geradezu an. Ihre vielschichtige, von unterschiedlichen politischen Interessen deformierte Maschinerie kann und sollte verbessert werden. Natürlich gibt es haufenweise Empfehlungen von Arbeitsgruppen (die bisweilen das Rad neu erfinden): Das Sekretariat soll gestärkt, die Agenda der Generalversammlung verschlankt, Überschneidungen von Aufgabenbereichen vermieden, Sicherheitsrat und ECOSOC mitgliedschaftlich up to date gebracht werden usw.

Mit den Jahren ist das Sekretariat zum beliebtesten, weil wehrlosesten Zielobjekt für Kritik und Verbesserungsvorschläge geworden. Periodischer Personalabbau hat dazu geführt, dass es bestimmten Aufgaben wie etwa der Verwaltung weltweit stattfindender Friedensmissionen oder der Vorbereitung von Untersuchungen über Menschenrechte und nachhaltige Entwicklung nicht mehr gerecht werden kann. Doch angesichts des politischen Charakters der Berufungen zum Sekretariat und seiner Bürokratielastigkeit werden buchprüferische Kritiker immer eine Abteilung finden, die überbesetzt ist und an Arbeitsmangel leidet. Neue Modelle für die effizientere Arbeitsweise des Sekretariats vorzuschlagen hat sich zum populären Sport entwickelt und kann ein wichtiger Indikator für Prioritäten von Mitgliedsstaaten sein, vor allem, wenn sie Druck ausüben, um die Rolle des Generalsekretärs zu verändern. Welche Regierung könnte einer so genauen Prüfung standhalten?

Auch die Generalversammlung wird gern und häufig kritisiert, wobei besonders ihre oft unendlichen und substanzlosen Debatten im Mittelpunkt stehen. Aber auch hier gilt: Welche große parlamentarische Organisation kennt nicht Ähnliches? Die Generalversammlung hat im Lauf der Jahre eine Reihe von bahnbrechenden Resolutionen verabschiedet, es jedoch nie geschafft, »eine mit Trivialitäten und Belanglosigkeiten voll gestopfte und von unnützen Zänkereien begleitete Agenda zu vereinfachen«[136]. Dennoch hält die Mehrheit der Mitglieder an ihrer Wertschätzung der Abstimmungen fest, und für viele Länder ist die Versammlung die beste Möglichkeit, an den politischen Angelegenheiten dieser Welt beteiligt zu sein. Diese Mehrheit kann den Handlungsspielraum der Generalversammlung schützen, indem sie Reformvorschläge niederstimmt.

Immer wieder einmal wird der Vorschlag gemacht, die Generalversammlung zu wählen und in eine Art Weltparlament umzuwandeln. Aber die Annahme, dass nationale Parlamente freiwillige Machteinschränkung betreiben, ist wenig realistisch. Die augenblickliche Zusammensetzung der Generalversammlung aus Regierungsvertretern verpflichtet die betreffenden Regierungen zumindest zu einer Mitarbeit bei Beschlüssen und Aktionen der Versammlung.

Des Weiteren gehört die Bemühung, umfassende Bereiche des UN-Systems aufeinander abzustimmen, zu den Dauerbrennern der Reformagenda, und das aus gutem Grund. »Die [UN-]Maschinerie als Ganzes ist kaum mehr zu steuern [...] Sie bewegt sich langsamer und ungeschickter als ein prähistorisches Ungeheuer«, schrieb Robert Jackson bereits 1969 in seiner *Study of the Capacity of the UN Development System*, einer der besten frühen Analysen. Diese Einschätzung ist auch heute noch gültig. In ihren Anfängen waren die UN eine dezentrale Organisation, die schon bald ungezügelt zu wachsen begann und eine Unzahl von Institutionen, Komitees, Kommissionen, Programmen und Fonds hervorbrachte. Die Kombination aus Komplexität und tief verwurzelten politischen Ansprüchen hat die meisten Versuche, von oben her oder durch koordinierende Mechanismen Ordnung zu schaffen, verhindert. Immerhin gab es in Teilbereichen Erfolge; so konnte die führende Rolle des UN-Entwicklungsprogramms bei der Koordinierung nationaler Hilfsorganisationen gestärkt werden. Und die Festsetzung der Millenniumsziele ist eine viel versprechende Initiative zur Bereinigung der chaotischen Verhältnisse.

Und schließlich stehen Sicherheitsrat und ECOSOC unter Beschuss. Ihre Mitgliedssysteme seien, so heißt es, anachronistisch. Das stimmt. Die bislang einzige Ergänzung der Charta betraf die Vergrößerung der Mitgliederzahl: 1963 wurde der Sicherheitsrat von elf auf 15 Mitglieder erweitert, für Entscheidungen waren jetzt neun Ja-Stimmen (statt wie vorher sieben) nötig.

Auch ECOSOC wurde sukzessive von 18 über 27 auf jetzt 54 Mitglieder aufgestockt. Allerdings haben die Vorschläge zur Neustrukturierung, die jetzt im Raum stehen, wohl wenig Chancen, die notwendige Stimmenzahl von zwei Drittel der Mitglieder (darunter alle der Perm Five) zu erhalten.

## Skandale: Sex, Öl und Sündenböcke

Zum Thema UN-Reform gehört leider auch das leidige Problem der Korruption. In der Millenniumserklärung hießen die UN »das unverzichtbare Haus für die gesamte Menschenfamilie«. 2001 erhielten sie den Friedensnobelpreis. Doch bereits vier Jahre später warf man ihnen verwaltungstechnische Inkompetenz, Vetternwirtschaft auf höchster Ebene, sexuelle Belästigung weiblicher Angestellter und Missbrauch von Flüchtlingsfrauen und -kindern vor. Ein Zyniker könnte bemerken, dass die UN damit der Menschenfamilie tatsächlich sehr ähnlich würden. Aber die Vereinten Nationen konnten angesichts dringend notwendiger Reformen zu ihrem 60. Geburtstag solchen Zynismus nicht brauchen. Das Verhalten von Friedenstruppen und Stabsangehörigen sowie der Umgang mit dem Programm ›Öl für Lebensmittel‹ (Oil for Food, OFF), das von 1996 bis 2003 die Not der irakischen Bevölkerung lindern sollte, ließen die hohen Maßstäbe, denen die UN aus eigenem Anspruch Genüge tun wollten, in zweifelhaftem Licht erscheinen.

Der OFF-Skandal wurde losgetreten, nachdem eine Zeitung aus Bagdad 270 Namen von Personen, darunter einen Hinweis auf den Leiter des OFF, veröffentlicht hatte, die irakischen Regierungsunterlagen zufolge von Saddam Hussein im Zusammenhang mit Empfangsbestätigungen für irakische Ölverkäufe Bestechungsgelder erhalten haben sollten. Untersuchungen ergaben, dass diese nur ein Rädchen im Getriebe eines viel größeren Netzwerks waren, mit dessen Hilfe die irakische Regierung während der UN-Sanktionen von 1990 bis 2003 aus Ölverkäufen mindestens zehn Milliarden Dollar (andere Schätzungen gehen bis zu 21 Milliarden) kassieren konnte.[137] Diese Enthüllungen führten zu wild übertriebenen Anschuldigungen gegenüber den UN und ihrem Generalsekretär, während de facto vor allem die im Sicherheitsrat vertretenen Regierungen die Verantwortung für Saddams illegale Gewinne trugen.

Wie der irakische Diktator an das Geld kam, zeigten zwei umfangreiche amerikanische Untersuchungen (des US-Rechnungshofs und des Waffeninspekteurs der CIA, Charles Duelfer) aus dem Jahr 2004.

*Erstens* wurde irakisches Öl vorzugsweise in die Türkei, nach Ägypten, Syrien und Jordanien geschmuggelt. Mit den so erzielten Gewinnen konnten Waren importiert werden. Das war der bei weitem größte ›Einkommensfluss‹, der laut Schätzungen von Duelfer seit 1990 insgesamt 7,5 Milliarden Dollar einbrachte. Der Rechnungshof kam auf 5,7 Milliarden zwischen 1997 und 2002, dem Zeitraum, in dem das Programm ›Öl für Lebensmittel‹ in Kraft war. Der auf bilateralen Abkommen beruhende illegale Handel war der amerikanischen Regierung und dem Komitee 661 des Sicherheitsrates, das die Sanktionen überwachte, durchaus bekannt. US-Regierung und Kongress gaben für ihre Verbündeten, die Türkei und Jordanien, Unbedenklichkeitserklärungen ab, damit diese trotz Verletzung der Sanktionen weiterhin Hilfsleistungen empfangen konnten. Das Öl wurde über Land- und Seewege geschmuggelt. Im Persischen Golf kreuzten US-Marineboote, die von den UN die Befugnis zum Aufbringen von Tankern erhalten hatten, jedoch nichts unternahmen. Die USA drückten also beide Augen zu, weil der Handel wirtschaftlich (und politisch) für die Verbündeten wichtig war. Washington war sehr viel mehr über irakische Waffenimporte als über die geheimen Einnahmen der Regierung besorgt.

*Zweitens* verlangte die irakische Regierung illegale Provisionen für Importverträge unter dem OFF-Programm. Die Resolution 986 des Sicherheitsrates und ein Vereinbarungsmemorandum erlaubten dem Irak die Wahl seiner Lieferanten für die Einkäufe, die mit dem Geld aus dem legalen Ölhandel getätigt wurden: Lebensmittel, Medikamente, Agrargüter und andere Waren, die der Zivilbevölkerung zugute kommen sollten. Die irakischen Behörden trieben die Preise in die Höhe, verhängten Hafen- und Transportgebühren und berechneten Sonderzahlungen. Damit konnten sie die Differenz zwischen den Beträgen aus dem Ölfonds und den Zahlungen an die Lieferanten verschleiern. UN-Mitarbeiter informierten das Komitee 661 in mehr als 70 Fällen über mögliche Verstöße, die auf Preisdiskrepanzen zurückzuführen waren. Allerdings zeigte sich das Komitee daran nicht interessiert. Zwar sichtete das aktivste Komiteemitglied, die USA, Verträge mit den Adleraugen von 60 Experten, ließ jedoch Preisfaktoren unberücksichtigt und blockierte lediglich Waren mit militärischen Nutzungsmöglichkeiten.

*Drittens* kassierte der Irak schließlich Zuschläge auf seine legalen Ölexporte. Seit dem Jahr 2000 verkaufte er Öl unter dem Weltmarktpreis, um dann insgeheim Zuschläge oder Provisionen vom Käufer zu erhalten, während die offiziell empfangenen Gelder auf einem Treuhandkonto deponiert wurden. UN-Experten unterrichteten den Sicherheitsrat von dieser Praxis, die dann 2001 von den USA und Großbritannien über das Komitee 661 beendet wurde.

Offensichtlich hatten das Komitee und die US-Regierung Kenntnis von diesen drei Methoden und verfügten über die Möglichkeit, Saddam Einhalt zu gebieten. Das von Annan eingesetzte und von Paul Volcker, einem US-Banker, geleitete Unabhängige Untersuchungskomitee bemerkte in seinem Zwischenbericht, dass Saddam seine illegalen Gelder hauptsächlich »aus Sanktionsverletzungen außerhalb des OFF-Programms« bezog. Die Schuld dafür dem UN-Sekretariat oder dem Generalsekretär zuzuschreiben, war, wie die *Financial Times* betonte, eine »intellektuell unredliche Kampagne« von konservativen Kongressangehörigen und der »rechtsorientierten Kommentatorenclique [... ,] die darauf abzielte, die UN als Institution zu zerstören«[138].

Diese vom US-Kongress betriebenen Schuldzuweisungen sind besonders heuchlerisch, weil die Abgeordneten schon im Februar 2002 einen Bericht der kongresseigenen Untersuchungsbehörde in Händen hielten.[139] Dort wurden die oben erwähnten Methoden detailliert beschrieben. Zudem soll die in Houston ansässige Raffinerie Bayoil schon kurz nach Beginn des OFF-Programms irakisches Öl im Wert von 100 Millionen Dollar gekauft und 2000/01 an irakische Ölgesellschaften Bestechungsgelder in Millionenhöhe gezahlt haben, um sich weitere Öllieferungen zu sichern.

Die von Volcker geleitete Kommission untersuchte auch den Umgang der UN mit jenen drei Prozent der OFF-Einkünfte, die zur Deckung von Verwaltungskosten und zur Finanzierung des Waffeninspektionsprogramms (UNSCOM, später UNMOVIC) verwendet wurden. Ebenso beschäftigte sie sich mit den Auswahlkriterien für die Banken und Vertragspartner, die noch von Boutros-Ghali festgelegt worden waren. Die Kommission kam zu dem Schluss, dass der Auswahlprozess bei drei Institutionen gegen die Wettbewerbsregeln verstoßen hatte: bei der Banque Nationale de Paris, der Saybolt Eastern Hemisphere BV und bei Lloyd's Register Inspection Ltd. Lloyd's wurde 1998 durch die schweizerische Gesellschaft Cotecna Inspection Services ersetzt. Die Kommission hatte Grund zu der Annahme, dass in dieser Hinsicht Joseph Stephanides, der Leiter der Abteilung für Angelegenheiten des Sicherheitsrates, möglicherweise zusammen mit anderen UN-Beamten, unrechtmäßig gehandelt hatte.

Anschuldigungen wurden auch gegen Benon Sevan, den Leiter des OFF-Programms, erhoben. Sevan, ein Zypriote, der seit 1956 für die UN arbeitete, soll zwischen 1998 und 2001 einer kleinen, in der Schweiz ansässigen Ölgesellschaft, der African Middle East Petroleum Company (AMEP), irakische Öllieferungen vermittelt haben, die der Gesellschaft bei Weiterverkauf 1,5 Millionen Dollar Gewinn bescherten. Sevan wies die Vorwürfe zurück. Allerdings waren auf sein Privatkonto 160.000 Dollar eingezahlt worden. Ein vom US-Senat eingesetztes Gremium meinte sogar, er habe bei dem Geschäft 1,2 Millionen Dollar verdient. Volcker wollte nach eigenem Bekunden die Verbindungen zwischen Sevan und den Eigentümern der AMEP (Fakhry Abdelnour und anderen) weiter untersuchen und im Juni 2005 den Abschlussbericht vorlegen. Im Februar 2005 wurden Sevan und Stephanides ohne Fortzahlung ihrer Gehälter suspendiert.

Weiter wurde enthüllt, dass die bereits erwähnte Firma Cotecna dem Sohn des Generalsekretärs, Kojo Annan, 1998, als sie an die Stelle von Lloyd's trat, Beratungshonorare in Höhe von über 50.000 Dollar gezahlt hatte. Zusätzlich erhielt Kojo Annan bis Februar 2004 monatlich 2500 Dollar auf der Basis eines Auflösungsvertrages. Er hatte, wie berichtet wurde, Cotecna verlassen, bevor die Gesellschaft den Vertrag für die Mitwirkung am OFF-Programm erhielt. Vater und Sohn Annan beteuerten ihre Unschuld. Aber natürlich war der äußere Eindruck entscheidend, und das Image der UN erlitt großen Schaden. Berichte über die Vernichtung von Dokumenten im Büro des Generalsekretärs machten die Sache nicht besser. Hinzu kamen Gerüchte, dass auch der Sohn des kanadischen Unternehmers Maurice Strong in den Fall verwickelt sei. Strong war der Sonderberater von Kofi Annan für Nordkorea und hatte den Erdgipfel von 1992 in Rio de Janeiro geleitet. 2005 weitete sich der Skandal auf weitere Personen, den Iraki-Amerikaner Samir Vincent und den südkoreanischen Geschäftsmann Tongsun Park, aus.

Was besagen nun diese Machenschaften für die Reform der UN? Bessere interne Prüfungen hätten Stephanides und vielleicht auch Sevan früher auffliegen lassen. Aber der Sicherheitsrat musste wegen der Preisfixierungen und Schmiergeldzahlungen tätig werden, und nur die USA hätten den Ölschmuggel stoppen können.

Sexskandale machten das Jahr 2004 für den Generalsekretär endgültig zum *annus horribilis*. Im November gewährte er Dileep Nair, einem hochrangigen Supervisionsbeamten, der im April der Vetternwirtschaft und sexuellen Belästigung beschuldigt worden war, Amnestie, was viel zu nachsichtig war und eine tief greifende Vertrauenskrise hervorrief. Zudem gab es sehr eindeutige Hinweise auf sexuelle Übergriffe von UN-Friedenstruppen und Polizisten im Kongo. Auch hier reagierten die UN langsam und ausweichend, was Forderungen nach schärferem Durchgreifen und Strafmaßnahmen hervorrief. Und schließlich musste, wie bereits erwähnt, der Flüchtlingskommissar, Ruud Lubbers, aufgrund von Vorwürfen sexueller Belästigung seinen Hut nehmen. Auch hier war monatelang laviert worden.

Der Generalsekretär entschuldigte sich für »ethische Ausrutscher und nachlässiges Management« wie auch für die Vorfälle im Kongo und anderenorts.[140] Er versprach Veränderungen und erhielt Beistand, unter anderem von Tony Blair. 3000 Mitarbeiter unterzeichneten einen Brief, in dem sie den Generalsekretär ihrer Unterstützung versicherten. Auf der Generalversammlung im Dezember erhielt er demonstrativ lang anhaltenden Beifall. Selbst Präsident Bush sprach ihm sein Vertrauen aus.

Doch Kofi Annan war angeschlagen, was seine Position bei den Auseinandersetzungen mit Washington nicht verbesserte. Der ehemalige UN-Botschafter Richard Holbrooke und andere wohl meinende Liberale drängten Annan bei einem privaten Gespräch, seinen guten Ruf in den USA wiederherzustellen. Ein UN-Beamter wurde mit der Äußerung zitiert: »Sie werden nie wieder jemanden wählen, der sich als so unabhängig erwiesen hat wie dieser Mann.« Der US-Historiker Stephen Schlesinger stimmte dem zu und befürchtete, auf Annan werde eine lange Reihe farbloser Generalsekretäre folgen.[141] Das mag sein, doch sei darauf hingewiesen, dass Annan den Posten großenteils deshalb bekam, weil die USA glaubten, er würde gefügiger sein als sein Vorgänger, Boutros Boutros-Ghali.

Die Skandale haben die Atmosphäre so sehr vergiftet, dass Mark Malloch Brown, Annans Stabschef, im Juni 2005 die Lage mit der Schreckensphase der Französischen Revolution verglich. Aber die wichtigen Reformthemen sind andere. Zuallererst geht es um die Probleme der Anwendung von Gewalt, der humanitären Intervention und einen Sicherheitsrat für das 21. Jahrhundert. Die von Annan in seiner Rede vor der Generalversammlung im September 2003 erwähnte Weggabelung war ein ebenso entscheidender Moment wie die Gründung der Vereinten Nationen 1945. Das von ihm eingesetzte High Level Panel untersuchte in seinem im Dezember 2004 veröffentlichten Bericht die zukünftigen Herausforderungen und empfahl »die Stärkung der UN durch die Reform ihrer Institutionen und Verfahrensweisen«. Im März 2005 berief sich Annan in seiner Antwort mit dem Titel »In größerer Freiheit« auf das HLP und den Sachs-Bericht über die Millenniumsziele, um den UN-Mitgliedern seine Reformvorschläge nahe zu bringen.

Der Bericht des HLP wird für längere Zeit das wichtigste Dokument über die Reform der UN bleiben, nicht zuletzt deshalb, weil Annan seine wesentlichen Folgerungen unterstützt und es zur Leitlinie für die letzten beiden Jahre seiner Amtszeit erhoben hat. Das Hauptgewicht des Berichts liegt auf der Stärkung des Sicherheitsrates, doch enthält es auch zu vielen anderen Themen neue Ideen und hat seit langem bestehende Vorschläge für dringend notwendige Verbesserungen noch einmal überarbeitet.

*

*Der Sicherheitsrat:* Die Reform des Sicherheitsrates wird vielleicht erst in einigen Jahren möglich sein, doch hat das die von Regierungen, Gelehrten und Untersuchungskommissionen produzierte Kommentarflut nicht eingedämmt. Allgemein ist man sich einig, dass die Struktur des Rates überholt und nicht mehr repräsentativ ist. Länder wie Deutschland und Japan, die zu den größten Beitragszahlern der UN und ihrer Friedensoperationen gehören, haben keinen ständigen Sitz, während regionale Giganten wie Indien, Brasilien, Ägypten und Nigeria mit sehr viel kleineren und schwächeren Staaten um einen zweijährigen Sitz konkurrieren. Ferner ist die Zahl der Mitglieder – 15 von 191 – ebenso undemokratisch wie die Vorherrschaft der USA und die Macht, die den ständigen Mitgliedern zukommt.

Aber der Teufel steckt im Detail: Wie könnte ein reformierter Sicherheitsrat aussehen, und wie sollen die widerstreitenden Interessen der mächtigen Mitglieder auf einen Nenner gebracht werden? Es ist eine heikle Aufgabe, eine Zweidrittelmehrheit der UN-Mitgliedsstaaten unter Einschluss der Perm Five zustande zu bringen. Bis jetzt waren die Aussichten dafür eher gering. Am heftigsten sind die Auseinandersetzungen zwischen denen, die eine Chance auf einen Sitz zu haben meinen, und ihren Opponenten: Japan würde gern zu den ständigen Mitgliedern gehören, doch dagegen sperrt sich China; Pakistan ist gegen Indien; Italien will einen Sitz, wenn Deutschland einen bekommt; und in Afrika und Lateinamerika ist man sich völlig uneins, welche Länder als Vertreter der jeweiligen Region auserwählt werden sollen.

Der Bericht des HLP sucht nach einem Kompromiss, nennt jedoch keine Kriterien für die Mitgliedschaft (wie etwa wirtschaftliche Größe, politischer Einfluss oder regionale Zugehörigkeit) im Sicherheitsrat. Er spricht sich für die Erweiterung auf 24 Mitglieder aus und folgt damit dem lockeren

Konsens, dass eine größere Anzahl die Beschlussfassung zu sehr erschweren würde. Die Vetomacht der Perm Five soll unangetastet bleiben, wobei zwei Optionen angeboten werden:

1) sechs zusätzliche ständige Sitze (ohne Veto) plus drei weitere Sitze mit zweijähriger, nicht verlängerbarer Dauer; oder

2) acht Sitze mit vierjähriger, verlängerbarer Dauer plus einen nicht verlängerbaren zweijährigen Sitz. Wird die Vetostruktur nicht geändert, hätte dieser Vorschlag die Chance, von allen gegenwärtigen Perm Five befürwortet zu werden. Zudem eröffnet die zweite Option Möglichkeiten für Verhandlungen zwischen Bewerbern über die Rotation ständiger Sitze. Das entspricht der bereits herrschenden Praxis, der gemäß zum Beispiel Indien einen zweijährigen Sitz unter der Bedingung erhält, dass es danach von Pakistan abgelöst wird oder umgekehrt.

*

*Internationale Sicherheit:* Der Bericht des HLP will einen neuen Konsens über die Anwendung der Gewalt durch Regierungen herbeiführen. Er bietet Richtlinien, anhand derer sich beurteilen lässt, wann eine militärische Aktion als gerechtfertigt gelten kann. Doch ist die eigentliche Frage, wem die Entscheidung darüber zukommt. In dieser Hinsicht befindet sich das HLP eindeutig auf Seiten derer, die der UN-Charta und dem Sicherheitsrat höchste Priorität einräumen. »Die Aufgabe«, heißt es im Bericht, »besteht nicht darin, Alternativen zum Sicherheitsrat als Quelle der Autorität zu finden, sondern ihn effizienter als bisher arbeiten zu lassen.«

Diplomatisch verfahrend nennt der Bericht keine Namen, doch wird deutlich, dass er den Entschluss der Regierung Bush und ihrer Koalition der Willigen, ohne Zustimmung des Sicherheitsrates in den Irak einzumarschieren, nicht gutheißt. Zugegeben wird, dass im Licht neuer Bedrohungen (Massenvernichtungswaffen und Terrorismus) der Rat »mehr initiativ« handeln müsse, doch gebe es keine akzeptablen Gründe, ihn zu umgehen. Nach dem Ende des Kalten Krieges »hat sich die Welt verändert, und die Erwartung, dass die Rechtslage berücksichtigt werden muss, ist erheblich gestiegen«.

Auch im Fall präventiver Selbstverteidigung hält das HLP die Zustimmung des Sicherheitsrates für erforderlich. Angespielt wird damit auf die viel diskutierte Bereitschaft der USA zu präemptivem militärischen Handeln. »Wenn es gute Argumente für präventives Handeln gibt, sollten sie dem Sicherheitsrat vorgetragen werden; die allgemeine Erlaubnis zu unilateraler

Prävention ist für die Weltordnung ein zu großes Risiko.« Auch der Einsatz von Gewalt durch regionale Organisationen bedarf der Zustimmung des Sicherheitsrates, wenngleich das HLP einräumt, dass in dringlichen Situationen unverzügliches Handeln erforderlich sein kann.

Bei seinen Entscheidungen über den Einsatz von Gewalt soll sich der Sicherheitsrat von fünf grundlegenden Kriterien leiten lassen: Ernsthaftigkeit der Bedrohung, Zweck und proportionale Angemessenheit der Reaktion, Ausgewogenheit der Folgen und ›letzte Möglichkeit‹, nachdem alle anderen Mittel ausgeschöpft wurden. Diese Kriterien sind keineswegs neu, könnten aber den Entscheidungen zusätzliches Gewicht verleihen und eines fernen Tags das Völkerrecht beträchtlich erweitern.

In der Frage der Abrüstung sucht das HLP einen mittleren Weg, um die augenblickliche Blockierung zu durchbrechen. Es unterstützt Washington, indem es dazu auffordert, Schwächen des Nichtverbreitungsvertrags zu beheben und die IAEA zu stärken, und indem es alle Staaten zur Beteiligung an der Proliferation Security Initiative, einem geistigen Kind der Regierung Bush, drängt. Andererseits geht es auf Distanz zu Washington, indem es frühe Abrüstungsschritte, ein Verifikationsprotokoll für biologische und chemische Waffen und Erklärungen zum Nichteinsatz von Atomwaffen fordert.

Bei weiteren Aspekten der internationalen Sicherheit unterstützt das HLP allgemeine Trends, die bereits im Sicherheitsrat vorhanden sind und von Washington befürwortet werden. Es unterstreicht die Gefahr terroristischer Bedrohungen, unterstützt Sanktionen gegen Staaten, die mit gegen den Terrorismus gerichteten Resolutionen des Sicherheitsrates nicht einverstanden sind, und schlägt vor, dass die Generalversammlung ›Terrorismus‹ offiziell nach Maßgabe der Resolution 1566 definieren und ihn mithin als unter allen Umständen inakzeptabel verurteilen soll. Außerdem begrüßt das HLP Bemühungen, Sanktionen wirksamer zu gestalten.

*

*Entwicklungspolitik:* In den letzten Jahren ist der Verbindung von Entwicklungs- und Sicherheitspolitik viel Beachtung geschenkt worden. Nur wenige Regierungen würden der Behauptung, Armut fördere die Gewalt, widersprechen. Bislang sind Gebernationen kaum willens gewesen, diese Einsicht in eine Begründung für die Erhöhung ihrer Bemühungen um die Entwicklungszusammenarbeit zu übersetzen. Der Bericht des HLP ruft zu größeren Anstrengungen auf und nennt als Ziel eine Marge von 0,7 Prozent des Bruttosozialprodukts der Geberländer, bessere Unterstützung der Millenniumsziele und neue Initiativen im Kampf gegen Aids. Aber das alles sind bestenfalls Ergänzungen zur laufenden Debatte. Das vom HLP empfohlene »Komitee für die sozialen und wirtschaftlichen Aspekte der Sicherheitsbedrohung« dürfte in Washington kein großes Interesse wecken.

Zur Reform der UN-Entwicklungspolitik gehört die Umgestaltung und Erneuerung des Wirtschafts- und Sozialrats, der nun nicht mehr durch ein wirtschaftlich orientiertes Äquivalent des Sicherheitsrates ersetzt, sondern besser genutzt werden soll. Das HLP meint, der ECOSOC solle sich in ein Forum verwandeln, das die verschiedenen Entwicklungsbemühungen koordiniert und dabei effektiver mit Weltbank, Weltwährungsfonds und bilateralen Geberländern zusammenarbeitet.

Wie die Armut zu Krieg und Gewalt führen kann, so auch zum Wiederaufflammen von Konflikten, die zumindest temporär beigelegt waren. Die Erfahrungen des letzten Jahrzehnts haben gezeigt, dass ein Übergang vom Konflikt zum Frieden nur gelingen kann, wenn wirtschaftliche und soziale Fortschritte erzielt werden. Das HLP fordert die Einrichtung eines ständigen Fonds im Umfang von mindestens 250 Millionen Dollar, um die Herausbildung einer regulären Regierung zu finanzieren, und empfiehlt die Einsetzung einer Friedenskommission, die internationale Bemühungen zur Stabilisierung gefährdeter Länder vor oder nach Konflikten begleitend unterstützt. Das Hauptproblem ist natürlich, wie die reicheren Nationen dazu bewegt werden können, Gelder für einen solchen Fonds bereitzustellen.

*

*Menschenrechte:* Hier bekennt sich das HLP zu der »im Entstehen begriffenen Norm, dass es eine kollektive internationale Verantwortung für den Schutz gibt«. Mit dieser Formulierung unterstützt das HLP die Folgerungen der von der kanadischen Regierung eingesetzten Kommission (ICISS) zur Untersuchung des Zusammenhangs zwischen Intervention und nationaler Souveränität nach den Katastrophen von Bosnien, Ruanda und im Kosovo. Mit dem Prinzip, dass die Verantwortung der internationalen Gemeinschaft gefordert ist, wenn nationale Regierungen nicht fähig oder willens sind, ihre Bürger zu schützen, würde das Völkerrecht eine neue Dimension erhalten.

Viele Schlagzeilen gab es auch um die 53 Mitglieder umfassende Menschenrechtskommission und ihren Glaubwürdigkeitsverlust angesichts der Tatsache, dass Länder wie der Sudan und Libyen die Mitgliedschaft, wenn nicht gar den Vorsitz erhalten. Annan schlug in Übereinstimmung mit dem HLP einen relativ schmal besetzten ›Menschenrechtsrat‹ vor, der die Kommission ersetzen soll. Das HLP hatte die Idee geäußert, die Kommission mit Vertretern aller 191 UN-Mitgliedsstaaten zu besetzen, um die Aufmerksamkeit »auf substanzielle Probleme zurückzulenken, statt darauf, wer darüber diskutiert und abstimmt«.

*

*Management:* Annan gelang es, seine relativ gemäßigte Reformagenda von 2002, die auf Effizienz, Koordination und Einbeziehung setzte, erfolgreich voranzutreiben. Der HLP-Bericht unterstützte seine Bemühungen und ging noch einen Schritt weiter, indem er einen zweiten stellvertretenden Generalsekretär für Frieden und Sicherheit, die Verschlankung des Personals durch Frühverrentung und 60 neue Stellen im Sekretariat vorschlug.

Die Kritik an der Generalversammlung (wuchernde Agenda, ermüdende Debatten) wurde von Annan und dem HLP sehr diplomatisch formuliert. Schließlich ist die Versammlung nicht völlig handlungsunfähig – eine ganze Reihe von Resolutionen hat die Welt von Grund auf verändert –, doch könnte sie ihre Zeit produktiver nutzen. All das ist bekannt, auch die Generalversammlung kennt die Kritik, doch ändern wird sich vermutlich nichts.

Fast als Nachsatz empfahl das HLP, bei Ergänzungen der Charta die Bezugnahmen auf den Treuhandrat (Trusteeship Council) und das Militärstabskomitee (Military Staff Committee) zu tilgen. Natürlich liegen beide Organisationen bereits in den letzten Zügen, und selbst wenn Ergänzungen zur Charta eher unwahrscheinlich sein sollten, waren die Bemerkungen des HLP doch eindeutig gegen eine eventuelle Wiederbelebung gerichtet.

*

*Die Intervention des Generalsekretärs:* Kofi Annan warf das ganze Gewicht seines Amtes in die Waagschale, als er in seiner Antwort auf den HLP-Bericht dessen Vorschläge vorbehaltlos billigte und darauf drängte, die weit reichenden Reformen als Gesamtpaket anzunehmen. Ebenso griff er Bushs Anregung von 2004 auf, einen Demokratiefonds einzurichten, »um Ländern zu helfen, die Grundlagen für eine Demokratie zu schaffen«.

Aus amerikanischer Sicht sind jedoch nur Teile des Pakets annehmbar. Die Regierung Bush will nicht mit dem Internationalen Strafgerichtshof zusammenarbeiten und auch keine Richtlinien zur Anwendung von Gewalt unterzeichnen, die die amerikanische Handlungsfreiheit beeinträchtigen. Ebenso will sie sich bei der Festlegung der Höhe von Hilfe auf keine bestimmten Ziele festlegen. Dagegen stoßen andere Forderungen, wie zum Beispiel verstärkte Aktionen gegen den Terrorismus oder die Demokratisierung von Entwicklungsländern, auf ihre Zustimmung. Desgleichen haben EU-Staaten, Blockfreie sowie Russland und China gemäß ihren je eigenen Interessen und Möglichkeitsvorstellungen andere Gewichtungen dessen, was sie befürworten oder ablehnen.

Es versteht sich von selbst, dass die Vorschläge des Generalsekretärs die divergierenden Ansichten der gesamten Mitgliedsstaaten reflektieren müssen und nicht nur die der mächtigen. Annan hat auf höchst diplomatische Weise vorgetragen, was man die liberal-europäische Perspektive der Richtungsbestimmung für den dritten Versuch nennen könnte. Das steht im Einklang mit der Charta, und Annan hat sehr gute Argumente für die von ihm beabsichtigte Reform vorgelegt. Doch es ist nicht abzusehen, dass eine allmächtig wirkende US-Regierung, die einen ganz anderen Ansatz vertritt, sich davon beeindrucken oder gar zwingen lassen wird.

## Aussichten

Der amerikanische Baseball-Star Yogi Berra soll einmal gesagt haben: »Wenn du an eine Weggabelung kommst, nimm sie!« Genau das werden die UN in der alles überschattenden Frage nach der Zukunft der globalen Sicherheit tun. Die USA werden sich das Ob, Wann und Wie militärischer Interventionen nicht vorschreiben lassen, und die liberalen Denker werden weiterhin auf allgemein gültigen Regelungen bestehen. Die Weggabelung wird also noch einige Zeit existieren.

Die Neustrukturierung des Sicherheitsrates wäre noch eines der am ehesten zu lösenden Probleme. Niemand, nicht einmal die USA, ist prinzipiell gegen eine Veränderung, und die Alternativen könnten durch bestimmte Manöver (wie zum Beispiel die Absprache zugunsten gegenseitiger Hilfe zwischen Deutschland, Japan, Brasilien und Indien zur Stärkung ihrer Ansprüche auf ständige Sitze) verringert werden. Auf dem Gipfel vom September 2005 war eine Erklärung als Reaktion auf den von Mitgliedsstaaten ausgeübten Druck in greifbare Nähe gerückt. Doch Fortschritte, die nur in hochtönenden Ankündigungen verlautbart werden, sind reine Illusion. Das Faktum »unumstrittener amerikanischer Macht« degradiert, wie Thomas Weiss betonte, solche Bemühungen zur Bedeutungslosigkeit, auch wenn Washington im eigenen Interesse »überdenken sollte, ob es allein handeln will«[142].

Vor diesem Hintergrund wird die fortdauernde Diskussion über Kriterien der Gewaltanwendung die Regierung Bush nicht daran hindern, das Recht auf Selbstverteidigung und den Artikel 51 der Charta so großzügig und eigennützig auszulegen wie bisher. Immerhin jedoch wird dadurch die Debatte über humanitäre Interventionen belebt. Brutale Herrschaftsverhältnisse können jetzt nicht mehr unter Berufung auf Artikel 2.7 der Charta als Bestandteil nationaler Souveränität gerechtfertigt und fortgesetzt werden. Allerdings muss die internationale Gemeinschaft einen Weg finden, auf humanitäre Krisen anders reagieren zu können als durch händeringendes Zuschauen, wie es in Darfur geschah.

Wären die reichen Länder weniger geizig, könnte der Kampf gegen Armut und Krankheit, gegen soziale Ungerechtigkeit und Umweltschädigung entschlossener geführt werden als bisher. Doch scheinen sich Fortschritte anzubahnen, vor allem durch bessere Koordination unter den Geberländern sowie zwischen Gebern und Empfängern; durch stärkere Einbeziehung von NGOs und Privatunternehmen; durch höhere Konzentration von Hilfe auf die Millenniumsziele.

Ein verbessertes Management dürfte aus den von Annan und dem HLP unterbreiteten Vorschlägen folgen, sofern der OFF-Skandal das Sekretariat nicht arbeitsunfähig macht. Veränderungen in den Organisations- und Verfahrensstrukturen sind nützlich, doch muss die Qualität der Mitarbeiter noch entscheidend verbessert werden, um die erwähnten skandalösen Übergriffe zu vermeiden und sich nicht dem immer wieder erhobenen Vorwurf auszusetzen, das UN-Personal benehme sich vor Ort häufig wie einstmals die Kolonialherren.

Doch all diese Reformen werden den UN kein neues Leben einhauchen, solange nicht die Regierungen mitziehen und die Ideale der Charta vertreten, statt kurzfristigere nationale Ziele zu verfolgen. Die Veränderung des Sicherheitsrates würde China nicht daran hindern, bei Sanktionen gegen den Sudan mit einem Veto zu drohen. Auch Russland wäre nicht an seinem Veto im Fall Kosovo gehindert worden, noch die Franzosen und Russen an ihrer Appeasement-Politik gegenüber Saddam Hussein in den 90er-Jahren, noch die USA am Einmarsch in den Irak – noch nicht einmal Südafrika an seiner Blockadehaltung, als die Generalversammlung erwog, die Gräueltaten in Darfur als Völkermord zu verurteilen. Und es gibt kein Anzeichen dafür, dass solche eigennützigen Obstruktionen sehr bald verschwinden werden.

Die Vereinigten Staaten bleiben aufgrund ihrer militärischen und wirtschaftlichen Macht der wichtigste Faktor, wenn es darum geht, den Kurs der UN-Reformen festzulegen. Washington zeigt keine Neigung, Maßnahmen umzusetzen, die seiner augenblicklichen Hegemonialideologie widersprechen. Die meisten anderen Regierungen sind nicht so unilateralistisch gesonnen. Europa zeigt bei Themen wie dem Internationalen Strafgerichtshof und dem Kyoto-Protokoll zunehmende Bereitschaft zu einer auf Konsens bauenden Führungsrolle und hat dabei in den liberalen Kreisen der USA wichtige Verbündete. Hier und da mögen Kompromisse möglich sein, wie zum Beispiel bei der durch wissenschaftliche Beweise erhärteten Theorie der globalen Erwärmung. Doch nur ausgesprochene Optimisten werden davon ausgehen, dass sich die Abscheu der Republikaner vor den Vereinten Nationen, die bisweilen bis zur Zerstörungsabsicht reicht, schon bald abschwächen wird.

KAPITEL 14

# Was tun? Konsensbildung oder Improvisation

Kritiker der Vereinten Nationen würden die 60-jährige Organisation am liebsten in Rente schicken, manche halten sie sogar für eine Bedrohung der Zivilisation. Ihre Befürworter sehen in ihr eine Zukunftshoffnung, deren beste Jahre erst noch kommen. Beide Seiten erliegen der Versuchung zu übertreiben: die UN nach Erfolgen zu euphorisch auf- oder nach Misserfolgen zu schnell abzuwerten. Wo liegt die Wahrheit? Haben die Vereinten Nationen sich überlebt und sind nunmehr nutzlos, oder können die Regierungen den dritten Versuch betreiben und der Organisation zu einem neuen Frühling verhelfen?

Für die Abschaffung der UN gibt es kein seriöses Argument. Wie wir gezeigt haben, dienen sie vielen praktischen und Achtung gebietenden Zwecken. Selbst der Schwarze Prinz der Neokonservativen, Richard Perle, der gerne Gott für den Tod der UN danken würde, muss einräumen, dass ihre »guten Werke« fortdauerten. Andere, die, wie Georges Monbiot, sie durch eine demokratischere globale Institution ersetzen möchten, dürften keine Gelegenheit haben, solche Träume verwirklicht zu sehen. Die UN sind aus der Erfahrung zweier Weltkriege hervorgegangen, und die Welt kann sich keinen dritten leisten, um Ersatz zu schaffen – der übrigens aus ganz ähnlichem Holz geschnitzt werden müsste.

Der britische Akademiker Sir Adam Roberts wies uns darauf hin, dass all jene, die glauben, die UN könnten die Welt retten, enttäuscht würden, weil die Organisation, da ihre Mitglieder Nationalstaaten sind, immer ein Instrument der Machtpolitik bleiben wird. Überdies ist, wie er betonte, die Charta kein vollständiges globales Sicherheitssystem. Aber das Vollkommene sollte nicht der Feind des Guten sein, und der Sicherheitsrat hat gezeigt, dass der Wille der Vater des Erfolgs ist. Die UN sind und bleiben die einzige Quelle internationaler Legitimität. Sie haben ihr Potenzial noch nicht ausgeschöpft, weshalb ihre Effektivität eher durch Evolution als durch Revolution verbessert werden kann.

Wie aber sieht die Zukunft aus, und wie wird die Funktionsfähigkeit der UN verbessert? Um das einzuschätzen, gingen wir zuerst auf die den Gründern am Herzen liegenden Themen – Frieden, Gerechtigkeit, Menschenrechte und ökonomische Entwicklung – zurück. Wir wählten die Worte der Charta als Bezugspunkt, um zu beurteilen, wie gut oder schlecht die UN in den 60 Jahren ihres Bestehens die ihr obliegenden Aufgaben bewältigt haben und ob die Vision von 1945 der Erneuerung bedarf – ob diese überhaupt sinnvoll war. Unsere Ergebnisse sind, was nicht überraschen dürfte, durchwachsen. Das gilt auch für die Zukunftsaussichten. Für die Kehrseite der Medaille sind die UN, ihre Mitgliedsstaaten und wir alle unzweifelhaft gemeinsam verantwortlich.

Keiner, auch nicht der Generalsekretär, würde leugnen, dass die UN verbesserungsbedürftig sind. Was also kommt auf sie zu? Erneuerung, Neubelebung, Reform, Anpassung oder Improvisation? Die jüngsten Vorschläge kommen, wie bereits erörtert, vom High Level Panel und Kofi Annan selbst. Allerdings müssen wir angesichts der Ereignisse der letzten Zeit bezweifeln, dass in naher Zukunft ein Konsens über größere Reformen erzielt werden kann. Ob das stimmt, und wer gegebenenfalls daran die Schuld trägt, ist zweitrangig. Die UN müssen sich, mit oder ohne Reform, den Herausforderungen des 21. Jahrhunderts stellen.

## Am Horizont: globale Herausforderungen und neue Kräfte

Wir können die Zukunft nicht voraussagen, doch auch ohne Kristallkugel lässt sich eine Reihe von Themen benennen, die in den kommenden Jahrzehnten für die UN zum Testfall werden. Verschiedene Sicherheitsprobleme, die schon seit einiger Zeit die internationale Gemeinschaft beschäftigen, dürften kaum eine schnelle Beseitigung erfahren: der Konflikt im Irak; Darfur; Palästina/Israel; Nordkorea; die Verbreitung von Atom- und anderen Massenvernichtungswaffen; neue Richtlinien für die Anwendung von bewaffneter Gewalt; sowie die Versuche der USA, den Internationalen Strafgerichtshof zu neutralisieren. Auch andere Teile der globalen Agenda stellen schwer zu bewältigende Herausforderungen dar: die Verteidigung der Menschenrechte; die Umsetzung der Millenniumsziele; die weitere Festigung des Internationalen Strafgerichtshofs und der Kampf gegen die globale Erwärmung, um nur die dringendsten zu nennen. Über allem hängt, wie ein Damoklesschwert, die uralte Trennung in Reich und Arm.

Unterdessen werden die politischen und ökonomischen Weltkarten von Grund auf revidiert. Seit den Transformationen des Zweiten Weltkriegs 1948/49 sind die politischen Verhältnisse zwischen den Staaten nicht mehr so im Fluss gewesen wie heute – das jedenfalls konstatierte der einleitende Satz von *Mapping the Global Future*, dem Bericht des Nationalen Geheimdienstrates (National Intelligence Council, NIC) für US-Politiker, der auf »Beratungen mit Nichtregierungsexperten aus aller Welt« beruhte.[143] Die Untersuchung beleuchtete den Aufstieg neuer Mächte, vor allem China und Indien, gefolgt von Brasilien und möglicherweise Indonesien. Die beiden Ersteren, von denen jedes über eine Milliarde Einwohner hat, werden, begünstigt durch eine zu erwartende Expansion der Weltwirtschaft, 2020 zu den Globalplayers gehören. In anderen Regionen wird es eine ungleiche Entwicklung geben, wobei die Kluft zwischen Armen und Reichen weiter besteht und die Versorgung mit energierelevanten Rohstoffen problematisch werden kann.

Besonders bedeutsam für die UN ist das vom NIC prognostizierte weltweit »wachsende Unsicherheitsgefühl«. In vielen Gebieten wird die Globalisierung den Status quo erschüttern – schwache Regierungen, religiöser Extremismus und eine zahlenmäßig überproportional wachsende Jugend könnten »in bestimmten Regionen zu heftigen inneren Konflikten führen«. Das Drohpotenzial des islamischen Extremismus wird nicht abnehmen, und neben oder nach al-Qaida können noch weitere, ebenso gefährliche Gruppen entstehen.

Für Washington begann die Zukunft am 11. September 2001. Das Außenministerium stellte den Terrorismus an die Spitze einer Agenda von sieben Themen, die für die amerikanische Diplomatie in Zukunft weltbestimmend sein werden. »Wir haben unsere neue Berliner Mauer«, sagte Marc Grossman, drittmächtigster Mann im Ministerium, im März 2002.[144] Seitdem ist Washingtons Ton etwas gemäßigter geworden. Doch die Regierung Bush befindet sich nach wie vor in Kriegsstimmung und setzt im Kampf gegen den Terrorismus auf die Macht der Waffen statt auf Verhandlungen. Sie verficht das Recht auf präemptive Militärschläge, statt auf legale Verhaftungen und gerichtliche Verfolgung zu setzen. Einige amerikanische Prognostiker befürchten Anschläge auf amerikanische U-Bahnen und Einkaufszentren und wollen die Möglichkeit eines Krieges gegen den Iran nicht ausschließen.

Bush selbst hat 60 Länder aufgelistet, die Feinden der USA Unterschlupf gewähren.

Timothy Garton Ash bietet in seinem 2004 erschienenen Buch *Free World*, das sich auf die Notwendigkeit einer Zusammenarbeit zwischen Europa und den USA konzentriert, weniger verheerende, wenngleich ebenfalls recht ernüchternde Perspektiven. Er spricht von vier großen Herausforderungen: der Suche nach Frieden im Nahen Osten; der Machtverschiebung zugunsten Chinas und Indiens; der Einkommenskluft zwischen reichen und armen Ländern sowie der globalen Erwärmung. Ash betont die Notwendigkeit besserer transatlantischer Beziehungen zur Bewältigung der vor uns liegenden Schwierigkeiten. Zwar hält er Voraussagen eines nachhaltigen Bruchs zwischen der EU und den USA für übertrieben, doch bestätigen Umfragen zu längerfristigen Trends in der öffentlichen Meinung ein zunehmendes Auseinanderdriften in grundlegenden Fragen von Religion und Politik.

Der NIC-Bericht geht davon aus, dass regionale und internationale Organisationen, allen voran die UN, darum kämpfen, ihren Einfluss und ihre Anziehungskraft zu erhalten. In einem Abschnitt mit dem Titel »Internationale Organisationen in der Krise« geht es darum, dass UN, Weltbank und Weltwährungsfonds sich stärker mit den Interessen der neuen Mächte und der Art und Weise der Vermittlung ›westlicher‹ Werte und Maßstäbe auseinander setzen müssen. Anlässlich der Diskussionen über die Reform des Sicherheitsrates bemerkt der Bericht: »Viele Menschen in den Entwicklungsländern meinen, dass die Machtverteilung in den internationalen Organisationen die Gegebenheiten der Welt nach dem Zweiten Weltkrieg widerspiegelt, nicht aber den heutigen Zustand.«

Diese mehr oder weniger düsteren Zukunftsprognosen, zu denen auch die Analysen von Jared Diamond, Richard Posner und Niall Ferguson zu rechnen sind, verweisen auf den bekannten Teufelskreis: Armut, Unterdrückung und Ungleichheit führen zu Gewalt und Konflikten, die ihrerseits weitere Armut bewirken, usw. Wenn es den Regierungen nicht gelingt, mit Hilfe der UN gemeinsame Gegenstrategien zu entwickeln und andere Prioritäten zu setzen, können die Folgen für die Welt schrecklich sein.

## Kann der dritte Versuch gelingen? Ja, aber nur, wenn ...

Unsere Analyse hat ergeben, dass die Vereinten Nationen in den ersten 60 Jahren ihres Bestehens viel Positives bewirkt haben, jedoch die in der Charta gegebenen Versprechen nicht einlösen konnten. Die Regierungen müssen noch einiges leisten, um in einem dritten Versuch wahrhaft universelle Werte durchzusetzen und eine sicherere Welt mit starken multilateralen Institutionen zu schaffen. Dieser Fortschritt bleibt illusionär, solange Washington im Griff konservativer politischer Kräfte verharrt und grundlegende Bestandteile der UN-Charta verwirft. Die UN werden weiterleben und weiterhin helfen, Milliarden Menschen in allen Teilen der Welt eine bessere Lebensweise zu sichern. Wie erfolgreich können sie dabei sein?

*

*Die Institution:* Trotz aller Bedenken, die in den letzten zehn Jahren laut wurden, werden die UN in der vorhersehbaren Zukunft weitermachen wie bisher und das tun, was sie bisher getan haben – wenn auch vielleicht auf bessere Weise. Die UN geben jedes Jahr an die 6,2 Milliarden Dollar aus, haben Büros in fast allen Ländern, beschäftigen 17.000 Mitarbeiter und mehr als das Dreifache in allen assoziierten Organisationen. Es wird einige Korrekturen geben, von denen ein paar als ›Reformen‹ bezeichnet werden können, doch keine grundlegende Veränderung, weil die Mitgliedsstaaten untereinander uneins sind. Allerdings gibt es zu Roosevelts »universeller Organisation für alle friedliebenden Nationen« auch keine Alternative.

1. Im Sicherheitsrat werden die Perm Five weiter ihre nationalen Interessen verfolgen, die sich bisweilen, wie im Fall des Sudan, unterscheiden, dann wieder, wie im Fall Haitis, zusammenfügen können. Eine Krise könnte zur Konfrontation der USA mit den übrigen Mitgliedern, möglicherweise unter Einschluss Großbritanniens, führen. In absehbarer Zeit wird der Rat keine Lösung finden und nicht die nötigen Ressourcen aufbringen, um in Ländern wie dem Kongo oder Somalia grundlegende Veränderungen bewirken zu können. Die Vorschläge des HLP zur kontrollierten Anwendung von Gewalt werden die Debatte beeinflussen, die Hauptakteure jedoch nicht beeindrucken. Selbst bei (unwahrscheinlichen, aber nicht unmöglichen) Veränderungen in der Mitgliedschaft wird der Sicherheitsrat in den Augen von Konservativen immer noch ein ›Legitimitätsdefizit‹ haben, solange ein undemokratisches China Vetomacht besitzt und Länder wie Syrien einen Sitz als nicht-ständiges Mitglied beanspruchen können. Dagegen werden fortschrittlich Gesonnene den USA ein ›Legitimitätsdefizit‹ vorwerfen.

2. Generalversammlung und ECOSOC dienen den kleinen und armen Mitgliedern als wichtige Foren für die Diskussion über alle Themen, bei

denen zwischen Norden und Süden Uneinigkeit herrscht. Das bedeutet mehr Reden als Handeln, doch kann die einzigartige globale Wirkung, die von Resolutionen ausgeht, zur Vorbedingung für erste Schritte in Richtung auf grenzüberschreitende fortschrittsfördernde Maßnahmen sein. Die Verfahrensweisen können noch effizienter gestaltet werden, doch dürfte sich der Süden gegen alle Veränderungen wehren, die ihn schwächen oder dem Norden größeren Einfluss auf die Agenda einräumen. Der Norden wiederum hat die Notwendigkeit erkannt, den Süden stärker in den Entwicklungsprozess einzubinden, wird jedoch an der grundlegenden Kontrolle über Programme und Finanzen festhalten.

3. Die technisch und anders spezialisierten Organisationen der UN werden weiterhin breit gefächerte Unterstützung genießen und ihre Aufgaben, Leben zu retten, wahrnehmen. Sie könnten noch viel mehr tun, wenn sie finanziell besser ausgestattet wären, doch sind von den Regierungen der reichen Länder hier keine Wundertaten zu erwarten. Es sind engere Beziehungen zu NGOs, Wirtschaftsunternehmen und einigen philanthropisch gesonnenen Milliardären geknüpft worden. Diese Kooperation wird wohl auch für die Zukunft das Modell zur Finanzierung von Entwicklung abgeben.

4. Alle Teile der UN sind anfällig für politischen Druck und bürokratisches Versagen. Undurchsichtige Programme müssen besser geprüft werden, und »ausgewogene geografische Repräsentation« sollte nicht länger als Entschuldigung für die Einstellung unqualifizierten Personals dienen. Aufgeblähte Agenden sollten auf das Wesentliche reduziert werden. Doch kann das alles nur geschehen, wenn die UN auf hauseigene Skandale nicht beschwichtigend oder nur symbolisch reagieren.

*

*Frieden:* UN und Sicherheitsrat waren nie in Gefahr, für die globale Sicherheit unwichtig zu werden, und nehmen auch weiterhin eine Schlüsselstellung im Umgang mit friedensbedrohenden Ereignissen ein. Zwar werden auch zukünftige widerstreitende nationale Interessen die Handlungsfähigkeit des Rates beeinträchtigen, doch gibt es genügend Übereinstimmung im Hinblick auf ein breites Spektrum friedensfördernder Operationen. Und die Nachfrage wird größer sein als das Angebot.

1. Kollektive Sicherheit gemäß den in der Charta vorgesehenen Richtlinien lässt sich aufgrund der anhaltenden Differenzen zwischen den Großmächten in absehbarer Zeit nicht verwirklichen. Dreh- und Angelpunkt

bleibt trotz aller transatlantischen Spannungen die amerikanisch-europäische Sicherheitsgemeinschaft mit der NATO im Zentrum. Die westliche Hemisphäre wird durch die USA und die OAS stabilisiert. Der nächste Schritt sollte die Einrichtung einer asiatischen Sicherheitsgemeinschaft sein, die sich an den Vorschlägen von Francis Fukuyama orientieren könnte.[145] Das alles hat nicht viel mit den UN zu tun. Für Afrika jedoch sind gegenseitige Sicherheitsverträge nicht so wichtig wie die Herstellung regionaler friedenssichernder Strukturen, was nicht ohne umfassendere Unterstützung durch den Sicherheitsrat möglich sein wird.

2. Weitere Fortschritte in der atomaren Abrüstung hängen von Entscheidungen der großen Mächte ab, deren Diskussionen sich dem Einfluss der UN entziehen. Die USA und andere Nuklearstaaten werden sich hüten, ›Außenseiter‹ zuzulassen. Und solange diese Mächte nicht die eigenen aus dem ABM-Vertrag resultierenden Verpflichtungen erfüllen, kann jeder Staat, der sich atomar bewaffnen will, dafür gute Gründe anführen. Die IAEA hat in diesem Zusammenhang eine wichtige Unterstützerrolle, und die Aussicht (oder Drohung), den Sicherheitsrat zu Sanktionen gegen einen potenziellen Verbreiterstaat aufzufordern, kann politisch und psychologisch als Druckmittel wirken.

3. Die UN können ihre Friedensmissionen gut erfüllen, sofern der Sicherheitsrat die notwendigen politischen und militärischen Maßnahmen ergreift. Blauhelme verkörpern wie keine andere Streitmacht die Hoffnungen der internationalen Gemeinschaft. Wenn die Operationen gemäß den im Brahimi-Bericht aufgestellten Richtlinien verlaufen, können Katastrophen wie die der 90er-Jahre vermieden werden. Gut geplante ›gemischte‹ Missionen unter Beteiligung regionaler und/oder nationaler Streitkräfte können bei den meisten inneren Konflikten die Oberhand gewinnen, wenn es keine Einmischung von außen gibt. Aber die Mitgliedsstaaten werden den UN nicht die Fähigkeit verleihen, gegen eine gut bewaffnete nationale Streitmacht Krieg zu führen.

4. Auch das *peace-building* (früher als *nation-building* bezeichnet) kann am besten unter einer blauen Flagge vorangetrieben werden. Die UN haben hier große Erfahrung und unvergleichbare Legitimität. Mit der richtigen Unterstützung sind die UN zur Durchführung zahlreicher Maßnahmen, von Wahlen bis zur Entwicklungszusammenarbeit, befähigt. Allerdings müssen sie sich anstrengen, ihren guten Ruf wiederherzustellen, indem sie Überparteilichkeit, qualifiziertes Personal und effiziente Operationen garantieren, und dabei so eng wie möglich mit NGOs und der Wirtschaft zusammenarbeiten.

Geldmittel für den völligen Wiederaufbau eines kollabierten Staates wird es wohl nicht geben, aber zumindest kann die Entwicklung so weit vorangetrieben werden, dass der Konflikt nicht erneut aufflammt.

5. Fortschritte bei der konventionellen Abrüstung werden von der Zivilgesellschaft und vorausschauend handelnden Regierungen in Ländern wie Kanada, Neuseeland und den skandinavischen Staaten angestrebt. Die Landminen-Konvention und die Initiative zur Kontrolle von Kleinwaffen sind gute Modelle für das Zusammenwirken von öffentlicher Meinung und fortschrittlicher Regierungspolitik, um Maßnahmen durchzusetzen, die andere Regierungen, unter der Fuchtel des Verteidigungsministeriums, ablehnten.

6. Die UN werden beim Kampf gegen den Terrorismus eine wichtige Unterstützerrolle spielen, auch wenn eine umfassende internationale Strategie sich noch nicht abzeichnet, weil zu viel Uneinigkeit über Prioritäten und Ursachen herrscht. Hier besteht zwischen den USA und den muslimischen Ländern eine ebenso große Diskrepanz wie zwischen den USA und Europa. Zwar existieren noch gemeinsame transatlantische Interessen, doch gibt es keinen gemeinsamen Feind mehr; auch der Terrorismus oder Iran können diesen Ansprüchen nicht genügen.[146] Die Zusammenarbeit wird auch dadurch eingeschränkt, dass nationale Geheimdienste wichtige Informationen gern für sich behalten. Immerhin ist man sich über das Ausmaß der Bedrohung einig und verweigert dem Terrorismus jegliche Rechtfertigung. Das könnte Initiativen des Sicherheitsrates zu einer globalen Durchsetzung internationaler Rechtsprinzipien fördern, um die Terroristen von Geldquellen, Reisemöglichkeiten und staatlicher Unterstützung fern zu halten.

*

*Die Herrschaft des Rechts:* In diesem Bereich wird so lange eine Baustelle existieren, bis die USA sich dazu entschließen, an einem über das Vertragsrecht hinausreichenden globalen Ansatz erneut mitzuwirken. John Bolton, während Bushs erster Amtszeit der höchstrangige Waffenkontrollbeauftragte, jetzt UN-Botschafter, ist ein Verfechter des Unilateralismus. 1999 betonte er, dass die USA einen Fehler machten, wenn sie »dem Völkerrecht Gültigkeit zusprächen, auch wenn es kurzfristig in ihrem Interesse liegen könnte – weil auf lange Sicht das Ziel der Befürworter des Völkerrechts darin liegt, die Vereinigten Staaten einzuschränken«[147]. Indem die USA die beiden internationalen Gerichtshöfe nicht oder nur eingeschränkt anerkennen, sabotieren sie die zentralen Institutionen eines wirksamen internationalen Rechtssystems.

*

*Menschenrechte:* Seit Jahren klafft die größte Lücke zwischen Theorie (Charta) und Praxis der UN, wenn es um die Durchsetzung der Menschenrechte geht. Lange beriefen sich trotz wachsenden öffentlichen Drucks Regierungen und offizielle Stellen der UN auf das Prinzip der Nichteinmischung in die inneren Angelegenheiten souveräner Staaten, was sich erst zu Beginn der 90er-Jahre änderte. Zwar gibt es UN-Organisationen und Kongresse, auf denen die Verfolgten und Unterdrückten zu Wort kommen, doch sind die heutigen UN, ungeachtet eines sehr aktiven Hohen Kommissars, durch die groteske Zusammensetzung der Menschenrechtskommission behindert. NGOs und andere zivilgesellschaftliche Kräfte in den Entwicklungsländern sorgen für eine, wenn auch langsame, Weiterentwicklung.

1. Die Durchsetzung bleibt kompliziert, weil die USA den Internationalen Strafgerichtshof ablehnen. Zusätzlich hat die schändliche Behandlung von terrorismusverdächtigen Gefangenen durch die Regierung Bush den amerikanischen Anspruch auf moralische Führerschaft geschwächt, was durch die lobenswerten Bemühungen zur Befriedung von Darfur und im Kampf gegen den Menschenhandel nur teilweise ausgeglichen wird.

2. Die Diskussion über die universelle Geltung der Menschenrechte kann sich aufheizen und zu Verschiebungen von Perspektiven und Prioritäten führen. Die neu sich formierenden Mächte in Asien und Lateinamerika betrachten die westlichen Modelle, die ihnen als Vorbild präsentiert werden, mit großem Misstrauen. Noch schwieriger wird die Auseinandersetzung durch das weitere Eindringen religiöser Ideologien in die Politik.

3. Das Argument, alle Menschen hätten ein Recht auf ökonomische Entwicklung, ist nach dem Ende der Neuen Internationalen Wirtschaftsordnung (NIEO) eher in den Hintergrund gerückt, bleibt aber gültig und schwer lösbar. Ohne stärkere Unterstützung seitens der reichen Nationen werden die Nöte der weniger entwickelten Länder die weitere Durchsetzung der Menschenrechte behindern.

*

*Ökonomische Entwicklung:* China und die ostasiatischen ›Tigerstaaten‹ haben gezeigt, dass Entwicklungszusammenarbeit erfolgreich sein kann. Doch sind die Experten immer noch auf der Suche nach der richtigen Kombination von politischen und privatwirtschaftlichen Maßnahmen, um in anderen Ländern ähnliche Resultate erzielen zu können. Bei der Suche nach Lösungen kommt dem UN-Entwicklungsprogramm, der Weltbank und dem Weltwährungsfonds eine gewichtige Rolle zu.

1. Die Millenniumsziele sind ein bedeutsamer Fortschritt und versprechen konkrete Resultate. Optimisten weisen darauf hin, dass die Anzahl der Menschen, die mit weniger als einem Dollar pro Tag auskommen müssen, schon signifikant zurückgegangen ist (das jedenfalls besagen Statistiken der Weltbank). Allerdings bezieht sich dies vorwiegend auf asiatische Länder; für andere Regionen, insbesondere in Afrika, sind noch weitere große Anstrengungen nötig.

2. Zunehmend wird erkannt, dass der Kampf gegen Armut und Krankheit wesentlicher Bestandteil jeder Strategie zur Verhinderung bürgerkriegsähnlicher Konflikte und zur Bekämpfung von Terrorismus und Verbrechen ist. Aber es reicht nicht aus, mit dem einen Finger auf den Geiz der reichen und mit dem anderen auf die Demokratiefeindlichkeit der armen Länder zu zeigen. Auch hier steht der Norden in der Pflicht.

3. Die G-7-Staaten (zu denen Russland nicht gehört, da es keine Gebernation ist) und andere sind auf dem Weg zu einem Konsens darüber, wie die wesentlichen Elemente staatsoffizieller Entwicklungszusammenarbeit beschaffen sein sollten. Dazu gehören Rahmenbestimmungen zur Schuldenerleichterung, bessere Koordinierung der Geberländer, Demokratisierungsprogramme und besondere Aufmerksamkeit für schwache oder kollabierende Staaten. Fortschritt wird es nur geben, wenn die reichen Länder größere Transparenz walten lassen und die Entwicklungszusammenarbeit nicht an destruktive Bedingungen knüpfen.[148]

4. Die Märkte der reichen Länder müssen sich in stärkerem Maße für die Produkte der armen öffnen. Die EU ist hier mit ihren zoll- und quotenfreien Handelsbestimmungen für Entwicklungsländer (ausgenommen sind Waffen) auf dem richtigen Weg. Fairere und großzügigere Handelsabkommen können viel bewirken, dürfen aber nicht mit Gewinnen für internationale Konzerne und Unternehmen der reichen Länder beladen werden. Negatives Beispiel ist das Nordamerikanische Freihandelsabkommen (NAFTA), das in den ersten zehn Jahren seiner Existenz weder das Wachstum in Mexiko gefördert noch die Einkommenskluft zwischen Mexiko und den USA reduziert hat.

5. Schwarzafrika bleibt ein Sonderfall. Die Region benötigt viel mehr Hilfe, als die Welt zu geben bereit scheint, zeigte sie doch bislang eher eine »Mitleidsshow« als echtes Mitgefühl, wie eine afrikanische Denkfabrik einmal formulierte. Die Vorschläge der Afrikakommission zielen darauf ab, die

kolonische Erbschaft und die enormen Probleme der Region zu überwinden. Die UN haben mit ihren Millenniumszielen den Weg gewiesen. Doch bedarf es der Anstrengung nationaler Regierungen, um den afrikanischen Ländern zu helfen, von den positiven Aspekten der Globalisierung zu profitieren, die bestehenden Ressourcen sinnvoll zu nutzen und die Hilfe und Schuldenerlasse klug einzusetzen.

*

*Gesundheit und Umwelt:* Nichts macht die Notwendigkeit universeller Institutionen deutlicher als die grenzüberschreitenden Bedrohungen von Gesundheit und Umwelt. Aids, Malaria, Tuberkulose, SARS und Vogelgrippe können nicht eingedämmt, geschweige denn ausgerottet werden ohne die Programme von WHO, UNDP, UNICEF und anderer UN-Organisationen. Eine zentrale UN-Koordination ist nötig, um die Beiträge internationaler, nationaler und privater Organisationen so zu bündeln, dass durchgreifende Erfolge im Kampf gegen diese Krankheiten möglich werden. Programme zur Herstellung billigerer Generika für arme Länder haben in den letzten Jahren zugenommen. In dieser Richtung muss noch mehr geschehen. Die globale Erwärmung stellt wohl die ernsthafteste Umweltbedrohung dar. Doch darf auch der Kampf gegen die Zerstörung des Regenwalds, gegen Bodenverschlechterung und -erosion und gegen die Verschmutzung der Ozeane und des Grundwassers nicht vernachlässigt werden.

Die Wissenschaft zeigt mit zunehmender Deutlichkeit, inwieweit die Menschen für die globale Erwärmung und die daraus resultierenden Gefahren verantwortlich sind. Jedes weitere Zögern bedeutet den Verlust kostbarer Zeit.

## Die Zukunft einer Vision

Die Charta der Vereinten Nationen, die Erklärung der Menschenrechte und die Konvention über Völkermord sind außergewöhnliche Dokumente. Sie haben den Lauf der Geschichte verändert, indem sie nicht eine Weltregierung, sondern die globale Verwirklichung der universellen Grundsätze anstrebten, die den fortgeschrittensten Demokratien als Handlungsmaximen dienten: Herrschaft des Rechts, demokratische Prozesse, Gleichheit und Gerechtigkeit. Diese Vision bleibt gültig, wichtig und jeder anderen Alternative überlegen.

Die USA sind zu all dem der Schlüssel. Ihre Initiative führte zur Gründung der UN, und ihre Politik ist weiterhin entscheidend, wenn die in der

Charta beschriebenen Ziele erreicht werden sollen. Die meisten Amerikaner gehen davon aus, dass dies immer noch der Fall ist. Untersuchungen zeigen, dass trotz konservativer Hetzreden eine klare Mehrheit der Bürger dieser einzig noch verbliebenen Supermacht die internationale Zusammenarbeit wertschätzt, eine Stärkung der UN befürwortet, den armen Ländern helfen und die Herrschaft des Rechts, den Internationalen Strafgerichtshof eingeschlossen, verwirklicht sehen will. Doch hat diese Mehrheit derzeit keinen Einfluss auf die Politik der US-Regierung. Bushs Missachtung der öffentlichen Meinung und seine abfällige Haltung gegenüber den UN haben Washingtons Glaubwürdigkeit, wenn es von Frieden, Freiheit, Gerechtigkeit und fairem Handel spricht, untergraben.

Der US-Kongress hat wiederholt die multilaterale Zusammenarbeit unterlaufen, indem er UN-Beiträge zurückhielt, multilaterale Verträge verwarf, Entwicklungszusammenarbeitsprogramme unterfinanzierte und internationale Organisationen beschimpfte. Die Konservativen haben der Regierungspolitik ihren Stempel aufdrücken können, weil sie die Senatsmacht und ihren überproportional starken Einfluss in der Republikanischen Partei nutzten. Bush hat dem Neokonservatismus und seinem Kreuzzugsdenken einen erstrangigen Platz in seiner Außenpolitik eingeräumt. John Gerard Ruggie sieht das Problem in einer »politischen Zeitkrümmung im US-Kongress«[149].

Bedauerlicherweise werden Wahlen daran in absehbarer Zeit wahrscheinlich nichts ändern. Als Präsident Clinton einmal von einem Reporter zum Problem der niedrigen US-amerikanischen Hilfe befragt wurde, antwortete er, dass wegen solcher Themen niemand in den Kongress gewählt würde. Mag es bei den Republikanern auch andere Stimmen als die der Konservativen geben, so ist doch die negative Einstellung gegenüber den UN weit verbreitet und durch das konservative Netzwerk aus Medien, Denkfabriken und Kongresskomitees gefördert worden.

Die UN können die ihr von der Charta zugeschriebene Mission erst dann erfüllen, wenn Washington sich wieder auf den Wert des Völkerrechts und der multilateralen Zusammenarbeit besinnt. Bis dahin wird man den Vereinten Nationen die Schuld an unzureichenden Fortschritten geben. Vor allem die Arbeit des Sicherheitsrates wird durch amerikanische Arroganz beeinträchtigt. Zur Wiederherstellung der einstigen UN-positiven Politik, auf die das Land mit Recht so stolz war, bedarf es nicht nur eines anderen Präsidenten, sondern auch einer kritischen Öffentlichkeit, die sich stärker bemerkbar macht als bisher. Gemeinsame Anstrengungen der gemäßigten Kräfte in beiden Parteien könnten helfen, den gegenwärtigen Kurs entscheidend zu ändern.

Das 1945 formulierte Ziel, eine Welt mit mehr Sicherheit, Wohlstand und Gerechtigkeit zu schaffen, ist heute noch so gültig wie damals. Die Alternativen bestehen, wie Roosevelt nach seiner Rückkehr aus Jalta dem Kongress mitteilte, in unilateralen Aktionen, Einflusssphären und exklusiven Bündnissen. All das »ist seit Jahrhunderten immer wieder versucht worden – und ist immer wieder fehlgeschlagen«. Damals wollte Roosevelt die Amerikaner für die UN begeistern. Heute, da der dritte Versuch auf den Weg gebracht wird, klingen seine Worte nach Kritik und Warnung.

# Nachwort

VON GARETH EVANS

Die meisten Jahre des in diesem Buch so einleuchtend sezierten ›dritten Versuchs‹ habe ich, zu meinem Glück und meiner Enttäuschung, aus nächster Nähe miterlebt. Von 1988, dem Jahr, als Michail Gorbatschow der sowjetischen Außenpolitik eine neue Dimension verlieh, bis 1996, dem Jahr nach dem schmählichen Versagen der UN in Srebrenica, habe ich als australischer Außenminister die Freude über die Neugeburt der Vereinten Nationen ebenso empfunden wie die damit verbundenen Komplikationen erfahren müssen.

2000 wurde ich Vorsitzender der International Crisis Group und war seitdem daran beteiligt, die weltweiten Bemühungen um friedensstiftende und -erhaltende Maßnahmen zu analysieren und voranzutreiben, sowohl in den Vereinten Nationen als auch in Zusammenarbeit mit vielen nationalen Politikern, mit denen ich die Freude über gelungene und den Schmerz über misslingende Bemühungen teilte.

Und als Mitglied einer Reihe von internationalen Kommissionen und Gremien, von der Carnegie-Kommission zur Vermeidung tödlicher Konflikte in den frühen 90er-Jahren bis zum High Level Panel des Generalsekretärs 2004, war ich bei der Entstehung und Entwicklung der vielen guten Ideen behilflich, die in dieser Zeit entstanden, um das internationale System zu erneuern – doch sind bis jetzt bedauerlich wenige von ihnen verwirklicht worden.

Das Ende des Kalten Krieges war unspektakulär, doch verschaffte es uns außerordentliche neue Möglichkeiten zur internationalen Zusammenarbeit. Die UN und insbesondere der Sicherheitsrat warfen die Fesseln ab und machten sich an die Arbeit: für die Beendigung des Krieges zwischen Iran und Irak; in Namibia, Angola und Mittelamerika; in Kambodscha, wo Australien bei den außergewöhnlich erfolgreichen Friedensbemühungen der UN eine Schlüsselrolle spielte; und schließlich im Nahen Osten, wo der Sicherheitsrat mit der Befreiung Kuwaits von der irakischen Besatzung triumphal seine

Macht zurückgewann und seine Fähigkeiten demonstrierte. Viele darauf folgende Friedensverhandlungen und -prozesse waren ebenfalls erfolgreich: Die Zahl der Konflikte ist gegenüber den frühen 90er-Jahren sichtlich zurückgegangen, noch stärker die Anzahl der Kriegstoten.

Doch schon bald tauchten auch Schwierigkeiten auf: Rückschläge in Angola; hoffnungslos unkoordinierte Friedensoperationen im ehemaligen Jugoslawien und in Somalia; Tatenlosigkeit in Liberia; katastrophale Blindheit gegenüber dem Völkermord in Ruanda und Unfähigkeit im Kosovo. Fast jeder Erfolg war von einem Misserfolg begleitet. Ost-Timor wurde gerettet, doch mussten zuvor zu viele unschuldige Menschen sterben. Der Sicherheitsrat konnte den Bürgerkrieg im Kongo ebenso wenig verhindern wie den bewaffneten Konflikt zwischen Äthiopien und Eritrea oder die von Indien und Pakistan durchgeführten Atomwaffentests – ganz zu schweigen von den Verbrechen gegen die Menschlichkeit in Darfur.

Schnell und konstruktiv dagegen reagierte der Sicherheitsrat auf die Anschläge vom 11. September. Er unterstützte die Militäraktionen gegen die Taliban-Milizen und eine Reihe weiterer kooperativer Maßnahmen. Doch konnte er beim größten Testfall von allen, der wiederum den Irak betraf, nicht verhindern, dass eine von den USA geführte Koalition ohne Autorisierung durch den Rat einen Krieg begann, der von den meisten Staaten als voreilig, wenn nicht gar als illegal und illegitim bewertet wurde. Es war viel schwieriger, den Frieden in der Welt nach dem Kalten Krieg aufrechtzuerhalten, als die meisten angenommen hatten. Weitere Probleme – Aids, Flüchtlingsströme und andere Herausforderungen – verdüsterten das Bild noch mehr.

Die UN litten nicht an Knappheit, was Pläne für Reformen betrifft. Ich legte meinen eigenen Entwurf 1993 mit dem Buch *Cooperating for Peace: The Global Agenda for the 1990s and Beyond* vor, eine detaillierte Antwort auf Generalsekretär Boutros-Ghalis umfassenden und anspruchsvollen Beitrag *Agenda for Peace*, der – bedauerlicherweise, muss man sagen – sich heute noch fast so frisch und unverbraucht liest wie vor zwölf Jahren. Eine weitere australische Initiative, die Canberra-Kommission zur Beseitigung von Atomwaffen, rief zur Abrüstung und Nichtverbreitung von Atomwaffen auf. Auch ihre Ideen sind heute noch so gültig wie 1996, zumal die Review-Konferenz zum Nichtverbreitungsvertrag gescheitert ist.

Auch an vielen anderen Initiativen, die nach dem Ende des Kalten Krieges aufblühten, war Australien beteiligt. 1992 legte die UN-Konferenz über Umwelt und Entwicklung (UNCED) mit der *Agenda 21* Pläne zur Umwelterhaltung und nachhaltigen Entwicklung vor. 1993 sorgte die Weltkonferenz von Wien für Fortschritte in der Frage der Menschenrechte. Die Uruguay-Runde führte zur Gründung der Welthandelsorganisation am 1. Januar 1995. Im selben Jahr wurden auf der Konferenz von Peking Leitlinien zur Gleichstellung der Frauen verabschiedet.

Die Jahrtausendwende verstärkte die Bemühungen, auf Fragen Antworten und Lösungen für Probleme zu finden. Ein wichtiger Schritt zu mehr Gemeinsamkeit war die Definition der Millenniumsziele, die einen Zeitrahmen und präzise Details zur Bekämpfung von Armut und Umweltschädigung und zur Verbesserung des Bildungs- und Gesundheitswesens absteckten. Damit war für die reiche Welt schwerer geworden, sich zu verstecken. Das vom Generalsekretär eingesetzte Brahimi-Gremium enthüllte Schwächen in der Verwaltung der Vereinten Nationen und kritisierte die den Friedensoperationen zugrunde liegenden Doktrinen, wobei es vor allem auf die Unmöglichkeit verwies, angesichts des Bösen neutral zu bleiben.

Und schließlich ergriff Kofi Annan, ermüdet von den endlosen Wortgefechten, die dem wirklichen Kampf gegen Gräueltaten immer wieder im Weg standen, die Initiative, indem er die Generalversammlung mit allem Nachdruck aufforderte, einen neuen Konsens für jenes Problem zu finden, das im ersten Jahrzehnt nach dem Kalten Krieg für so heftige Auseinandersetzungen gesorgt hatte: »Wenn die humanitäre Intervention tatsächlich ein inakzeptabler Angriff auf die Souveränität ist, wie sollen wir dann auf ein Ruanda, ein Srebrenica reagieren – auf schwere und systematische Verletzungen von Menschenrechten, die gegen alle Regeln der Menschlichkeit verstoßen?«

Als Reaktion auf diese Herausforderung sponserte die kanadische Regierung die Internationale Kommission über Intervention und Staatssouveränität, bei der ich die Ehre hatte, zusammen mit meinem algerischen Kollegen Mohamed Sahnoun den Vorsitz zu führen. Unser 2001 veröffentlichter Bericht *The Responsibility to Protect* vertrat die Auffassung, dass Souveränität nicht nur Rechte mit sich bringt, sondern auch Verantwortung. Wenn ein Staat, sei es aus Unfähigkeit oder Unwillen, sich der Verantwortung, seine eigenen Bürger zu schützen, entledigt, so geht diese Verantwortung auf die internationale Gemeinschaft über und umfasst nicht mehr nur die Prävention, sondern, als letzte Möglichkeit, die militärische Intervention. Ermutigenderweise – offensichtlich sind nicht alle solche Berichte dazu verdammt, Staub anzusammeln – hat die ›R2P‹-Formulierung insoweit Akzeptanz erlangt, als dass sie mittlerweile oft als neu entstehende internationale Norm verstanden wird. Aber den Testfall bildet das nächste schockierende Ereignis, das sicher nicht auf sich warten lassen wird, um zu prüfen, ob die Theorie in die Praxis übersetzt werden kann.

Trotz all dieser Pläne und Grundsätze hatte die internationale Gemeinschaft im zweiten Jahrzehnt nach dem Kalten Krieg große Zweifel am Erfolg des dritten Versuchs und fragte sich, ob das UN-System in jeder Hinsicht so effektiv arbeitete, wie die Gründer es vorgesehen hatten. Die Entwicklungspolitik war ins Stocken geraten, die Menschenrechtspolitik dysfunktional geworden, verwaltungstechnische und organisatorische Veränderungen hatten an der Spitze zu keiner wirklichen Stärkung und Verantwortlichkeit und in den unteren Rängen zu keiner sichtbar gesteigerten Effizienz geführt. Über allem hing das Gespenst des Irakkriegs, bei dem der Sicherheitsrat übergangen worden war und die größte Macht der Welt gegen die grundlegenden Sicherheitsbestimmungen der Charta verstieß, indem sie darauf bestand, das Recht zu unilateralem Handeln gegen eine Bedrohung zu haben, von der nicht behauptet wurde, dass sie unmittelbar sei.

Kofi Annan fühlte sich 2003 zu der Erklärung veranlasst, dass die UN »in einem Augenblick, der nicht weniger entscheidend ist als der von 1945, vor einer Weggabelung stehen«: Entweder könne das internationale System die Herrschaft des Rechts bekräftigen und den Prinzipien des kooperativen Internationalismus folgen oder in die Anarchie versinken. Er forderte die politischen Führer aus aller Welt auf, sich im Rahmen des 60. Jahrestages der Gründung der UN zu versammeln, um die schmerzlichen Lektionen der letzten 15 Jahre zur Kenntnis zu nehmen, die Tiefe der Kluft zwischen Anspruch und Wirklichkeit anzuerkennen und sich auf eine grundlegende Erneuerung des UN-Systems zu verständigen. Er gab den Sachs-Bericht über die Millenniumsziele und den HLP-Bericht über die Sicherheitsbedrohungen des 21. Jahrhunderts in Auftrag und fasste deren Empfehlungen Anfang 2005 zu einem eigenen eleganten und weit reichenden Entwurf zusammen: *In Larger Freedom: Towards Development, Security and Human Rights for All.*

Die internationale Gemeinschaft kann nun wählen, welchen der beiden Wege sie einschlagen will. Wenn es in diesem Jahr nicht gelingt, entscheidende Schritte zu tun, sind die Aussichten für die Zukunft nicht besonders gut. Die Notwendigkeit zu handeln ist gegeben, die Agenda für den Wandel ist gut konstruiert, und die Gelegenheit ist günstig. Wenn der dritte Versuch jedoch fehlschlägt, wird es nicht so bald die Möglichkeit zu einem vierten geben.

Australier und Amerikaner werden den Multilateralismus und die Rolle der UN immer aus ihrer je eigenen Perspektive bewerten. Australien befürwortet – oder sollte dies tun – ein regelgeleitetes, kooperatives System der internationalen Ordnung als besten Garanten seiner langfristigen Sicherheit (auch wenn es manchmal glaubt, sich beim Zusammenbruch dieser Ordnung auf die Mächtigen verlassen zu können), während die USA sich für groß und stark genug halten, um solche Beschränkungen nicht hinnehmen zu müssen. Australien ist durch seine geografische Lage, seine Bevölkerungszahl und seinen eher begrenzten ökonomischen und militärischen Einfluss darauf festgelegt, eine Mittelmacht zu sein (auch wenn das Lob einer Großmacht ihm etwas anderes vorgaukeln mag). Sein Einfluss hängt entscheidend von der Kreativität, Beharrlichkeit und Überzeugungskraft seiner politischen Führung ab, während die USA ganz andere Möglichkeiten haben, um ihren Einfluss geltend zu machen.

Was beide Länder jedoch, wie die Autoren dieses Buches mit aller Deutlichkeit darlegen, einsehen müssen, ist die Tatsache, dass die globalisierte und zunehmend unabhängiger werdende Welt des 21. Jahrhunderts keine ist, in der irgendein Land, mag es auch noch so groß oder mächtig sein, seine eigenen Interessen allein durch eigenes Handeln – und das seiner Freunde – zu wahren in der Lage sein wird. Ob es um Terrorismus oder um Massenvernichtungswaffen geht, ob um die Folgen innerer Konflikte und staatlichen Zusammenbruchs oder um Pandemien und Umweltkatastrophen – immer kann nur ein kooperativer Internationalismus und ein wirkliches Engagement für die Institutionen und Prozesse kollektiver Sicherheit diese Bedrohungen eindämmen.

Es reicht nicht aus, wenn Washington und Canberra die Herrschaft des Rechts nur nach eigenem Gutdünken anerkennen oder einige Teile des UN-Systems unterstützen, andere dagegen nicht. Natürlich sollen sie mit Nachdruck die Reform dieses Systems einfordern – all diejenigen von uns, die dem Multilateralismus rückhaltlos verpflichtet sind, erweisen den Vereinten Nationen keinen Dienst, wenn sie Ineffizienz dulden, und wir können keine Einwände gegen die Kritik an solcher Ineffizienz erheben, die von anderen kommt. Doch brauchen wir eine hellsichtige Einschätzung und mitfühlende Würdigung dessen, was auf dem Spiel steht, nicht nur für Amerikaner und Australier, sondern für die vielen Millionen Menschen überall auf der Welt.

Den USA mit ihrer globalen Macht und Australien mit seiner guten Bilanz in Sachen Multilateralismus und gemeinsamen Vorgehens bei großen internationalen Angelegenheiten fällt eine wichtige Rolle bei der Schaffung einer Welt zu, in der es mehr Sicherheit, Gerechtigkeit und Wohlstand gibt, und deren internationale Institutionen diesen Prozess befördern, statt ihn zu behindern. Will man die Politiker dazu bewegen, bewegt man am besten zunächst die Öffentlichkeit. Wenn dieses Buch zu einer besseren öffentlichen Anerkennung all dessen beiträgt, was die Welt durch eine Erneuerung der Vereinten Nationen zu gewinnen oder, wenn der Zerfall fortschreitet, zu verlieren hat, wird es seinen Zweck auf hervorragende Weise erfüllt haben.

*Gareth Evans ist seit 2000 Präsident und Hauptgeschäftsführer der in Brüssel ansässigen International Crisis Group, die sich mit der globalen Konfliktprävention beschäftigt. 21 Jahre lang gehörte er dem australischen Parlament an, davon 13 als Kabinettsminister. Von 1988 bis 1996 war er Außenminister. Er war Mitvorsitzender der International Commission on Intervention and State Sovereignity (2001) und gehörte dem High Level Panel on Threats, Challenges and Change an (2004).*

# Anhang

# Abkürzungen

| | |
|---|---|
| ABC | Australian Broadcasting Corporation |
| ABM | Anti-Ballistic Missile (Treaty); Vertrag zur Begrenzung von Raketenabwehrsystemen |
| AGPS | Australian Government Publishing Service |
| AMEP | African Middle East Petroleum Company |
| ANZUS | Pazifik-Pakt zwischen Australien, Neuseeland und den USA |
| ASEAN | Association of South-East Asian Nations |
| AU | African Union |
| BBC | British Broadcasting Commission |
| BP | Benzin und Petroleum AG; deutsche Mineralölgesellschaft |
| CCW | Convention on Prohibitions or Restriction on (Certain) Conventional Weapons; Übereinkommen über konventionelle Waffen |
| CD | Conference on Disarmament; Abrüstungskonferenz |
| CEDAW | Committee on the Elimination of Discrimination Against Women; International Convention on the Elimination of All Forms of Discrimination Against Women (UN); Komitee/Konvention zur Beseitigung (aller Formen) der Diskriminierung von Frauen |
| CENTO | Central European Treaty Organization; Mitteleuropapakt |
| CERD | Komitee für die Beseitigung rassischer Diskriminierung **CFE** Conventional Armed Forces in Europe (Treaty on); (Vertrag über) Konventionelle / in Europa (KSE) |
| CIA | Central Intelligence Agency (USA) |
| CPA | Coalition Provisional Authority (Irak); Übergangsverwaltung für den Irak |
| CRC | Committee on the Rights of the Child; International Convention on the Rights of the Child (UN); Komitee/Konvention für die Rechte des Kindes |
| CT | Committee Against Torture; International Convention Against Torture; Anti-Folter-Komitee/Konvention |
| CTBT | Comprehensive Test Ban Treaty; Vertrag über das umfassende Verbot von Atomwaffentests |
| CTC | Counter-Terrorism Committee; Anti-Terrorismus-Komitee |
| DC | Disarmament Commission; Abrüstungskommission |
| DDR | Dismantle, demobilize, reintegrate (Entwaffnen, demobilisieren, reintegrieren) |
| DPA | Department of Political Affairs (UN) |
| DPKO | Department of Peacekeeping Operations (UN) |
| DU | Depleted Uranium; abgereichertes Uran |

| | |
|---|---|
| **ECOSOC** | Economic and Social Council (UN); Wirtschafts- und Sozialrat |
| **ECOWAS** | Economic Community of West African States; Wirtschaftsgemeinschaft westafrikanischer Staaten |
| **EU** | European Union; Europäische Union |
| **FMCT** | Fissile Material Cut-off Treaty; Vertrag über ein Verbot der Produktion von spaltbarem Material für Waffenzwecke |
| **FMLN** | Frente Farabundo Marti para la Liberación Nacional; Nationale Befreiungsfront Farabundo Marti (Guerillaorganisation in El Salvador) |
| **G-7, G-8** | Group of Seven/Eight; Gruppe der Sieben (industrialisierten Länder) bzw. Acht (mit Russland) |
| **GAO** | General Accounting Office (US); Oberster Rechnungshof |
| **GATT** | General Agreement on Tariffs and Trade; Allgemeines Zoll- und Handelsabkommen **HLP** High Level Panel (UN) |
| **HRC** | Human Rights Commission (UN); Menschenrechtskommission, bzw. Human Rights Committee (UN); Komitee für Menschenrechte, bzw. Human Rights Council (UN); Menschenrechtsrat |
| **IAEA** | International Atomic Energy Agency (UN); Internationale Atomenergie-Behörde (oder -Organisation) |
| **IBRD** | (World Bank) International Bank for Reconstruction and Development; Internationale Bank für Wiederaufbau und Entwicklung (Weltbank) |
| **ICBL** | International Campaign to Ban Land Mines; Internationale Kampagne für das Verbot von Landminen |
| **ICC** | International Criminal Court (UN); Internationaler Strafgerichtshof |
| **ICCPR** | International Covenant on Civil and Political Rights (UN); Internationaler Pakt über bürgerliche und politische Rechte |
| **ICG** | International Crisis Group |
| **ICISS** | International Commission on Intervention and State Sovereignty; Internationale Kommission über Intervention und Staatssouveränität |
| **ICJ** | International Court of Justice; Internationaler Gerichtshof (IGH) |
| **ICTR** | International Criminal Tribunal für Rwanda; Internationales Kriegsverbrechertribunal für Ruanda |
| **ICTY** | International Criminal Tribunal for Former Yugoslavia; Internationales Kriegsverbrechertribunal für das ehemalige Jugoslawien |
| **IDD** | Iodine Deficiency Disease; Jodmangelkrankheit |
| **IFAD** | International Fund for Agricultural Development (UN); Internationaler Fonds für landwirtschaftliche Entwicklung |
| **IFC** | International Finance Corporation; Internationale Finanz-Korporation (eine Gesellschaft der Weltbankgruppe) |
| **ICOC** | Internationaler Verhaltenskodex zur Stärkung von Maßnahmen gegen die Weiterverbreitung von Trägertechnologien |
| **IFI** | International Financial Institution(s); Internationale Finanzinstitution(en) |
| **IGH** | Internationaler Gerichtshof (siehe auch ICJ) |
| **IKRK** | Internationales Komitee des Roten Kreuzes |
| **ILC** | International Law Commission; Völkerrechtskommission |

| | |
|---|---|
| ILO | International Labor Organization; Internationale Arbeitsorganisation |
| IMF | International Monetary Fund; Weltwährungsfonds |
| INTERFET | International Force in East-Timor; Internationale Streitkräfte in Ost-Timor |
| IRRI | International Rice Research Institute; Internationales Institut für Reisforschung |
| ISAF | International Security Assistance Force (Afghanistan); Internationale Schutzstreitkräfte für die Sicherheit in Afghanistan |
| ISGH | Internationaler Strafgerichtshof (siehe auch ICC) |
| IWF | Internationaler Währungsfonds |
| LRA | Lords Resistance Army; Rebellenbewegung in Uganda |
| MAD | Mutually Assured Destruction (gegenseitig garantierte Zerstörung; MAD auch = verrückt) |
| MAI | Multilaterales Investabkommen |
| MDG | Millennium Development Goals; Millenniumsziele (oder Millenniumsentwicklungsziele) |
| MINUGUA | Mission for Guatemala (UN); UN-Mission für Guatemala |
| MINURSO | Referendum Mission for Western Sahara (UN); UN-Referendumsmission für die Westsahara |
| MONUC | UN-Military Operation in Congo |
| MTCR | Trägertechnologie-Kontrollregime |
| NAM | Non-Aligned Movement; Bewegung der blockfreien Staaten |
| NAFTA | Nordamerikanisches Freihandelsabkommen |
| NATO | North Atlantic Treaty Organization; Nato-Pakt, Nordatlantikpakt |
| NGO | Non-Governmental Organization; Nichtregierungsorganisation |
| NIC | International Intelligence Council |
| NIEO | Neue Internationale Wirtschaftsordnung |
| NNWS | Non-Nuclear Weapons States; Staaten ohne Besitz von Atomwaffen |
| NPT | Nuclear Non-Proliferation Treaty; Vertrag über die Nichtverbreitung von Atomwaffen, Atomwaffensperrvertrag |
| NWS | Nuclear Weapons States; Staaten im Besitz von Atomwaffen |
| OAS | Organization of American Statea |
| OAU | Organization of African Unity; Organisation afrikanischer Einheit |
| ODA | Overseas development aid |
| OCHA | Office of the Coordinator of Humanitarian Affairs (UN); Büro des Nothilfekoordinators der Vereinten Nationen |
| OECD | Organization for Economic Cooperation and Development; Organisation für wirtschaftliche Zusammenarbeit und Entwicklung |
| OFF | Oil for Food; Öl gegen Lebensmittel (UN-Programm für den Irak) |
| ONUC | Operation in the Congo (UN) |
| ONUCA | Observer Group in Central America (UN); eobachtergruppe für Mittelamerika |
| ONUSAL | Observer Mission in El Salvador (UN); Beobachtermission in El Salvador |
| ONUVEN | Observer Mission in Venezuela (UN); Beobachtermission in Venezuela |

| | |
|---|---|
| OSZE | Organisation für Sicherheit und Zusammenarbeit in Europa |
| OXFAM | Oxford Committee for Famine Relief (britische NGO für den Kampf gegen den Hunger) |
| PK | Peacekeeping Operation (UN); friedenserhaltende Operation |
| PSI | Proliferation Security Initiative (US); Sicherheitsinitiative zur Unterbindung der Verbreitung von Massenvernichtungswaffen |
| R2P | Responsibility to Protect; Verantwortung für den Schutz |
| RUF | Resistance Force (Sierra Leone); Widerstandsbewegung |
| SALW | Small Arms and Light Weapons; kleine und leichte Waffen |
| SARS | Severe Acute Respiratory Syndrome; schweres, akutes Atemnotsyndrom (gefährliche Erkrankung der Atemwege) |
| SC | Security Council (UN); Sicherheitsrat der Vereinten Nationen |
| SEATO | South-East Asian Treaty Organization; Südostasienpakt (vergleichbar der NATO) |
| SMH | *Sydney Morning Herald* |
| SORT | Strategic Offensive Reductions Treaty; Vertrag zur Reduzierung strategischer Offensivwaffen |
| SPLA | Sudanese People's Liberation Army; Sudanesische Volksbefreiungsarmee |
| SPNFZ | South Pacific Nuclear Weapons Free Zone; Atomwaffenfreie Zone des Südpazifik |
| SSOD | Special Session on Disarmament (UN); Sondersitzung zur Abrüstung |
| TIPS | Terrorism Information and Protection System; Informationssystem in den USA unter Bush nach dem 11. September 2001 |
| TWA | *The Weekend Australian* |
| UN | United Nations; Vereinte Nationen |
| UNAIDS | UN-Organisation zur Koordinierung des Kampfes gegen Aids |
| UNAMA | UN Mission in Afghanistan; UN-Mission für Afghanistan |
| UNAMET | UN Assistance Mission in East Timor (Name der Mission der UN in Ost-Timor) |
| UNAMI | UN Assistance Mission in Iraq (Name der Mission der UN im Irak) |
| UNAMIR | UN Assistance Mission in Rwanda (Name der Mission der UN in Ruanda) |
| UNAMIS | UN Mission in Sudan (Name der Mission der UN für den Sudan) |
| UNAVEM I, II, III | UN Angola Verification Mission I, II, III; Verifikationsmissionen in Angola |
| UNCLOS | UN Convention on the Law of the Sea; Seerechtsübereinkommen |
| UNCTAD | UN Committee on Trade, Aid and Development; Komitee für Handel, Hilfe und Entwicklung |
| UNDP | UN Development Program; UN-Entwicklungsprogramm |
| UNDPA | Abteilung (der UNDP) für politische Angelegenheiten |
| UNEP | UN Environment Program; UN-Umweltprogramm |
| UNESCO | UN Educational, Scientific and Cultural Commission; UN-Kommission zu Bildung, Wissenschaft und Kultur |
| UNFPA | UN Population Fund; UN-Bevölkerungsfonds |
| UNGA | UN General Assembly; UN-Generalversammlung |

| | |
|---|---|
| UNGOMAP | UN Good Offices Mission in Afghanistan and Pakistan; UN-Mission zur Überwachung des Genfer Afghanistan-Abkommens von 1988 |
| UNHCHR | UN High Commissioner for Human Rights; Hoher Kommissar für Menschenrechte |
| UNHCR | UN High Commission(er) for Refugees; UN-Flüchtlingskommission/Flüchtlingskommissar |
| UNHRC | UN Human Rights Commission; UN-Menschenrechtskommission |
| UNICEF | United Nations International Children's Emergency Fund; UN-Kinderfonds, Kinderhilfswerk |
| UNIDO | UN Industrial Development Organization; UN-Organisation für industrielle Entwicklung |
| UNITA | National Union for Total Independence in Angola (angolanische Befreiungs- und Unabhängigkeitsbewegung) |
| UNMAS | UN Mine Action Service; Minensuch- und -räumdienst |
| UNMIK | UN Mission im Kosovo; UN-Mission für das Kosovo |
| UNMISET | UN Mission in East Timor; UN-Mission für Ost-Timor |
| UNMOVIC | UN Observation and Verification Mission in Cambodia; UN-Beobachtungs- und Verifikationsmission |
| UNODC | UN Office on Drugs and Crime; UN-Büro für Drogen und Verbrechen |
| UNOMB | UN Observation Mission in Bougainville; UN-Beobachtungsmission in Bougainville |
| UNPOB | UN Political Office in Bougainville; Politisches Büro der UN in Bougainville |
| UNPREDEP | UN Preventive Force Deployment (Mazedonien); UN-Präventivstreitkräfte für Mazedonien |
| UNPROFOR | UN Protective Force in Former Yugoslavia; UN-Schutztruppen für das ehemalige Jugoslawien |
| UNRWA | UN Relief and Works Agency; Hilfswerk der Vereinten Nationen für Palästina-Flüchtlinge |
| UNSC | UN Security Council; UN-Sicherheitsrat |
| UNSCOM | UN Special Commission (Irak); UN-Sonderkommission für den Irak |
| UNTAC | UN Transitional Authority in Cambodia; UN-Übergangsverwaltung für Kambodscha |
| UNTAET | UN Transitional Administration in East-Timor; UN-Übergangsverwaltung für Ost-Timor |
| UNTAG | UN Transitional Assistance Group (Namibia); UN-Unterstützungseinheit für die Übergangszeit (in Namibia) |
| UNU | UN University; UN-Universität |
| WEF | World Economic Forum; Weltwirtschaftsforum |
| WFP | World Food Program; Welternährungsprogramm der Vereinten Nationen |
| WHO | World Health Organization; Weltgesundheitsorganisation |
| WMD | Weapons of Mass Destruction; Massenvernichtungswaffen |
| WSF | World Social Forum; Weltsozialforum |
| WTO | World Trade Organization; Welthandelsorganisation |

# Bibliografie


Morton Abramowitz und Samantha Power, »A Broken System«, *Washington Post*, 13. September 2004

Tim Allen und Alan Thomas (Hg.), *Poverty and Development into the 21st Century*, Oxford: Oxford Univ. Press, 2000

Graham Allison, *Nuclear Terrorism: The Ultimate Preventable Catastrophe*, New York: Times Books, 2004

Philip Alston und Henry J. Steiner, *International human rights in context: Law politics, morals; text and materials*, Oxford: Clarendon Press, 1996

Amnesty International, »Conflict Diamonds: the Valentine's Day Deception«, *Common Dreams Progressive Newswire*, www.commondreams.org, 14. Februar 2005

Kofi Annan, »In Larger Freedom: Decision Time at the UN«, *Foreign Affairs*, Mai/Juni 2005

Simon Bagshaw und Diane Paul, *Protext or Neglect? Toward a more effective United Nations approach to the protection of internally displaced persons: an evaluation*, Washington: the Brookings-SAIS Project on Internal Displacement and The UN Office for the Coordination of Humanitarian Affairs, Inter-Agency Internal Displacement Division, November 2004

James A. Baker III, *The Politics of Diplomacy: Revolution, War and Peace 1989–1992*, New York: Putnam's, 1995

Tony Banbury, »World Food Program Press Conference on the DPRK, 31. März 2005, www.nautilus.org/napsnet/sr/2005/0528A Banbury.html

Jose Manuel Durao Barroso und Joaquim Chissano, »A Job for the UN: New Ways to Prevent Conflicts«, *International Herald Tribune*, 7. Mai 2004

Anne F. Bayefsky, *The UN Human Rights Treaty System: Universality at the Crossroads*, www.bayefsky.com/report/final report.pdf

Coral Bell (Hg.), *The United Nations and Crisis Management: Six Studies*, Canberra Papers on Strategy and Defence, Nr. 104, Canberra: Strategic and Defence Studies Centre, Research School of Pacific and Asian Studies, ANU, 1994

William Blum, *Rogue State: A Guide to the World's Only Superpower*, London: Zed Books, 2002

William Boese, »NPT Meeting Marked by Discord«, *Arms Control Today*, Juni 2004

Bonn International Center for Conversion, »A Shift in Priorities Threatens Human Security«, *BICC Yearbook 2004*, www.bicc.de/publications/survey/2004, Mai 2003

Jane Boulden und Thomas Weiss (Hg.), *Terrorism and the UN: Before and After September 11*, Bloomington, Ind., 2004
Robert Bowker, *Palestinian Refugees: Mythology, Identity and the Search for Peace*, Boulder, Col.: Lynne Reinner, 2003
Andrew Boyd, *Fifteen Men on a Powderkeg: a History of the UN Security Council*, New York: Stein & Day, 1971
Zbigniew Brzezinski, *The Choice: Global Domination or Global Leadership*, Cambridge, Mass.: Basic Books, 2004
Catherine Buckle, *African Tears: the Zimbabwe Land Invasions*, London: Jonathan Ball, 2003
Thomas Buergenthal, *International Human Rights in a Nutshell* (2. Auflage), St. Paul, Minnesota: West Publishing, 1995
John W. Burton, *Conflict Resolution: Its Language and Processes*, Lanham, Maryland und London: Scarecrow Press, 1996
John Burton, *Violence Explained: the sources of conflict, violence and crime, and their prevention*, Manchester: Manchester Univ. Press, 1997
Michael Byers und George Nolte (Hg.), *US Hegemony and the Foundations of International Law*, Cambridge: Cambridge Univ. Press, 2003

Kenneth Cain, Heidi Postlewait und Andrew Thomson, *Emergency Sex and Other Desperate Measures: A True Story from Hell on Earth*, Hyperion: Center for Individual Freedom, 2004
Richard Caplan, *The New Trusteeship? The International Administration of War-torn Territories*, Adelphi Papers 341, Oxford, International Institute of Strategic Studies: Oxford Univ. Press, 2002
John Carroll, *Terror: a Meditation on the Meaning of September 11*, Melbourne: Scribe, 2002
Center for the Study of Human Rights, Columbia Univ., *Twentyfour Human Rights Documents*, New York, 1992
Hilary Charlesworth und Christine Chinkin, *The Boundaries of International Law: a feminist analysis*, Manchester: Juris Publishing, Manchester Univ. Press, 2000
Simon Chesterman, *You, the People: The United Nations, Transitional Administration, and State Building*, Oxford: Oxford Univ. Press, 2004
–, *Just War or Just Peace? Humanitarian Intervention and International Law*, Oxford: Oxford Univ. Press, 2001
–, »Building democracy through benevolent autocracy: consultation and accountability in UN transitional adminstrations«, in Newman und Rich, 2004, Kap. 4
–, Michael Ignatieff und Ramesh Thakur (Hg.), *Making States Work: State Failure and the Crisis of Governance*, Tokio: UNU Press, 2005
– und David Malone, »High Stakes: the Fate of the UN Security Council«, *IHT*, 27. Januar 2003
Chicago Council on Foreign Relations, *Global Views 2004*, www.ccfr.org/globalviews2004

Noam Chomsky, *Hegemony of Survival: America's Quest for Global Dominance*, Crows Nest, NSW: Allen & Unwin, 2003 (dt.: *Hybris*, Hamburg: Europa Verlag, 2003)

–, »The United States and the ›Challenge of Relativity‹«, *www.zmag.org*, www.zmag.org/zmag/articles/chomud/htm, 24. Juni 2004

Warren Christopher, *In the Stream of History: Shaping Foreign Policy for a New Era*, Stanford: Stanford Univ. Press, 1998

Amy Chua, *World on Fire: How Exporting Free Market Democracy Breeds Ethnic Hatred and Global Instability*, New York: Anchor Books, 2004

Harlan Cleveland, Hazel Henderson und Inge Kaul (Hg.), *The United Nations: Policy and Financing Alternatives – Innovative Proposals by Visionary Leaders*, Washington: Global Commission to Fund the United Nations, 1995

Roberta Cohen und Francis M. Deng, *Masses in Flight: The Global Crisis of Internal Displacement*, Washington: The Brookings Institution, 1998

– (Hg.), *The Forsaken People: Case Studies of the Internally Displaced*, Washington: The Brookings Institution, 1998

Roberta Cohen, »What's so terrible about rape? and other attitudes at the UN«, *SAIS Review*; Sommer/Herbst 2000, Bd. XX, Nr. 2

Commission on Global Governance, *Our Global Neighborhood*, Oxford: Oxford Univ. Press, 1995

Committee of Review, *The Australian Overseas Aid program: One Clear Objective – poverty reduction through sustainable development*, Canberra: AGPS, 1997

Council on Foreign Relations, *Enhancing US Leadership at the United Nations: Report of an Independent Task Force Cosponsored by the Council on Foreign Relations and Freedom House*, New York, Council on Foreign Relations, 2002

David Cortwright und George A. Lopez, *The Sanctions Decade: Assessing UN Strategies in 1990s*, Boulder, Col.: Lynne Rienner, 2000

James Crawford und Philip Alston (Hg.), *The Future of UN Human Rights Treaty Monitoring*, Cambridge: Cambridge Univ. Press, 2000

Barbara Crossette, »When Peacekeeping Turns to Despair«, *Associated Press*, 14. Juni 2004

Ivo H. Daalder und James M. Lindsey, *America Unbound: the Bush Revolution in Foreign Policy*, Washington: The Brookings Institution, 2003

Romeo Dallaire, *Shake Hands with the Devil: the failure of humanity in Rwanda*, Toronto: Random House, 2003

Francis M. Deng und I. William Zartman, *A Strategic Vision for Africa: the Kampala Movement*, Washington: The Brookings Institution, 2002

Hernando de Soto, *The Mystery of Capitalism: Why Capitalism Triumphs in the West and Fails Everywhere Else*, New York: Basic Books, 2000

Laurie DeRose, Ellen Messer und Sara Millman, *Who's Hungry: And How do We Know? Food Shortage, Poverty, and Deprivation*, Tokio: UNU Press, 1998

Karen DeYoung, »US Grows Stingier on Foreign Aid«, *International Herald Tribune*, 26. November 1999

Jared Diamond, *Collapse: How Societies Choose to Fail or Succeed*, New York: Viking, 2005

David Dollar und Lant Pritchett, *Assessing Aid: What Works, What Doesn't, and Why*, Washington: World Bank/Oxford Univ. Press, 1998

Mark Doyle, »Elections in DR Congo – A bad joke?«, *BBC News*, vierteilige Reihe, auch veröffentlicht unter news.bbc.co.uk, 21.–24. Nov. 2004

Alan Dupont, *East Asia Imperiled: transnational challenges to security*, New York: Cambridge Univ. Press, 2001

*The Economist*, »Is This the World's Least Effective Peacekeeping Force?«, 2. Dezember 2004

Gareth Evans, *Cooperating for Peace*, St. Leonards, NSW: Allen & Unwin, 1993

–, »International Law and the United Nations: The Use of Military Force«, Heinrich-Böll-Stiftung, Ansprache, 5. Außenpolitische Jahreskonferenz, Berlin, 24. Juni 2004, aus www.crisisweb.org

– u. a., *The Responsibility to Protect: Report of the International Commission on Intervention and State Sovereignty: December 2001*, Ottawa: International Development Research Centre, Januar 2004

– und Bruce Grant, *Australia's Foreign Relations: In the World of the 1990s*, Melbourne: Melbourne Univ. Press, 1991

Niall Ferguson, *Colossus: The Price of America's Empire*, New York: Penguin, 2004

*Financial Times*, »Destroying the UN«, 4. Dezember 2004

Charles Foster, »International Law: Another Casualty of the Iraq War?«, *Contemporary Review*, August 2003

Malcolm Fraser, *Common Ground: Issues that should bind and not divide us*, Melbourne: Penguin, 2003

Francis Fukuyama, »6-1 = a new regional force«, *International Herald Tribune*, 10. Dezember 2004

–, »Shattered Illusions«, *The Australian*, 29. Juni 2004

–, *State Building: Governance and World Order in the 21st Century*, Ithaca: Cornell Univ., 2004

Susan George, *The Lugano Report: on preserving capitalism in the twenty-first century*, London: Pluto Press, 2003

– und Fabrizio Sabelli, *Faith and Credit: The World Bank's Secular Empire*, Boulder, Col.: Westview, 1994

Michail Gorbatschow, »Reality and Safeguards for a Secure World«, *Prawda*, 17. September 1987

Joy Gordon, »Scandals of Oil for Food«, *Middle East Research and Information Project*, www.merip.org, 19. Juli 2004

–, »The United Nations and Oil for Food: The Facts Behind the Volcker Commission's Interim Report«, *United Nations Association*, Policy Brief Nr. 5, Februar 2005

Marrack Goulding, *Peacemonger*, BPR Publications, 2002

Karen K. Greenberg und Joshua L. Dratel (Hg.), *The Torture Papers: The Road to Abu Ghraib*, Cambridge: Cambridge Univ. Press, 2005

Allan Griffith, *Conflict and Resolution: Peace-building through the ballot box in Zimbabwe, Namibia and Cambodia*, Oxford: New Cherwell Press, 1998

Jean-Marie Guehenno, »A Plan to Strengthen UN Peacekeeping, *International Herald Tribune*, 19. April 2004

Allan Gyngell, *Parallel Worlds*, Lowy Institute Perspectives, Sydney: the Lowy Institute for International Policy, 2004

– und Michael Wesley, *Making Australian Foreign Policy*, Port Melbourne: Cambridge Univ. Press, 2003

Richard N. Haass, *The Reluctant Sheriff: The United States After the Cold War*, Council on Foreign Relations, 1997

– (Hg.), *Economic Sanctions and American Diplomacy*, New York: Council on Foreign Relations, 1998

Owen Harries, *Benign or Imperial? Reflections on American Hegemony*, Sydney: ABC Books, 2004

Peter Harris und Ben Reilly (Hg.), *Democracy and Deep-Rooted Conflict*, Stockholm: International IDEA, März 1988. Das Kapitel »Case Study: Bougainville« auch über www.idea.int/democracy_and_deep_rooted_conflict/

Selig S. Harrison und Masashi Nishihara (Hg.), *UN Peacekeeping: Japanese and American Perspectives*, Washington: Carnegie Endowment for International Peace, 1995

Shirley Hazzard, *Defeat of an Ideal: a study of the self-destruction of the United Nations*, Boston: Little, Brown, 1973

–, *Countenance of Truth: the United Nations and the Waldheim case*, New York: Viking, 1990

Jesse Helms, »Address before the United Nations Security Council«, 20. Januar 2000, www.newsmax.com/articles/archives

Arthur C. Helton, *The price of indifference: refugees and humanitarian action in the new century*, New York: Oxford Univ. Press, 2002

Basil Hetzel u. a. (Hg.), *Towards the Global Elimination of Brain Damage Due to Iodine Deficiency – a global program for human development with a model applicable to a variety of health, social and environmental problems*, Neu Delhi: Oxford Univ. Press, 2004

Jenny Hocking, *Terror Laws: ASIO, Counter-Terrorism and the Threat to Democracy*, Sydney, UNSW Press, 2004

Warren Hoge, »Letter from the United Nations: for the beleaguered UN, a dance of reinvention«, *New York Times*, 25. Februar 2005

John P. Holdren, »Eliminating the Causes of War«, *50th Pugwash Conference on Science and World Affairs*, 5. August 2000, aus www.pugwash.org/reports

Katie Holt und Sarah Hughes, »SA Soldiers Fingered in DRC Abuse Scandal«, *Pretoria News*, 12. Juli 2004

Richard Horton, »AIDS: The Elusive Vaccine«, *New York Review of Books*, Bd. LI, Nr. 14, 23. September 2004

Human Rights Watch, »New US Landmine Policy: Questions and Answers«, *Human Rights Watch*, hrw.org

Independent International Commission on Kosovo, *The Kosovo Report*, www.reliefweb.int/library/documents/The Kosovo Report, presented to the UN secretary-general on 23 Oct. 2000

Independent Working Group on the Future of the United Nations (Qureshi u. a.), *The United Nations in its Second Half-Century*, www.library.yale.edu/un/un1e.htm

International Security Information Service, Europe, »Operation Artemis: Mission Improbable?«, *European Security Review*, Nr. 18, Juli 2003

Richard Jolly, Louis Emmerij, Dharam Hai und Frédéric Lapeyre, *UN Contributions to Development Thinking and Practice*, New York: UN Intellectual History Project, City Univ. of New York, 2004

Bruce Jones und Feryal Cherif, »Evolving Models of Peacekeeping: Policy Implications and Responses«, External Study for UN Department of Peacekeeping Operations Best Practices Unit, aus www.smallwarsjournal.com/documents/pkomodels.pdf

Tim Judah, »Uganda: The Secret War«, *New York Review of Books*, Bd. LI, Nr. 14, 23. September 2004

Tony Judt, »Europe vs. America«, *Japan Echo*, *New York Review of Books*, Bd. LII, Nr. 2, 10. Februar 2005

Robert Kagan, *Of Paradise and Power*, New York: Alfred A. Knopf, 2003

Kenneth Katzman, »Iraq: Compliance, Sanctions and US Policy«, *Congressional Research Service Issue Brief for Congress*, 27. Februar 2002

Elspeth und Michael King, *The Story of Medicine and Disease in Malawi: 130 years since Livingstone*, Arco, 1992

–, *The Great Rift: Africa, Surgery, AIDS, Aid*, Arco, 2000

Henry A. Kissinger, »Defining a New World Order«, *International Herald Tribune*, 6. November 2004

Shin'ichi Kitaoka und Masakazu Yamazaki, »Wedding US Dominance to the UN System«, August 2004

Clea Koff, *The Bone Woman*, Sydney: Hodder Headline Australia, 2004

Stephen D. Krasner, *Structural Conflict: the Third World versus Global Liberalism*, Berkeley: Univ. of California Press, 1985

–, *Sovereignty: organized hypocrisy*, New Jersey: Princeton, 1999

Charles A. Kupchan, *The End of the American Era*, New York: Vintage Books, 2003

Carol Lancaster, *Aid to Africa: So Much to Do, So Little Done*, Chicago: Univ. of Chicago, 1999

John Langmore und David Peetz (Hg.), *Wealth, Policy and Survival: Australia in the world*, Sydney: ALP Secretariat und George Allen & Unwin, 1983

Colin Leyes, *The Rise and Fall of Development Theory*, Oxford: James Currey, 1996

Thomas W. Lippmann, *Madeleine Albright and the New American Diplomacy*, Boulder, Col.: Westview, 2000

Sverre Lodgaard, »Obstacles to No-First-Use«, *Pugwash online*, Papers, Pugwash Meeting Nr. 279, London, 15.-17. November 2002, www.pugwash.org/reports/nw/lodgaard.htm

Bjorn Lomborg, *The Sceptical Environmentalist*, Cambridge: Cambridge Univ. Press, 2001

– (Hg.), *Global Crises, Global Solutions*, Cambridge: Cambridge Univ. Press, 2004

Lowy Institute for International Policy, *Asian Approaches to Peace and Security and the Role of the United Nations*, Sydney, 1.–3. September 2004

Edward C. Luck, *Mixed Messages: American Politics and international organization, 1919–1999*, Washington: The Brookings Institution, 1999

Stephen Mallaby, *The World's Banker: a story of failed states, financial crises, and the wealth and poverty of nations*, New York: Penguin, 2004

David M. Malone (Hg.), *The UN Security Council: From the Cold War to the 21st Century*, Boulder, Col.: Lynne Rienner, 2004

Charles William Maynes und Richard S. Williamson (Hg.), *US Foreign Policy and the United Nations System*, New York: The American Assembly, Columbia Univ. und W. W. Norton, 1996

Warwick McKibbin und Peter J. Wilcoxen, *Climate Change Policy After Kyoto: Blueprint for a Realistic Approach*, Washington: The Brookings Institution, 2002

Robert S. McNamara und James G. Blight, *Wilson‘s Ghost: Reducing the Risk of Conflict, Killing and Catastrophe in th 21st Century*, New York: Public Affairs, 2001

Walter Russel Mead, *Power, Terror, Peace and War: America‘s Grand Strategy in a World at Risk*, New York: Alfred A. Knopf, 2004

Stanley Meisler, *The United Nations: The First Fifty Years*, New York: The Atlantic Monthly Press, 1995

Linda Melvern, *The Ultimate Crime*, London: Allison & Busby, 1986

Karen A. Mingst und Margaret P. Karns, *The United Nations in the Post-Cold War Era*, Boulder, Col.: Westview, 1995

Arild Moe und Kristian Tangen, *The Kyoto Mechanisms and Russian Climate Politics*, London: The Royal Institute of International Affairs Energy and Environment Program, 2000

George Monbiot, *The Age of Consent: A Manifesto for a New World Order*, London: Harper Perennial, 2003

–, »A Parliament for the Planet«, *New Internationalist*, Januar/Februar 2002

Bill Moyers, »Welcome to Doomsday«, *New York Review of Books*, Bd. LII, Nr. 5, 24. März 2005

*New York Times*, »Thousands Died in Africa Yesterday«, 27. Februar 2005

Edward Newman und Roland Rich (Hg.), *The UN Role in Promoting Democracy: between ideals and reality*, Tokio: UNU Press, 2004

Julian Ninio, *The Empire of Ignorance, Hypocrisy and Obedience*, Melbourne: Scribe, 2004
Joseph S. Nye jr., *The Paradox of American Power: Why the World's Only Superpower Can't Go It Alone*, Oxford: Oxford Univ. Press, 2002

Sadako Ogata, *The Refugee Problem and the New International Order*, Tokio: Ushiba Nobuhiko Kinen Kaidan, 1993
–, *The Turbulent Decade: Confronting the Refugee Crises of the 1990s*, New York: Norton, 2005
Meghan L. O'Sullivan, *Shrewd Sanctions: Statecraft and State Sponsors of Terrorismus*, Washington: The Brookings Institution, 2003

Richard Perle, »Thank God for the Death of the UN«, *Guardian*, 21. März 2003
Linda Polman, *We Did Nothing: why the truth doesn't always come out when the UN goes in*, Penguin Canada, 2003
Richard A. Posner, *Catastrophe: Risk and Response*, Oxford: Oxford Univ. Press, 2005
Samantha Power, *A Problem from Hell: American Power in an Age of Genocide*, New York: Basic Books, 2002
–, »Bystanders to Genocide: Why the United States Let the Rwandan Tragedy Happen«, *The Atlantic Monthly*, September 2001
– und Graham Allison (Hg.), *Realizing Human Rights: moving from inspiration to impact*, New York: St. Martin's Press, 2000
Clyde Prestowitz, *Rogue Nation: American Unilateralism and the Failure of Good Intentions*, New York: Perseus, 2003

Barry G. Rabe, *Statehouse and Greenhous: the Emerging Politics of American Climate Change Policy*, Washington: The Brookings Institution, 2004
Steven Radelet, *Challenging Foreign Aid: A Policymaker's Guide to the Millennium Change Account*, Washington: Center for Global Development, 2003
–, »Think Again: US Foreign Aid«, *www.foreignpolicy.com*, 1. Februar 2005
Elizabeth Reid (Hg.), *HIV and AIDS: the global interconnection*, West Hartford, Conn.: Kumarian Press, 1995
Alan Renouf, *The Frightened Country*, Melbourne: Macmillan, 1979
Christian Reus-Smit, *American Power and World Order*, Cambridge: Polity Press, 2004
– (Hg.), *The Challenge of United Nations Reform*, Canberra: Department of International Relations, ANU, 2004
Sheldon Richman, »Iraqi Sanctions: Were they worth it?«, *Future of Freedom Foundation*, Januar 2004, www.globalpolicy.org/security/sanction/iraq1/2004
David Rieff, »Were Sanctions Right?«, *New York Times Magazine*, 27. Juli 2003
Rosemary Righter, *Utopia Lost: The United Nations and World Order*, New York: Twentieth Century Fund Press, 1998
Scott Ritter, *Endgame: Solving the Iraq Crisis*, New York: Simon & Schuster, 2002
Adam Roberts und Benedict Kingsbury, *United Nations, Divided World: the UN's roles in international relations*, (2. Auflage), Oxford: Oxford Univ. Press, 1993

Kevin Rudd, »Multilateralism in the post-Iraq order – Australia's commitment«, *Sydney Institute Papers*, Herbst 2004

John Gerard Ruggie, *Winning the Peace: America and World Order in the New Era*, New York: Columbia Univ. Press, 1996

–, »The Crisis of Multilateralism is Different«, UNA-USA National Forum on the United Nations, 26. Juni 2003, aus www.unausa.org

–, »Multilateralism: the anatomy of an institution«, *International Organization*, 46, 3, Sommer 1992, Boston: World Peace Foundation und MIT, 1992

Jeffrey Sachs, »Myanmar: sanctions won't work«, *Financial Times*, 28. Juli 2004

–, *A Practical Plan to Achieve the Millennium Development Goals*, 2005: www.unmillenniumproject.org/reports/fullreport.htm

–, *In Larger Freedom: Towards Development, Security, and Human Rights for All*, New York: UN, 2005

–, *The End of Poverty: How we can Make it Happen in our Lifetime*, London: Penguin, 2005

Philippe Sands, *Lawless World: America and the Making of Breaking of Global Rules*, London: Penguin, 2005

Robert B. Satloff (Hg.), *War on Terror: The Middle East Dimension*, Washington: The Washington Institute for Near East Policy, 2002

Hideo Sato (Hg.), *Containing Conflict: Cases in Preventive Diplomacy*, New York: Japan Center for International Exchange, 2003

Stephen C. Schlesinger, *Art of Creation: The Founding of the United Nations*, Boulder, Col.: Westview, 2003

Albrecht Schnabel und Ramesh Thakur (Hg.), *Kosovo and the challenge of humanitarian intervention: selective indignations, collective action, and international citizenship*, Tokio: UNU Press, 2000

George P. Shultz, *Turmoil and Triumph: My Years as Secretary of State*, New York: Scribner's, 1993

Peter Singer, *One World: the Ethics of Globalization*, Melbourne: Text Publishing, 2002

Judith Snodgrass, *Presenting Japanese Buddhism to the West: Orientalism, Occidentalism, and the Columbian Exposition*, Chapel Hill: Univ. of North Carolina Press, 2003

George Soros, *The Bubble of American Supremacy: Correcting the Misuse of American Power*, Sydney: Allen & Unwin, 2004

The Stanley Foundation, *Capturing the 21st Century Security Agenda: Prospect for Collective Responses*, Muscatine, Iowa, 2004

Joseph E. Stiglitz, *Globalization and Its Discontents*, New York: Norton, 2003

–, »The Broken Promise of NAFTA«, *New York Times*, 6. Januar 2004

Keith Suter, *Global Agenda: Economics, the Environment, and the Nation-State*, Sutherland, NSW: Albatross, 1995

Ramesh Thakur, *The UN at 50: Retrospect and Prospect*, Otago, New Zealand: Univ. of Otago, 1996

Paul Theroux, *Dark Star Safari: Overland from Cairo to Capetown*, London: Penguin, 2002

Nicholas Thompson, »John Bolton vs. the World«, *Salon*, 16. Juli 2003

James Traub, »Peacekeeping: Can It Ever Be Made to Work?«, *New York Times Magazine*, 11. April 2004

–, »Is Iran Going Nuclear?«, *New York Times Magazine*, 13. Juni 2004

Robert W. Tucker und David C. Hendrickson, »The Sources of American Legitimacy«, *Foreign Affairs*, November/Dezember 2004

UNHCR, *The State of the World's Refugees: In Search of Solutions*, Oxford: Oxford Univ. Press, 1995

United Nations, *Report of the Panel on United Nations Peace Operations*, United Nations, 23. August 2000, www.un.org/peace/reports/peace_operations/. Auf dieser Website auch der Brahimi-Bericht und andere UN-Berichte.

–, »*A more secure world: Our shared responsibility: Report of the High-level Panel on Threats, Challenges, and Change*«, United Nations, 2. Dezember 2004, www.un.org/secureworld/

United Nations Association of the USA, *Global Agenda: Issues before the 59th General Assembly of the United Nations*, New York: United Nations Association, 2004

United States Central Intelligence Agency, *Comprehensive Report of the Special Advisor to the DCI on Iraq's WMD*, www.cia,gov/cia/reports/iraq_wmd_2004/ 30. September 2004

United States General Accounting Office, »UNITED NATIONS: Reforms Progressing, But Comprehensive Assessments Needed to Measure Impact: GAO-04-339«, Washington, USGAO, Februar 2004

–, »UNITED NATIONS: Oil for Food Program Audits: Statement of Joseph A. Christoff, Director, International Affairs and Trade: GAO-05-346T«, Washington, USGAO, 15. Februar 2005

United States National Intelligence Council, *Mapping the Global Future: Report of the National Intelligence Council's 2020 Project*, Pittsburgh: Government Printing Office, Dezember 2004

Brian Urquhart, »Humanitarianism is Not Enough«, *New York Review of Books*, Bd. LII, Nr. 9, 26. Mai 2005

–, »Extreme Makeover«, *New York Review of Books*, Bd. LII, Nr. 3, 24. Februar 2005

–, »World Order and Mr. Bush«, *New York Review of Books*, Bd. L, Nr. 15, 9. Oktober 2003

– und Erskine Childers, *Renewing the United Nations System*, Uppsala: Dag Hammarskjöld Foundation, 1994

Charles A. Wallender, »Lost and Found: Gorbachev's New Thinking«, *The Washington Quarterly*, Winter 2002

Thomas G. Weiss, »The Illusion of UN Security Council Reform«, *The Washington Quarterly*, Herbst 2003

Penny Wensley, *Australia and the United Nations: challenges in the new millennium*, Annandale, NSW: Federation Press, Centre for International and Public Law, ANU, 2000
–, *Rio and Beyond 2000: global environment issues: Australia's role and interests*, Perth: Murdoch Univ., 1992
Richard Woolcott, *The Hot Seat: Reflections on Diplomacy From Stalin's Death to the Bali Bombings*, Sydney: HarperCollins, 2003

Sallie Yea, »Sex Trafficking and the UN Military: Experiences of Trafficked Women in South Korea« (SY@rmit.edu.au)

Ernesto Zedillo, »Roosevelt Was Right about Multilateralism: the US Should Return to the Best Traditions of Its Leadership«, *Yale Global*, 13. Juni 2003
Spencer Zifcak, *Mr Ruddock Goes to Geneva*, Sydney: UNSW Press, 2003
–, »Second Opinion: How Australia is undermining the UN«, *The Diplomat*, Oktober/November 2004

# Danksagungen

*Für ausführliche Informationen und Diskussionen danken wir:*

Morton Abramowitz, The Century Foundation, ehemaliger Präsident der Carnegie Endowment for International Peace
Merrick Baker-Bates, ehemaliger britischer Generalkonsul, Los Angeles
David Birenbaum, Woodrow Wilson Center, ehemaliger US-Botschafter bei den UN (UN Management and Reform)
John Burton, ehemaliger australischer Außenminister, Canberra
Hilary Charlesworth, Centre for International Public Law, Faculty of Law, Australian National University, Canberra
Simon Chesterman, Institute for International Law and Justice, New York University, School of Law
Kevin Clements, Australian Centre for Peace and Conflict Studies, University of Queensland
Roberta Cohen, The Brookings Institution
Stella Cornelius, AO, OBE, Conflict Resolution Network
John Dauth, australischer Botschafter bei den UN, New York
John Dowd, AO, Australian Section, ICJ
Gareth Evans, International Crisis Group
Michael Fullilove, The Lowy Institute for International Policy, Sydney
Sir Marrack Goulding, St Antony's College, Oxford University
Basil Hetzel, AC, International Council for Control of Iodine Deficiency Disorders
Jeff Laurenti, UN Foundation, New York
Ed Luck, School of International and Public Affairs, Columbia University
David Malone, International Peace Academy
George Moose, ehemaliger Staatssekretär für afrikanische Angelegenheiten
Robert O'Neill, AO, Australian Strategic Policy Institute
Thomas R. Pickering, ehemaliger ständiger Vertreter der USA bei den Vereinten Nationen
Stuart Rees, Centre for Peace and Conflict Studies, University of Sydney, Sydney Peace Foundation
Margaret Reynolds, UN Association of Australia
Sir Adam Roberts, Department of Politics and International Relations, Oxford University
Ivan Shearer, Faculty of Law, University of Sydney
James Sutterlin, Yale University
Takeo Uchida, International Public Policy, Chuo University, Tokio
Alexander Watson, ehemaliger stellvertretender ständiger Vertreter der USA bei den Vereinten Nationen
Herbert F. Weiss, Woodrow Wilson Center
Thomas G. Weiss, Graduate Center, City University of New York; Ralph Bunche Institute

*Für persönliche Unterstützung unseres Projekts danken wir:*

Merrick Baker-Bates und Crystal Baker-Bates
Dennis Blight AO und Sharon Blight
Harold Bolitho und Sharon Ladd
Ellen Boneparth
William T. Breer und Peggy Breer
Richard Broinowski
Stella Cornelius
Gerald Curtis
Robert Immerman
Ian Mathews
Patty O'Brien
David Purnell
Margaret Reynolds
Ramesh Thakur

# Anmerkungen

1 Kofi Annan, »›In Larger Freedom‹: Decision Time at the UN«, *Foreign Affairs*, Mai/Juni 2005.

2 John Gerard Ruggie, *Winning the Peace: America and World Order in the New Era*, New York: Columbia University Press, 1996. Ruggie gibt seiner Einleitung den Titel »Der dritte Versuch zur Weltordnung«. Er bemerkt dort unter anderem: »Das Hauptproblem, dem sich die amerikanischen Führer 1919 und 1945 gegenübersahen, ist erneut in den Vordergrund gerückt: Es geht um eine kohärente Begründung für die Garantie eines kontinuierlichen und aktiven internationalen Engagements der USA für eine stabile internationale Ordnung.«

3 Richard N. Haass, *The Reluctant Sheriff: The United States After the Cold War*, New York: Council on Foreign Relations, 1997, S. 21.

4 James A. Baker, *The Politics of Diplomacy: Revolution, War and Peace 1989–1992*, New York: G. P. Putnam‘s Sons, 1995. Das erste Kapitel, »Der Tag, an dem der Kalte Krieg zu Ende ging«, beschreibt Bakers Besuch in Moskau und seine Gespräche mit Eduard Schewardnadse.

5 George H. W. Bush, Rede zur Lage der Nation vor dem US-Kongress, 29. Januar 1991; http://millercenter.virginia.edu/scripps/diglibrary/prezspeeches/ghbush/ghb_1991_0129.html.

6 US-Außenministerium, Bureau of International Organization Affairs (IO), Vision Statement, *U.S. Multilateral Diplomacy and the UN: Our Principles and Priorities*, www.state.gov, 23. Mai 2005.

7 Zit. n. Stephen C. Schlesinger, *Act of Creation*, Boulder, Col.: Westview Press, 2003, S. 64.

8 Joseph E. Stiglitz, *Globalization and its Discontents*, New York: Norton, 2003. Stiglitz bietet eine ausgewogene und gut begründete Kritik der Globalisierung und zeigt, wie internationale Finanzorganisationen den Entwicklungsländern besser helfen können.

9 Robert Kagan, *Of Paradise and Power: America and Europe in the new world order*, New York: Knopf, 2003.

10 George P. Shultz, *Turmoil and Triumph: My Years as Secretary of State*, New York: Scribner‘s, 1993, S. 928.

11 Shultz, op. cit., S. 1124f.

12 Congressional Research Service, *United Nations Peacekeeping Issues for Congress,* Library of Congress, Washington, 7. Mai 2003.

13 United Nations, *Press Release SC 6657*, 24. März 1999.

14 BBC News, Mittwoch, 11. September 2002.

15 David M. Malone (Hg.), *The UN Security Council: From the Cold War to the 21st Century*, Boulder, Col.: Lynne Reiner, 2004. Unsere Erörterungen in diesem Kapitel verdanken dem thematisch weit gespannten Band sehr viel.

16 Brian Urquhart, »World Order & Mr. Bush«, *New York Review of Books*, Bd. 50, Nr. 15, 9. Oktober 2003.

17 John Gerard Ruggie, *Winning the Peace*, 1996, S. 95f.

18 Das Department of Peacekeeping Operations (DPKO) bietet auf seiner Website (www.un.org/Depts/dpko) und in seinen Publikationen extensive Informationen, von denen dieses Kapitel profitiert hat.

19 Auch das Department of Political Affairs (DPA) verfügt über eine Website (www.un.org/Depts/dpa).

20 Eine gute Übersicht über ›gemischte‹ Operationen bietet der Aufsatz von Bruce Jones und Feryal Cherif, »Evolving Models of Peacekeeping: Policy Implications and Responses«, eine Studie für das Best Practices Unit des DPKO, einzusehen auf dessen Website.

21 Vgl. etwa Ian Martin, *Self-Determination in East Timor: the United Nations, the Ballot, and International Intervention*, International Peace Academy Occasional Paper, Boulder: Lynne Reiner, 2001; Astri Suhrke, »Peacekeepers as Nation Builders: Dilemmas of the UN in East Timor«, *International Peacekeeping 8*, Nr. 4, 2001; Conflict, Security and Development Group, International Policy Institute, King‘s College, London, *A Review of Peace Operations: a Case for Change*, London, King‘s College, 2003.

22 »Is this the world‘s least effective UN peacekeeping force?«, *The Economist*, 2. Dezember 2004.

23 Vgl. Mark Doyles vierteilige Serie über seine Reisen im Ostkongo, auf news.bbc.co.uk vom 20., 22., 23. und 25. November 2004.

24 Jean-Marie Guehenno, »A plan to strengthen UN peacekeeping«, *International Herald Tribune*, 19. April 2004.

25 Eine große Anzahl von Aufsätzen und Büchern untersucht dieses Thema. Das Kapitel bezieht sich vor allem auf die folgenden drei: David Cartright und George A. Lopez, *The Sanctions Decade: Assessing UN Strategies in 1990s*, Boulder, Col., Lynne Reiner, 2000. Zwei andere wertvolle Analysen beschäftigen sich vorwiegend mit den USA, bieten aber gute Einsichten in die Wirksamkeit oder Unwirksamkeit von Sanktionen: Meghan O‘Sullivan, *Shrewd Sanctions: Statecraft and State Sponsors of Terrorism*, Washington, D.C.: Brookings Institution Press, 2003; sowie Richard N. Haass (Hg.), *Economic Sanctions and American Diplomacy*, New York, Council on Foreign Relations, 1998.

26 Report of the Secretary-General‘s High Level Panel on Threats, Challenges and Change, *A More Secure World: Our Shared Responsibility*, New York, United Nations, November 2004, S. 55f.

27 Cartright und Lopez, op. cit.

28 Thomas E. McNamara, »Why Qaddafi turned his back on terror«, *International Herald Tribune*, 4. Mai 2004.

29 Persönliche Erinnerung des Autors.

30 Über die Bemerkung wurde in einem nationalen Programm von CBS berichtet. Das Zitat ist dem darauf bezogenen Artikel von Sheldon Richman entnommen: »Iraqi Sanctions: Were They Worth It?«, *Future of Freedom Foundation*, Januar 2004; www.globalpolicy.org/security/sanction/iraq1/2004/01sanctionsworth.htm, 28. Mai 2005.

31 Independent International Commission on Kosovo, »The Kosovo Report«, Oktober 2000; www.reliefweb.int/library/documents/thekosovoreport.htm.

32 Charles Foster, »International Law: another casualty of the Iraq war?«, *Contemporary Review*, August 2003.

33 Die Quellen machen unterschiedliche Angaben über den Ursprung der Bezeichnung, doch das Harold B. Lee Library World War I Document Archive an der Brigham Young University schreibt ihn dem letzten Gespräch zwischen E. Goschen, dem britischen Botschafter in Berlin, und Kanzler von Bethmann-Hollweg zu, das am 4. August 1914 stattfand. Goschen berichtete nach London, der deutsche Kanzler habe sich darüber beschwert, dass Großbritannien dabei sei, Krieg wegen »eines Fetzens Papier« (die Garantie der belgischen Neutralität) zu führen. www.lib.byu.edu/rdh/wwi/1914/paperscrap.html, 29. Mai 2005.

34 Nagendra Singh, »The UN and the Development of International Law«, in *United Nations, Divided World*, Adam Roberts & Benedict Kingsbury (Hg.), Oxford: Clarendon Press, 1993. Im Vertrag zwischen Kellogg und Briand von 1928 lehnten die damaligen Großmächte, unter anderem Deutschland, Japan, USA und Großbritannien, den Krieg als Instrument der Politik ab, aber das war eine freiwillige Erklärung ohne Erzwingungsmechanismen, die schon bald von den faschistischen Staaten ignoriert wurde.

35 Die heutige Position der USA skizziert David M. Ackermann, »International Law and the Preemptive Use of Force Against Iraq«, *Congressional Research Service*, 17. März 2003.

36 Singh, in Robert & Kingsbury, op. cit.

37 Jane Boulden & Thomas Weiss (Hg.), *Terrorism and the UN: Before and After September 11*, Bloomington, Indiana, 2004, S. 165.

38 Peter J. Spiro, »What Happened to the ›New Sovereigntism‹«, *Foreign Affairs,* Juli 2004.

39 Die amerikanische Koalition von NGOs für den ICC geht auf ihrer Website Meinungsumfragen nach: www.amicc.org/usinfo/opinion_polls.html.

40 Das Stockholmer Institut für Internationale Friedensforschung (SIPRI) veröffentlicht jährlich einen ausgezeichneten Bericht über Militärausgaben.

41 Rosemary Righter, *Utopia Lost: the United Nations and World Order*, New York: The Twentieth Century Fund Press, 1998, S. 313.

42 Die Website des UN-Büros in Genf (www.unog.ch) veröffentlicht offizielle Informationen über die Abrüstungskonferenz und ihre Aktivitäten. Im März 2005 war der Generaldirektor des Genfer Büros zugleich der Generalsekretär der Konferenz wie auch der persönliche Vertreter des Generalsekretärs in der Konferenz.

43 Vgl. Graham Allison, »The Eight Spoke Loudly, and Did Little«, *International Herald Tribune*, 12./13. Juni 2004.

44 Warren Hoge, »UN Seeks Tighter Sanctions as Qaeda Skirts Money Controls«, *New York Times*, 31. August 2004.

45 Einen guten Überblick über das israelische Programm bietet Warner D. Farr, LTC, U.S. Army, *The Third Temple's Holy of Holies: Israel's Nuclear Weapons*, US Air Force Counterproliferation Center, Air War College, Alabama, September 1999.

46 Zu einer genauen Analyse der nationalen Interessen der heutigen Nuklearmächte vgl. Sverre Lodgaard, *Obstacles to No-First-Use*, ein Beitrag zum Pugwash Meeting Nr. 279, London, 15.–17. November 2002 (www.pugwash.org/reports/nw/op2_2/op-v2n2_6.htm).

47 Anthony Faiola, »North Korea Declares Itself a Nuclear Power«, *Washington Post*, 10. Februar 2005.

48 Eine aktuelle und umfassende Erörterung bietet Graham Allison, *Nuclear Terrorism: the Ultimate Preventable Catastrophe*, New York: Times Books, 2004.

49 Eine ganze Reihe von Denkfabriken hat sich mit diesem Thema beschäftigt. Die Ansichten gehen auseinander – wir haben uns auf Materialien der Carnegie Endowment for International Peace und ihre Proliferation News, des Nuclear Control Institute und der Brookings Institution, alle mit Sitz in Washington, D.C., bezogen.

50 Vgl. Anonymous, *Imperial Hubris: Why the West is Losing the War on Terror,* New York, Brassey's, 2004. Der Autor wurde später in den US-Medien als Michael Scheurer, vormaliger Leiter der Usama-bin-Ladin-Einheit der CIA, identifiziert, der zahlreiche Zeitungsinterviews gegeben hat.

51 Dieser Teil bezieht sich insbesondere auf zwei australische Untersuchungen: Christian Reus-Smit (Hg.), »The Challenge of UN Reform«, (Keynotes, 05, ANU, RSPAS, Department of International Relations, Canberra: National Library of Australia, 2004), sowie den Beitrag von Gary Klindworth zu Coral Bell (Hg.), *The United States and Crisis Management: Six Studies* (Canberra Papers on Strategy and Defence, Nr. 104, ANU, RSPAS, Canberra, 1994). Prof. em. Ivan Shearer, seit 2000 Mitglied des Menschenrechtskomitees, verwies uns auf die Arbeiten der herausragenden Juristen Philip Alston und Thomas Buergenthal. Dr. Simon Chesterman sprach mit uns im Oktober 2004 in New York; sein Buch *You, the People: The United Nations, Transitional Administration, and State-Building* (Oxford: Oxford Univ. Press, 2004) und sein Beitrag in Newman & Rich, 2004 (s. Bibliografie) bieten ausführliche Erörterungen.

52 Jeane Kirkpatrick, UN-Botschafterin unter Reagan, ist George W. Bushs Kandidatin für die UN-Menschenrechtskommission.

53 Die 1948 eingerichteten »Charta-Organisationen« sind die Menschenrechtskommission, in die Vertreter von 53 Staaten durch die Generalversammlung gewählt werden, und die Unterkommission für die Förderung und den Schutz von Menschenrechten (bis 1999: Minderheiten), deren Arbeit von dem Dritten Komitee der Generalversammlung überprüft wird. Die »Vertragsorganisationen« mit ihrem je eigenen Aufgabenfeld sind das Menschenrechtskomitee (HCR) für bürgerliche und politische Rechte, das Komitee für die Beseitigung rassischer Diskriminierung (CERD), das Komitee für wirtschaftliche, soziale und kulturelle Rechte, das Komitee gegen Folter, das Komitee zur Beseitigung der Diskriminierung von Frauen (CEDAW), das Komitee für die Rechte des Kindes sowie das Komitee zum Schutz der Rechte aller Arbeitsmigranten und ihrer Familien.

Die Mitglieder aller dieser Komitees werden von der Generalversammlung gewählt, aber als »unabhängige« Experten. Vier der Komitees können sich mit Beschwerden von Einzelpersonen über die staatliche Nichtachtung ihrer Rechte befassen.

54 Hilary Charlesworth, »The United Nations Human Rights System«, in Reus-Smit, op. cit., S. 11–17.

55 Vgl. Spencer Zifcak, *Mr. Ruddock Goes to Geneva*, UNSW Press, 2003, Kap. 5.

56 John Bolton, zit. n. *New Yorker*, 21. März 2005, S. 23.

57 Premierminister John Howard, Presseveröffentlichung, 18. Februar 2000.

58 Vgl. John Ryle, »The Disaster in Darfur«, *New York Review of Books*, 12. August 2004.

59 Ein Kommentar der Internationalen Krisengruppe zu diesen Schätzungen in: »Darfur: The Failure to Protect«, 8. März 2005, www.crisisgroup.org.

60 Gary Klintworth, »The United Nations' Power to Intervene in the Domestic Sphere«, in Coral Bell, op. cit.

61 *Washington Post, SMH,* 29. Dezember 2004, S. 13. Michael Gawenda, *SMH*, 8. März 2005, S. 8.

62 US Veterans for Peace, zit. n. www.greenleft.org.au 19. Mai 2004.

63 Geheimes Bush-Memorandum, 7. Februar 2002, paraphrasiert von Seymour Hersh, *Chain of Command: the Road from 9/11 to Abu Ghraib*, New York: HarperCollins, 2004.

64 Prof. Jeremy Rabkin (Univ. Cornell), »What Geneva Rights?«, *Australian*, 4. Juni 2004, S. 13.

65 George Kennan, BBC TV, »The Late Show«, 12. Dezember 1992.

66 George Kennan, *New York Review of Books*, August 1999.

67 Arundathi Roy, City of Sidney Peace Prize lecture, November 2004.

68 Roberta Cohens Erfahrungen bei der Überwachung von Menschenrechten sind in ihr zusammen mit Francis M. Deng verfasstes Buch von 1998 eingeflossen. Spencer Zifcak hat neben *Mr Ruddock Goes to Geneva* noch den Aufsatz »Second Opinion: How Australia is undermining the UN« verfasst (*The Diplomat*, Oktober/November 2004, S. 18). Zum australischen Umgang mit den Menschenrechten vgl. auch Anne Bayefsky, *The UN Human Rights Treaty System: Universality at the Crossroads*, www.bayefsky.com, sowie das Standing Committee on Foreign Affairs, Defence and Trade (UN Sub-Committee), *Australia's Relations with the UN the Post Cold War Environment* (Canberra: AGPS, 2001).

69 Jeffrey Sachs, »Weapons of mass starvation«, *Economist*, 24. Oktober 2002; www.economist.com/opinion/PrinterFriendly.cfm?Story. Onnesha Roychoudhuri, »The End of Poverty: An Interview with Jeffrey Sachs«, *Mother Jones*, 6. Mai 2005, www.motherjones.com/cgi-bin/print_article.pl?url.

70 Elizabeth Evatt, zit. n. Zifcak, op. cit. (2003), S. 31.

71 William Maley, »The foreign policy on the Taliban«, Council on Foreign Relations Paper, New York: Council on Foreign Relations, Februar 2000, S. 24. Ders., »The humanitarian imperative«, in Reus-Smit, op. cit., S. 18–25.

72 David Brown, »Women being hit hardest by AIDS«, *Washington Post, SMH,* 25. November 2004.

73 *SMH*, 14. März 2005, S. 10.

74 Tim Judah hat in »Uganda: The Secret War« (*New York Review of Books*, Bd. LI, Nr. 14, 23. September 2004, S. 62–64) und zusammen mit The UN Foundation, New York, in »Demobilizing Child Soldiers« (2004) das Thema dokumentiert, ebenso diverse Berichte von Human Rights Watch, darunter *Abused and Abducted: Renewed Conflict in Northern Uganda* (Juli 2003). International Crisis Group, *Northern Uganda: Understanding and Solving the Conflict* (April 2004). Vgl. zu aktuellen Details die Website des UN Office for the Coordination of Humanitarian Affairs: www.irinnews.org.

75 Richard Horton, zit. n. *SMH*, 11./12. Dezember 2004, S. 17.

76 Sharon Bessell, »The Trafficking of Children through a Human Rights Lens«, Canberra: ANU, 2004.

77 Coalition to Stop the Use of Child Soldiers, www.child-soldiers.org.

78 Der ehemalige UN-Flüchtlingskommissar Sadako Ogata berichtet aus erster Hand in *The Turbulent Decade: Confronting the Refugee Crises of 1990s*, New York: Norton, 2005. Zum Problem der Menschenrechte in Afrika vgl. Samantha Power, *A Problem from Hell: American Power in an Age of Genocide*, New York: Basic Books, 2002, sowie dies., »Bystanders to Genocide: Why the United States Let the Rwandan Tragedy Happen«, in *The Atlantic Monthly*, September 2001; ferner dies. und Graham Allison (Hg.), *Realizing human rights: moving from inspiration to impact*, New York: St. Martin‘s Press, 2000. Eine kritische Bewertung der australischen Flüchtlingspolitik in David Marr und Marian Wilkinson, *Dark Victory*, Sydney: Allen & Unwin, 2003. Zu Arundathi Roy vgl. Kap. 7, Anm. 17 (Peace & The New Corporate Liberation Theology, www.arts.usyd.edu.au/centres/cpacs).

79 Vorwort, *Masses in Flight: The Global Crisis of Internal Displacement*, Washington, D.C.: Brookings Institution, 1998.

80 UNHCR, *The State of the World‘s Refugees: in Search of Solutions*, Oxford: Oxford Univ. Press, 1995.

81 Walter Kälin & Dennis McNamara, Vorwort zu Simon Bagshaw & Diane Paul, *Protect or Neglect? Toward a More Effective United Nations Approach to the Protection of Internally Displaced Persons: An Evaluation*, Washington, D.C.: Brookings-SAIS and United Nations, 2004, S. VII.

82 Erica Feller, UNHCR, Genf, ABC Radio National, 27. März 2004.

83 Paul Theroux, *Dark Star Safari,* 2002.

84 Roberta Cohen, »›What‘s so terrible about rape?‹ and Other Attitudes at the United Nations«, *SAIS Review*, Sommer/Herbst 2000, Bd. XX, Nr. 2, S. 73–77. Claudia Rosett, »The Real Refugee Scandal«, *Wall Street Journal*, 23. Februar 2005, www.opinionjournal.com/forms/print.

85 Greg Myre, »Israel Feuds with Agency Set Up to Aid Palestinians«, *New York Times*, 18. Oktober 2004, S. A6.

86 Brian Urquhart, »Humanitarianism is Not Enough«, *New York Review of Books*, Bd. LII, Nr. 9, 26. Mai 2005, S. 26–29.

87 »Congo applauds UN revenge strike«, *TWA*, 5./6. März 2005, S. 14. Warren Hoge, *New York Times, Washington Post, SMH*, 18./19. Dezember 2004, S. 17.

88 Marc Lacey, »Cautious optimism greets rebels' peace accord«, *New York Times, Guardian, SMH*, 2./3. April 2005, S. 25.

89 Julian Burnside, »Anaesthetising the National Conscience«, *Arena*, April/Mai 2004, S. 33–37.

90 Brian Urquhart, op. cit.

91 Diese Zusammenfassung stammt von David Marr, »Geneva v. Canberra«, *SMH*, 28. März 2005, S. 13–14. Eine entgegengesetzte Ansicht vertritt James Morrow, »The UN is not fit to criticise«, *Australian*, 30. März 2005, S. 11. Der Text des Komitees in www.ohcr.org/english/bodies/cerd.docs/CERD.C.Aus.Co.14.pdf.

92 Von der umfassenden Literatur über Entwicklungshilfe und die IFIs haben wir uns vor allem auf die divergierenden Ansichten von George Monbiot, George Soros, James Wolfensohn und Keith Suter (vgl. die Bibliografie) bezogen. Zitate aus Paul Theroux' *Dark Star Safari* von S. 63, 90, 187, 197, 201, 327f., 343f., 346 und 363. Wichtige Quellen sind auch der UN Development Index und die Jahresberichte der Weltbank und des Weltwährungsfonds. Zur Weltbank vgl. auch Sebastian Mallaby, *The World's Banker: A Story of Failed States, Financial Crises, and the Wealth and Poverty of Nations*, New York: Penguin, 2004.

93 »Asian Approaches to Peace and Security and the Role of the United Nations«, Lowy Institute, 1.–3. Oktober 2004, S. 4.

94 Susan George und Fabrizio Sabelli, *Faith and Credit: The World Bank's Secular Empire*, Boulder, Col.: Westview, 1994.

95 John Langmore, Vorlage für die Untersuchung über Entwicklungshilfe 1997, Committee of Review, the Australian Aid Program, *One Clear Objective*, Canberra: AGPS, 1997, S. 59.

96 Sebastian Mallaby, op. cit., S. 58f., 91, 111.

97 Zit. n. Mallaby, S. 152.

98 Graham Hancock, *The Lords of Poverty: the Power, Prestige and Corruption of the International Aid Business*, London: Macmillan, 1989.

99 George B. N. Ayittey, in *Africa Betrayed* und *Africa in Chaos* (beide New York: St. Martin's Press, 1997). Quellen aus Theroux, op. cit.

100 Sergio Polizzotti und Daniele Fanciullacci, *Guidelines for the Application of Labor-Intensive Technologies*, 1994.

101 »UN agency sidelines in anti-abortion drive«, *New York Times, SMH,* 22. Juni 2004, S. 9.

102 Die Statistiken in diesem Kapitel stammen von der Statistics Division, Department of Economic and Social Affairs, UN; dem Sachs-Bericht (2005) und dem Jahresbericht von Oxfam (2004). Die Berichte über die Millenniumsziele, der ICISS-Bericht über das Recht auf Schutz (»R2P«), der HLP-Bericht und die Antwort des Generalsekretärs sind auf der UN-Website zugänglich.

103 »Ends without means«, *Economist*, 11. September 2004, S. 72.

104 Dieses Kapitel bezieht sich auf folgende Quellen über Afrika: Paul Theroux, *Dark Star Safari*; Samantha Power, »How to Kill a Country«, *Atlantic Monthly*, Dezember 2002; dies., *A Problem from Hell*, 2002. Zum Problem der Entwicklung vgl. vor allem Jeffrey Sachs, *A Practical Plan to Achieve the Millennium Development Goals*,

2005; Bjorn Lomborg (Hg.), *Global Crises, Global Solutions*, Cambridge: Cambridge Univ. Press, 2004; sowie AusAid, Committee of Review, *The Australian Overseas Aid Program: One Clear Objective – poverty reduction through sustainable development,* Canberra: AGPS, 1997.

Quellen zur neuen Bedrohung der Sicherheit: Alan Dupont, *East Asia Imperilled: transnational challenges to security*, New York: Cambridge Univ. Press, 2001; Jared Diamond, *Collaps: How Societies Choose to Fail or Survive*, London: Allen Lane, 2004; sowie ders., *Guns, Germs and Steel: the Fates of Human Societies*, London: Allen Lane, 1997. Ferner Steven Mallaby, op. cit. (vgl. Kap. 10, Anm. 1); Edward Newman und Roland Rich, *The UN Role in Promoting Democracy: between Ideals and Reality*, Tokio: UNU, 2004; sowie Michael Maren, *The Road to Hell: the Ravaging Effects of Foreign Aid and International Charity*, New York: Free Press, 1997. Nützlich waren auch Artikel und Rundfunksendungen von Sydneys UN-Beobachter Keith Suter. Zum Thema »abgereichertes Uran« vgl. *The Doctor, the Depleted Uranium, and the Dying Children*, gesendet von SBS am 15. Februar 2005.

105 Jonathan King, »World‘s long dance with death«, *SMH*, 8./9. Januar 2005, S. 29.

106 Rosemary Righter, »Help slowed by empire builders«, *The Times, TWA,* 1./2. Januar 2005, S. 20.

107 Greg Sheridan, »How Blair was left on sidelines«, *TWA*, 15./16. Januar 2005, S. 8.

108 Paul Toohey, »UNforgivable«, *Bulletin*, 25. Januar 2005, S. 26–29.

109 Gareth Evans, »Chance for a stronger UN«, *Australian*, 13. Januar 2004, S. 11.

110 news.bbc.co.uk/1/in/world/south-asia/4172035.stm, 14. Januar 2005.

111 James Wolfensohn, »Hurry, we may save the planet«, *AFR*, 26./27. Juni 2004, S. 63.

112 *Guardian, SMH*, 12./13. Februar 2005, S. 31.

113 BBC News, www.bbc.co.uk, 16. Februar 2005.

114 Keith Suter, *SMH*, 1. Januar 2005, S. 13.

115 »Abgereichertes« Uran, das von Menschen produzierte Isotop U238, ist ein Nebenprodukt, das bei der Plutonium produzierenden Urananreicherung anfällt. Wird es in ein Metall zurückverwandelt, kann es Flugkörper so härten, dass die Geschosse Eisen- und Mauerwerk durchdringen, bevor sie explodieren. Allerdings ist der Terminus »abgereichert« irreführend: die Halbwertzeit abgereicherten Urans ist länger als die von Plutonium (24 360 Jahre), der giftigsten Substanz auf der Erde. Verschmelzen die DU-Kerne, erzeugt das Gammastrahlen, die die Umgebung verseuchen. William Arkin, Präsident des Institute of Science and International Security, wurde 1995 von *Le Monde diplomatique* mit der Äußerung zitiert, dass die im Golfkrieg von 1991 verwendeten 940.000 Geschosse etwa 3000 Tonnen abgereichertes Uran enthalten hätten. In Bosnien-Herzegowina starben Muslime in ungewöhnlich hoher Zahl an Krebs, und im Kosovo gab es überproportional viele Fälle von Leukämie. Zudem wiesen italienische, portugiesische und spanische Soldaten, die dort im Einsatz gewesen waren, das »bosnische Kriegssyndrom« auf, das ähnliche Symptome zeigte. Eine Untersuchung durch UNEP fand Spuren abgereicherten Urans in Serbien.

116 Vgl. MEMRI, 8. Juni 2000, Nr. 99, www.memri.org/bin/articles.cgi?

117 Francis Pisani und John Arquilina, »Global Dislocations, Network Solutions«, www.nautilus.org, 15. Juli 2004.

118 Mark Plattner, Mitherausgeber des *Journal of Democracy*, zit. n. John Fonte, »A world of difference«, *TWA*, 15./16. Januar 2005, S. 19.

119 George Monbiot, *The Age of Consent*, 2003, S. 2. Monbiot gehört zur Global Justice Movement.

120 Monbiot, op. cit., S. 185.

121 Oxfam International, *Rigged Rules and Double Standards: Trade, Globalization and the Fight Against Poverty*, Oxford: Oxfam, 2002. Monbiot, op. cit., S. 188.

122 Warschauer Erklärung: www.ccd21.org/articles/warsaw_declaration.htm.

123 Richard Ponzio, »UNDP experience in long-term democracy assistance«, in Edward Newman und Roland Rich, *The UN Role in Promoting Democracy*, 2004.

124 Newman und Rich, op. cit., S. 5.

125 Transparency International, *Australian*, 23. August 2004, S. 17.

126 Am 23. März 2005 erklärte Tony Banbury vom World Food Program, dass Berichte über die Schließung des OCHA-Büros in Pjöngjang unzutreffend seien. Er sagte, Überwachungsmaßnahmen von OCHA-Mitarbeitern, wie etwa Interviews von Haushalten mit Fragen, die sich nicht auf Nahrungsprobleme bezogen, seien von den Hilfeempfängern und von der Regierung als aufdringlich empfunden worden und man sei dabei, neue Methoden einzuführen. Fotos von WFP-Verpackungstüten auf lokalen Märkten seien kein Beweis für missbräuchliche Verteilung, weil die Nordkoreaner diese Tüten auch für andere Zwecke verwendeten. www.nautilus.org/napspet/sr/2005/0528A Banbury.html.

127 Sebastian Mallaby, *The World's Banker*, S. 213–220.

128 Syed Mohammad Ali, »Poverty in India«, *Arena*, April/Mai 2004, S. 15f.

129 *Economist*, 5. Februar 2005.

130 Monbiot, op. cit., S. 95.

131 Kofi Annan, »In Larger Freedom«, 21. März 2005, www.un.org/larger-freedom/report_largerfreedom.pdf.

132 »Chance for a stronger UN«, *Australian*, 13. Januar 2005, S. 11.

133 Brian Urquhart, »Looking for the Sheriff«, *New York Review of Books*, 16. Juli 1998.

134 Kim R. Holmes, Assistant Secretary for International Organization Affairs, US-Außenministerium, *Remarks to Participants of the Senate Youth Program 2005*, Washington, D.C., 1. März 2005, Text aus www.state.gov.

135 Rosemary Righter, *Utopia Lost*, 1998.

136 Righter, op. cit.

137 Joy Gordon, »Scandals of Oil for Food«, *Middle East Report on Line*, 19. Juli 2004. www.merip.org/mero/mero071904.html. Joy Gordon hat verschiedene Artikel zu diesem Thema verfasst. Die beiden erwähnten offiziellen Berichte sind online erhältlich: Charles Duelfer, *Comprehensive Report of the Special Advisor to the DCI on Iraq's WMD*, CIA, Washington, 30. September 2004, www.cia.gov/cia/reports/iraq_wmd_2004/chap1.html; und *United Nations: Observations on the Oil for Food Program*, United States General Accounting Office, Washington, D.C., 7. April 2004, www.gao.gov/new.items/d04651t.pdf.

138 »Destroying the UN«, *Financial Times*, 4. Dezember 2004.

139 Kenneth Katzman, *Iraq: Compliance, Sanctions, and U.S. Policy*, CRS Issue Brief for Congress, Congressional Research Service, The Library of Congress, Washington, D.C., 27. Februar 2002.

140 »Our Mission Remains Vital«, *Wall Street Journal*, 25. Februar 2005, www.opinionjournal.com.

141 Warren Hoge, »Letter from the United Nations: For the beleaguered UN, a dance of reinvention«, *New York Times*, 25. Februar 2005.

142 Thomas G. Weiss, »The Illusion of Security Council Reform«, *The Washington Quarterly*, Herbst 2003.

143 US National Intelligence Council, *Mapping the Global Future*, Report NIC 2004-13, US Government Printing Office, Washington, D.C., 2004. Auch über www.cia.gov/nic/NIC_globaltrend2020.html.

144 Marc Grossman, *Remarks to the National Newspaper Association*, Washington, D.C., 21. März 2002. Text aus www.state.gov.

145 Francis Fukuyama, »Re-Envisioning Asia«, *Foreign Affairs*, Januar/Februar 2005.

146 Niall Ferguson, *Colossus: the price of America's empire*, New York: Penguin, 2004.

147 Zit. n. Nicholas Thompson, »John Bolton vs. the World«, *Salon.com*, www.salon.com, 16. Februar 2003.

148 Vgl. Joseph E. Stiglitz, *Globalization and its Discontents*, New York: Norton, 2003.

149 John Gerard Ruggie, *Winning the Peace*, 1996.

# Register